"十二五"国家重点图书出版规划项目

卓新平◎主编
宗教与文化战略丛书

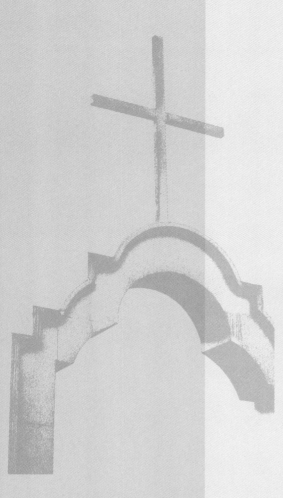

世俗化与
当代英国基督宗教

Secularisation and Christianity in
Contemporary Britain

孙艳燕　著

社会科学文献出版社
SOCIAL SCIENCES ACADEMIC PRESS (CHINA)

①

②

① 圣公会伯明翰大教堂（BC）

② 圣公会 SMC 教堂

③ 卫理公会 SOMC 教堂

③

①

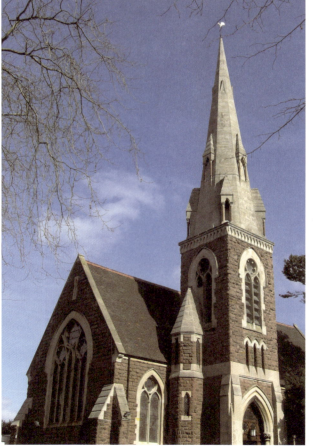

②

① 联合归正会 WHURC 教堂

② 圣公会 SSC 教堂

①

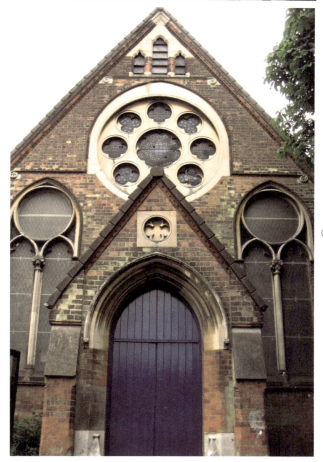

②

① 圣公会 SCC 教堂

② 浸礼会 SPBC 教堂

①

②

① 五旬节派教会 CLC 教堂

② 罗马天主教会
OLASROLRCC 教堂

③ 圣公会 SGC 教堂

③

* 以上照片均由本书作者拍摄于英国伯明翰市。

内容提要

　　"世俗化"是当今西方特别是欧洲社会的普遍现象，于 20 世纪 60 年代以后呈现出加速发展的趋势。在世俗化背景下，基督宗教的发展在可被称为其大本营的欧洲出现了很多与以往不同的特点。本书尝试系统梳理"世俗化"问题，并以英国为标本，具体分析当代英国基督宗教在世俗化的巨大冲击下所表现出的各方面的衰落趋势、导致英国世俗化的原因，以及英国基督教会内外对世俗化的回应。本书还根据作者在英国城市伯明翰及其周边地区进行的实地调研，透过基层基督教会的视角解析世俗化与当代英国基督宗教的发展状况，并揭示英国基督教会内部的多元性。

　　世俗化氛围中当代英国基督宗教发展的历史是丰富而复杂的，本书试图在其多样性和复杂性当中寻求一条合理的逻辑线索，以展示这幅色彩斑斓的历史画卷。本书内容立足于当代，但其中也涉及现代、近代甚至古代历史的内容，因为历史永远是连续发展的整体，当下发生的故事总是和过去藕断丝连。

　　本书除导论和结语外，共包括六部分内容。其中第一章概述英国基督宗教的世俗化处境即欧洲背景，明晰对"世俗化"概念的理解，对它的含义、表现形式和形成原因等相关问题进行剖析。其内容是后面几章论述世俗化与当代英国基督宗教发展互动关系的理论基石和逻辑立论基础。第二章分析世俗化在英国历史上各个阶段，尤其是 20 世纪 60 年代以来的不同表现形式，世俗化对当代英国基督宗教各方面发展造成的冲击，以及导致英国世俗化的各方面原因在各个历史阶段所发挥的不同程度的作用。第三章论述面对世俗化的挑战，英国基督教会内部以及英国社会所作出的种种回应，尤以基督教会内部自由派和保守派对世俗化顺

1

应或对抗两种不同的回应策略为重点，探寻它们分别在神学、组织和社会层面上如何谋求在当代社会困境中的生存与发展。第四章是个案研究，根据本书作者对英国伯明翰地区的基层基督教会所做的实地调研，对它们的周日崇拜仪式和相关活动，以及对各教会主要神职人员所进行的采访进行分析和总结，为上文的理论论证提供现实依据和实践验证的基础，与上文保持理论和历史分析的一致性。第五章对全书的主题思想进行总结提炼，评述对待英国世俗化进程及与之相关的基督宗教发展趋势问题的不同态度、世俗化与制约世俗化各种力量的双向互动关系及世俗化作用的两面性，并对英国基督宗教未来发展的宏观趋势作出审慎的展望。第六章为比较研究，将英国与美国、欧美等"北方世界"及亚非拉等"南方世界"的基督宗教发展态势分别作出对比，以全球性的视角探讨世俗化在不同国家和地区发展模式的普遍性与差异性。

关键词：世俗化　基督宗教　当代　英国

ABSTRACT

"Secularisation" is a common phenomenon in modern western societies especially in European countries. It progressed more rapidly after the 1960s. In the context of secularisation, Christianity presented many new characteristics in Europe, the previous base camp of Christianity. The author of this book deals with issues related to "secularisation", and analyses the tendency to decline of Christianity in contemporary Britain with the tremendous impact of secularisation, the causes of secularisation, and also the responses to secularisation both within and outside British Christian churches at different levels. Based on her own survey in Birmingham in England, the author analyses the relationship between secularisation and the development of Christianity in contemporary Britain from the angle of grass–roots churches, and discovers the diversity within British Christian churches.

The history of Christianity in contemporary Britain in the atmosphere of secularisation is rich and colourful but complicated. The author tries to find a logical clue to the variety and complexity, so as to bring forward this multicoloured historical scene. This book focused on the present age, but also involved in modern even ancient history, because history is always a successively developed process, and stories happening currently always connect with the past.

This book includes an introduction, six chapters, and a conclusion. Chapter one is the theoretical cornerstone and logical foundation for the later chapters. The author here discusses the context of secularisation—European background of the development of Christianity in Britain. It clarifies the meaning, manifestations and causes of secularisation generally. In chapter two, the author analyses concretely the huge blows dealt to British Christianity by secularisation, and the causes of secularisation effected in varying degrees during different stages of British history, especially since the 1960s. In chapter three, the author considers various responses to the challenges of secularisation, emphasizing the accommodation strategy of liberal churches and the resistance strategy of conservative churches. The fourth chapter is based on a case study. The author assesses Sunday morning services of the churches she visited, and summarizes her findings according to the interviews with the clergy of each church. In chapter five, the author reviews different attitudes toward secularisation, the interaction of the religious and the secular, the double – sided function of secularisation, and opens up a cautious prospect for the future of Christianity in Britain. In the last chapter, with a global perspective, the author compares the development of Christianity in Britain with that in the United States, and also compares the development of Christianity in the "global North" with that in the "global South", so as to probe into the universality and diversity of secularisation patterns in different countries and areas of the world.

Key Words: secularisation Christianity contemporary Britain

目　录

Contents

图与照片

序　　一

　　"世俗化"是当代西方宗教面临的一大问题。西方思想家查尔斯·泰勒（Charles Taylor）在其《世俗时代》一书中曾经深刻指出，宗教发展在政治、社会、文化这三个方面都已经出现了"世俗化"之状。这种状况在原为基督宗教大本营的欧洲社会更为明显和突出。为此，也有中国学者认为，当代欧洲社会因"世俗化"而导致的"去宗教化"已成为今日欧洲衰落的重要原因之一，它使曾经称霸一时的西方"海洋文明"由此显得底气不足，缺失了发展的后劲。虽然我们对之不能过早地下结论，但欧洲当代世俗化的发展趋势的确值得认真研究。

　　世俗化在欧洲主要体现为基督宗教的现代嬗变，这一动向自 20 世纪 60 年代以来日趋明显，并导致欧洲不少地区基督教会的灾变性后果，如信徒纷纷离开，教会税或向教会的捐助锐减，教会破产及教会或教产被抵押、拍卖等。这种世俗化的发展态势使基督教会的根基产生动摇，人们观察到维系其信仰已达约 2000 年之久的社会结构出现了变化，信仰人群的固定性逐渐失去，教会信仰群体的流变也使其基础不稳，以往的信心及安全感亦随之荡然无存。世俗化不仅带来了基督教会内部的危机，而且也使其在社会上的精神权威及相应的话语权大打折扣。教会自身的不稳固使其已很难一如既往地充当社会道德的维系者及护卫者的角色。这样一来，教会与社会的世俗化危机陷入了一种恶性循环的窘境。

　　对于社会世俗化的发展及其对基督教会的影响，西方学者也已经注意到，并且有着相应的回应。他们理解并解释"世俗化"大致有两个方面的考量。其一，他们深感"世俗化"即具有"非神圣化"的趋向。早在 20 世纪 40 年代，欧洲思想家朋谔斐尔（Dietrich Bonhoeffer）就提出了对基督信仰的"非宗教性解释"，而布尔特曼（Rudolf Bultmann）也宣称要对基督教经典加以"非神话化"解释。这些思想在现代西方基督教会内形成了"世俗神学"思潮，并在"二战"后得到进一步发展。1961年，美国新教神学家瓦汉尼（Gabriel Vahanian）出版《上帝之死》一书，该书名遂成为当时醒目的神学口号和相关神学流派的名称。1963年，英国圣公会主教罗宾逊（John A. T. Robinson）进而推出《对神老实》一书。在此书很快成为发行百万余册的畅销书的同时，此年亦成为英国世俗时代来临的标志。而也在这一年，西方的激进世俗神学兴起，其主要代表之一范·布伦（Paul van Buren）出版其名著《福音的世俗意义》，主张用世俗的话语来解读基督信仰，他为此还随之发表了《用世界的语言来谈论上帝》一书。该派另一位代表人物考克斯（Harvey Cox）于1965年出版了《世俗之城》，对西方世俗化的来龙去脉及其现实特点进行了描述和剖析。这种"非神圣化"的特点即"去神圣化"，使传统宗教中的神圣观念"祛魅"。正如西方宗教社会学家贝格尔（Peter L. Berger）所言，由此"世界摆脱巫魅"，成为世俗化的社会。其二，则是一种较为乐观的审视，即认为"世俗化"乃指基督宗教真正"进入世界"，它使教会减少了形式上的宗教性而实现了其真正需要的"属世性"，即教会在现代社会的"入世""此在"，完成其"公民宗教"的转型。这样，传统的宗教特征不在社会主流中"显现"，但教会保存了其在现代生活中的"潜在"。不过，无论是悲观之见还是乐观之态，西方基督宗教都深刻认识到其教会存在的危机和社会发展的严酷。教会在社会上独当一面、主宰人们精神世界的风光不再，若要生存则必须放下身段，直面并经受"世俗化"的煎熬及考验。

与北美相比，欧洲社会及教会世俗化的状况更为严峻。对教会世俗化的趋势束手无策、苦无良方，是英国圣公会坎特伯雷大主教罗恩·道格拉斯·威廉斯（Rowan Douglas Williams）和天主教教宗本笃十六世（Benedetto XVI）最近相继辞职的重要原因之一。在世俗化的背景下，基督宗教的发展已经在作为其传统大本营的欧洲范围内出现了种种异化和嬗变。因此，对欧洲基督宗教世俗化的现状加以研究，在西方世俗化研究中具有非常典型的意义。同样，这种研究对于我们走向世界，特别是对于我们与欧洲政治、经济、社会、文化、教育、思想等领域进行交往和交流，也有着重要的现实意义。必须指出的是，我国学术界虽然已对欧洲展开了比较系统的研究，但对其世俗化的专题研究几乎没有，这会影响我们对于欧洲社会的深层面探究。所以，加强这一领域的研究，是我们宗教现实研究中的当务之急。

　　这里呈现给读者的《世俗化与当代英国基督宗教》一书，是孙艳燕博士在其博士学位论文的基础上补充、修改、完善而成的探究基督教会现代世俗化趋势的专著。孙艳燕博士将重点放在英国，并为此而深入实地调研、学习，在伯明翰大学休·麦克劳德（Hugh Mcleod）、邓守成等教授的热心指导下，开展教会调研，搜集文献资料，深化理论论证，完善研究方法，经过多年努力，终于完成了这部著作的撰写。这部专著以英国为田野考察范围，以英国圣公会等新教教会为重点，兼及天主教和其他宗教，并对新兴宗教亦有所涉猎，其研究包括对英国教会现状的具体分析，对教会受世俗化冲击而衰落的生动描述，对世俗化形成原因及其发展变化的深入探究，对教会回应世俗化相关举措的客观说明，以及在全球视域内对英国与美国、"北方"与"南方"的冷静比较等，由此而揭示当代英国基督宗教发展的真实状况，阐述了现代欧洲社会的多元发展。本书还附录了许多由作者自己统计的图表和拍摄的照片，从而使其所述内容给人一种鲜活之感，并且增强了可读性。当然，对于当代基督教会世俗化的研究才刚刚开始，有许多问题仍然值得我们去深入探索。为此，本书的完成在这一研究领域仅是一个开端，我们期望中国学术界对之有更多的理论关注，在今后推出更好的研究成果。

　　是为序。

卓新平

2013 年 7 月 1 日于北京建国门

序 二（中译文）

作为一名曾经就英格兰和其他西方国家的世俗化这一主题进行写作的历史学家，我非常荣幸结识孙艳燕博士，她在伯明翰期间我们共同探讨其研究工作。如今她的研究结出硕果——这部开创性的著作，我甚感欣喜。孙博士是首位将英国的世俗化问题置于全球背景下进行研究的中国学者。尽管英国历史学家、社会学家和宗教研究者已发表过诸多关于现代英国宗教的著作，但在英国，确实没有哪部著作与孙博士的这部著作相类似。它不仅体现了孙博士的学术造诣及其十分细致的研究成果，更得益于其从局外考量英国情境的独特视角。

孙博士最重要的成果之一是将宏观研究与微观研究相结合，这种方式鲜有人为。她以长期的、历史的和全球的视野看待当代英国，既有关于社会学理论的探讨，又有关于神学争论的探讨。与此同时，她能够避免过于抽象的危险，因为她同样重视研究在一个特定地点，即伯明翰市，人们当下日常宗教生活的现实。尤其令人感兴趣的是她对于英国教会如何应对世俗化挑战的讨论。在这一点上，她提出一个重要的对比，即相对自由的教会与相对保守的教会之间颇为不同的路径。此外，孙博士不仅研读神学家和教会领袖的著述，还亲身参与多种不同宗派教会的崇拜仪式，并与其神职人员进行访谈。书中的照片使其论述更加生动。由此，她能够展示出英国的基督徒如何经历着世俗化，他们如何诠释世俗化，属于不同教会、拥有不同信仰理解的基督徒如何回应作为一名当代基督徒所面临的挑战。或许这正是孙博士的这部著作中最具原创性的部分。

这是一部力作，阐述了一个重大的主题——基督宗教在一个国家的现在和未来，而这个国家于 17 世纪至 20 世纪期间对于基督宗教在全球的传播发挥了重要作用。历史学家、社会学家以及任何关注宗教在当今世界所处地位的人，都会对本书产生极大的兴趣。

休·麦克劳德
英国伯明翰大学历史与文化学院

导　论

一　本书研究背景及要旨

"世俗化"是当今西方特别是欧洲①社会的普遍现象，与当代基督宗教②的发展密切相关。它是一个漫长的历史发展过程，但在第二次世界大战结束之后，尤其是 20 世纪 60 年代以后，呈现出加速发展的趋势。在世俗化背景下，基督宗教的发展在可被称为其大本营的欧洲出现了很多与以往不同的特点。一些悲观的学者发出了哀叹：基督教正在走向衰落，在做"垂死挣扎"，并呼吁原本向第三世界国家的宣教回到欧洲本土，以巩固基督教会即将失去的阵地。世俗化给欧洲基督教会带来了前所未有的巨大挑战，而教会不管情愿还是不情愿，都必须接受这种挑战，而且实际上已经对这种挑战进行了各种主动或被动的回应。

从 20 世纪下半叶开始，世俗化和随之引发的基督宗教在当今和未来欧洲乃至世界中的地位逐渐成为西方学术界所探讨的热点问题，学者们对此展开了很多讨论和理论反思，引起基督教会和神学界的普遍关注。这些探讨总的来说大部分更侧重于社会学的研究，通过历史学的角度进行的研究目前还不充分。在我国，对此问题的研究可谓方兴未艾，对它的重视程度也在逐步提高。

欧洲的基督宗教文化底蕴深厚，但世俗化对欧洲基督宗教的冲击异常强烈。欧洲基督宗教的发展趋向影响着世界宗教甚至全球文化的总体

---

① 本书所使用的"欧洲"一词主要指以信仰罗马天主教和基督新教为主的欧洲国家，而没有包括东正教国家。

② 本书所使用的"基督宗教"和"基督教"，均指基督宗教各宗派的总称。

走势，因此研究欧洲基督宗教在世俗化背景下的发展态势无疑有益于我们加深对西方和世界宗教文化的认识与理解。欧洲有许多传统的基督教国家，英国①便是其中之一。英国是一个具有鲜明特色的国家，无论从地理位置、政治、经济、外交政策，还是宗教传统方面来看都是如此。从宗教传统上来说，基督宗教大约在公元 2 世纪从欧洲大陆传播到英国，并于公元 6 世纪末至 7 世纪起在英国扎下根基。英王亨利八世在 16 世纪发起的宗教改革确立了英国国教会即新教安立甘宗（圣公会）的民族归属性及其在英国至高无上的地位，而罗马教宗不再是英国教会的首脑。随着英国在全球范围内的扩张和英帝国的成型，圣公会不断扩大它的组织机构。由于英国对其殖民地"自由主义"色彩的温和统治，20 世纪上半叶，英帝国瓦解后仍然保留了一个英联邦，圣公宗（Anglican Communion）因而有可能继续在国际较大范围内发挥影响。直至今天，圣公会在英国乃至世界范围内仍然拥有显赫的地位。圣公会大约分布在世界上 160 多个国家和地区，拥有广泛的组织体系，是除罗马天主教会和东正教会之外的全球另一个普世教会。全世界属于圣公会的信徒人数至今约为 8500 万。②

目前我国学术界对美国宗教状况的研究非常关注，而美英之间在政治、经济以及宗教文化方面的关联具有悠久的历史渊源。目前美国甚至世界上几个最重要的新教宗派（如圣公宗、循道宗、公理宗、长老宗、浸礼宗等）均发源于英国，英国基督宗教对美国及世界基督宗教的发展影响重大。北美国家在很大程度上承袭了英国的部分宗教传统，基督宗

---

① 众所周知，"大不列颠及北爱尔兰联合王国"（the United Kingdom）包含英格兰、威尔士、苏格兰和北爱尔兰四个地区，而"不列颠"（Britain）指的是除北爱尔兰以外的其他三个地区，其中英格兰无论在政治、经济和文化等各方面都处于中心地位。英国是历史上传统的基督教国家，但各个地区的宗教信仰状况有所不同。在英格兰，英国国教会（Church of England）即圣公会（Anglican Church）占据主导地位；在威尔士，自由教会（Free Churches）即非国教会较其他宗派势力更为强大；在苏格兰，属于加尔文宗的长老会（Presbyterian Church）被确立为苏格兰国教（Church of Scotland）；在北爱尔兰，最大的单一教会是罗马天主教会（Roman Catholic Church），但基督新教各宗派（Protestant Churches）的影响相当大。本书在谈到英国基督宗教状况时，主要指"不列颠"，即主要信奉基督新教的英格兰、威尔士和苏格兰地区，其中又以英格兰地区作为研讨的重点对象。

② http：//www. anglicancommunion. org/resources/acis/index. cfm，2013 年 2 月 5 日下载。

教在与其本土环境有别的土壤上发生变异，现今英国的宗教世俗化程度被公认远远超过美国，大西洋两岸呈现出色彩各异的宗教景观。对于英国这样一个因 13 世纪《大宪章》的颁布和议会的产生而奠基现代民主制度的国家，由牛顿、培根、霍布斯、洛克及休谟等巨人的思想开启欧美启蒙运动，并对近现代西方社会政治、经济和思想文化产生深远影响的国家，值得我们进行深入研究。

历史上的工业革命曾经促使英国成为世界上第一个走向现代化的国家，而世俗化和现代化密不可分。有英国教会人士无奈地感叹，经过世俗化的冲击，英国如今已经成为一个"名义上的"基督教国家。有一些学者对此进行反驳，他们乐观地认为英国并非世俗化的，而是一个宗教信仰高度多元化的社会；或是认为许多英国人虽然不再定期去教堂，但他们并没有丧失其宗教信仰。可谓众说纷纭。笔者认为，以英国作为一个典型案例，客观看待当代英国基督宗教在世俗化巨大冲击力的影响下所表现出的各方面衰落趋势，同时重视英国基督教会内外对世俗化进行的不同风格和各个层面上的回应，对于我们研究其他欧洲国家甚或世界各国基督宗教的历史发展都具有理论和实践意义上的借鉴作用。

对我国来说，捕捉西方基督宗教发展的最新动向，对于加强我国宗教研究、处理基督宗教与现代化和谐社会的关系，在当代中国社会积极引导基督宗教与中国国情相适应、相符合，亦具有一定的参考价值。这也是本书的现实意义之所在。

本书通过对世俗化背景下当代英国基督宗教发展的研究，希望达到以下几个目的。

第一，系统梳理"世俗化"问题。世俗化是西方基督宗教自进入现代社会以来的重要发展趋势之一，也是当下欧洲各国基督教会所面临的最为严峻的挑战之一。目前学术界对此问题基于历史发展的系统阐释尚不完备，对"世俗化"这一术语的用法稍显随意而不甚统一。本书将试图澄清"世俗化"的含义、表现形式及其形成原因，并对由此体现出的宗教与社会的互动关系作出较为客观的分析。

第二，具体分析"世俗化"在英国由量变到质变的发展进程，它给英国基督宗教所造成的各方面冲击及其一系列促成因素，英国自由派和保守派教会对世俗化挑战不同的回应策略和自我反思，以及英国社会中新兴宗教运动和"新时代"灵修运动表现出的对世俗化与英国传统基督宗教的双重回应，从而发掘基督宗教在当代英国的宏观发展态势及特点；并由当代英国基督宗教的发展状况引发出对基督宗教在欧洲，乃至全世界的发展趋势的关切，以及对宗教在人类社会中的地位和重要性等问题的思考。

第三，通过展现英国基督宗教的多元特色，分析当代英国基督宗教的发展在世俗化背景之下所呈现出的复杂局面。宗派多元化格局在英国表现得非常显著。圣公会是英国的国教会，而在圣公会内部，存在着自由派、高派教会和低派教会之间的分野。在圣公会之外，罗马天主教会、卫理公会、联合归正会、浸礼会和五旬节派等教会同时并存。面对世俗化的威胁，各宗派由于神学倾向的差异而形成的自由派与保守派两大阵营之间的立场分歧和对立表现得尤为充分。笔者通过对上述各派基层教会进行实地调研，见证了世俗化与当代英国基督教会发展的现实关联。

二　方法论

（一）历史学方法与社会学方法的结合

宗教学本是采用多学科方法对各种宗教现象进行研究的一门学问。本书在分析世俗化与当代英国基督宗教发展状况的过程中，首先将历史学与社会学的研究方法相结合，即集中运用了人文科学与社会科学领域的两种研究方法。

1. 历史学方法的运用

历史学属于人文科学范畴，将之运用于宗教学研究中则侧重于揭示宗教的发展进程及其性质，旨对宗教在整体发展上作出描述和说明。本书以历史学分析这一传统的研究方法作为整体论证的基石。

第一，注重对文献史料的把握，捕捉英国基督宗教历史发展脉络以及世俗化在不同历史阶段与英国基督宗教发展的互动关系，追踪重大历史事件的来龙去脉，从中发现问题并加以诠释。

第二，从对史实的论述中引发出一些值得我们进一步深入思考的问题并加以探究，比如宗教文化与社会各个层面、各种公共体系的关系，基督宗教和其他传统宗教及新兴宗教的发展趋势，以及宗教在人类社会发展进程中的地位和重要性等。

第三，把握普遍性与特殊性、共性与个性的关系，将英国的世俗化状况融入欧洲的大背景中进行分析，同时注意辨析英国与美国、"北方世界"与"南方世界"等各国各地区特殊的历史和文化模式在不同历史阶段的发展特色，以及英国基督教会内部不同派别的差异与多样性。

使用历史学分析方法的局限性在于：其一，易拘泥于对史料的关注，即对历史事件的发生发展过程和前因后果的分析，但从史料当中提炼出具有深刻思想性的逻辑规律，达到对历史事实的超越则难度较大。其二，过于重视局部的细节则易导致忽视高度浓缩的理论体系的建构，因而显得缺乏宏观的气魄。其三，一些历史学家对未来的预测过于"吝啬"，甚至认为历史学家的职责仅仅是解释过去和现在，只因历史发展具有极大的变数，过去和现在的状况不能被用来逻辑地推断今后的发展。这样的看法未免有些片面。研究历史的目的之一是以古鉴今，以今鉴明，否则研究的意义也就打了折扣。人类对未来的预测当然有限，却也是必要的。

2. 社会学方法的运用

社会学属于社会科学范畴，宗教社会学则侧重于揭示宗教信仰与人之社会行为的互动关系、宗教与社会生活诸领域之间的关系、宗教的社会功能、宗教组织和宗教运动之兴衰及其与社会的关系等。它是一种描述性的研究，以经验性、科学性为特征，不对研究对象作出价值判断。本书所采用的宗教社会学研究方法包括跨文化比较法、历史分析法、调查研究和统计分析法以及参与观察法等。

第一，重视运用宗教社会学理论体系分析问题，对各种理论加以比较，取其精华，并创建为本书主题服务的理论框架。

第二，将统计分析作为对理论论证的有力支持，对欧洲国家政府或其他权威机构公布的历史数据以及新近社会调查和人口普查的各项数据进行分析对比，使文章更具说服力。

第三，笔者利用在英国伯明翰大学两次访学的机会，选取伯明翰及其周边地区十余家基层基督教会进行实地调研，参与观察它们的崇拜仪式，采访教会主要神职人员，并与普通基督教徒进行交谈，掌握了大量真实可靠的第一手资料，为文章的理论论证提供客观生动的现实依据。

相对而言，以上第一和第二方面的分析属于自上而下的、整体的、宏观的研究方法，而第三方面的分析属于自下而上的、局部的、微观的研究方法。整体与局部、宏观与微观相结合，才能各取所需，扬长避短，全面而客观地把握问题的本质。

运用统计数据和实地调研方法有以下局限性：其一，社会调查所选取的"指标"虽然具有代表性和普遍意义，但毕竟范围有限。加之从现实角度考虑，对某些被调查者的选择往往带有一定的随机性，因而统计数据只能相对客观地反映出调查对象的宗教信仰和宗教实践状况，而不可能百分之百准确全面地衡量之。其二，对一些调查实施日期和地点的选择有时也带有随机性质，而在对调查的分析过程中容易过于依赖被调查者自身在调查当时当地的报告内容和主观陈述，却不易对其客观真实性作出复核。其三，即使是针对相同的调查统计数据，由于调查指标的具体含义随地域文化或不同的历史阶段而有差异（客观因素），以及学者的立场、视角或意识形态等方面的差异（主观因素），不同学者对它的分析结论也可能大相径庭。

3. "历史社会学"研究方法

由于历史学和社会学两种研究方法对于本书的写作均为必需，而又各有利弊，因此应将分属人文科学和社会科学范畴的这两种方法进行有机结合，发挥它们各自的优势，弥补其局限性，实现优势互补。笔者试图在此基础上将两者融合发展为一种"历史社会学"研究方法，以加强本书分析论证的层次感，并呈现方法论上多样性之突破。

需要说明的是，以上历史学和社会学两个领域的研究方法，尤其是社会学的研究，均要求研究者保持客观中立的立场，对所研究的对象进行不偏不倚的描述和分析。事实上，尽管历史学家和社会学家们在开展自己研究的过程中都希望并努力达到这种要求，甚至声称自己的研究是客观公正的，但我们是不可能完全做到这一点的。每一位研究者都拥有自身独特的现实生活和精神追求的丰富阅历，存在人生观、世界观和价值体系上的差别，因而在观察、理解和分析问题时必然会受到这些主观因素的影响和制约，即存在伽达默尔所谓"合理的偏见"。同样，笔者在写作中尽量保持客观中立的态度，努力避免作出主观断言式的结论，但书中仍不免会出现一些自己不易觉察的有失客观的言论，望读者予以宽容和谅解。

（二）跨学科综合研究

本书所探讨的课题涉及内容比较广泛，需要运用跨学科的综合研究方法。首先，本书在论述过程中将运用一些宗教学分支学科的方法，如宗教史学和宗教社会学，并涉及宗教心理学等，研究个人和群体在宗教与社会生活相互作用过程中的心理规律、基督宗教对个体心理过程和个性特征发展的影响，以及宗教的功能、宗教意识的本质及其发展、皈依、祈祷和神秘主义的特征等。

其次，研究基督宗教问题会关涉与宗教学相关的神学和哲学理念及其研究方法，对基督宗教信仰内容如上帝及其与世人的关系等进行研究和理论说明；从理性出发研究宗教关于上帝的基本概念、上帝的性质及其与世界和人类关系的理论以及对上帝的体验等，探究基督宗教之历史现象背后的本质和内在意义。

再次，一个国家的宗教状况与本国的政治、经济和社会文化等各方面的发展息息相关。因而，本书亦涉及除宗教学之外的其他一些相关学科如政治经济学、文化人类学和语言学等领域的内容。笔者从多学科的不同角度对同一个问题进行剖析，对本书所重点运用的历史学和社会学分析方法作出有益补充，试图使书中的论证更加深入透彻。

以上各领域的研究方法互相关联，对它们的使用也有许多交叉或重叠的部分。总之，笔者运用以历史学和社会学分析为主，跨学科综合研究为辅的方法，拟对世俗化氛围中当代英国基督宗教的发展状况作出比较充分的研讨，希望可以对发展跨学科的研究进路（inter-disciplinary approach）作出一点探索。

三　国内外相关研究概观

（一）国外研究现状

1. 关于"世俗化"问题

国外对"世俗化"问题讨论较多，仁者见仁，智者见智，众说纷纭，已形成诸子百家式的理论体系。它首先成为宗教社会学领域的重要课题，但此问题的重要程度绝不仅限于宗教社会学这一个领域，它涉及历史学、神学、文化人类学等各学科领域，正在引起学术界和神学、宗教界等各界人士的高度重视。虽然"世俗化"一词的出现早在17世纪，但对它的普遍接受和广泛讨论还是在20世纪以后，尤其是20世纪60年代以来的几十年中。专门进行这方面研究的主要为宗教社会学家，此后历史学家逐渐参与进来，并在许多问题上与社会学家进行争论。

当代对"世俗化"问题的集中讨论有一个大致的发展过程，这也是一个使问题不断复杂化和细化的过程。

20世纪60年代，一些欧美宗教社会学家提出"世俗化"命题（Secularisation Thesis），其基本立意为：现代化（包括社会结构分化、理性化、工业化、城市化等方面的发展）必然导致宗教在社会和个人精神两个层面上的衰退。其代表人物主要有美国的彼得·伯格（又译彼得·贝格尔，Peter Berger）（早期观点）、英国的大卫·马丁（David Martin）、斯蒂夫·布鲁斯（Steve Bruce）和布莱恩·威尔逊（Bryan Wilson）等。他们对宗教未来的发展趋势持悲观态度。比如，彼得·伯格在《神圣的帷幕——宗教社会学理论之要素》[①] 一书中表达了这种看法：宗教如同一块能为世界提供共同的秩序和意义的"神圣的帷幕"，而世俗化使其四分五裂、支离破碎，不再能够为整个社会进行神圣的论证，提供共同的价值观，因此，宗教的命运处于危机之中。

这一所谓传统的世俗化理论在20世纪60～70年代被广泛接受，但由于它的结论过于绝对和消极，随后便引发了激烈的争论，针对它的各种批评纷至沓来。"宗教经济"（Religious Economies）理论便属于对世俗化理论批判较为极端的例子，它在80年代以来得到很多学者的支持，其代表人物主要是美国宗教社会学家罗德尼·斯达克（Rodney Stark）和罗杰·芬克（又译罗杰尔·芬克，Roger Finke）等。他们证明了宗教多元主义与宗教活力之间的积极关系，认为宗教的变化与现代化进程无关。他们认为，世俗化理论"毫无用处，就像旅馆中只能下行的电梯一样"[②]，甚至发出了"世俗化，愿你安息"[③] 的感叹。宗教经济理论得到国际学

---

① Peter L. Berger, *The Sacred Canopy*: *Elements of a Sociological Theory of Religion*, Doubleday and Company, Inc., 1969.

② Rodney Stark and Roger Finke, *Acts of Faith*: *Explaining the Human Side of Religion*, University of California Press, 2000, p. 78.

③ Rodney Stark and Roger Finke, ibid, p. 57.

术界，尤其是美国学者的大力支持，以至于有学者声称，从传统的世俗化理论到宗教经济理论的发展，是国际宗教社会学研究领域出现的范式转换（Paradigm Shift）。

20世纪90年代以后，英国宗教社会学家格雷思·戴维（Grace Davie）提出了"没有归属的信仰"（believing without belonging）和"欧洲例外"论。她的观点集中体现在《1945年之后的英国宗教——没有归属的信仰》①《现代欧洲宗教——记忆的转变》②和《欧洲例外——现代世界中信仰的决定要素》③等书中。由于根据调查数据显示，反映宗教实践和个人信仰两方面的指标走向不相匹配，戴维认为，虽然欧洲的入堂率等指标的下降趋势不可否认，但大多数人心中仍保持着对神圣彼岸的坚信。具体到英国来说，宗教信仰并未衰落，只是其性质发生了变化。不属于任何教会并不等于世俗化，欧洲的情况并不一定全球适用，现代化也并不必然导致世俗化。同时，戴维指出，虽然世俗化理论越来越难以支撑，它仍为研究当代社会中的宗教提供了有效的方法和框架。相对于芬克和斯达克的尖刻批判，戴维的评价则客观、温和得多了。同时，戴维也对宗教经济理论持批评态度。她认为，在后现代，并不存在一个统一的理论范式。不同的地区有自己不同的现代性，因此，也应有不同的社会解释模式。这种"多元的现代性理论"进一步延伸了传统的世俗化理论，成为"新世俗化理论"，其支持者大多为欧洲学者。④

在世俗化理论饱受攻击之后，新的"非世俗化"（desecularisation）和"反世俗化"（counter-secularisation）的概念诞生了。一部分曾经为世俗化理论摇旗呐喊的学者提出这一理论需要被逆转。例如，经过对欧洲、美国、俄罗斯以及亚洲、非洲和拉丁美洲的基督宗教和其他各种宗教进行进一步的深入研究和亲身体验之后，彼得·伯格的观点发生了几

①　Grace Davie, *Religion in Britain since 1945: Believing without Belonging*, Blackwell Publishers, 1994.

②　Grace Davie, *Religion in Modern Europe: A Memory Mutates*, Oxford University Press, 2000.

③　Grace Davie, *Europe: The Exceptional Case: Parameters of Faith in the Modern World*, Darton, Longman and Todd Ltd., 2002.

④　魏德东：《宗教社会学的范式转换及其影响》，《中国人民大学学报》2010年第3期。

乎是 180 度的大转向。在《世界的非世俗化——复兴的宗教及全球政治》一书中，他明确指出，以往"被历史学家和社会科学家们随意地标注为'世俗化理论'的所有著述本质上都是错误的。……现代化必然导致宗教在社会层面和个人精神层面的衰落，这个观点已被证明是不恰当的。现代化的确造成了一些世俗化的结果……但它也同样掀起了强烈的反世俗化运动。社会层面上的世俗化与个人意识层面上的世俗化也没有必然联系。……至少可以说，宗教与现代性之间的关系是相当复杂的"①。"现代性并不必然会导致世俗化。现代性必然会导致的，是多元化。"② 他还作出预测："没有理由认为 21 世纪的世界会比今日更缺乏宗教性。"③

随着时代的发展，很多学者仍在不断充实和修正自己先前的理论或观点。如英国宗教社会学家大卫·马丁继 20 世纪 70 年代详尽阐述其世俗化理论④之后，在其后来的著作中深化了关于世俗化的讨论，着重强调世俗化在不同国家与地区之中变迁的多元轨迹和发展模式，如世俗化在新教与天主教社会背景之下的差异，以及在欧洲、美洲和亚非拉第三世界中的差异⑤，即具备了一种全球视野。

历史学家参与"世俗化"问题的讨论基本上在 20 世纪 80 年代以后。与宗教社会学家相比，历史学家的特点是倾向于关注人类历史前进的足印，即针对史实进行具体分析，如研究一个国家甚至一个城市在某段历史时期内的世俗化状况，或者将几个国家或几个城市的情况进行比较，阐明某些因素对促进世俗化形成的重要性或某些历史事件的关键作用。例如，英国历史学家休·麦克劳德（Hugh McLeod）在其著作

---

① Peter L. Berger, ed., *The Desecularisation of the World: Resurgent Religion and World Politics*, Ethics and Public Policy Center and William B. Eerdmans Publishing Company, 1999, pp. 2-3.

② 曾强：《皮特·伯格论当代宗教社会学的研究走向》，《宗教与世界》2008 年第 6 期。

③ Peter L. Berger, ed., ibid, p. 12.

④ 参见 David Martin, *A General Theory of Secularisation*, Basil Blackwell, 1978。大卫·马丁当时已指出，世俗化过程在不同历史处境之下具有各自的特殊性。

⑤ 参见 David Martin, *On Secularization: Towards a Revised General Theory*, Ashgate Publishing Ltd., England, Ashgate Publishing Company, USA, 2005。

《1848～1914 年西欧的世俗化》① 中，研究了一段特定的历史时期——从欧洲 1848 年革命到 1914 年第一次世界大战爆发。麦克劳德认为，世俗化在西欧三个主要国家英国、法国和德国的表现各不相同，而且不存在造成世俗化的"主宰因素"（master factor）。麦克劳德在其他一些著作和文章中也分析了关于世俗化成因的复杂性，表达了世俗化是多种因素混合作用之结果的观点，但同时他比较强调社会政治冲突方面的原因。

历史学家们不像社会学家那样惯于构造宏观理论模型，他们对社会学家偏好的指标量化的研究方法和对未来的预测也持保留意见。他们认为，并不是所有历史现象都可能被量化为各种指标进行研究的。根据过去所发生的事和现在正在发生的事来推断未来将要发生的事，也必须十分谨慎。人类历史的发生发展虽然有一定的逻辑规律可循，但也有很大的不确定性，必然性和偶然性并存。一个突发历史事件有可能改变历史进程的走向。人们对未来的预测非常有限。

在此，还应提到人类学家的贡献，如当代英国人类学家马丁·斯特林格（Martin Stringer）。他另辟蹊径，并未直接参与"世俗化"问题的讨论，而是通过针对普通英国人和宗教团体的信仰状况、崇拜行为，在英国曼彻斯特、伯明翰和利物浦等地进行的田野考察，探讨"宗教"的本质，并由此表达对"世俗化"等问题的看法。②

时至今日，无论是关于"世俗化"的主干问题还是一些枝节问题，各派学者仍争论不休。可以说，关于这样一个复杂的问题，在相当长的

---

① Hugh McLeod, *Secularisation in Western Europe, 1848–1914*, Macmillan Press Ltd., 2000.

② M. D. Stringer, *Contemporary Western Ethnography and the Definition of Religion*, Continuum International Publishing Group, 2008; M. D. Stringer, "Towards a Situational Theory of Belief", *Journal of the Anthropological Society of Oxford*, xxvii, （3）, 1996, pp. 217–234; M. D. Stringer, *On the Perception of Worship: The Ethnography of Worship in Four Christian Congregations in Manchester*, University of Birmingham Press, 1999; M. D. Stringer, "Rethinking Animism: Thoughts from the Infancy of Our Discipline", *Journal of the Royal Anthropological Institute* （NS） 5, （4）, 1999, pp. 541–556; M. D. Stringer, "Introduction: Theorizing Faith", in E. Arweck and M. D. Stringer （eds）, *Theorizing Faith: The Insider/Outsider Problem in the Study of Ritual*, University of Birmingham Press, 2002, pp. 1–20; M. D. Stringer, *A Sociological History of Christian Worship*, Cambridge University Press, 2005.

一段时间之内不太可能形成定论。

无论是社会学家还是历史学家，在讨论世俗化的形成原因时，大都偏重于强调其中的某一个侧面，从而引起持不同观点学者的争论。其不足之处是：第一，易造成以偏概全的错觉；第二，未足够重视导致世俗化各因素的适用时间、空间范围和条件；第三，未能发掘各因素之间的逻辑关系。本书试图说明世俗化是在一个相对来说比较根本性的"主因"及其"子因"、内因与外因各方面共同作用所产生的合力的结果，同时各个因素在不同国家和地区的不同时期所发挥的作用各不相同，进而分析这些因素之间连环相扣的逻辑关系，最终达到对其进行全方位综合把握的目的。

2. 关于英国基督宗教发展状况

英国宗教学家、历史学家、社会学家和神学家们对其本国基督宗教发展状况的研究是多角度、全方位的。

介绍英国基督宗教发展历史的专著包括著名神学教授、历史学家艾德里安·黑斯廷斯的《1920～1990 年英国基督宗教史》[①]、谢里丹·吉利和 W. J. 谢尔斯编辑的《不列颠宗教史——从前罗马时代至今的宗教实践与信仰》[②]，等等。

分析英国基督宗教与社会之间互动关系的著作有保罗·贝德海姆编辑的《现代英国的宗教、政府与社会》[③]、休·麦克劳德的《1850～1914 年英格兰宗教与社会》[④]、斯蒂夫·布鲁斯的《现代英国宗教》[⑤]、S. J. D. 格林的《新教英格兰的消逝——1920～1960 年世俗化与社会变革》[⑥] 和大卫·古德休编辑的《1980 年至今英国教会的增长》[⑦] 等。他

---

① Adrian Hastings, *A History of English Christianity 1920–1990*, SCM Press, 1991.

② Sheridan Gilley and W. J. Sheils, ed., *A History of Religion in Britain: Practice and Belief from Pre-Roman Times to the Present*, Blackwell Publishers, 1994.

③ Paul Badham, ed., *Religion, State, and Society in Modern Britain*, the Edwin Mellen Press, 1989.

④ Hugh McLeod, *Religion and Society in England, 1850–1914*, Macmillan Press, 1996.

⑤ Steve Bruce, *Religion in Modern Britain*, Oxford University Press, 1995.

⑥ S. J. D. Green, *The Passing of Protestant England: Secularisation and Social Change, c. 1920–1960*, Cambridge University Press, 2011.

⑦ David Goodhew, ed., *Church Growth in Britain: 1980 to the Present*, Ashgate Publishing Limited, England and Ashgate Publishing Company, USA, 2012.

们探讨了基督宗教在英国社会发挥的作用和重要性，基督教会在现、当代英国衰落及增长的表现和原因以及人们对此的反应。杰拉尔德·帕森斯在其编辑的两卷本著作《1945 年之后英国宗教多样性的发展》① 中着重论述了英国传统基督教社会的衰落与宗教文化多元社会的形成之间的关联。一些著作涵括了欧美宗教世俗化以及基督宗教与社会发展状况等内容，其中以英国为分析重点之一。类似著作包括休·麦克劳德的《20 世纪 60 年代的宗教危机》② 《1848～1914 年西欧的世俗化》《1789～1989 年西欧的宗教与人民》③，休·麦克劳德和沃勒·尤斯朵夫共同编辑的《1750～2000 年西欧基督教王国的衰落》④ 以及彼得·伯格、格雷思·戴维和埃菲·福卡斯共同撰写的《宗教的美国，世俗的欧洲？——主题与变奏》⑤，等等。

一些学者在集中讨论英国基督宗教世俗化的著作中表达了不同的观点。艾伦·吉尔伯特的《英国在后基督教时代的发展——现代社会世俗化历史》⑥，从英国长期社会经济发展的角度论证世俗化的过程。卡勒姆·布朗在《基督教英国之死——理解 1800～2000 年的世俗化》⑦ 一书中则认为自 20 世纪 60 年代开始的灾难性和剧烈的文化变革使英国核心宗教文化遭受了沉重打击，驳斥了世俗化是长期渐进发展过程的观点。布朗尤其强调，理解英国世俗化的关键在于女性宗教忠诚度的降低。格

---

① Gerald Parsons, ed., *The Growth of Religious Diversity*：*Britain from 1945*, Volume 1：*Traditions*, Routledge in association with the Open University, 1993, Volume 2：*Issues*, 1994.

② Hugh McLeod, *The Religious Crisis of the 1960s*, Oxford University Press, 2007.

③ Hugh McLeod, *Religion and the People of Western Europe*, *1789-1989*, Oxford University Press, 1997.

④ Hugh McLeod and Werner Ustorf, ed., *The Decline of Christendom in Western Europe*, *1750-2000*, Cambridge University Press, 2003.

⑤ Peter Berger, Grace Davie and Effie Fokas, *Religious America*, *Secular Europe? A Theme and Variations*, Ashgate Publishing Limited, England and Ashgate Publishing Company, USA, 2008.

⑥ Alan D. Gilbert, *The Making of Post-Christian Britain*：*A History of the Secularisation of Modern Society*, Longman Group Limited, 1980.

⑦ Callum G. Brown, *The Death of Christian Britain*：*Understanding Secularisation 1800-2000*, Routledge, 2001；Callum G. Brown, *The Death of Christian Britain*：*Understanding Secularisation 1800-2000*, Second Edition, Routledge, 2009.

雷思·戴维认为，不能绝对地宣称英国人被世俗化（secularised）了，他们只是不去教堂或不再属于任何教会了（unchurched）而已，因而对英国基督教的发展并不持过于悲观的态度。与此相对，斯蒂夫·布鲁斯在上述《现代英国宗教》等著作中使用各种数据说明，不仅是入堂率这一项指标，与宗教性相关的其他所有指标在英国均显示出同样的衰落趋势。

  一些英国学者注意到新兴宗教运动和对宗教灵修的追求近年来在英国的发展动向。随着近年来英国境内外来移民数量的大幅度增长和东西方文化交流的升温，英国人对东方的宗教信仰逐渐了解并产生了浓厚兴趣。在这一背景下，新兴宗教运动和"新时代"灵修复兴运动自 20 世纪 70 年代以来对英国宗教文化产生了不可忽视的影响。它们表现出了脱离西方主流基督教文化的意向，同时也被一些学者看作对英国社会世俗化倾向的对抗，在这些运动中甚至显现出社会重新神圣化的迹象。他们认为，青年一代并没有放弃对终极意义的关切，但是由于现代社会中人们自我意识的增强，这种关切的形式发生转换了。涉及这方面内容的著作包括保罗·希拉斯的《新时代运动——自我的褒扬与现代性的神圣化》[1]，布莱恩·威尔逊和杰米·克莱思威尔编辑的《新宗教运动——挑战与回应》[2]，保罗·希拉斯和琳达·伍德海德等的《灵修革命——宗教缘何让位于灵修追求》[3]，戈登·林奇的《宗教之后——60 年代生人与意义的探询》[4]《理解神学与大众文化》[5]《新灵修——21 世纪的革新主义信仰导论》[6]，等等。

[1] Paul Heelas, *The New Age Movement: The Celebration of the Self and the Sacralization of Modernity*, Blackwell Publishers Ltd., 1996.

[2] Bryan Wilson and Jamie Cresswell, ed., *New Religious Movements: Challenge and Response*, Routledge, 1999.

[3] Paul Heelas and Linda Woodhead, with Benjamin Seel, Bronislaw Szerszynski and Karin Tusting, *The Spiritual Revolution: Why Religion is Giving Way to Spirituality*, Blackwell Publishing Ltd., 2005.

[4] Gordon Lynch, *After Religion: "Generation X" and the Search for Meaning*, Darton, Longman and Todd Ltd., 2002.

[5] Gordon Lynch, *Understanding Theology and Popular Culture*, Blackwell Publishing Ltd., 2005.

[6] Gordon Lynch, *The New Spirituality: An Introduction to Progressive Belief in the Twenty-first Century*, I. B. Tauris & Co Ltd., 2007.

（二）国内研究现状

1. 关于"世俗化"问题

我国学术界（包括港台地区）近年来已逐渐意识到"世俗化"对西方传统宗教尤其是基督宗教的冲击作用，一些学者投入到对它的研究当中。这方面比较显著的成果首先是一批译著，介绍国外研究动向并进行评论，如翻译彼得·伯格的三部著作：《神圣的帷幕——宗教社会学理论之要素》①《天使的传言——现代社会与超自然再发现》② 和《世界的非世俗化——复兴的宗教及全球政治》③，以及罗德尼·斯达克和罗杰·芬克作品的译著《信仰的法则——解释宗教之人的方面》④，等等。

为探究基督宗教在现代世俗化氛围中的生存状况和方式，中国学者召开专题学术研讨会并出版了研究专辑。⑤ 学者们就世俗化对基督宗教的影响，以及基督宗教在世俗化处境和语境中的适应与回应的问题，从各自的视角进行了广度与深度兼备的探讨。从宏观整体的角度来看，学者们的研究涉及基督宗教的历史世俗性、世俗化处境中的人与上帝、基督教人本主义与世俗人本主义、当代神学世俗转向的认知意义、希望神学对世俗化处境的应对与超越、基督教伦理对世俗社会道德/素质教育的贡献、自然的世俗化与神圣化、基督教的灵智传统与世俗化、世俗化与圣经研究、世俗化背景下的俄国宗教哲学，以及基督教对于中国现代化的双重意义、从中国教会大学看世俗化处境中的基督宗教、新时期小说中基督教的世俗化色彩等方面；从微观个案的角度来看，相关论题则包括"罪的概念的世俗化：从当代北美酗酒治疗谈起""宗教与社区：香港教会及其社会服务的历史经验与反思""英华书

---

① 〔美〕彼得·贝格尔：《神圣的帷幕——宗教社会学理论之要素》，高师宁译，上海人民出版社，1991。
② 〔美〕彼得·贝格尔：《天使的传言——现代社会与超自然再发现》，高师宁译，中国人民大学出版社，2003。
③ 〔美〕彼得·伯格等：《世界的非世俗化——复兴的宗教及全球政治》，李骏康译，上海古籍出版社，2005。
④ 〔美〕罗德尼·斯达克、罗杰·芬克：《信仰的法则——解释宗教之人的方面》，杨凤岗译，中国人民大学出版社，2004。
⑤ 卓新平、许志伟主编《基督宗教研究》第 6 辑，宗教文化出版社，2003。

院：要踏上世俗化之路吗？""在传统与世俗之间——对世俗化处境下磨盘山基督徒的考察"和"世俗化处境中的河北基督宗教"等。学者们不仅保持着对世俗化与基督宗教研究的全球视域，亦重视该问题在中国的适用性。

我国学者在其他多篇论文中也表现出对"世俗化"问题的关注。首先是对世俗化相关理论的探讨，如《贝格尔的宗教社会学思想》①《从世俗化到去世俗化——彼得·伯格宗教社会学思想特征及其演变》②《世俗化、反世俗化与"消解世俗化"——评伯格的宗教复兴与政治伦理》③《世俗化理论的旗手　神圣化理论的鼓手——Peter Berger的宗教社会学理论》④《世俗化与去世俗化的对立与并存》⑤《世俗化与反世俗化——理论述评》⑥《如何超越经典世俗化理论？——评宗教社会学的三种后世俗化论述》⑦ 和《查尔斯·泰勒与世俗化理论》⑧ 等。另外，一些论文大致涉及以下几方面内容：对世俗化的含义、表现、原因及其作用的反思，如《世俗化是一种全球性的进程吗？——概念史中的一场学术争论》⑨《世俗化及其倾向性》⑩《关于世俗化问题》⑪《略论罗

① 高师宁：《贝格尔的宗教社会学思想》，载刘小枫主编《基督教文化评论》第1辑，贵州人民出版社，1990，第88～146页。

② 李向平、黄海波：《从世俗化到去世俗化——彼得·伯格宗教社会学思想特征及其演变》，载徐以骅主编《宗教与美国社会——多元一体的美国宗教》第2辑，时事出版社，2004，第275～298页。

③ 陈村富：《世俗化、反世俗化与"消解世俗化"——评伯格的宗教复兴与政治伦理》，《浙江学刊》2001年第2期。

④ 李顺华：《世俗化理论的旗手　神圣化理论的鼓手——Peter Berger的宗教社会学理论》，《新疆师范大学学报》（哲学社会科学版）2007年第1期。

⑤ 孙尚扬：《世俗化与去世俗化的对立与并存》，《哲学研究》2008年第7期。

⑥ 王璇、王青：《世俗化与反世俗化——理论述评》，《西藏民族学院学报》（哲学社会科学版）2008年第2期。

⑦ 汲喆：《如何超越经典世俗化理论？——评宗教社会学的三种后世俗化论述》，《社会学研究》2008年第4期。

⑧ 吕绍勋：《查尔斯·泰勒与世俗化理论》，复旦大学博士学位论文，2011。

⑨ 〔德〕幼阿希姆·马瑟斯：《世俗化是一种全球性的进程吗？——概念史中的一场学术争论》，辛岩译，《世界宗教资料》1992年第4期。

⑩ 郎友兴：《世俗化及其倾向性》，《世界宗教研究》1995年第2期。

⑪ 高师宁：《关于世俗化问题》，《世界宗教文化》1995年第4期。

马天主教的世俗化》① 《论近百年来基督教的世俗化趋向》② 《世俗化时代的神学反思》③ 《宗教的世俗化与世俗化的宗教》④ 《论宗教的世俗化及其问题》⑤ 和《关于宗教世俗化的几点诠释》⑥ 等；关于世俗化与世界宗教宏观发展趋势的看法，如《世俗化与宗教热》⑦ 《宗教的世俗化与人类文明的未来》⑧ 《世俗化进程与后宗教时代的来临》⑨ 《世俗化与宗教的未来》⑩ 《宗教世俗化及其未来》⑪ 和《浅谈宗教世俗化及其发展前景》⑫；关于中国宗教世俗化问题的探讨，如《社会转型时期中国宗教的世俗化倾向》⑬ 《宗教世俗化的中国式解读》⑭ 和《当代中国宗教世俗化的探讨》⑮；以及关于宗教教育、宗教艺术等领域的世俗化问题。学者们从各自的角度，对世俗化进行了很多探讨，成果颇丰。

　　总的来说，学者们对"世俗化"问题的讨论还不是十分集中，视角相对宏观，对"世俗化"这一概念的使用比较模糊和笼统。一些文章在介绍某一神学家或哲学家的思想过程中，提到"世俗化"的词源和含义等相关问题，或某神学家在此问题上的主要观点等时，对于"世俗化"的讨论则

---

① 朱锦章、朱锡强：《略论罗马天主教的世俗化》，《徐州师范学院学报》（哲学社会科学版）1995 年第 3 期。
② 邓前成：《论近百年来基督教的世俗化趋向》，《云南教育学院学报》（哲学社会科学版）1999 年第 1 期。
③ 杨庆球：《世俗化时代的神学反思》，载中国人民大学基督教文化研究所主编《基督教文化学刊》第 3 辑，人民日报出版社，2000，第 101～133 页。
④ 尚建新：《宗教的世俗化与世俗化的宗教》，载卓新平、许志伟主编《基督宗教研究》第 4 辑，宗教文化出版社，2001，第 56～69 页。
⑤ 张荣、李喜英、李娟：《论宗教的世俗化及其问题》，《河北师范大学学报》（哲学社会科学版）2002 年第 1 期。
⑥ 刘永霞：《关于宗教世俗化的几点诠释》，《宗教学研究》2003 年第 2 期。
⑦ 高师宁：《世俗化与宗教热》，《人大复印报刊资料·宗教》1994 年第 6 期。
⑧ 张钦：《宗教的世俗化与人类文明的未来》，《社会科学研究》2001 年第 1 期。
⑨ 康健：《世俗化进程与后宗教时代的来临》，《中央社会主义学院学报》2001 年第 12 期。
⑩ 高师宁：《世俗化与宗教的未来》，《中国人民大学学报》2002 年第 5 期。
⑪ 崔晓天：《宗教世俗化及其未来》，《学术交流》2002 年第 4 期。
⑫ 王凤、葛斐然：《浅谈宗教世俗化及其发展前景》，《改革与开放》2012 年第 18 期。
⑬ 冯丹：《社会转型时期中国宗教的世俗化倾向》，《黑龙江社会科学》1999 年第 1 期。
⑭ 杨凤岗：《宗教世俗化的中国式解读》，《中国民族报》2008 年 1 月 8 日。
⑮ 厉承承：《当代中国宗教世俗化的探讨》，新疆师范大学硕士学位论文，2010。

又显得过于微观。再者，学者们对"世俗化"的讨论主要从社会学角度展开，在基督教神学和哲学方面进行的研究成果主要包括北京大学、复旦大学、武汉大学和中山大学等高校的几篇博士、硕士学位论文，其内容涉及关于查尔斯·泰勒的世俗化理论、美国世俗化的宗教与威廉·詹姆斯的彻底经验主义、谢列贝克斯的思想与世俗化问题、英国的自然神论思想以及世俗化与基督教的关系等相关研究。通过历史学角度进行的研究还比较少，对于基督宗教与社会的双向互动这一重要领域亦涉猎不足。

2. 关于英国基督宗教发展状况

我国目前已有一些关于英国基督教会历史的研究。这方面的专著如《英国中世纪教会研究》①。该书介绍了英国从 12 世纪英格兰教会组织基本形成，直至 16 世纪 30 年代英王亨利八世宗教改革前夕这段时期内英国教会的情况，对包括教会组织结构、教堂、教士、教会法庭、教会税收以及宗教信仰与宗教实践活动等各方面内容作出了全面描述。对于英国基督教会的研究还有一些译著，如《英吉利教会史》，由被称为"英国历史之父"的"可尊敬的比德"（Bede）以拉丁文写成，两位译者根据其英译本（*Ecclesiastical History of the English Nation*）译成中文。比德被英国老一辈史学大师评价为"英国学者的第一位、英国神学家的第一位和英国历史学家的第一位"②。该书论述了从奥古斯丁受命到不列颠传教起，直到罗马天主教在不列颠各地取得胜利这一个世纪左右的历史。又如《不列颠宗教改革思潮》③（*British Presbyterianism and Puritanism*），介绍了从 16 世纪中期至 17 世纪末期"不列颠化"了的加尔文主义和清教主义在英格兰和苏格兰地区的发展情况。

可以看出，我国对于英国基督宗教发展状况的研究成果目前主要集中在古代和中世纪的教会史领域，对现、当代英国教会发展现状的研究还比较欠缺。

国内期刊上还有一些摘译或编译文章，概括介绍了英国宗教状况以

---

① 刘城：《英国中世纪教会研究》，首都师范大学出版社，1996。
② 〔英〕比德：《英吉利教会史》，陈维振、周清民译，商务印书馆，1991，中译本序言第 8 页。
③ 〔英〕W. S. 赫德逊（Winthrop S. Hudson）编《不列颠宗教改革思潮》，许牧世、赵真颂等译，香港基督教文艺出版社，1991。

及关于圣公会的形成发展和组织特点，世界史方面的研究涉及英国宗教改革和资产阶级革命时期英国的政教关系等方面的内容。此外，《英国通史》① 在论述每一时期的英国历史发展的过程中都简要介绍了当时的宗教状况。书中关于英国经济、政治、社会和文化等方面的历史事件为我们了解和把握英国宗教的发展线索提供了丰富的背景资料。

　　总之，国内目前尚缺乏对"世俗化"问题的系统梳理、关于英国当代基督宗教发展状况以及探讨二者之间关系的相关著述。本书将对此展开初步研究和个案探讨，希望能够起到抛砖引玉的作用，为这一领域的研究作出些许贡献。

① 　钱乘旦、许洁明：《英国通史》，上海社会科学院出版社，2002。

第一章　欧洲背景

——英国基督宗教的世俗化处境

一个幽灵，世俗化的幽灵，在欧罗巴洲徘徊。

欧洲的宗教学者、神学家、牧师、神父、平信徒们，为此而几家欢笑几家愁。一些势力，基督教会各个宗派，为挑战这个幽灵而结成了新的神圣同盟。

基督宗教在欧洲历史的风风雨雨中发展了近 2000 年，曾遭遇过各种各样的挑战，而当下它所面临的最严峻的挑战，莫过于世俗化所引发的危机了。世俗化也是目前英国基督教会面临的巨大挑战。如何理解世俗化，如何回应世俗化带来的教会内外的一系列变化，是英国基督教会普遍关注并希望予以解决的问题。英国身处欧洲，我们应首先在欧洲背景下明晰对世俗化的理解，即对它的含义、表现形式和形成原因等相关问题进行剖析。

"世俗化"是一个意义复杂而颇受争议的术语。本书所论及的"神圣"与"世俗"之间的界限是根据宗教学层面的理解，旨在探讨宗教与其所处社会的关联及区别，说明宗教在这一社会中的处境及其在历史进程中发生的嬗变。当然，"宗教性"（religiosity）与"世俗性"（secularity）也都是不易评估和度量的，学者们不同的意识形态、立场和观察角度，以及使用不同的分析方法这些主观因素造成了对与"世俗化"这一概念有关的许多问题争执不休的局面。我们探究英国基督宗教所面临和必须应对的"世俗化"，主要是从欧洲社会、思想和文化历史背景来分析说明"宗教"与"世俗"的对比。为此，我们必须首先要澄清"世俗化"及其对应的"宗教"之涵盖，因为"世俗化"的概念对于我们了解宗教的本质和特性，以及研究宗教与社会的关联和双向互动都极其重要。

第一节　"世俗化"的含义

从某种程度上说，对"世俗化"概念的争论实际上反映了对宗教的性质之深层认知的差异。虽然自 20 世纪下半叶以来学术界对此讨论了长达半个世纪之久，但至今仍无统一的说法，对"世俗化"一词的定义五花八门。澄清这个概念，是下文讨论其他与世俗化相关问题的前提和基础。实际上，对概念的设定往往有可能影响甚至预示文章逻辑推导的结论。

"世俗化"的概念与"宗教"直接相关。"宗教"是研究"世俗化"的参照系，对研究"世俗化"具有对比意义。为了明晰"世俗化"的概念，我们在此先从何为"宗教"入手。

一　关于"宗教"及其与社会的关系

如何对"宗教"下定义是理解"世俗化"这一社会现象的必要前提和基础。但正如西方宗教学创始人麦克斯·缪勒（Max Muller）所言："每个宗教定义，从其出发不久，都会激起另一个断然否定它的定义。……世界上有多少宗教，就会有多少宗教的定义，而坚持不同宗教定义的人们之间的敌意，几乎不亚于信仰不同宗教的人们。"① 故而，正如美国宗教社会学家弥尔顿·英格（J. Milton Yinger）所建议的，我们"应该放弃可能存在一种正确的、令大家都满意的宗教定义的想法"②。尽管一个圆满的宗教定义是不存在的，人们依旧旷日持久地纠结于此。这是因为，任何关于宗教问题的学术研究都不可能彻底抛开宗教的定义而进行下去。

对宗教定义有不同的分类角度。如以主观与客观作为分类方法，其中根据"人与其信仰对象的关系，显示出对超人间力量之探求和向往"的即为西方宗教学者视为"宗教"的主观定义。例如，缪勒称宗教为人

---

① 〔英〕麦克斯·缪勒：《宗教的起源与发展》，金泽译，上海人民出版社，1989，第 13 页。

② J. M. Yinger, *The Scientific Study of Religion*, New York, McGraw-Hill, 1970, p. 4. 转引自高师宁《关于宗教的定义》，作者赠稿，经作者同意予以引用，在此表示感谢。

对于"无限存在物"的渴求、信仰和爱慕。爱德华·泰勒（Edward Tylor）认为宗教是"对灵性存在的信仰"。詹姆斯·乔治·弗雷泽（J. G. Frazer）把宗教理解为人对"能够指导和控制自然与人生进程的超人力量"的迎合、讨好和信奉。威廉·施密特（Wilhelm Schmidt）指出宗教是人对"超世而具有人格之力的知或觉"。范·德·列乌（G. van der Leeuw）视宗教为人与神秘力量的独特关系。鲁道夫·奥托（Rudolf Otto）认为宗教是对超自然之神圣的体验，表现为人对神圣"既敬畏又向往的感情交织"。弗雷德里希·施莱尔马赫（Friedrich Schleiermacher）从人的内在经验上强调宗教是人对神的"绝对依赖感"。保罗·蒂利希（Paul Tillich）也从人的向往和追求谈到宗教即"人的终极关切"。① 根据"宗教的外在因素和形体构成"，"把宗教看成人的崇拜行为、动作的综合及其固定化"则形成西方宗教学者对"宗教"的客观定义，认为"其内容包括各种祈祷、祭献、圣事、礼仪、修行和伦理规范"。② 这两类定义要么大多侧重于对内在的宗教意识、体验及感情的揭示，要么仅重视宗教实践等构成宗教的外在因素，因此均不甚全面。

从学科角度来看，西方学术界从宗教学、社会学、政治学、心理学和人本学等层面分别解释了"宗教"的含义。例如，从宗教哲学角度看，"宗教是由对终极者的信仰所激发，以之为核心又与之相适应的情感体验、思想观念、行为活动和组织制度的人间体系。这是侧重人类文化精神的、属于人文学科的定义"③。宗教心理学家威廉·詹姆士（William James）首次给宗教作出了体制宗教与个人宗教的区分。体制宗教的基本要素是崇拜与献祭、感动神灵的各种方法、神学、仪式与教会组织；而个体宗教的基本要素则是人自身的内在素质，他的意识、他的功过、他的无奈、他的不完满。对于神的关爱，是个人宗教的基本特征。④ 而从宗教社会学角度

---

① 任继愈主编《宗教大辞典》，上海辞书出版社，1998，绪论第 2 页。
② 任继愈主编《宗教大辞典》，绪论第 3 页。
③ 何光沪主编《宗教学小辞典》，上海辞书出版社，2002，第 5 页。
④ 参见 William James, *Varieties of Religious Experience: A Study in Human Understanding*, New York, Collier Macmillan, p. 41；〔美〕威廉·詹姆士：《宗教经验之种种》，唐钺译，商务印书馆，2002，第 24 页以下；转引自高师宁《关于宗教的定义》，作者赠稿，经作者同意予以引用，在此表示感谢。

看，"宗教是由对神秘的超人间力量的信念所激发，以之为核心又与之相适应的情感体验、思想观念、行为活动和组织制度的社会体系。这是侧重人类社会生活的、属于社会科学的定义"①。在宗教社会学领域中，关于宗教的定义又分为实质性和功能性两类。埃米尔·杜尔凯姆（又译涂尔干，Emile Durkheim）认为，"宗教是与神圣事物（即与世俗之物有别而被归入禁忌范围的东西）有关的信仰和实践的统一体系，这些信仰和实践将所有的信奉者团结到一个称为教会的单一的道德共同体之中"②。它兼顾了宗教的本质与功能，是关于宗教较为经典的一条定义。但其中"神圣事物""世俗之物"以及"禁忌"等所指不是十分清晰，且带有一定的时代局限性。而杜尔凯姆用以指称宗教组织的是"教会"，对于除基督宗教之外的其他宗教则缺乏适用性。同时，"道德共同体"一说将宗教的功能局限在了一个较小的范围之内。现当代关于宗教功能性定义的讨论较为充分，影响力也较大。例如，托马斯·鲁克曼（Thomas Luckmann）认为，宗教是"人类有机体的一种能力。这种能力通过构造客观的，在道德方面有约束力的、包罗万象的意义体系而超越了人类有机体的生物本性"，"宗教就等于象征性的自我超越"。英格认为，"宗教是人们借以和生活中的终极问题进行斗争的信仰和行动体系"。罗德尼·斯达克和威廉·本布里奇（William Sims Bainbridge）认为，宗教是"主要从事提供以超自然的假设为基础的一般补偿的人类组织"③。我国学者高师宁赞同上述詹姆士关于体制宗教与个人宗教之划分的重要意义。关于个人宗教的界定，高师宁认为，"对于信徒而言，宗教是一种与神圣者密切相关的生活态度与生活方式"。在这个界定中，"与神圣者密切相关"表明了个人宗教的本质，而"生活态度与生活方式"是与神圣者相关后的结果，可以说表明宗教的功能，即由信仰带来的各种变化，由信仰影响到的对人对事的与非信众不同的态度和处理方法。④ 这一定义兼顾了宗教的本质与功能，在针对个体研究对象时具有

---

① 何光沪主编《宗教学小辞典》，第 5 页。
② 〔法〕爱弥尔·涂尔干：《宗教生活的基本形式》，渠东、汲喆译，上海人民出版社，1999，第 54 页。
③ 高师宁：《当代北京的基督教与基督徒》，香港道风书社，2005，第 279～281 页。
④ 高师宁：《关于宗教的定义》，作者赠稿，经作者同意予以引用，在此表示感谢。

较强的实用性。当代英国宗教人类学者马丁·斯特林格（Martin Stringer）指出，人们一直对宗教的本质有所误解，先前各类宗教定义均未脱离西方基督教的认知模式，并且在各个社会中仅有少数人采纳其所涵括的宗教形式。① 在前人的"宗教"定义中似乎必然包含三个要素：宗教是一个一元化的对象，与超越者紧密相连，对个体或社会具有改造作用。而斯特林格基于对普通英国人的日常生活所做的田野考察得出的"宗教"三要素是：由环境形成的和无体系的信仰，人们与非经验性的他者（non-empirical other）的亲密关系，人们对解决日常实际问题的需求。"宗教"概念中最本质的东西是认为"万物有灵"，或者说是被很多人看作"迷信"的内容。②

"由于其性质本身的缘故，各种定义不可能或'真'或'假'，而只能在用处上或大或小。"③ 以上宗教定义均是学者们从各自的角度对宗教进行的界说，它们并没有真假之分，只是在不同层面上分析不同的问题时所显现出的用处大小有别。在本书的论述中，我们采用以下定义，它由吕大吉先生在马克思主义理论体系之宗教理解的基础上发展修订而成："宗教是关于超人间、超自然力量的一种社会意识，以及因此而对之表示信仰和崇拜的行为，是综合这种意识和行为并使之规范化、体制化的社会文化体系。"④ 我们认为，这条宗教定义综合体现了宗教的实质与功能、构成宗教的内在与外在要素及其逻辑关系和层次结构，且简明扼要。从这个定义中我们还可得到两点启示：第一，"宗教"包括个人和社会两个层面的含义。在个人层面上，它包括宗教思想观念、宗教感情体验和宗教行为实践。在社会层面上，它包括宗教组织和宗教制度。第二，作为"一种社会意识"，社会是宗教存在的基础；作为"社会文化体系"，宗教是社会总体系中的一个组成部分。它不仅"是一种世界

---

① M. D. Stringer, *Contemporary Western Ethnography and the Definition of Religion*, Continuum International Publishing Group, 2008, pp. 2–5.

② M. D. Stringer, ibid, p. 108, pp. 113–114.

③ 〔美〕彼得·贝格尔：《神圣的帷幕——宗教社会学理论之要素》，高师宁译，第 201 页。

④ 吕大吉：《宗教学通论新编》，中国社会科学出版社，1998，第 79 页。

观和意识形态，也是一种社会组织和文化生活方式"①。社会总体系的变动必然牵动宗教文化子体系的变动，而宗教的变化也会反过来影响社会的变化，一个国家或民族的宗教精神会对该国家或民族的社会文化发生作用。可见，宗教与社会是一种互动的关系。我们将以此作为下文对"世俗化"以及英国基督宗教发展状况的论述基础。

关于宗教的定义问题，学术界目前依然存在着诸多争论。其焦点之一，是宗教组织/机构/体制是否为构成宗教必不可少的要素。以上述宗教定义进行分析，宗教包括个人层面的宗教思想观念、感情体验和行为实践这些要素是否已经足够，社会层面的宗教组织和宗教制度是否是必要因素。以基督宗教为例，基督教会是否为构成基督宗教的必要因素？是不是只要信徒在内心里信奉上帝，自己在家中祷告，有宗教意识和行为足矣？基督教会组织、教堂建筑和礼拜仪式等是否可有可无？笔者认为，人生活在社会之中，是社会性的动物。而社会必定由各种组织所构成。每个人根据其性别、年龄、阶层、职业、兴趣爱好等特征，分别属于不同的组织。其所参与的组织活动对其个人的思想、情感等方面又起着促进作用。同样，人们根据各自不同的宗教信仰分别属于不同的宗教组织，而参加宗教组织的群体活动，如到教堂参加礼拜仪式、与其他宗教信仰者进行交流等，会得到来自群体的支持，巩固其宗教信仰，感受到在宗教活动场所产生的独特气氛。反之，长期疏远其所属的组织，则很可能淡化其宗教意识。因此，无论是个人层面的宗教思想和行为，还是社会层面的宗教组织和制度，都是构成宗教必不可少的因素。缺少任何一方面，宗教的定义都是不全面的。

二 何谓"世俗化"

（一）概念阐释

究竟何谓"世俗化"？正像"宗教"的概念一样，学者们对"世俗化"的理解并无统一标准。它起初主要是宗教社会学用语。如美国学者拉里·席纳尔（Larry Shiner）曾将世俗化的含义归结为六种：（1）指宗教的衰退，即宗教思想、宗教行为和宗教组织失去其社会重要地位；

① 任继愈主编《宗教大辞典》，绪论第 4 页。

（2）指宗教团体的价值取向从彼世向此世的转化，即宗教从内容到形式都变得适合现代社会的市场经济；（3）指宗教与社会的分离，宗教变成纯私人的事务；（4）指宗教的职能被各种"主义"取代；（5）指社会逐渐摆脱神圣特征，超自然成分减少；（6）指"神圣"社会向"世俗"社会的转化。①

简要地说，所谓"世俗化"（secularisation），在字面上是"非神圣化"② 的意思。这里，"神圣化"或"非神圣化"乃是"宗教"意义上的表述。根据上文对"宗教"概念的理解，我们可以从两个角度对"世俗化"一词作出诠释。

第一，从"世俗化"所包含的个人和社会两个层面的含义来看，在个人层面上，它包括人们的意识和行为实践逐渐与宗教脱节，即不再用宗教来解释人生和自然界的各种现象，不再相信上帝、天堂、来世生活等的真实性，也不再定期去教堂参加崇拜仪式或进行神人沟通式的祈祷祝福；在社会层面上，它包括世界的神圣性和神秘特征减少，宗教思想、宗教组织在社会上的垄断地位被削弱，宗教内容和形式变得适合现代社会的市场经济，宗教的公共性质和公共职能弱化而使之变得更加私人化。

由上文关于宗教定义的一种争论，可引申出对"世俗化"理解的分歧。如果宗教可以不包含宗教组织和制度，那么只要信徒内心信仰超人间、超自然的力量就可以了，信徒不参加群体性的宗教活动，甚至宗教组织消失都不是世俗化的表现。但根据本书采用的宗教定义推论，无论个人和社会两个层面中构成宗教的任何一个要素发生衰退，都是世俗化的表现。

第二，从宗教与社会的互动关系来看，"世俗化"是人类社会一个漫长的变化过程，它涉及两方面内容：一是社会的变化，指人类社会各个领域逐步脱离宗教的影响；二是宗教本身的变化，指宗教不断调节自身以适应社会而走向"世俗"的变化。③ "世俗化"反映的是二者交错运行的状态（secularising）或者结果（secularised）。

---

① 何光沪主编《宗教学小辞典》，第180页。
② 高师宁：《新兴宗教初探》，中国社会科学出版社，2006，第108页。
③ 戴康生、彭耀主编《宗教社会学》，社会科学文献出版社，2000，第200~201页。

（二）相关概念辨析

我们应区分几组与"世俗化"相关的概念。

1."世俗的""世俗性"和"世俗主义"

"世俗的"（secular）：一个一般的形容词，意指属于或关于现世的，非宗教的，与教会和宗教事务相区别。

"世俗性"（secularity）：其含义之一是指现实世界中世俗的状态或性质；还可意指"世俗化的结果，描述社会中宗教的影响力之微弱，甚至消失"[1]。

"世俗主义"（secularism）：一种排斥任何宗教解释的世界观，认为所有宗教都对人有害。它带有价值判断色彩，是一种"反宗教的意识形态，而不是研究宗教的名称或理论"[2]。

2."神圣""世俗"与"世俗化"

"神圣"与"世俗"这两个概念是对立统一的关系。所谓"世俗"社会存在的历史与人类社会的历史一样久远，它与"神圣"相对立，但对立并不意味着二者完全矛盾。宗教是人的"终极关切"，它体现的是人类对神圣，对绝对的、超越自然的彼岸世界的向往和灵性追求，但这种终极关切以人的理性现实存在为基础，它并不能脱离人们赖以生存的这个相对的此岸世界。

"世俗化"并非指神圣转化成为了世俗，导致圣与俗对立的消失；"神圣"的领地逐渐被"世俗"所侵蚀，也不意味着这一过程最终必然导致"神圣"的消失。

3."神圣化"与"世俗化"

二者是一对相反的过程。首先有神圣化的过程，而后才可能出现世俗化过程。"神圣化"即指宗教思想成为社会人群的主导意识形态、宗教组织成为居于社会垄断地位的力量的过程。它始于人类社会诞生之日，成就于宗教被确立为"国教"之时，持续至中世纪末期、近现代社会萌芽之前。至此，"世俗化"开始接替"神圣化"，人类社会朝着另一

---

① 罗秉祥：《基督宗教在世俗性社会的困境与转机》，载卓新平、许志伟主编《基督宗教研究》第6辑，第66页。

② 罗秉祥：《基督宗教在世俗性社会的困境与转机》，载卓新平、许志伟主编《基督宗教研究》第6辑，第66页。

个相反的方向迈开步伐。

三 对"世俗化"的语源学分析

对一个术语进行语源学（etymology）分析十分重要。"语言反映人的意识"①，语源学研究可以使我们挖掘一个术语的语言渊源，得到人类思想进程的启示，并引导我们探索各种文化现象的特性和意义。

按照哈维·考克斯（Harvey Cox）的考证②，英语"secular"一词源于拉丁语"saeculum"，意为"这个时代"（this age）。同时"saeculum"还可以指"世界"（world）。在拉丁语中，另外一个词"mundus"也表示"世界"。然而，"saeculum"是时间词汇（time-word），是希腊语"αιων"的译文，指时代（age or epoch）；"mundus"则是空间词汇（space-word），译于希腊语的"κοσμος"，意指宇宙（universe）或被造的秩序（created order）。这两个词反映了希腊人和希伯来人对世界的不同理解。希腊人把世界理解为场所（place）、位置（location），事件在世界内部发生，但世界本身没有任何意义，世界没有历史。而希伯来人则从时间的意义上理解世界，世界本质上是历史的，是始于创世（Creation）迈向圆满（Consummation）的一系列事件。两者间的张力长期困扰着基督教神学思想。通过早期基督徒的努力，希伯来信仰逐步影响希腊世界，希腊人的世界概念开始时间化。世界成为历史，"κοσμος"变成"αιων"，"mundus"变成"saeculum"。"secular"是希腊人妥协的产物。它表示这个变动不居而转瞬即逝（passing and transient）的"世俗"世界与永恒而亘古不变的（timeless and changeless）"宗教世界"相对立，并且宗教世界高于世俗世界。

四 "世俗化"一词意义的演变

英语"世俗化"一词的意义曾经历了一个变化发展的历史过程。③

---

① Sheridan Gilley and W. J. Sheils, ed., *A History of Religion in Britain: Practice and Belief from Pre-Roman Times to the Present*, Blackwell Publishers, 1994, p. 503.

② 本段内容参见 Harvey Cox, *The Secular City: Secularisation and Urbanization in Theological Perspective*, SCM Press Ltd., 1966, pp. 18–19。

③ 关于"世俗化"意义的演变参见 Sheridan Gilley and W. J. Sheils, ed., ibid, pp. 503–505。

神圣与世俗的区分在 13 世纪晚期就有所体现，那时的基督教会有居住在俗世人群中为社会不同群体服务的神职人员（secular clergy）和住在修道院并属于修会的神职人员（religious clergy）之别，"世俗化"被作为形容词使用。14 世纪晚期，约翰·威克里夫（John Wycliffe）使用形容词和副词形式的"世俗化"对涉及世俗或宗教事务的机构和功能加以区分。到了 16 世纪，名词"世俗化"（secularisation）被广泛运用在法律界和教会，用以描述宗教机构的所有权转移或其财产挪作世俗之用。出现于 1648 年的《威斯特伐利亚和约》（the Peace Treaty of Westphalia）中的"世俗化"，意指把原先由教会管辖的土地转移到由非宗教的世俗政权管辖。①

到 18 世纪上半叶，狭义的标明法律范围的概念"世俗化"的意义得到引申，进而被用来描述宗教社会文化功能的缩减。1711 年曾有记载称，神职人员的谈话内容变得"世俗化"了（secularised），而 1755 年塞缪尔·约翰逊（Samuel Johnson）将动词"世俗化"（secularise）定义为"使与物质世界有关"。这后一种意义在 18 世纪成为最主要的用法。随着意义的拓宽，"世俗化"一词广泛流行了起来。

英国维多利亚时代前夕，"世俗化"已确定下来的用法指某人或某事变得宗教性越来越少，如神职人员还俗，由神圣的令人敬畏的到平凡的非宗教的转变，等等。但那时它还没有明确表示总体社会文化趋向的意义。它用来描述令人遗憾的无休止的政教斗争之兴衰变迁，但并未暗示世俗力量将可能占据上风。然而到 19 世纪 30 年代后期，"世俗化"一词开始连带了这一重要含义。不久之后，"世俗化"即被用来描述在艺术、文学、教育、哲学、伦理和普遍意义的文化中宗教影响的衰减。

19 世纪中叶以后，很多政治改革家进一步把世俗政权的管辖延伸至其他原先由教会管辖的事务上。教会对诸如教育、人文、家庭、经济和社会秩序等事务的影响逐渐式微。② "世俗化"于是泛指宗教在现代社

---

① L. Shinner, "The Concept of Secularisation in Empirical Research," *Journal for the Scientific Study of Religion* 6，1967：207—220，转引自江丕盛《当代世俗转向对基督宗教的认知意义》，载卓新平、许志伟主编《基督宗教研究》第 6 辑，第 74 页。

② 江丕盛：《当代世俗转向对基督宗教的认知意义》，载卓新平、许志伟主编《基督宗教研究》第 6 辑，第 75 页。

会、政治或文化上的隐退。

20 世纪以来，世俗化更发展为现代进程中一种重要而复杂的现象，从而具有我们现在所赋予它的宗教学、社会学、历史学和语言学等多重意义。而"世俗化"一词也不仅仅用来描述一个过程，有时还包含了对它的解释。

第二节　欧洲世俗化的表现形式

由于世俗化这一漫长的历史过程涉及宗教本身的变化和社会的变化这两方面内容的互动，对于世俗化的表现形式也应从这两方面来分析。

在欧洲甚至整个西方世界，宗教自身的世俗化与社会的世俗化互相渗透。社会的世俗化促进了宗教的世俗化，同时，宗教的世俗化也对社会的思想观念和思维方式等许多方面产生了不可估量的影响。

一　宗教的世俗化

第一，从神学层面来看，对"上帝"的理解逐渐强调其内在于世界，教会则相应地更加深入于社会。

早在 1799 年，弗雷德里希·施莱尔马赫就注重使神学对非基督徒也具有吸引力，寻求一种能够广泛宣讲的福音。[1] 他的思想缺乏对超越性的强调，将上帝与世界密不可分地联系起来，从而变成万有在神论，对自由主义神学的兴起起了很大的推动作用。

1941 年，鲁道夫·布尔特曼（Rudolf Bultmann）提出其"非神话化纲领"，试图使现代人也能把《圣经》的话语作为上帝的讲话来倾听。他认为《新约》所反映的世界观体现出古代盛行的神话意义，表达了前科学时代的思想，在由现代科学技术所确定的世界观看来早已过时，不会再是人们确信的对象。解释神话应从人类生存的角度来进行，从而达到基督教信仰在现代社会中的处境化。[2] 布尔特曼进一步发挥了最初施

---

[1] Alan D. Gilbert, *The Making of Post-Christian Britian: A History of the Secularisation of Modern Society*, Longman Group Limited, 1980, p. 123.

[2] 卓新平：《当代西方新教神学》，上海三联书店，1998，第 120～134 页。

莱尔马赫关注使福音与现代世俗文化相适应的思想。

这种发展同样体现在狄特里希·朋谔斐尔（Dietrich Bonhoeffer）的"非宗教性解释"当中。朋谔斐尔对基督教与传统宗教的关联和由此引起的种种弊病进行了反省和批评，认为将此岸与彼岸截然对立的态度会使世界向反基督教的方向发展。人们应当在世界现实中谈论上帝，而不把上帝视为彼岸世界的超验存在。他告诫教会应脱掉其宗教外衣，走向当代，面对现实，谋求与世界的统一，从政治、社会和道德等各方面承担起世界的责任，参与拯救世界的事功。①

在这方面走得更远的是保罗·蒂利希。他认为基督教信仰应与人的现实处境相互关联，神学应成为使人生和世界重获意义和希望的桥梁，寻求达到上帝与世人之间的沟通、和解并重新合一。他倡导广义的"文化基督教"，试图确立一种将基督教与世俗文化联系起来的方式，认为基督教不可能脱离其与现实社会的生存关联和文化参与，教会与人世社会的生存命运是紧密联系在一起的。②

从 20 世纪 60 年代以来，英美等国开始了一场激进的世俗神学运动，一些激进的思想家最终得出"上帝之死"的结论。神学从对"彼岸世界"和"来世生活"的向往转为对"此岸世界"和"今生存在"的关注。1963 年，英国圣公会主教约翰·罗宾逊（John A. T. Robinson）《对神老实》（Honest to God）③ 一书的出版曾引起了广泛的讨论。他认为既然人们对传统的上帝观念已经不屑一顾，还不如对"上帝"持坦诚态度，以人的自由和成熟来负起今生今世的责任。人们应以现实的新观念来重新思考对上帝的理解，要考虑到当代世俗文化的多元维度。其他的激进神学家还包括范·布伦（Paul van Buren）、威廉·汉密尔顿（William Hamilton）、托马斯·阿尔泰泽尔（Thomas J. J. Altizer）和哈维·考克斯等。他们宣布了与世无关的"上帝"已死，从而将上帝化入了现实、内在的世界。④

以上这些神学家们一直寻求的是以社会上更多人可以理解和接受的

---

①　卓新平：《当代西方新教神学》，第 65～73 页。

②　卓新平：《当代西方新教神学》，第 135～141 页。

③　John A. T. Robinson, *Honest to God*, SCM Press Ltd. , 1963.

④　卓新平：《当代西方新教神学》，第 73～85 页。

方式阐释神学和宗教，其本意是巩固基督宗教信仰，而实际的结果却是把上帝从高高在上的宇宙拉到了世界当中，教会也不再是与世隔绝的孤岛，而是与社会紧密融合在了一起。因此我们可以说，神学本身世俗化了。

第二，从社会经济层面来看，宗教的内容和形式日益市场化、商品化，即宗教内涵与表达方式发生了变化。

资本主义自由竞争市场的出现，经济全球化的浪潮，使原本市场体系中商品的交易关系方式也泛滥到社会人际关系之中。宗教也不可避免地沦为市场上的一种商品，要和其他商品一样按照市场规律进行竞争。由于要适应市场的商品交易规律，宗教信仰的内容也相应地采取了现世的商品包装，尽量减少超现世的宗教色彩。它顺应由文化工业透过大众传媒所炮制的潮流和需求，媚俗地改造自己的信仰内涵。于是，在商品化的冲击下，宗教信仰的内涵变得模糊了，而且随着潮流不断地左右摇摆。①

二　社会的世俗化

社会的世俗化即宗教思想和行为、宗教组织和制度在欧洲社会被边缘化，宗教的核心垄断地位逐渐被取代。

随着现代化的推进，整个社会在结构上分化为个别在功能上、专职和结构上自主的"子系统"。② 个别的子系统又再分化出更精细的子系统。这种不断将社会结构高度分化的现象，同时也将传统社会中宗教的垄断地位打破了。宗教的社会地位和权力逐步受到局限而收缩。

第一，宗教思想意识被边缘化。

宗教思想意识是构成"宗教"个人层面的因素之一，是检测世俗化内在表现的软指标。

在现代西方社会中，宗教信仰被众多非宗教性的世界观和价值体系所争夺和取代。作为一种有意义的实在，"超自然者"已经从现代社会

---

① 温伟耀：《基督教与中国的现代化——超越经验与神性的寻索》，香港基督教卓越使团，2001，第 54 ~ 55 页。
② 温伟耀：《基督教与中国的现代化——超越经验与神性的寻索》，第 52 页。

很可能是大多数人的日常生活范围内消失或远离了。这就意味着，"那些仍然，或者重新将超自然者作为一种有意义之实在的人已经发现他们处于认识上少数派的地位——这一结果具有深远意义"①。越来越多的人不再把宗教作为信仰支柱，而只是将它作为一种情感的寄托，平衡心理情绪，宣泄个人感情，逃避现实不幸，寻求心灵的慰藉。

从个人的内在经验上看，科学取代了宗教的地位，在对人生和自然界之各种现象的解释上起着主导作用。

在传统社会当中，宗教是人们解释世界的主要手段。针对自然界的各种现象如日月星辰、四季更替，人生的各种现象如生老病死、凶吉祸福，以及社会现象如财富、权力等，宗教都为其存在和意义提供了种种解释与合理论证。然而，随着科学理论被运用到人类社会的各个领域，传统宗教的解释和论证作用衰退了。人类的社会行动不断走向理性化（rationalisation）的发展。现代人将行为和抉择"建基于实证性的科学知识"，而"将宗教的超自然领域摒诸于考虑或根据之外"。②

不论是自然科学还是社会科学，都对传统的宗教观念构成了巨大的挑战。首先是自然科学。它从实验出发，引用自然本身的因素来解释自然界的现象；而宗教从信仰出发，引用超自然的力量来解释各种自然现象。科学以实践作为检验理论真伪的标准，而宗教以教义或教条作为判别是非的标准。科学方法是经验与理论的结合，而宗教方法则是以教义或教条为基础的推断与注释。科学主张认识的相对性，而宗教主张认识的绝对性。③ 哥白尼的日心说"把人抛出了宇宙的中心"，达尔文的进化论则"把人的地位降到了动物的等级"。④ 而彼得·伯格认为，对宗教更加尖锐的抨击来自于社会科学。例如历史学的挑战已经威胁到神学的根基，它把《圣经》和福音都看成了人的产物，把一切有组织的宗教都当作社会现象进行考察；弗洛伊德以后的心理学把宗教解释为人的需要和

---

① Peter Berger, *A Rumor of Angels: Modern Society and the Rediscovery of the Supernatural*, Doubleday & Co., Inc., 1970, pp. 5-6.

② 温伟耀：《基督教与中国的现代化——超越经验与神性的寻索》，第 53 页。

③ 钱时惕：《科学与宗教关系及其历史演变》，人民出版社，2002，第 167~168 页。

④ 〔美〕彼得·贝格尔：《天使的传言——现代社会与超自然再发现》，高师宁译，中译本导言第 10 页。

欲望的投射；社会学的研究使神学意识到自己在当代社会中处于少数派的地位。而且，社会学可以对相对化的问题提供答案，作出合理化的论证。它能使权威的"教会之外无拯救"沦为一般的原则，使之适合于各种宗教以及共产主义、素食主义甚至飞碟信仰。社会学的事实使宗教的断言失却了真理的地位。① 人类从对神话的考虑转移到了对逻辑的考虑。② "当作为人的意识结构之基础的认识改变之后，人对社会的看法及日常生活的观念也随之发生改变。"③ 社会科学置换了神学形而上学，取代了传统的宗教知识，使得一切疑难都成为可以解释的寻常事件。

宗教也不再体现整个社会的凝聚力，而逐渐私人化（privatisation），成为个人或家庭的选择或偏好。信仰的形式发生了改变，私人决断在认信过程中起着决定作用。每个人都可以自由地选择自己能够接受的世界观，也有更大的自主性去创造符合自己口味的意义体系。人们可以选择信不信神，也可以选择信仰一个神还是同时信仰几个神，还可以自由地更换崇拜对象。

第二，宗教实践被边缘化。

宗教实践也是构成"宗教"个人层面的因素之一，同时它是检测世俗化外在表现的硬指标之一。

对宗教实践的变化进行度量的常用指标包括宗教归属（religious affiliation）、教堂参与（church attendance）、主日学校就学率（Sunday school enrolment）、婴儿受洗（infant baptism）、接受坚振礼（confirmation）、举行基督教婚礼和葬礼的人口比率等。大量统计数据显示，以上指标近几个世纪以来在欧洲有明显下滑趋势，而且自20世纪60年代以来下滑的速度普遍加快。

当然，所谓中世纪的信仰"黄金时代"是不存在的，即我们不应过于夸大从前人们的宗教性，而且欧洲各国的具体情况也有相当大的差异，不可一概而论。但根据以上数据所反映的各种现象可以判断出一个毋庸置疑的总体趋势，那就是人们的宗教实践在很大程度上被逐渐边缘化了。

---

① 〔美〕彼得·贝格尔：《天使的传言——现代社会与超自然再发现》，高师宁译，中译本导言第10~11页。
② 温伟耀：《基督教与中国的现代化——超越经验与神性的寻索》，第53~54页。
③ 高师宁：《新兴宗教初探》，第110~111页。

那么，宗教实践与宗教意识的关系究竟如何呢？按照格雷思·戴维"没有归属的信仰"（believing without belonging）的观点，当代欧洲人仅仅是不再归属于某个教会了，但他们内心的宗教信仰程度还是很高的。其证据是将教堂参与和宗教信仰程度这两方面的数据进行对比得出的结果。根据荷兰蒂尔堡大学欧洲价值观调查组提供的 1999～2000 年的数据，在欧洲，每周一次去教堂参加崇拜仪式的人数占人口总数的 20.5%，每月一次的占 10.8%，只在特殊时刻如圣诞节、复活节等去教堂的占 38.8%，从来不去教堂的占 29.5%；另一方面，欧洲相信上帝的人数占总人口的 77.4%，相信死后生活的占 53.3%，相信天堂的占 46.3%，相信原罪的占 62.1%。[1] 以上数字均表示的是欧洲各国的平均值。这两组数据看上去确实很不协调，欧洲人似乎在目前具有较低教堂参与水平的同时仍保留着较强的宗教意识。但笔者认为，宗教实践和宗教意识不是独立而互不相关的两项指标，它们是同一事物不可分割的两方面而且相互影响。内在的意识层面的宗教信仰会通过外在的行为层面的宗教实践自然表露，外向的宗教实践可以验证并强化内向的宗教信仰。宗教礼仪是宗教实践活动的重要一环。根据莫尼卡·威尔逊（Monica Hunter Wilson）的定义，宗教礼仪是"一种宗教行动，用以表达感情的精致传统形式，用以保障某种神秘力量的赐福"[2]，意指宗教实践是宗教信仰的表达方式和保障。乔治·霍曼斯（George Homans）更明确指出，宗教礼仪"有助于个体想到圣洁领域，复兴和加强对于这个领域的信仰"[3]。梅多和卡霍则进一步认为"宗教可以在离群独处的情况下被付诸实践，但是如果没有别人的促进，宗教就不能够发展"[4]，即信徒

---

① Grace Davie, *Europe: The Exceptional Case: Parameters of Faith in the Modern World*, Darton, Longman and Todd Ltd., 2002, pp. 6-7.
② Monica Hunter Wilson, *Rituals of Kinship among the Nyakyusa*, Oxford University Press, New York, 1957, p. 9；转引自梁丽萍《社会转型与宗教皈依——以基督教徒为对象的考察》，《世界宗教研究》2006 年第 2 期。
③ George Homans, "Anxiety and Ritual: The Theories of Malinowski And Radcliffe-Bromn," *American Anthropologist*, 1941, p. 172；转引自梁丽萍《社会转型与宗教皈依——以基督教徒为对象的考察》，《世界宗教研究》2006 年第 2 期。
④ 梅多、卡霍：《宗教心理学——个人生活中的宗教》，陈麟书等译，四川人民出版社，1990，第 56 页。

个体单独进行的宗教实践还远远不够，只有在群体共同进行的崇拜仪式中，信徒之间互相影响和促进，才能使宗教信仰得到更好的发展。在特定的宗教场所进行的崇拜过程中，"神"已不再仅仅是抽象的概念，而是鲜活地存在于信徒崇拜神的仪式当中。"经由敬神如神在的心灵感受，信徒更容易实践神的教诲，接受神的话语。"①

长期缺乏固定的宗教实践活动将会弱化宗教意识。宗教实践的减少会带动宗教意识的衰微，反之亦然。但宗教意识的减弱从数据上表现出来会是滞后的。从这个角度分析，笔者同意一些学者的看法，他们认为宗教意识与宗教实践这两项指标的发展趋势相同，其曲线都是下行的。但二者的下行速度不同，宗教意识层面的指标下滑的速度相对较慢。况且，对上帝、死后生活、天堂和原罪等这些意识层面的软指标不像实践层面的硬指标那样易于度量，人们对这些概念的理解又不尽相同，因而以数据形式表现出来的宗教意识不能十分清晰地反映被调查者实际的信仰状况。

第三，宗教组织制度被边缘化。

宗教组织制度是构成"宗教"社会层面的因素之一，也属于检测世俗化外在表现的硬指标之一。

在人类社会形成和发展的早期，社会是被神圣化了的。从原始社会的图腾崇拜到古代社会的君权神授，社会和国家的正当性与合理性都是被某种超自然的根据所赋予，是由宗教来承担的。② 然而随着政教分离原则的确立，基督教会的权力被局限于甚至作为一种民间组织的范围，不再像中世纪那样高居于政治制度之上。基督宗教不再像从前那样是毫无争议的社会和政治权威的源泉，而成为社会分裂和政治分化的来源。它对政治的贡献，可以被描述为"从长时期约束政治运动的紧身衣变成了一件五彩的衣衫，可以使政治辩论和其多样的灵感源泉更加生动"③。一些学者认为，宗教在现代公共领域中只表现为一种可以被称作"意识

---

① 梁丽萍：《社会转型与宗教皈依——以基督教徒为对象的考察》，《世界宗教研究》2006 年第 2 期。

② 高师宁：《新兴宗教初探》，第 109～110 页。

③ George Moyser, ed., *Politics and Religion in the Modern World*, Routledge, 1991, p. 64.

形态的修辞"① 式的东西。在工业社会里，丧失其主宰力的宗教变成了一种边际性而微不足道的活动。它的功能犹如服务性机构一样，仅在人生的几个重要时刻，比如出生、结婚和死亡时，提供适当的仪式如洗礼、婚礼和葬礼以壮声势。当然，基督宗教不会退化到类似于它在被古罗马帝国立为国教之前的边缘地位，但是基督徒也只是"属于若干希望自己的声音能够被听到的少数派力量之一"②。基督教会可以任意要求世俗权力对其效忠服从的年代已经一去不复返了。

上文提到宗教的私人化问题，它产生的后果之一便是宗教体制渐趋瓦解。进入私人领域的宗教与传统宗教相比相去甚远。各种宗教机构在人类历史上相当长一段时间内一直"作为社会的垄断者而存在，它们规定着个人和集体生活的终极合法化。确切地说，宗教制度实际上就是种种制度本身，是调节思想和行动的媒介"③。然而，当宗教退入日常生活的私人领域，便"作为一个未受强制的当事人自愿接受的一种合理的复合体而表现为其特有的现代形式。……其基本特征之一是'个体化'"④。但是，作为个人或家庭的选择或爱好的宗教"缺乏共同的、有约束力的性质。这种私人的宗教性对接受它的个人来说虽然可能是'真实的'，却不再可能完成宗教的传统任务，即建造一个共同的世界，使一切社会生活都在其中获得属于每一个成员的终极意义"⑤。

当今欧洲社会中，为全体公民提供充分的教育资源、医疗保健和社会福利是各国政府的职责，而过去多少世纪以来这些内容正是属于基督教会的主要控制领域。

以教育为例，在西欧大部分国家中，虽然基督教会仍作为很多学校的所有者和管理者而在这一领域保持着影响力，教会学校也接受政府的资助，但这些学校必须服从国家关于教育的各项法令。宗教教育的内容从原先只专注于基督宗教的教育，发展为教授关于世界各种宗教信仰的一般知识，以使学生学会如何在现代多元社会中与他人交流。宗教教育

---

① Peter L. Berger, *The Sacred Canopy：Elements of a Sociological Theory of Religion*, p. 133.
② George Moyser, ed., ibid, p. 64.
③ Peter L. Berger, ibid, p. 135.
④ Peter L. Berger, ibid, p. 133.
⑤ Peter L. Berger, ibid, pp. 133-134.

越来越"学术"化,而越来越少"牧养性",即偏重于传授宗教知识,而较少联系实际,尤其是进行定期的宗教实践。如今的宗教教育体系鼓励学生接受与质疑并举,移情体验甚于盲目服从。[1] 即使是教会学校,也不能只教授宗教这类关乎人类价值观念的内容,还要培养学生的工作技能,以使他们将来能够适应激烈竞争的现代社会。儿童和青少年时期是人生观和世界观的形成期,同时也正处于充满疑惑和惯于对各种传统观念进行挑战的阶段。面对各式各样世俗文化潮流的冲击,宗教教育试图保证一种竞争优势是极为困难的。事实上,"宗教文盲"现象在当代欧洲年轻人中已经相当普遍。难怪有人悲观地认为,传统意义上大众对基督教的基本理解在欧洲已经不复存在,残留下来的只有"作为一门分支学科的专业知识"[2]。

第三节　欧洲世俗化的形成原因

对世俗化这一社会历史现象的解释,学术界目前仍无定论。下面首先介绍西方学术界关于世俗化比较有代表性的四种理论模式,[3] 它们从各自不同的角度分析了世俗化现象的成因,其中前两种持相反观点的理论模式在宗教社会学界占主导地位。在此之后,笔者将阐述以现代化进程为主因,由现代化所派生的城市化、理性化、政教分离和多元化等为子因,以现代化及其子因为外因,宗教自身发展为内因而促成世俗化的逻辑论证体系,说明欧洲的世俗化是漫长历史性演变的结果,是宗教与社会互动的不平坦的发展过程。同时,它也是多种因素连环相扣地交织在一起的综合作用的产物。

一　四种理论模式

(一)传统世俗化理论(Classical Secularisation Theory)

传统世俗化理论最早可追溯至 19 世纪亨利·圣西门(Henri Saint-

---

[1] Grace Davie, *Religion in Modern Europe: A Memory Mutates*, pp. 95-96.

[2] Grace Davie, ibid, p. 97.

[3] Philip S. Gorski, "Historicizing the Secularisation Debate," in Michele Dillon, ed., *Handbook of the Sociology of Religion*, Cambridge University Press, 2003, pp. 110-122.

Simon）和奥古斯特·孔德（Auguste Comte）的著作中，他们都认为随着国家和科学的影响力不断扩大，传统宗教的势力和合理性不可避免地被逐渐削弱。这种观点在卡尔·马克思（Karl Marx）、埃米尔·杜尔凯姆和马克斯·韦伯（Max Weber）那里得到了回应，他们都明确认可宗教的重要意义正在逐渐减弱。这后来也成为西方社会学界占主导地位的观点。二战后很多宗教社会学家都对其表示赞同，包括彼得·伯格、大卫·马丁、布莱恩·威尔逊、斯蒂夫·布鲁斯和托马斯·鲁克曼等。20世纪 60 年代，世俗化命题（Secularisation Thesis）与现代化理论结合在一起，成为一项重要原则——伴随着现代化，社会变得更加复杂，更加理性化，更加个人主义化，以及具有更少的宗教性。该理论模式曾经在学术界产生了巨大的影响力，并被认为具有普遍适用性，但逐渐遭遇诸多批判与质疑。到目前为止，除了部分宗教社会学家之外，现代化理论只有为数不多的几个坚定拥护者了。仍然在为世俗化理论辩护的学者包括威尔逊和布鲁斯等。

按照传统世俗化理论，现代化，包括社会结构分化、理性化、工业化和城市化等方面的发展，必然导致宗教的衰落。其论据有两方面内容：一是基督教社会功能的丧失。世俗机构的势力扩张到了原先由教会掌控的领域，包括社会供应、教育和道德心理咨询等；二是正统基督教观念和实践自 19 世纪晚期以来的长期衰落。在产业工人和受过教育的城市居民当中反映比较明显，即社会中最"现代化"的部分更能显示出世俗性和现代性的关联。

针对传统世俗化理论有两方面反对意见。一种反对意见认为，20 世纪正统基督宗教的衰落趋势是否代表了宗教性本身的长期衰落，其证据不足，而只是一种假设。或许基督宗教正经历一个过渡阶段，类似宗教改革时期；或许其他宗教会取代基督宗教的地位，正像古代基督宗教取代其他异教信仰那样。即便宗教本身确实正在逐渐衰落，也不能假设它是永久性的和不可逆转的。也许基督宗教正经历其发展的低迷时期。宗教的历史普遍有着盛衰消长的规律，基督宗教也不例外。

另一种反对意见对现代化是否必然导致世俗化产生质疑。确实有一些证据可以支持现代化与世俗化之间的正向联系，但如果比较一下不同国家和不同宗派的情况，问题就变得复杂了。例如，比利时和荷兰的城市化和工业化发展得比较早，且具有较高程度的政教分离，然而传统基督教的势力仍然很强。与此相反，北欧国家工业化发展较晚，人口稀少，且政教合一，但它们在欧洲国家中一直保持最低的虔诚度。美国是一个高度现代化的国家，但被大家所公认的是，与欧洲国家相比，美国保持了较高程度的宗教性。看来现代化程度的差异并不必然与宗教信仰的程度相关。①

某些传统世俗化理论无法解释的现象，以下第二种理论模式声称可以解释。

（二）宗教经济模式（Religious Economies Model）

20 世纪 80 年代以来，由罗德尼·斯达克和罗杰·芬克等人提出的此种理论模式②得到了很多学者的支持。

宗教经济模式的支持者吸收了新古典经济学理论，认为"宗教活力"（religious vitality）与"宗教竞争"（religious competition）、"宗教多元"（religious pluralism）呈正相关，而与"宗教管制"（religious regulation）呈负相关。如果"宗教市场"（religious markets）被少数大"公司"——教会所支配或被国家严格"管制"，其结果便是劣质的宗教"产品"，低水平的宗教"消费"。总之，会使宗教停滞不前。相反，如果有许多"公司"在没有政府干预的开放市场中竞争，宗教产品的"质量"会更高，个体消费者也更有可能找到一种符合其喜好标准的宗教。如果"宗教活力"的程度出现了变化，那并不能归因于"世俗化"，而是由于"宗教经济"（religious economy）的变化。这种理论研究证明了宗教多元主义与宗教活力之间的积极关系。照此看来，宗教的变化与现代化进程没有关系。这便可以解释为什么美国与欧洲国家的宗教参与程度如此不同了。在此基础上，宗教经济模式的倡导者声称世俗化命题是错误的。

---

① 关启文在《宗教在现代社会必然衰退吗？——世俗化理论的再思》（王晓朝、杨熙楠主编《信仰与社会》，广西师范大学出版社，2006，第 120～152 页）一文中，对世俗化理论的诠释、论据、批评及修正另有较为具体的论述，并通过对世界不同地区的比较，质疑现代化导致世俗化的观点。

② 又称宗教市场理论（Religious Market Theory）、宗教理性选择理论（Rational Choice Theory）等。罗德尼·斯达克本人更倾向于使用"宗教人本理论"（Humanistic Theory）或"意向性理论"（Intentional Theory）（魏德东：《宗教社会学的范式转换及其影响》，《中国人民大学学报》2010 年第 3 期）。

　　针对宗教经济模式也有两方面反对意见。一是对其理论意义表示怀疑。他们认为世俗化理论主要是关于社会结构变化而不仅仅是个人行为的理论。它首先指宗教与非宗教的生活领域之间不断增长的社会分化，其次才涉及对个人行为的影响。由于宗教经济模式仅仅注重个人行为，它并未真正触及世俗化理论的核心内容，而只是反驳了世俗化理论中的一个假设，即社会层面不断增长的结构分化与个体层面不断减弱的宗教性之间的直接关联。宗教经济模式是以理性选择理论为基础的。而彼得·伯格认为，并不是一切行为都可以用理性选择来解释，宗教行为便不能完全用成本和收益来解释。同时，理性选择理论虽然在讨论宏观宗教问题时非常有用，但在解释宗教现象的微观层面上存在困难。[①]

　　二是怀疑其研究结果本身的可信性和有效性。有些学者通过他们自己的数据或对宗教经济模式的数据重新分析，得到了多元主义和宗教活力之间零相关或负相关的结果。针对宗教经济模式也有反例，其中之一是有关宗教管制。如果从历史发展的角度来看，宗教管制与宗教活力呈负相关的说法就经不住考验了。欧洲的宗教活力在 19 世纪呈下降趋势，20 世纪 60 年代这种趋势加速发展。而在这段时间内，宗教管制的程度并非加强而是减弱的。

　　至于出现这些异常现象的原因，以下第三种理论模式或许会给出一些解释。

（三）社会政治冲突模式（Sociopolitical Conflict Model）

　　前两种理论模式的共同点是，都没有对政治因素予以足够的重视。而对另一些学者来说，社会政治冲突，尤其是政教关系的变化是世俗化进程中的主要变量。这些学者中的大部分是历史学家，他们在近来关于世俗化的争论中尚未发挥重要作用。这一理论模式的代表人物在社会学界是大卫·马丁，在历史学界是休·麦克劳德。

　　他们的主要论点之一是：在宗教垄断的情况下，教会和政府倾向于合为一体，各种社会上的和政党的反对力量于是倾向于以反宗教的形式出现，结果是脱离宗教的程度很高。相反，在宗教多元的情况下，教会在体制上和政治上独立于政府，针对现存政权的反对力量便不会指向宗教本身，甚至还会

---

① 曾强：《皮特·伯格论当代宗教社会学的研究走向》，《宗教与世界》2008 年第 6 期。

以宗教形式表现出来。这样，脱离宗教的程度可能会更低。

这种思路可以说明宗教经济模式解释不了的一个问题，即 19 世纪晚期开始出现的宗教"活力"减弱却伴随的是宗教"多元"增强和"管制"程度降低这样的矛盾现象。从社会政治冲突模式的角度来看，宗教活力即传统宗教信仰和参与程度的下降，确实是竞争的结果，但不是来自其他教会的竞争，而是来自非宗教运动，它们能够提供原先由教会垄断的东西，如广泛的世界观、社会安全网络，以及社区生活。它们经常为减少宗教管制、创造更加松散的政教关系而战，而且有时会得到一些宗派主义者的宗教运动的支持，他们也希望抑制国家教会的特权。这样便有助于宗教多元主义的增长。于是，宗教活力的减弱与多元主义的增长和管制程度的降低不再是矛盾的现象。

社会政治冲突模式为社会特定机构或部门内部宗教权威的缩减提供了解释。此模式认为，宗教经济模式只提到个人宗教性的衰落；传统世俗化理论的支持者虽然认为各种社会部门内部宗教权威的缩减是世俗化关键的一个方面，但他们却用含混不清和同义反复的方式来解释宏观社会的世俗化，认为世俗化是"现代化""社会结构分化"和"理性化"这些与世俗化密切相关的宏观社会走势的结果。而社会政治冲突模式强调宗教和世俗主义运动为了控制社会特定机构和部门（比如学校教育机构、婚姻和道德咨询服务机构）而进行的斗争（比如历史学家休·麦克劳德认为"世俗化"是一种"斗争"，而不是大多数人所说的"进程"）。

社会政治冲突模式的启示是，应从历史的视角去探索宗教的发展走向，研究关于宗教观念、宗教实践、教会权威以及教会在政治、教育、慈善事业、艺术和家庭等各领域发展的历史文献。宗教参与程度的变化不仅是个体宗教性变化的结果，它更是由整体宗教信仰的性质和处境发生变化所造成的。

社会政治冲突模式没有提到可能出现政治宗教和世俗意识形态的社会和文化条件。关于这个问题，还需要另一套概念工具。

（四）社会文化转型模式（Sociocultural Transformation Model）

这种理论模式来源于古典社会学理论的两种分析方法。

第一种方法来源于杜尔凯姆关于劳动分工和宗教社会学的著作。在西方社会过去 2000 年的大部分历史中，显示智力的劳动是由僧侣阶级垄断的。但自文艺复兴时期以后，非僧侣知识分子的数量稳步上升，各类专家和专业人员出现了，如法学家、科学家和心理学家等。为了建立起对从前由僧侣阶级控制的知识领域的控制权，他们必须在宗教与非宗教的体系之间划出清晰的界限。其结果是宗教语言的能力和权威逐渐从社会生活当中被清除出去。

第二种方法来源于韦伯的宗教社会学理论。更确切地说，是得自他关于"宗教对世界的抵制"（Religious Rejections of the World）的论述。韦伯认为，在传统社会里，宗教和"世界"是一体的。神居于世界之中，"拯救"由世间的福乐（包括健康、财富和子孙后代）组成。而随着大约 2000 年前在南亚和中东地区"抵制世界的宗教"（world-rejecting religions）的出现，最初宗教和世界的统一被打破了，个人的拯救和神圣被弹射到另一个超越的先验领域中。无论这种情况在何处发生，印度和中国、波斯和巴勒斯坦、罗马和麦加，宗教与非宗教的价值和行为之间的关系存在于一种紧张的状态之中。对神圣的需求不再轻易地与世界本身和谐相处。这个过程不是呈直线而是呈螺旋式向前发展的。韦伯认为，这种趋向由于各种原因在西方比世界其他地区更加明显。

以上四种理论模式，通过各自的视角对世俗化这一现象作出解说，各成体系。其中前两种理论模式，即传统世俗化理论和宗教市场理论在当代宗教社会学界影响极大。这两种理论模式在欧美支持者之间多互有批评和指责，各种理论自身也在不断进行修正。在这两种理论模式的基础之上衍生出的新的研究范式亦引发出诸多讨论。例如，传统世俗化理论及其之后的新世俗化理论常被宗教经济学家批评为只是为基督教欧洲"量身定做"；而虽然宗教经济学家们声称宗教经济模式具有普遍有效性，但它却带有"美国中心论"色彩。[①] 两者各执己见，其交锋似已呈胶着无解之态。另外，一些学者主张搁置但不放弃世俗化理论，而是将其明确地限定于特定历史条件下的特定社会，同时把研究指向不同宗教在不同社会中的多元变迁，在一种全球视野之中考虑社会变迁和宗教变迁的多样性。这种多元现代性（multiple modernities）理论认为，现代性

---

① 汲喆：《如何超越经典世俗化理论？——评宗教社会学的三种后世俗化论述》，《社会学研究》2008 年第 4 期。

是依据各自社会不同的政治、经济和文化脉络实现的。因此，并不存在一个单一的现代性，而是有多个现代性，或者说，现代性具有多种模式。世俗化并不能被当做一种普遍的历史法则，而是要考察和比较在现代化过程中，不同社会是如何以不同的方式区分宗教意义和社会秩序的。近年来，多元宗教现代性理论逐渐成为诠释非西方国家宗教变迁的一个重要工具。①

二 世俗化的可能性与必然性

（一）世俗化的可能性

人的生命过程本是实实在在的俗世中的现象，但根据马林诺夫斯基（Bronislaw Malinowski）的文化人类学研究，人生的每一个生理阶段，尤其是每次重大转机，如受孕、出生、成年、婚姻和死亡等，原本几乎都有相应的宗教需求，而且，"原始宗教活动中的大多数信念、仪式、行为等都是跟生命过程息息相关的"②。换言之，原始人类将世俗的生命过程神圣化，从而使之具有宗教色彩。人类为何将世俗神圣化，我们暂且不做分析。值得关注的是，圣与俗有了区分，神圣从世俗当中剥离了出来。

基督教会被看做上帝之城在人间的有形体现。教会被赋予独特的社会功能，成为至高无上的神权代表。神职人员是上帝与人间的媒介，对世俗社会行使神圣的权力。教会内外有了真正意义上的天壤之别。随之而来的是，神圣与世俗不仅有所分别，而且形成了对立。

神圣与世俗在人类观念中的区分和对立，为圣与俗的转化提供了条件；上帝与人间的实存中介，使转化具有现实基础和通道。"世俗化"因而成为可能。

（二）世俗化的必然性

促成世俗化的各种因素是由主因和子因、内因与外因组合而成的多维立体结构，这些具有紧密联系的因素综合在一起从而导致了欧洲世俗

---

① 汲喆：《如何超越经典世俗化理论？——评宗教社会学的三种后世俗化论述》，《社会学研究》2008 年第 4 期。
② 张志刚：《宗教文化学导论》，东方出版社，1996，第 37 页。

化的必然发生。

1. 现代化是促成世俗化的主因

"现代化"是人类社会在近200多年来的历史当中发生的"个体和社会的生活形态及品质"①的急剧变化，它导致了社会和人们思想形态的根本转变。而由现代化所派生出来的城市化、理性化、政教分离和多元化等因素构成了世俗化的子因。这些外因的动态变化在各个领域对宗教产生了不可估量的影响。

（1）经济领域

现代社会在经济领域的标志之一是工业生产和资本主义商品经济。从前，人类以农业及畜牧业的自然经济作为基础，从事着简单再生产的重复性劳动。庄园是基本的社会组织，它以自给自足为目标。那时宗教活动在人们的社会生活中占有主要的位置，人们需要神灵护佑，以求风调雨顺、五谷丰登。随着人类生产力水平的提高，欧洲近现代资本主义的商品生产成为社会发展的基础，人们进行的是创造性的工商业劳动，追求利润最大化，以世界市场，甚至全球经济一体化为目标。这时，经济活动是人们最基本的社会活动，人们最关注的也是世俗的赤裸裸的经济利益。资本主义经济体制创造了巨大的生产力和物质财富，使人们的赢利意识日趋强烈，追求奢侈物质生活的享乐主义逐渐蔓延；现代西方国家市场经济的竞争机制在推动经济发展的同时，也促使个人追求成功和私人利益，从而削弱了人们互助互爱的道德意识。这些现象都明显地违背了基督教伦理。基督教的核心是救赎，人生的终极意义在于彼岸世界而非此岸世界，它虽然不禁止人在现世生活中获取物质利益，但它反对人以追求物质利益为终极目标。物质利益"作为此岸向彼岸的过渡方式，它是上帝对人类信仰的褒奖；而作为世俗追求的目的，它便标志着人类对信仰的抛弃"②。资本主义经营还"更改了日常生活的样式：社会生活秩序是理性化的、按商品生产和商品销售的机制来构成的，不仅劳动，而且社会机体和日常生活领域都因此而商品机制化了"③。资本主义

---

① 刘小枫：《现代性社会理论绪论——现代性与现代中国》，上海三联书店，1998，第2页。

② 杨慧林：《罪恶与救赎——基督教文化精神论》，东方出版社，1995，第129页。

③ 刘小枫：《现代性社会理论绪论——现代性与现代中国》，第102页。

经济制度以金钱和纪律而非信仰和情感作为基础与保障，其各种社会关系具有非人格化的倾向，而"这种非人格化的关系会使得一些特定的人类关系脱离了教会的管辖，从而使得教会无法从伦理上对这类关系予以熏陶或改造"①。宗教的神圣光环首先在经济领域黯淡了。

随着工业集中生产规模的迅速扩大，农村人口逐渐向城市聚集，各种规模的城市以及城市集群快速生长起来。正如考克斯所描述的："如果希腊人将宇宙（κοσμος）理解为一个无限扩展的城邦（πολις），中世纪的人们将宇宙视为封建庄园的无穷放大，那么我们所体验的宇宙（universe）则是人的城市（city of man）。……现代人变成了四海为家的人，世界变成了他的城市，而他的城市向外延伸直到包含了整个世界。"② 城市化造成人们共同生活方式的巨大变化，它伴随的是科学和技术从宗教世界观的残骸中生根发芽，并且开花结果。城市成为"人类尽其所能进行探险的场所，而各式神灵却从中逃遁了"③。在城市中，社会结构分化更加显著。人们的工作地点和居住地点被分割开，人的社会角色、作息时间分配、收入和支出方式以及人际关系都与农村大不相同。人们活动和交往的范围扩大，业余活动增多，独立性和个人隐私感增强。这些变化都能够造成宗教对人吸引力的下降。随着现代城市中人们的工作压力越来越大，竞争日趋激烈，人们的生活节奏加快，时间就是金钱。许多人忙得无暇顾及思考和谈论信仰、谈论上帝、阅读《圣经》，更无暇光顾教堂。而其他人则无权对此进行干涉和指责。

城市可以展示科技快速发展的成果，城市中汇集了大批社会精英，也是高等教育最发达的地区。有统计显示，近几个世纪，在现代化过程中，受教育程度较高的城市人口比农村人口对宗教的信仰程度要低。就普通人来说，接受教育的平均程度越高，理性分析和判断能力越强，从而便较有可能排斥宗教信仰。关于理性对世俗化的作用，下文将会具体论述。

---

① 〔德〕马克斯·韦伯：《经济·社会·宗教——马克斯·韦伯文选》，郑乐平编译，上海社会科学院出版社，1997，第124页。

② Harvey Cox, ibid, p. 1.

③ Harvey Cox, ibid, p. 1.

（2）政治领域

资本主义商品经济所遵循的原则是等价交换。商品所有者有权决定自己商品的交换价格和交换方式。自由、平等、人权和尊严等观念从此变得不可动摇。古希腊的人文精神以文艺复兴的形式被重新弘扬，人本主义和人道主义成为政治伦理的核心。中世纪的神权观念和等级制度逐步瓦解，社会契约论和三权分立、权力制衡原则取代了"君权神授"，教权不再高于政权。从此，以人本主义为核心的世俗政治和伦理在世界上大部分地区占据了主要地位。

现代国家的形成被特洛尔奇称为"现代世界最重要的事实"[1]。现代国家是世俗的具有自主性的行政和军事机构，它抛弃了中世纪宗教性的精神帝国，建立起自足的理性化的实在领地，利用世俗宪法和官僚组织行使统治权，"以理性的、此岸的天命取代了非理性的、神意天命"[2]。18世纪末，法国大革命中的国民公会首次提出了政教分离的原则，教会与国家的联盟遭到拒斥，宗教权威与政治权威在结构上开始分化，世俗权力进一步侵占教会权力。建制宗教不再受到国家权力的支持，宗教也不再为国家政权的正当性提供支持，而实质上是国家政权不再需要宗教来论证其合法性，即基督教丧失了其在传统社会中的一项重要功能。另外，按照上文"社会文化转型模式"中杜尔凯姆关于劳动分工的观点，自文艺复兴时期以后，非僧侣知识分子的数量稳步上升，社会结构的功能分化（functional differentiation）日益鲜明，各类专家和专业人员出现，僧侣阶级不再于各个领域居垄断地位，甚至被排除出国家权力机构。基督教会对于民众失去了强制约束力，而趋向于成为个体自愿的社团活动。宗教逐步退化为个体私人化的信仰。

在政教分离和信仰自由的原则之下，建制宗教被非国教化了，失去了国家政权的支持，这同时意味着它丧失了相对于其他宗教和宗派的优越地位，各宗教和宗派权利平等，宗教宽容、宗派多元的格局逐渐形成。在19世纪欧洲一系列宗教—政治斗争中，充满了争取宗教宽容、宗教自由和宗教平等的呼声。"欧洲的宗教"原来显而易见特指基督教，

---

[1] 刘小枫：《现代性社会理论绪论——现代性与现代中国》，第90页。
[2] 刘小枫：《现代性社会理论绪论——现代性与现代中国》，第90页。

但现在基督教事实上成为了欧洲若干种宗教之一。对于基督教来说，每一宗派的权威都被限制在本宗派的非政治的范围之内，不能超出自己的领地。同时，宗教个人主义和私人化的倾向使得每人都有可能选择自己所需要的信仰。19世纪的美国也存在类似的状况，难怪有人声称"我自己就是一个教派"或者"我的心灵就是我的教堂"。宗教团体甚至"不得不在消费者的市场上竞争，其兴衰取决于个人宗教口味形式的变化"①。虽然基督教内部一直有多元现象存在，但政教分离和宗教的私人化无疑强化了宗教多元化的发展，而一个四分五裂的基督教又怎能轻而易举地抵挡世俗化的洪流？

（3）思想领域

资本主义的运行机制不仅使商品生产和社会生活机械化、理性化，它也带动了人们思维方式的逻辑化和理性化。爱德华·谢列贝克斯（Edward Schillebeeckx）认为，"世俗化是人类理性的发现，是人类的理性范围逐渐扩展的自然结果"②。

"理性"是人类特有的认识能力。人们对理性的肯定由来已久，并非从近代才开始。但是在欧洲，直到中世纪，神学仍高居各学科之首，理性须为神学服务而并未成为社会主导的思想特征。17世纪以后，哲学从神学中独立出来，随后又逐步产生了现代意义上的政治学、法学、经济学、社会学和心理学等社会科学中的各专门学科。

每一个时代都有其独特的时代精神，它统领着人们的思想，支配着社会行为方式。在古希腊时期是思辨推理的爱智精神，在基督教成为国教之后直至中世纪是对上帝之爱的信仰，而近现代以降的时代精神则凸显为尊崇人的理性。

17世纪从某种意义上讲可被称作"理性时代"，人的理性被高度褒扬。笛卡尔的名言"我思故我在"中的"思"形象地突出了理性的价值。近代哲学认识论具有鲜明的反神学目标，它论证了人的理性能力如何在认识过程中发挥作用。经验主义强调对现实事物的经验知识，否定

① Robert. N., Bellah, Richard Madsen, William M. Sullivan, Ann Swidler and Steven M. Tipton, *Habits of the Heart: Individualism and Commitment in American Life*, Harper & Row, 1986, p. 233.

② Edward Schillebeeckx, *God the Future of Man*, Sheed & Ward, Inc., 1968, pp. 55-56.

神学和经院哲学无视客观实际的教条主义和空洞思辨。理性主义崇尚理性知识，否定神学和经院哲学所宣扬的盲目信仰和蒙昧主义。启蒙哲学将理性看作"一种能力，一种力量"，它"分解一切简单的事实，分解所有简单的经验材料，分解人们根据启示传统和权威所相信的一切"①，向存在于物质世界和精神世界各个领域内真理的有效性进行挑战。有教会人士发出感慨，认为基督教会直到今天仍然生活在启蒙运动的阴影之下。

近代哲学根据理性原则，形成了新的宗教观，通过宗教怀疑论、自然神论、道德神论和战斗的无神论等，质疑并批判了基督教在现代社会中的意义和地位。其中，宗教怀疑论通过理性对正统神学和宗教的批判，证明在理性所能及的范围内，没有神学和宗教存在的余地，而在理性不能及的地方，为满足理智和生活的需要，只有靠非理性的信仰容忍宗教作为社会秩序的支柱和道德规范而存在，但是由于这种依靠信仰的宗教无法用理性来证实，因此是值得怀疑的。自然神论认为，上帝在做出对物质运动的第一推动之后，不再对其进行任何干预，物质于是按照自身固有的规律运动。自然神论以人的理性为根本来诠释《圣经》中的教义，对宗教的教条作出世俗的解释，去除其中神秘的、超自然的东西，从而将宗教自然化、世俗化。道德神论明确否认在理性范围内有神的存在，认为理性不可能证明神的存在，只能证明神绝对没有存在的可能，将上帝驱逐出了理性的领域，而只在道德领域将其予以保留。战斗的无神论对宗教神学展开了猛烈的抨击，认为根本不存在超宇宙独立存在的上帝这一精神实体，宇宙只存在一个物质实体并且进行着自身的运动。它否认宗教具有深化道德的功能，从而实现了彻底的无神论。

以上哲学思想彰显了理性的权威，扫除了宗教神学对人类思想的束缚，为人类自由的世俗活动创造了条件。

对个人自由、平等和理性的崇尚深刻改变了大众的道德伦理观念，许多传统的基督教伦理观念被打破。多少世纪以来被视为违背基督教教义原则和《圣经》基本训导的不道德行为，甚至被禁止的离婚、堕胎、同性恋、安乐死等也逐渐为越来越多的人所接受，而后发展到明

---

① 〔德〕E. 卡西勒：《启蒙哲学》，顾伟铭等译，山东人民出版社，1996，第 11 页。

49

确受到法律保护。可见基督教对欧洲人的种种思想和行为的约束已日渐减弱。

通过以上分析我们不难看出，现代化是造成欧洲世俗化的主要原因。因此，笔者在分析世俗化形成原因的问题上，赞同传统世俗化理论的看法，即现代化造成了欧洲包括社会层面和个人意识层面在内的全面世俗化。但是，现代化不仅仅促成了世俗化，它同时也产生了一些反世俗化运动，宗教并非由于现代化程度的不断加深而必然灭亡（关于这些反世俗化运动，我们将在后面的章节予以论述）。

至于上文介绍的其他三种理论模式，在本质上并不与世俗化理论相矛盾，其中提到的各种造成世俗化的原因归根结底都来源于现代化。例如，宗教经济模式中所谓"宗教市场""宗教竞争"和"宗教多元"的出现是现代化的结果之一。就连"市场""竞争"和"多元"这些时髦概念的广泛应用也是与现代化进程分不开的。社会政治冲突模式认为，宗教参与程度的变化更是由整体宗教信仰的性质和处境发生变化所造成的。所谓"处境所发生的变化"正是指几百年来人类社会生活中的现代化过程，而社会政治冲突和斗争所产生的基础则是在经济、政治和思想文化等各领域全面现代化了的社会。社会文化转型模式中的劳动和专业分工也是现代化的产物。

总之，在现代化过程中人说出了"我能"，从而摆脱了对上帝的依赖。现代化意味着生产力水平的大幅度提高，物质利益成为人追求的目标；城市中高等教育的普及使人们头脑中充满了理性的思维方式；政教分离原则的确立不仅驱除了基督教在国家机构中权威的合法地位，还造就了宗教私人化和多元化趋势，更加分散了基督教会作为一个整体对抗世俗化的力量。人类理性范围的扩展体现于经济、政治和思想等各个领域。思维的理性化促使人的知识和能力不断增长，从而导致以自我为中心的各种欲望逐步扩张。谋求利益和权力的最大化，本是人类有史以来为了争取生存和发展的动力，这也是人性中最基本的一面。人类依靠科学技术所能控制的区域越来越大，对上帝则越发地漠视起来，上帝所控制的神圣领地逐渐收缩，世俗化不可避免。

现代化进程是促成世俗化的外因，是必要条件，但决非充分条件。基督宗教自身内部的发展是促成世俗化必不可少的另一方面原因。

2. 基督宗教是否可能成为自己的"掘墓人"？

彼得·伯格在分析世俗化的根源时曾尖锐地指出："基督教已成为它自己的掘墓人。在宗教与世俗化的关系中生动地体现出这一历史的反讽。"[①] 那么，这一观点是否能够成立呢？

（1）透过基督宗教的经典文献《圣经》，人们可以看到，世俗化的序幕已经徐徐展开。

马克斯·韦伯将世俗化称为世界"祛除巫魅"（disenchantment）的过程，而哈维·考克斯认为，如果从希伯来传统理解《圣经》，那么，这一"祛魅"的过程从耶和华创世之时就已经开始了。[②] 前世俗化时代的人们身处魔法的森林中，巫术构成了前世俗化部落人群的世界观。古代苏美尔人、埃及人和巴比伦人的宗教体系均将人和宇宙看作紧密联系的整体，神和人都是自然的一部分。这种世界观直至《圣经》信仰的来临才被打破。希伯来的创世观标志着自然与上帝分离，人与自然相区别。这便是祛魅过程的开始。在《圣经》之《创世记》中，太阳和月亮是耶和华的创造物，悬于天空中为人类照亮世界。自然不是神圣的实体，不能控制人类的生活，也不是宗教崇拜的对象。考克斯将《创世记》称作"无神论的宣传"，因为耶和华创造了自然的各个部分，他自身并非来自于自然界，而且他允许人用一种实事求是的方式认识自然本身。从这个意义上说，基督教和共产主义起着相同的作用。成熟的世俗人类的任务是照管自然并利用它，承担曾分派给亚当的责任。自然界的祛魅为自然科学的发展提供了先决条件，因为除非人类毫无畏惧地面对自然，否则真正的科学成就是不可能出现的。自然的祛魅是传统宗教毁灭的根源。

考克斯认为，《出埃及记》是政治非神圣化的根源。历史是上帝行动的场所，这便使政治社会变革有了全新的可能性。耶和华将犹太人从埃及解救出来，这是一个历史事件，是反抗君主法老的起义，而法老与太阳神的关系成为他拥有政治统治权的基础。出埃及的事件标志着人脱离了神圣的政治秩序，脱离了以宗教为合法统治基础的君主，进入了另

---

① Peter L. Berger, ibid, pp. 128–129.

② 以下三段内容参见 Harvey Cox, ibid, pp. 21–36。

外一个政治统治的世界，但这种统治获取权力的基础是人达到特定社会变革目的的能力。这就是政治世俗化的开始。虽然后来总有试图恢复神圣政治的尝试，比如中世纪的"神圣罗马帝国"等，但种种努力终究被证明是徒劳的。政教冲突也由《圣经》信仰做了铺垫，是基督教会使其成为可能。奥古斯丁曾经说过：国家有它自身的善，但这并非最高最真实的善。它无法实现对人的拯救。基督教会并没有全盘否定和彻底排斥世俗的政治权威，而是有条件地接受了它，结果却使得教会最终退入一块飞地。

考克斯还认为，人类价值观念的相对化部分源自《圣经》信仰对于偶像崇拜的反对。《出埃及记》中在西奈山上帝向摩西所传"十诫"的禁忌之一是禁止跪拜"偶像"。犹太人相信，耶和华是以色列唯一的神，人是不可能对其进行复制的。任何通过偶像表现的神性，事实上都不是耶和华。《圣经》并没有否定神的真实性和价值，它只是将其相对化了，认为它们是人类的设计作品。在这种意义上，它与现代的社会科学十分接近。因为犹太人对耶和华的信仰，一切人类价值观念及其表现都是相对的。人们逐渐相信国家只是人创建的，而非神圣意愿的体现。人们也不再有理由相信生活中的道德伦理标准是刻在天堂里的金色碑匾上的，而相信它们是由特定的历史条件决定的。世俗化将铸造人类价值观念的责任放在了人类自己的肩上。

彼得·伯格与考克斯的观点颇有几分相似，他也认为世界摆脱巫魅从《旧约》时代就开始了，但伯格主要是从宗教功能的角度来分析的。古代以色列文化从埃及和美索不达米亚文化中诞生，但和它们有很大差异。在埃及和美索不达米亚文化中，人的世界"镶嵌在包含了整个世界的宇宙秩序中"，人界与神界存在着连续性。这种神人相关的世界观，给人类提供了"抵御无秩序的屏障"。以色列宗教则通过《旧约》对亚伯拉罕从美索不达米亚出走和摩西领导的从埃及出走的解释，抛弃了埃及和美索不达米亚关于神圣秩序的观念，通过《旧约》的"超验化、历史化和伦理理性化"，使神界与人界之间的联系变得脆弱了，而世俗化的种子正是埋藏在这里。因为人类生活离不开秩序和意义，宗教给人类提供了"神圣的秩序"，它"将人的生命安置在一种有终极意义的秩序中"。当神人间的联系不再紧密，宗教也就不再能够发挥它以往的作用。在此之后，天主教虽然保留了人与上帝相连的各种渠道，但它用教会的形式把宗教活动集中在一个特定的范围之内，这相当于承认了教会之外的领域不属于上帝的管辖。① 世俗世界的存在于是"被神学论证为合理的"，基督教"以最无意识的方式"为世俗化打开了一条路。②

伯格进一步分析，与天主教世界的"完整"相比，宗教改革之后的基督新教更损害了大量宗教内容，而被缩减得只剩下了"本质"。神圣从现实中大大地退缩了。在天主教中，神圣者与信徒之间还可通过各种渠道保持联系，比如教会的圣礼、圣徒的代祷、超自然者在奇迹中的重现等，在可见与不可见的世界之间存在广阔的连续性。但新教破坏了这些媒介中的大多数。马丁·路德提出"因信称义"的神学理论，以《圣经》的直接权威抵制教宗的间接权威，强调信仰主体的能动意义，它的实际后果之一却是打碎了神圣与世俗之间的连续性，"切断了天地间的脐带，以历史上前所未有的方式将人类抛回而依靠他自己"，新教因此而成为"历史上对世俗化具有决定意义的先锋"。③ 从此，"早已埋在《旧约》中的世俗化种子破土而出"④。

（2）除了从《圣经》传统中可以挖掘出世俗化的根源之外，基督宗教自身在欧洲的发展还对经济、政治、思想文化等领域的世俗化产生了直接或间接的影响。

第一，经济领域。

欧洲城市的形成和发展与基督教会密切相关。比如，早在盎格鲁-

---

① 当然，基督教会对基督教发展的正面作用不容忽视。美国宗教社会学家塔尔科特·帕森斯（Talcott Parsons）对此有着精辟论述："教会宗教的发展是基督教发展过程中一个具有里程碑意义的转折，它使得宗教信仰的制度化成为可能，使得宗教对教义的解释性得到了普遍的传播，形成了一定的标准，也为现代化社会价值观统一奠定了一定基础"（石丽：《帕森斯宗教社会学理论述评》，《世界宗教文化》2011年第3期）。

② 〔美〕彼得·贝格尔《神圣的帷幕——宗教社会学理论之要素》，高师宁译，译者序第4~18页。

③ Peter L. Berger, ibid, pp. 111-113.

④ 〔美〕彼得·贝格尔：《神圣的帷幕——宗教社会学理论之要素》，高师宁译，译者序第18页。

撒克逊时代初期，英国组织程度最高的社会共同体是以大教堂和礼拜堂为中心的群众性宗教团体。这是社会神圣化的体现。几个世纪里，手工业者、商人、扈从和无业游民都因为宗教的原因汇集到建有大教堂的地方。所以，在罗马人撤出不列颠之后，盎格鲁－撒克逊人城市生活的最早复苏与大教堂的建立以及基督宗教的传播有很大关联。这些以大教堂为中心的聚居地成为中世纪英格兰城镇的起源地之一。①

在中世纪的欧洲，基督教会的影响波及政治、经济、社会生活等各个方面。欧洲的城镇建设多是以教堂为中心。教堂首先是宗教活动的中心，在其周围很自然地形成了市场，这便是经济中心。然后又顺理成章地出现了管理商业经济的机构——议会或政府，即政治中心。这些即是作为一个城市必备的要素。基督宗教的发展促进了城市的形成和繁荣发展，许多重要教堂所在地都成为了中世纪欧洲政治、经济和文化中心。

中世纪欧洲经济的发展也有基督教会的参与。教会修道生活所倡导的"祈祷与劳动"，读经与生产，为西方经济文化史上颇有影响的"生产型人格"的形成起到了关键作用，而这对于欧洲经济复兴和产业革命的发生有很大帮助。②

现在我们发现这样一条线索：社会神圣化意味着宗教成为人们生活的中心，以基督教会为中心的城市得以形成和发展，这又促进了经济增长，上文曾经提到欧洲近现代经济的发展加快了城市化进程，而城市化后又成为世俗化的原因之一，即社会神圣化→城市生长→经济发展→城市化→世俗化。

另外，马克斯·韦伯认为，基督教新教伦理，特别是加尔文宗及其后发展而成的清教和虔敬派所倡导的伦理思想，对西方资本主义经济的形成曾经起到过十分重要甚至决定性的作用。"预定论"的神学思想，强调在现实生活中有所作为，清教徒苦行僧式的勤劳和节俭发展出的现实生活中的禁欲主义，从遁世到入世的转变，这些对于社会经济生产的发展都具有积极意义。作为现代西方资本主义精神乃至整个现代西方文

---

① 钱乘旦、许洁明：《英国通史》，第 23 页。
② 卓新平：《基督教文化百问》，今日中国出版社，1995，第 45 页。

化"基本要素"的"以职业概念为基础的理性行为是从基督教禁欲主义中产生的"[1]。也许韦伯的观点略显极端,但资本主义精神确是其经济发展的重要精神动力之一,资本主义经济发展是现代化的重要一环,而现代化又成为世俗化的决定因素之一。

第二,政治领域。

公元380年,罗马帝国立基督教为国教。这可以说是一种政教联合的表现,它的后果是,世俗王权利用宗教势力,与教会权力相结合,将政治统治神圣化;同时,宗教势力也更易对世俗世界施加影响。另外,政教联合也正是政教分离的前提条件。关于政教分离对世俗化的影响,上文已经加以说明。

以马丁·路德为代表的德国神学家和教会人士于1517年发起的宗教改革,对教宗的权威予以公开挑战,最终导致与罗马天主教会的决裂和基督教新教教会的诞生。路德主张建立不受教宗控制的民族教会,这一创举具有两方面的深远影响。一方面,它带动欧洲其他地区也掀起了宗教改革运动的浪潮,造成了基督宗教"民族化、地域化"的状况,逐渐形成了"教随国定"的传统。1648年《威斯特伐利亚和约》(the Peace Treaty of Westphalia)正式确立了此项原则,承认由世俗的政治权威来决定在其领土范围内确立何种宗教为国教。在民族教会中,是由世俗王权决定宗教事务的,这意味着王权高过了教权,这一转变彻底颠覆了十几个世纪以来基督教会主宰一切的局面。另一方面,基督教新教的创立改变了西欧基督教会长达千年之久的统一局面。路德在德国的改革形成了新教路德宗信仰体系;受德国宗教改革的鼓舞,加尔文先后在瑞士和法国等地创立了另一个新教宗派加尔文宗(又称归正宗或长老宗);英王亨利八世自上而下发起的宗教改革使英国国教会圣公会(即安立甘宗)传统得以确立。此后,从这些新教派系中又产生出许多规模不等的新教宗派,基督宗教多元化的状况从此延续至今。其实,基督教会内部自始便存在着信仰的多元化现象。对启示的多种理解模式,对《圣经》的多种诠释方法等,这些差异性削弱了信仰的同一性,从而削弱了其总

---

① Max Weber, translated by Talcott Parsons with a foreword by R. H. Tawney, *The Protestant Ethic and the Spirit of Capitalism*, China Social Sciences Publishing House, 1999, p. 180.

体的对外战斗力。从上文的分析中我们曾经得出结论，现代国家的形成和宗教多元化，都对世俗化产生了重要的促进作用。

在一个神性与人性交战的年代，人们在透过宗教改革试图挣脱教会控制，获得充分宗教自由的同时，也徘徊在十字路口，在上帝与自我之间挣扎、取舍、选择。这对于"自由"来说可能是最好的时代，但对于曾经无坚不摧的基督宗教信仰来说却并不那么乐观。因为在得到自由的同时也意味着失去某些其他东西。人们要为获得自由而付出代价。

第三，思想文化领域。

中世纪的教育主要是基督教教育，修道院是欧洲文化教育的摇篮之一，是知识分子诞生和成长的重要场所。许多修道士对哲学、文学、语言、音乐、数学、天文等人文和自然科学领域的钻研和传授推动了中世纪社会文化知识水平的普及与提高。查理曼帝国境内普遍建立了大教堂和修道院学校，普及和提高中小学教育。12～13 世纪时，从这些教会学校中发展出了中世纪欧洲的大学。这时的高等教育在一定程度上也属于基督教文化教育的范畴。神学是中世纪研究中的最高学科，大学大多也是获得教宗或地方教会批准和赞助而建成。与此同时，中世纪大学相对独立的地位孕育了欧洲人文主义思潮。英国学者索斯伯里的约翰率先提出社会生活中个人精神自由的问题。他主张个人精神自由与社会法律及公义应在理性基础上得到统一，倡导现实生活中政治与哲学、个人意志与伦理规范的有机结合。这种思想被 14～15 世纪欧洲文艺复兴运动所继承和发扬。①

欧洲文艺复兴运动所倡导的人文主义思想原本是基督宗教内部的思想运动，它强调人的"自知和自主"，唤醒人的自我意识，但其本身并非以反对教会，用"人"来取代"神"作为目的。人文主义者基于《圣经》等基督教思想对"人文""罪""罪感"等概念用新时代的历史眼光来看待并加以新的诠释，以"人本主义"扬弃"神本主义"，使"人"在基督教文化里获得"新生"。② 虽然人文主义者们的本意并非要

---

① 卓新平：《基督教文化百问》，第 46～56 页。
② 卓新平：《基督教文化百问》，第 79～80 页。

用"人"取代"神",但其实际效果是,"人"的"新生"使人获得自由和权力的能力大增,原本意为"谦卑"的"人文"经过现、当代的发展成为人们自我意识的无限膨胀,最终"人"要摆脱"神"的束缚,并且要取代"神"而成为意识的中心。在后来的欧洲启蒙运动中,人的理性终于占据了绝对上风,现代社会的主导特征便是本质上的"人类中心论"(anthropocentrism)[①]。基督教在其后的发展进程中一直无法抹去这样的阴影。因此,从某种意义上说,被变相发展了的人文主义思想成为世俗化的导因之一。

通过以上《圣经》传统以及宗教自身的各种因素对欧洲经济、政治和思想文化等方面世俗化所起的重要作用,我们可以说,虽然称基督宗教为自己的"掘墓人"未免有些言过其实,但基督宗教自身确实在不知不觉之中为欧洲的世俗化进程创造了许多不可替代的必要条件。[②]

综上所述,欧洲世俗化的种种表现究其缘由,大多可追溯至近现代甚至古代和中世纪,是宗教与社会长期互动造成的历史性演变的结果。历史永远是一个连续向前发展的整体。

促成世俗化的各种因素,无论外因与内因还是主因与子因,均有机地联系在一起,相辅相成,互相影响,缺一不可。

[①] David J. Bosch, *Transforming Mission: Paradigm Shifts in Theology of Mission*, Orbis Books, 1991, p. 267.

[②] 英国宗教社会学家大卫·马丁通过另外一种思路分析了基督宗教自身对世俗化所起到的推动作用。他认为,历史上的一系列基督教化过程均伴随着反冲力,必然付出代价。天主教与新教背景之下的基督教化的后果有所不同。天主教在其基督教化过程之初即导致了权力、等级、战争、暴力以及政教之间的紧张关系;天主教亦是理性、最初的科学、炼金术和政治学等产生的温床。新教的基督教化所付出的代价是道德混乱。完美的教会失效了,原有神职人员的国际秩序被打破,教会被国家同化,信徒皆为教士,教士成为各种职业之一,修士转化为繁殖后代的家庭成员。独立的个人理性和经验现实逐步获得主导地位。新教福音派和虔敬主义者的"大觉醒"创造了宗派亚文化,在信者与不信者之间制造了界限,成为一名基督徒因而并不是全社会的生活方式。福音派则无须礼仪与机构制度的仲裁,基督宗教到头来只不过被大众当作"友好的邻居、得体的个人态度和善意情感"。马丁指出,宗教性的过往必然逐步产生世俗性的未来(David Martin, *On Secularization: Towards a Revised General Theory*, Ashgate Publishing Ltd., England, Ashgate Publishing Company, USA, 2005, pp. 3-8)。

　　鉴于每个宗教群体所处的历史环境和社会文化背景的差异性，各个国家和地区多样的历史传统、不同时期的社会经济条件，以及历史的流动性，没有一个关于世俗化的一成不变且放之四海而皆准的理论模式。我们必须以符合史实为基准对具体国家和宗派的情况进行具体分析。

第二章 谁是主流

——世俗化对英国基督宗教的冲击

那是最好的时代，那是最糟的时代，那是充满智慧的年代，那
是充满荒谬的年代，那是信仰的纪元，那是怀疑的纪元，那是光明
的季节，那是黑暗的季节，那是希望的春天，那是绝望的冬天，我
们拥有一切，我们一无所有，我们都在径直走向天堂，我们都在径
直走向相反的方向。①

世俗化是一个复杂的历史过程，它在不同的处境中以不同的方式显
现出来。本书在第一章讨论了欧洲世俗化进程的普遍形态。从这一章
起，我们来探究世俗化的英国特色。

本章将主要分析世俗化在英国历史各个阶段，尤其是 20 世纪 60 年
代以来的不同表现形式，以及导致英国世俗化的各方面原因在各个历史
阶段所发挥的不同程度的作用。世俗化在英国经历了一个长期的历史发
展过程，但在不同时期形态各异。我们把这一过程以 20 世纪 60 年代作
为分水岭大致划分为两个历史阶段，其中第一个阶段包含第一次世界大
战之前和两次世界大战至 20 世纪 50 年代末这两个时期。在这一阶段，
世俗化在英国经历了长时期的量变准备过程，到 20 世纪 60 年代则达到
了质变的突破。第二阶段，即 20 世纪 60 年代之后英国的世俗化特征和
成因是本章研究的重点。

---

① Charles Dickens, *A Tale of Two Cities*, Collins' Clear-Type Press, 1859, p. 9.

第一节　20 世纪 60 年代之前的英国世俗化

一　两次世界大战之前

（一）世俗化缓慢发展

在两次世界大战爆发之前，虽然世俗化早已露出端倪，但英国从总体上来说保持了较高程度的宗教认同。基督宗教无论在国家政治层面还是在民众的日常生活中都理所当然地占据着重要地位。

在教会格局方面，英国处于典型的欧洲大陆国家和美国的模式之间。正像欧洲大陆大多数国家一样，英国拥有一个居于统治地位并享受特权的国教，与政治上的保守派结盟，但英国又有长期宗教宽容的历史，使很多教义相悖的宗派能够比较自由地发展，① 这一点又与美国相似。每一个宗派都只能够赢得数量有限的一部分信众。圣公会和主要的非国教会居于权力顶端，使得处于社会下层的人不易融入。然而对这种教会结构的批评和反对往往也以基督教的形式表现出来。18 世纪中期英国的自由主义解放运动主要由非国教会信徒操纵，而在许多欧洲大陆国家盛行的世俗自由主义和社会主义思潮并没有在英国发挥重要影响。虽然理性主义也对 18 世纪英国基督教提出了挑战，但却被 19 世纪上半叶的福音复兴浪潮所淹没。当时，作为基督宗教标志之一的新建的教堂建筑构成了城市和乡村随处可见的风景。人们对上帝的信仰被认为是理所当然正确的，而对与此不符的信仰怀有敌意。婴儿受洗、父母送孩子到主日学校学习等是受人尊重的普遍行为。人们在教堂与亲朋好友会面，家庭成员一同参加崇拜仪式，一同吟唱赞美诗歌颂上帝。这些都构成了当时英国的基督教文化景观。

在 19 世纪，大约有 60% 的英国人自称属于圣公会。根据 1851 年宗教普查的数据分析，非国教会信徒约占总人口的 30%；天主教徒约占

---

① 英国实现宗教宽容有一个历史过程。宗教改革运动之后，圣公会的国教会地位得以确立，非国教会和罗马天主教会长期受到压制。他们在公众生活中的法律限制分别于 1828 年和 1829 年通过《考查与社团法案》（Test and Corporation Acts）和《罗马天主教解放法案》（Roman Catholic Relief Act）被废除，从而获得了相应的政治地位和权利。

4%；犹太教徒的数量由 19 世纪中期的 0.2% 上升到第一次世界大战前的 0.7%。除了构成社会主流的基督徒之外，英国还有少量佛教徒、印度教徒和穆斯林。① 这一时期英国存在两种类型的"非宗教"人士，数量不多，但没有准确统计的数字。第一种是世俗主义者、不可知论者和理性主义者，他们拒绝接受任何与神灵有关的信仰；第二种类型的人对任何形式的宗教都不感兴趣，却也不是反宗教的。

　　英国的世俗化在相当长的一段时期之内表现为一种边缘现象，其走势也比较平缓。然而，一些教会人士还是敏感地捕捉到了潜伏着的世俗化动向。1842 年，参与牛津运动的亨利·爱德华·曼宁（Henry Edward Manning）在英格兰南部城市奇切斯特（Chichester）的一次布道中警告说，这个时代在很大程度上已是"非宗教性"的，朝向更加"世俗"的文化发展将成为普遍趋势。② 有人慨叹"信仰的危机"仿佛一场四处蔓延的流行病，以往作为欧洲文化之健康基础的超自然的基督宗教"无疑正在远离我们"③。英格兰、威尔士和苏格兰于 1851 年 3 月 30 日（星期日）在各家教堂进行了一项主要针对教堂本身运行状况和人们参与崇拜活动情况的调查。其数据显示，教堂参与指数（Index of Attendance，IA）约为 59%。④ 有半数以上的人去教堂，这在 21 世纪的人们看来已经是不小的比例，但在 19 世纪中叶，这一数字却说明这个国家有相当多的人不虔诚、不敬神。

　　在 19 世纪即将结束时，克利福德（W. K. Clifford）称这一代人最先看到"在空荡荡的天堂里，春日的阳光照耀着没有灵魂的大地……如此孤独，那伟大的同伴（Great Companion）已经死去"⑤。事实上，维多利亚时代的人们只把这些言论当做危言耸听的传说，并不在意。但也许他们是最后一代持有这种看法的人了。

---

① Hugh McLeod, *Religion and Society in England*, *1850 - 1914*, Macmillan Press, 1996, pp. 11-12.

② Sheridan Gilley and W. J. Sheils, ed., *A History of Religion in Britain*：*Practice and Belief from Pre-Roman Times to the Present*, p. 504.

③ Sheridan Gilley and W. J. Sheils, ed., ibid, p. 505.

④ Hugh McLeod, ibid, pp. 12-13.

⑤ Sheridan Gilley and W. J. Sheils, ed., ibid, p. 505.

在第一次世界大战来临之前的 19 世纪末到 20 世纪初，许多宗教指标都有明显下滑趋势。以教堂参与为例：伦敦地区从 1851 年到 1886 年的 35 年中，教堂参与率仅由 30% 减少到 28.5%，而 1886 年到 1903 年的 17 年中，这一指标从 28.5% 下滑到 22%。一些城镇由 1851 年的 44% 下降至 1902~1904 年的 27%，某些乡村地区则由 1851 年的约 45% 降至 1913 年的 25%~35% 不等。①

"不可知论"（agnosticism）逐渐在英国大众尤其是社会中上阶层当中蔓延，它较准确地表达了这一时期许多人的信仰状况。他们既不否认上帝的存在，却又不像他们的前辈那样有着确信坚定的宗教信仰。首先是对《圣经》的怀疑，如怀疑《旧约》中上帝创世是否可信，《新约》中描述耶稣生活和他的教导的准确性及其各章节内容是否一致，其作者是否歪曲了一些事实以求与《旧约》中的预言相吻合，其中的故事对于现代人是否已没有意义，等等。一些基督教传统教义如地狱、救赎等也相继受到质疑。1904 年由《每日电讯报》（*The Daily Telegraph*）出版的通信集《我们相信吗？》（*Do We Believe?*）通过 97 封书信充分展示出人们对基督教甚至广义上对宗教的各种质疑。② 此时，空气中弥漫着的对上帝的怀疑已不再被认为是罪孽而时常受到压制。当然，在这一历史时期，表达对宗教传统的质疑仍仅代表私人言论，社会上和教会内部对这种言论的反应相当谨慎，态度甚至是敌对的。一个家庭可能会因为有一个世俗主义分子而受到警告。但是我们可以设想，对部分教义的怀疑有可能导致对更多其他教义的批评，甚或成为瓦解整个基督教信仰的第一步。

教会在社会各领域所发挥的作用下降，原先由教会提供的教育和社会福利等逐渐被中央和地方政府机构所蚕食。比如在教育领域，根据 1870 年《教育法案》设立的"双重体系"③，一批政府管理的公共学校建立起来，成为教会学校的补充。公共学校不属于任何宗教派别，讲授纯粹的知识而不受宗教教义和宗派的影响，易于普及至所有居民。政府还向全体居民提供公共图书馆等设施。在社会福利领域，英国政府于

---

① Hugh McLeod, ibid, pp. 171–173.

② Hugh McLeod, ibid, p. 185.

③ Hugh McLeod, ibid, p. 218.

1834 年制定的《济贫法修正案》（*Poor Law Amendment Act*）将济贫责任从主要由神职人员居于中心地位的教区中剥离出来，而置于新近组成的济贫法联盟（Poor Law Unions）的管辖之下，由选举出的贫民救济委员负责管理。另外，英国政府于 1836 年通过的《注册法案》（*Registration Act*）允许英国人在圣公会以外的崇拜场所结婚，或者举行完全非宗教性的公证婚礼。① 教会对于人们的现实生活、社会发展和进步的重要性似乎都已开始减弱了。

英国的世俗职业领域逐步扩大，一些原本只能由教会负责的工作现在由世俗人士管理。整个社会对神职人员的需求相对减少。例如，直到 19 世纪中期，大部分英国著名的科学家都是神职人员，他们占据了英国皇家学会（the Royal Society）和英国科学进步协会（the British Association for the Advancement of Science）的重要职位。这种状况遭到以赫胥黎（Thomas Henry Huxley）为首的年青一代职业科学家的严厉抨击。他们将神职人员看作盲信的反启蒙主义者，认为科学的威信由于这些非专业人员的作为而遭受了损害。赫胥黎认为神学上的先入之见会将科学的注解引入预定的信道。② 此后，职业科学家逐渐占据了科学机构中最有影响力的职位，神职人员在诸如英国皇家学会等机构中的影响日益减弱。在医学领域，到 19 世纪后半叶，当大规模传染病发生时，政府优先采取有效的公共医疗卫生措施，而不再像先前那样，以设定国家祈祷日作为首要措施。许多医生仍是基督徒，他们并非与神职人员对立，但他们要求明确一点，是医生而非牧师或神学家对人的病因和治疗方法作出判断。

教会内部此时也发生了一些变化。在神学方面，圣公会和大多非国教会对正统教义的诠释更加宽松，反对拘泥于字义解释《圣经》，他们还积极地看待科学和教育。即使是圣公会中亲天主教会的高派教会也出现了现代自由化倾向，浸礼会和公理会则容纳了更加多元的思想意识。保守派与年青的自由派牧师针锋相对，对《圣经》权威，甚至对生活方

① Hugh McLeod, *Secularisation in Western Europe，1848–1914*, Macmillan Press Ltd., 2000, p. 17.

② Hugh McLeod, *Religion and Society in England，1850–1914*, pp. 214–215.

式和审美观等都会产生争论。总体来说，一种温和、适度的自由主义神学以及对基督教参与社会的强调逐渐在教会中占据上风。与此同一时代发生的美国基要主义运动，以及在德国、法国、西班牙等欧洲大陆国家盛行的政治保守主义在英国都属于边缘现象。自由主义神学引发了对其他非基督教信仰日益宽容的态度。人们对非基督教信仰更加尊重，同时开始怀疑所谓欧洲"文明"的价值，其后果之一便是削弱了海外传教的动力。①

在组织机构方面，教会招募神职人员变得更加困难。随着不可知论思想在社会中上阶层人士中不断膨胀，一些即将被任命的圣职候选人也开始对《圣经》中的奇迹和正统教义产生怀疑，而中上社会阶层是圣公会神职人员的主要来源。1851 年，圣公会神职人员与英格兰总人口的比率为 1∶1035，到 1891 年下降为 1∶1196，到 1911 年更缩减至 1∶1451。② 为教会工作的还有一大批平信徒。他们负责走访教区居民，在主日学校担任教师等，是教会与广大社会群众进行联系的重要辅助者，而自 19 世纪 90 年代以后，他们的数量也呈下降趋势。另外，许多基层教会的生存发展与它们获得本地富人（如商人）的大量资助息息相关。这些富人有时不仅出资，还积极参加教会建设和各种活动，有的亲自担任主日学校或查经班的负责人，同样自 19 世纪 90 年代以后，愿意为教会提供捐助的人越来越少。

（二）世俗化缓慢发展的原因

总体上来说，在两次世界大战之前相当长的一段历史时期内，虽然世俗化在英国的发展比较缓慢，但它的走势是明确的。究其原因，主要有以下几方面。

第一，经济方面，从 19 世纪 70 年代到第一次世界大战爆发之前这段时间，英国社会生活中发生了一种可以被称作"闲暇革命"（Leisure Revolution）③ 的转变。各类体育运动、音乐和电影等成为风靡全英国的娱乐活动。当今世界上流行的许多体育项目都是在 19 世纪晚期的英国

① Hugh McLeod, ibid, pp. 190–193.
② Hugh McLeod, ibid, pp. 193–194.
③ Hugh McLeod, ibid, p. 196.

成形的。这对于宗教的影响体现为：这些娱乐活动大多在星期日进行，因而运动场、音乐厅和电影院，而不是教堂，成为更能吸引一些英国人的地方。虽然在教会的压力之下许多剧院、博物馆和运动场所在星期日必须关闭，但解除安息日禁忌的闸门显然已经慢慢开启。体育运动缓解了人们工作上的压力，给许多人提供了成就感甚至社会身份认同感。到19世纪末，体育运动对某些人来说成为了宗教的替代品。此时，曾经深刻影响英国社会生活的崇尚工作、节俭的清教精神被很多人所遗弃，现代化生产成就的财富增长使人们从重视精神生活转而关注物质享乐。当然，这种生活方式在当时会遭到教会的反对而受到限制。

现代化在造就进步、金钱和利润的同时，也造就了新的贫困，使得生活在英国城市和乡村下层的人们游离于宗教组织之外。他们每天关注的是如何战胜饥饿，而没有足够的空余时间和精力考虑去教堂。况且，当穿着体面的服装去教堂做礼拜成为时尚之时，没有财力购置像样服装的穷人便不愿在教堂露面。他们甚至因为遭受贫穷而拒绝信仰上帝。相对于强调家庭生活美德、充满各种禁忌的教堂，贫穷人家的男子在空闲时间经常光顾的是酒馆（pub）。那里是男性自由的空间，他们可以酗酒、赌博、出言不逊、唱歌跳舞、打架斗殴。他们自认为属于不受教堂欢迎的人，但在酒馆却总是受到热情款待。[①] 酒馆文化成为了英国次于基督教文化的亚文化特色。

第二，政治方面，随着现代资本主义制度的发展，英国工人阶级的力量日益壮大，工会组织逐步发展起来。阶级成为社会各领域问题当中越来越显要的因素。由于神职人员大多来自社会中上阶层，他们与工人阶级日益对立。当19世纪后期出现经济萧条、失业率升高的现象时，工人罢工频频发生。大部分神职人员对此持批评态度，认为这造成社会分裂，不利于他们希望维护的社会和谐。神职人员与工人阶级的关系由此进一步恶化，导致许多工人离开教会。另外，在政党政治中，随着阶级因素重要性的增强，阶级成为政治结盟的基础，比如工党（Labour Party）主要吸引工人阶级选民，而保守党（Conservative Party）则主要拥有中产阶级支持者。由宗教派别划定政党界限的状况开始被改变。到

---

① Hugh McLeod, ibid, pp. 122-126.

19 世纪末，宗教因素在政党选举中的重要性大大降低。工党中的成员有圣公会教徒、罗马天主教徒、非国教会信徒、犹太教徒，以及世俗主义者。持不同宗教信仰的人分散在各个政党之中，而不像同时期的欧洲大陆国家宗教与政治的联系那样紧密。

第三，思想方面，18 世纪的欧洲启蒙运动浪潮同样席卷了英国，基督教思想遭到了理性前所未有的严峻挑战。而英国 19 世纪上半叶出现的福音复兴运动使得形势有所缓和。到 19 世纪后期和 20 世纪初，一股浓重的怀疑色彩在空气当中弥漫开来。科学发现对《圣经》的准确性提出质疑：地质学家在 19 世纪 30～40 年代声称地球的形成时间比《旧约》作者所认识到的还要早得多；达尔文在其 1859 年的《物种起源》（*On the Origin of Species*）和 1870 年的《人类的演化》（*The Descent of Man*）两部著作中表述的物竞天择的进化理论与传统上帝创世的理念相抵触，使得人们对《创世记》中描述的上帝对不同物种和人类的创造产生怀疑；科学知识的普及以及对普遍自然法则的认识导致人们对《新约》中神迹事件的记叙越发感到不安；孔德的实证主义哲学在 19 世纪 60～70 年代受过良好教育的英国中产阶级宗教怀疑论者中成为时尚，他提出了知识之神学、形而上学和科学三个阶段，科学已经取代宗教，或至少使宗教变得更加难以令人相信的论断为众多英国人所接受。

19 世纪后期严重的经济萧条促使人们思考资本主义制度的弊端，人们甚至希望出现一种新的经济体制。在这种背景下，社会主义思想在 19 世纪 80 年代以后至第一次世界大战前迅速传播开来。对社会主义运动的参与加强了一些基督徒对他们的教会和正统教义的批判态度。有些人将基督教与社会主义思想混合在一起，将社会主义看作他们基督教信仰的切实表达，或基督教的实践形式，[1] 因为它正如耶稣基督试图教导人们的那样为每一个人谋利益。我们也可以这样理解，此时的社会主义思想对许多英国人来说还并未完全成为一种世俗思潮，它与宗教的联系仍然很紧密，甚至还采取了宗教的形式。由于英国 17 世纪以来形成的宗教宽容的传统，多元的意识形态和信仰体系在这一历史时期同时并存也互相竞争，宗教思想与世俗思潮两股力量基本保持着平衡状态。

---

[1] Hugh McLeod, ibid, p. 209.

在以上我们分析的各方面因素当中，没有一项是起决定性作用的，它们相互交融，共同推动英国世俗化的历史车轮缓缓向前。

二 两次世界大战至 20 世纪 50 年代后期

第一次世界大战爆发之后，英国政府效仿以往战争中的做法，设立了国家祈祷日，并寻求宗教方面对战争的道义支持。教会的态度出现了分歧。大部分教会领袖对国家的"圣战"表示拥护，并将战争中的阵亡者称为"殉道者"。[①] 少数圣公会和非国教会尤其是向来倡导和平主义的贵格会成员仍然保持了其反战立场，他们对英国参战的正义性、军国主义、英军在战争中对非洲平民的伤害以及通过战争获取商业利润等均加以质疑，宣称英国不应卷入这场战争。但当比利时被入侵后，他们中的大部分人改变了态度，认为英国有义务帮助弱小的被侵略的国家。事实上，支持战争的理由从根本上来说是世俗的国家战略利益，而宗教的反战势力比较微弱。此时普通英国人对教会的心态是矛盾的。一方面，爱国主义情怀促使他们相信，教会确实有责任和义务为国家而战斗；另一方面，他们又感到，一贯宣讲《圣经》、教导和平的牧师现在扮演为战争和杀戮开释的角色显得有些不协调与自相矛盾。战争初期去教堂参加礼拜和默祷的人非常多，随着战争的展开，教会的吸引力有所下降。

第二次世界大战对于英国来说无疑更是一场正义战争，教会号召有基督教信仰的英国人民联合起来，在圣灵的引导下，用"灵魂之剑"[②]与纳粹的邪恶政权进行战斗，在危机时刻为基督教世界的正义与和平作见证。教会为战时救济、教育和医疗等做了大量有益的工作。教会之间的联合在此期间有所进展，比如关于公理会与长老会联盟的讨论，新教与罗马天主教会的合作，以及"不列颠基督教会联合会"（British Council of Churches）的成立，等等。[③] 教会在战争期间试图恢复和加强宗教的影响力，他们深入工厂、矿山、学校等地，发展了无数新的皈依者。然而，战争的爆发及其巨大的破坏力使许多人对原有的信仰产生怀

---

① Hugh McLeod, *Secularisation in Western Europe*, *1848－1914*, p. 277.

② Sheridan Gilley and W. J. Sheils, ed., ibid, p. 465.

③ G. I. T. Machin, *Churches and Social Issues in Twentieth-Century Britain*, Clarendon Press, 1998, pp. 108－109.

疑，并感到失望。人们认为，战争的爆发说明了政府一贯小心翼翼地坚持的和平政策的破产，而教会也并不能阻止战争。英国平民面临着比一战持续时间更长且程度更甚的食物和衣物限额配给、强制征兵、空袭、轰炸、毁灭和死亡。同时，战争带来的恐惧和压力以及战时实际工资的提高促使英国人将更多时间（包括星期日）和金钱（1944 年比 1938 年增长了 120%[①]）投入到电影、赌博、酗酒等娱乐活动当中，严重威胁到人们在安息日应尽的宗教义务。离婚率上升、人工避孕方法的广泛使用等涉及道德领域的问题也令教会头痛不已却也无可奈何。

在两次世界大战之间和第二次世界大战结束之后，各有一段时期令人感到振奋，人们心中燃起对新生活的希望之火。英国教会也曾试图增强吸引力，在大众心目中重新树立起神圣的形象。比如，第一次世界大战结束之后，英国各派教会在战争胜利后乐观的理想主义气氛之中试图对自身进行反思，并采取了一系列大胆的改革措施。教会认为，宗教应当与公众的生活息息相关。教会礼拜在 1924 年 1 月首次通过 BBC 得以广播；圣公会意识到修订《公祷书》的必要性，并在 1926 年编辑了《赞美诗》，在崇拜仪式中使用热情洋溢、清新愉快而充满活力的音乐，改变了维多利亚时代庄严肃穆而使气氛低沉阴郁的音乐风格；[②] 各宗派致力于宗派内部和宗派之间的联合与合作，以建立战后新的社会秩序。圣公会与非国教会、罗马天主教会在 20 年代进行了有关教会联合的讨论，英格兰和威尔士国家自由教会联盟（National Free Church Federation）于 1919 年成立，促进各循道宗教会联合的努力也于 1932 年以大不列颠循道宗教会（the Methodist Church of Great Britain）的成立而达到顶点。教会比以往更加积极参与社会政治事务，从议会手中争取到了更大程度的独立和自治权。他们关注国家的政治经济问题和以集体主义为基点的社会改良，尤其为解决失业问题、减少工时和提高工人工资，缓解劳资矛盾，改善社会环境和秩序做出了很大努力，在一定程度上可以说为福利国家设计了蓝图，[③] 虽然这一目标远未实现。英国基督

---

① G. I. T. Machin, ibid, p. 118.

② Sheridan Gilley and W. J. Sheils, ed. , ibid, pp. 449-458.

③ G. I. T. Machin, ibid, pp. 22-35.

教会在一战结束后呈现出一派欣欣向荣的气象，但 30 年代经济大萧条之后，教会对社会变革的努力势头减弱，人们对建设一个更加美好的社会的宗教热情衰退，教堂参与率大幅度下降。

英国教会积极参与二战之后的社会重建工作，认为基督教应对国家繁荣和人民福祉发挥深切的影响。虽然对政府政策存有争议，大部分教会支持能够体现基督教基本原则的福利国家政策，赞同通过国家干预和工业国有化发展经济。1944 年在英格兰和威尔士颁布实施的《教育法案》（*Education Act*）属于创建福利国家的第一批法规，在国家教育中体现出传统基督教原则。在所有的国立学校中第一次以法律保障了基督教义务教育。① 这一法案显示了政府在英国社会维护基督教传统的愿望，也鼓舞了教会对战后形势的乐观预计。在大部分英国教会经历了几十年的人数下滑之后，人们希望战后的社会重建也能意味着上述趋势的停止，以及传统基督教道德观念的复苏。但是，虽然战后英国人口的绝大多数仍是基督徒，但已有至少 1/5 是不可知论者或无神论者。② 很多人虽然对教会没有敌意，但态度冷漠。他们仍然是教会成员，去教堂做礼拜，仍然相信基督教是生命中至关重要的力量，但却不再认可教会所承担的重大意义，不再接受教会是被拣选以表达其信仰的机构。

人类为两次世界大战付出了惨痛的代价。第一次世界大战历时四年零三个月，参战国家 33 个，战火遍及欧亚非三大洲，卷入战争的人口超过 15 亿，死伤 3000 余万人，经济损失约 2700 亿美元。第二次世界大战持续时间更长，先后共有 60 多个国家和地区的 20 亿以上人口卷入其中，伤亡达 5500 万人左右。③ 大英帝国在两次世界大战中遭受了重创，元气大伤，国际地位明显下降。英国基督教会也未能恢复战前的神采。战争对人们的宗教意识存在着两种相反方向的影响。一方面，在人生的危急时刻，平日里人们内心深处处于休眠状态的宗教性被唤醒，基督教对于人们对世界的理解产生重要影响，人们会显现出更高的对上帝的虔信度。人们试图通过上帝获得力量、勇气和保护，寻找奇迹，并确认参

---

① G. I. T. Machin, ibid, pp. 134-135.
② G. I. T. Machin, ibid, p. 138.
③ 王克勤、田文进、朱烈、肖扬主编《世界知识大辞典》，世界知识出版社，1988，第 913～914 页。

与战争的正当性。英国士兵会携带《圣经》和十字架上战场，在战役开始之前祈祷，在战役结束之后感谢上帝。一些士兵在前线领圣餐，而他们以前从来不会这样做。许多人对基督教教义知之甚少，平时也很少去教堂，但他们在战争来临之时相信上帝，认为自己是基督徒。不过有人对此表示怀疑，认为这些行为是模糊的宗教意识，但不一定是基督宗教信仰造成的。还有人甚至认为有些士兵的做法实际上是迷信的，而非宗教性的。另一方面，战争使很多人抛弃了对上帝的信仰。残肢断臂、尸横遍野、血流成河的战场，枪弹划过空气凄厉的尖叫声和震耳欲聋的爆炸轰鸣，坍塌的建筑，变成废墟的教堂，被遗弃的家园，逃离故土目光迷离的平民，失去亲人痛不欲生的母亲和妻子，惊恐万状的儿童，这些都异常强烈地撞击着人们的心灵。人们不禁会问，如果上帝真的存在，他为什么允许这一切发生。上帝与邪恶的关系这个古老的问题此时又被残酷的现实尖刻地引发出来。同时，人们在 20 世纪初所普遍信奉的自由主义神学的乐观假设，即人类可以运用科学享受持续的繁荣和进步，也被战争的悲惨现实所击碎。人们前所未有地迫切需要有关上帝、灵魂和不朽等问题的答案，但战争却将无数人推入了怀疑和绝望的深渊。经历过惨烈战争的人习惯于只相信今天的生活，因为明天就有可能迎接死亡。人们开始享受战后经济繁荣带来的物质财富并承受由此产生的一系列社会问题。战争也摧毁了人们对公共权威的信任和遵从，因为政府和教会无法阻止战争、通货膨胀和失业。

历史发展进入 20 世纪以来，虽然基督宗教在维护英国社会道德方面仍然发挥着巨大作用，但基督教会在社会各领域的影响力已经越来越小。民主制度的内在相对性逐渐消解着信仰绝对真理的可能性。两次世界大战的创伤给人们投下了巨大的心理阴影，一切秩序都被打乱，对信仰和救赎的盼望变为绝望，之后便是抛弃。教会在国内和国际事务中被继续边缘化。

从二战结束到 20 世纪 60 年代之前的十几年间，英国圣公会、苏格兰长老会的成员人数基本保持了比较稳定的水平，非国教会信徒人数的下滑也是平稳的，罗马天主教会甚至还有所增长。对于即将到来的革命巨变式的 60 年代来说，这段时期似乎是暴风雨来临前的短暂平静。英国基督教会将在一个更加动荡的年代中飘摇。

第二节　20 世纪 60 年代以来的
英国世俗化质变

通过上文的分析我们可以看到，英国的世俗化积累了漫长的过程，早已萌动于 20 世纪上半叶甚至更久远的历史当中，而 20 世纪 60 年代是一个分水岭。自此，基督宗教在包括英国在内的西方国家经历了前所未有的世俗化冲击，达到了世俗化从量变到质变的临界点。如果说世俗化是"比人类先前所遭遇过的任何一种反宗教力量都更加致命的敌人"[1]，那么这个敌人自 20 世纪 60 年代以后则在英国显示出了比历史上以往任何一个时代都更加狰狞的面目。它使得这个国家及其人民的精神生活产生了深刻的分裂，将基督宗教抛入螺旋式下降的社会边缘。基督宗教无论是作为有形的以教会为代表的组织机构，还是作为无形的大众文化价值体系似乎都处于江河日下的境地。

一　宗教行为实践——外化的宗教信仰

宗教行为与实践属于构成个人层面宗教信仰的因素，是检测世俗化外在表现的硬指标之一。通过这些指标的统计数据能够最直观地反映出英国自 20 世纪 60 年代以来世俗化的趋势和程度。在 20 世纪 60 年代之前的英国，这一类指标的下降速度一直比较稳定，而几乎所有可量化的指标包括宗教归属[2]、教堂参与、主日学校就学率、婴儿受洗和接受坚振礼、举行基督教婚礼和葬礼的人口占比等自 20 世纪 60 年代起全部指向下滑，而且下滑速度较前几个世纪都更迅猛。

（一）宗教归属

从各地区情况来看，在英格兰和威尔士，教会成员在 1959 年占总人口的比例仅比 20 世纪初期低 11%，而 20 世纪 80 年代这一比例已经比 20 世纪初期低了一半；在苏格兰，1956 年和 1994 年较 20 世纪初期

---

[1]　Alan D. Gilbert, *The Making of Post-Christian Britain: A History of the Secularisation of Modern Society*, p. 153.

[2]　主要指基督宗教。

相应的下降比例分别为 6% 和 46%。[1]

从各宗派情况来看，英国圣公会平信徒在 1950 年时占英国成年人口总数的 9.2%，到 1970 年下降至 7.2%，而到 1990 年则只有 3.9%，其绝对数量也比 1950 年时减少了一半。[2] 在英国独立教会当中，公理教会和长老会的成员人数在 20 世纪 60 年代下降了 20%，浸礼会成员下降了 13%，卫理公会成员在 1960~1975 年下降了 24%。[3] 英国各教会成员人数每年的下降率 1975~1985 年为 2.2%，1985~1995 年为 1.9%。属于某个基督教会的英国人占英国成年人总人口的比例在 20 世纪 30 年代时大约为 31%，到 1992 年只有 14.4%，而到 2000 年更下降至 12%。[4]

英国社会态度调查（British Social Attitudes Survey）的统计数据显示，1983~2011 年这段近 30 年的时间里，自称属于圣公会的受访者比例由 39.91% 降至 21.26%，属于罗马天主教会的受访者比例由 9.59% 降至 8.74%，属于浸礼会的受访者比例由 1.33% 降至 0.61%，属于卫理公会的受访者比例由 4.38% 降至 1.33%，属于联合归正会的受访者比例由 1.24% 降至 0.26%（见图 2-1）。[5] 自称为基督徒的人由 65% 降至 46%，而不信仰任何宗教的受访者比例由 32% 增至 46%。[6] 从这一统计数据来看，基督徒与无宗教信仰者的人数持平。[7]

相对于年长者，英国年轻人的宗教归属比例更低。英国社会态度调查显示，只有 12% 年龄在 18~34 岁之间的年轻人自称属于圣公会，而 55 岁以上属于圣公会的比例为 40%。这种情况不仅存在于英国，欧洲价值观调查显示，西欧国家的年轻人从总体上说越来越脱离传统

---

[1] Callum G. Brown, *The Death of Christian Britain*: *Understanding Secularisation 1800-2000*, p. 7.

[2] Steve Bruce, *Religion in Modern Britain*, pp. 35-36.

[3] Adrian Hastings, *A History of English Christianity 1920-1990*, p. 552.

[4] Grace Davie, *Religion in Britain since 1945*: *Believing without Belonging*, p. 46, and Werner Ustorf, "The Statistics and Dreams of 'Church Decline'", Mission History, MA Course, University of Birmingham, 28 February, 2005.

[5] http://www.britsocat.com/Marginals/RELIGION，2012 年 10 月 22 日下载。

[6] http://www.britsocat.com/Marginals/RELIGSUM，2012 年 10 月 22 日下载。

[7] 一方面，英国社会态度调查的受访者只有几千名，因而其统计数据不能代表整个英国的确切情况；另一方面，虽然该调查的覆盖面较小，但其统计数据反映出的近 30 年间的变化趋势还是能够说明一定问题的。

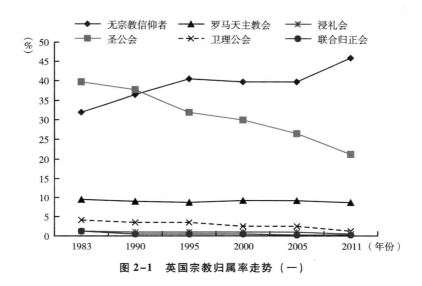

图 2-1 英国宗教归属率走势（一）

的体制宗教了。①

英国人口普查每十年进行一次。我们将最近两次，即 2001 年 4 月 29
日和 2011 年 3 月 27 日英格兰和威尔士地区人口普查中有关宗教的统计结
果作一对比。② 2001 年，自称为基督徒的人口比例为 71.7%，到 2011 年
下降为 59.3%；2001 年，自称没有宗教信仰的人口比例为 14.8%，到
2011 年上升至 25.1%（见图 2-2）。③ 我们可以看出，没有宗教信仰的人
口比例的增长幅度与基督徒人口比例的下降幅度相差无几。④

---

① Gordon Lynch, *The New Spirituality: An Introduction to Progressive Belief in the Twenty-first
Century*, p. 177.

② 至本书截稿时，苏格兰地区 2011 年人口普查中关于宗教的统计数据仍未发布。

③ http://www.ons.gov.uk/ons/rel/census/2011-census/key-statistics-for-local-authorities-
in-england-and-wales/rpt-religion.html, 2012 年 12 月 27 日下载。

④ 两次人口普查统计数据的对比还显示出，英格兰和威尔士地区除基督徒之外的其他宗教
信仰者所占人口比例大都稍有增加。例如，穆斯林所占人口比例由 2001 年的 2.7% 提高
到 2011 年的 4.8%，印度教徒比例由 1.0% 升至 1.5%，锡克教徒比例由 0.6% 升至
0.8%，犹太教徒比例仍保持在 0.5% 不变，佛教徒及其他宗教信仰者比例均由 0.3% 升至
0.4%。另外，我们需要注意的是，除世俗化之外，还有若干因素影响着 10 年间统计数据的
变化，如人口的自然增长、移民、在调查中回答问题的意愿以及对问题的理解差异等。

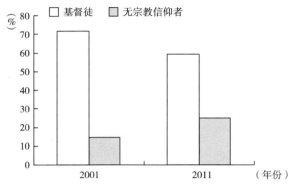

图 2-2　英国宗教归属率走势（二）

（二）教堂参与

　　总体来说，自 20 世纪 60 年代以来英国在周日参与教堂礼拜的人数也在下降，当然这一指标更显示为长期的下滑趋势。[①] 教堂参与率在 1851 年为 40%～50%，1900 年为 30%，1950 年为 15%，到 1979～1984 年下降至 11.3%，在 20 世纪 90 年代只有不到 10%[②]，1998 年为 7.5%[③]（见图 2-3）。圣公会的教堂参与率在 20 世纪 80 年代和 90 年代分别下降了 24% 和 23%。[④] 圣公会 2012 年 1 月发布的统计数据显示，2000～2010 年的 10 年间，每月参加一次教堂礼拜的信徒比例又下降了 11.3%。2010 年，英格兰人口约为 5223.4 万人，其中只有 3.1% 的人口每月去圣公会教堂做一次礼拜。周日去教堂做礼拜的人口比例 2000～

[①]　教堂参与率一般是指在某个周日去教堂做礼拜的基督徒总数与总人口的比例。由于并非所有经常去教堂做礼拜的信徒在调查统计当天都会出现，因此该指标会低估定期去教堂做礼拜的实际人数。由于英国人口中还有大约 8% 的穆斯林、印度教徒、锡克教徒、犹太教徒和佛教徒等，以及大约 1/4 的无宗教信仰者，因此该指标也会低估定期去教堂做礼拜的基督徒占英国基督徒总数的实际比例。不过，尽管教堂参与的数据与实际情况有出入，其长期的变化趋势是能够说明问题的。

[②]　Hugh McLeod and Werner Ustorf, ed., *The Decline of Christendom in Western Europe, 1750-2000*, Cambridge University Press, 2003, p. 31.

[③]　Werner Ustorf, "The Statistics and Dreams of 'Church Decline'".

[④]　Steve Bruce, *God is Dead: Secularisation in the West*, Blackwell Publishing Ltd., 2002, p. 64.

2010 年间下降了 12.4%。① 以教堂参与率高而著称的英国天主教会近年来也经历了加速下滑的趋势，在 20 世纪 80 年代和 90 年代分别下降了 14% 和 28%。② 根据天主教会的规定，定期去教堂望弥撒是天主教徒的义务。然而在英格兰和威尔士，每周去教堂望弥撒的天主教徒人数不断下降，比例从 20 世纪 90 年代中期到 21 世纪初期的 6 年之间由 1/3 下降到 1/4。主教格利菲斯在接受天主教周刊《寰宇》（Universe）采访时表示，在他们的教区，进教堂的人数在过去的 25 年时间里一直呈直线下降的趋势，如果此种状况不改变的话，这个教区到 2028 年将会消失。③ 根据 1999～2000 年包括各宗派在内的抽样调查，在英国每周、每月去一次教堂和只在一些特殊场合去教堂的人数比例均远远低于西欧国家平均水平，而从来不去教堂的人数比例高达 55.8%，比西欧国家平均水平 29.5% 高出近一倍，位居西欧国家之首。④

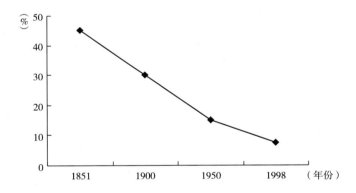

图 2-3　英国教堂参与率走势

①　http：//www. brin. ac. uk/news/2012/anglican-churchgoing-in-2010/，2012 年 11 月 1 日下载。

②　Steve Bruce, ibid, p. 64.

③　张训谋：《欧美政教关系研究》，宗教文化出版社，2002，第 59 页。

④　Grace Davie, *Europe：The Exceptional Case：Parameters of Faith in the Modern World*, p. 6.

　　此外，英国教堂参与成员的年龄老化趋势明显。1979～1999年的20年间，65岁以上的老年人占英格兰地区总人口的比例由15%增至16%，仅提高了一个百分点。而在同时期内，除五旬节派教会之外（英国的该宗派成员大部分为来自加勒比地区的黑人），其余所有宗派65岁以上的教堂参与者占英格兰地区人口的比例均有显著提高，如圣公会由18%增至25%，罗马天主教会由13%增至22%，卫理公会由25%增至38%，浸礼会由18%增至23%，联合归正会由26%增至38%（见图2-4）。① 教会中的老年人所占比例越来越高，而教会对年轻人的吸引力逐渐减弱，这已成为一个令人担忧的问题。2012年7月进行的一项针对2117名18岁以上英国成年人的抽样调查从一个侧面反映出类似的问题。该调查显示，表示自己不信仰任何宗教的人数随年龄的增长而递减。在18～24岁的年轻人中，有一半以上（52%）没有宗教信仰，而在65岁以上的老年人中，这一比例降低到23%。这些老年人中，73%自称是基督徒。②

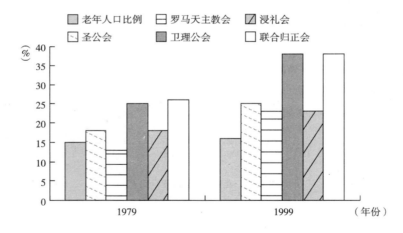

图2-4　英格兰教会成员老龄化趋势

①　Steve Bruce, ibid, p. 65.

②　http：//www.brin.ac.uk/news/2012/summer-shorts/，2012年11月1日下载。

（三）　主日学校①就学率

在 20 世纪初期，英国新教教会 5～14 岁儿童的主日学校就学率为 77%，到 20 世纪 90 年代，比率是 5%～8%（由于对这一指标数据统计的中断，我们已无法得到准确的数字，这一事实本身就说明对主日学校重视程度的下降）。以苏格兰长老会为例（其他英国新教教会的情况与此类似），1903～1981 年主日学校就学率下降了 32 个百分点，而其中 20 个百分点的下降发生于 1956～1973 年间，即由 1956 年的 39% 降至 1973 年的 19%。到 20 世纪 90 年代中期，主日学校就学率仍在以每年 8～10 个百分点的速度下滑。这一数字是十分惊人的。②

（四）　人生重大时刻的宗教礼仪

1. 洗礼

圣公会的婴儿受洗率在 1895 年是 64.1%，到 1960 年时为 55.4%，从 1960 年到 1970 年的短短 10 年之间，由 55.4% 下滑至 46.6%。之后下滑的趋势继续发展，到 1981 年时是 36.5%，1997 年只有 22.8%。③在 1927～1981 年 30.3 个百分点的下滑率当中，17.4 个百分点的下滑率发生在 1956～1976 年间。④

2. 坚振礼

1960 年英国圣公会 12～20 岁的青少年接受坚振礼的人数是 191000 人，1970 年是 113000 人，10 年间接受坚振礼的人数占青少年人口总数由 34.2% 下滑至 19.7%。⑤其中女孩接受坚振礼的人数在 1961～1974 年间减少了一半以上，由 39.3% 下滑至 19.6%。⑥接受坚振礼的人数此后

---

① 大约从 20 世纪 80 年代起，英国很多基督教教会逐渐以 "Junior Church"（青少年教会）的称谓代替了传统的 "Sunday School"（主日学校）。教会的考虑是，"学校" 听上去更倾向于对孩子有所控制，而 "教会" 强调的不仅仅是教育，更是对上帝的敬拜以及相互之间的联系和交流，这也是教会的意义所在，同时孩子们可以从教会中获得更多的乐趣。通过 "主日学校" 名称的演化，我们可以看到教会为适应社会发展变化而对自身作出的调整。根据我国的习惯用法，本书仍沿用 "主日学校" 的称谓。

② Hugh McLeod and Werner Ustorf, ibid, p. 32.

③ Adrian Hastings, ibid, pp. 551-552；Callum G. Brown, ibid, pp. 6-7.

④ Hugh McLeod and Werner Ustorf, ibid, p. 32.

⑤ Adrian Hastings, ibid, pp. 551-552.

⑥ Hugh McLeod and Werner Ustorf, ibid, p. 33.

继续减少，1980 年为 97620 人，1990 年为 59618 人，1997 年为 40881
人。① 通过图 2-5 我们可以看到，英国圣公会青少年接受坚振礼的人数
在 20 世纪的总体呈下滑趋势，而此趋势在 20 世纪 60～70 年代最为明
显。② 有研究表明，在 60～70 年代，虽然男孩和女孩接受坚振礼的人数
均呈下滑趋势，但女孩接受坚振礼人数下滑的速度更快。③

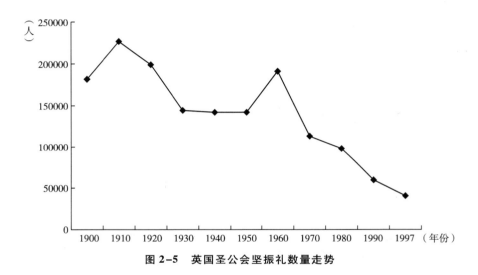

图 2-5　英国圣公会坚振礼数量走势

3. 婚礼

在 19 世纪 90 年代，有超过 60% 的婚礼是在圣公会教堂举行的，
1960 年大约为 50%，10 年之后则降到了 40% 以下，④ 到 2000 年只有
20%。⑤ 在英格兰和威尔士，宗教婚礼总的比例由 1962 年的 70% 下降到
1970 年的 60%，到 1997 年时只有 39%。在苏格兰，相应的比例为

---

① Callum G. Brown, ibid, p. 191.
② 具体数据参见 Callum G. Brown, *The Death of Christian Britain: Understanding
Secularisation 1800-2000*, Second Edition, Routledge, 2009, p. 191。
③ Callum G. Brown, *The Death of Christian Britain: Understanding Secularisation 1800-2000*,
2009, p. 191.
④ Adrian Hastings, ibid, pp. 551-552.
⑤ Steve Bruce, ibid, p. 70.

80%、71% 和 55%。① 1900～1987 年间的英格兰和威尔士，在宗教婚礼下滑的 33 个百分点中，16.5 个百分点是在 1962～1973 年间发生的。在苏格兰，1900～1987 年间宗教婚礼下降了 36 个百分点，而其中 1961～1973 年下降了 15.6 个百分点。②

4. 葬礼

使用基督教葬礼在英国一直保持着较高的比例，而近年来选择世俗葬礼变得越来越普遍。通过对英国报纸"世俗葬礼"一词在过去 20 年间的电子搜索显示，最近 5 年出现了 21 次，中间的 5 年为 7 次，最早的 10 年总共只有 10 次。根据英国人道主义者协会（British Humanist Association）的统计，要求使用世俗葬礼的数量由 1998 年的 3000 例上升至 2002 年的 7000 例。③

研究显示，进入 21 世纪以来，英国基督教的宗教归属、教堂参与以及人生重大时刻的宗教礼仪等各方面的统计数据依然全部持续着直线下滑的走势。④ 在当代英国基督宗教研究过程中，学者对一些调查数据的考证方式和诠释有不同看法，对其准确性和可信度持怀疑甚至批评态度。但是，既然通过不同研究机构所得到的、几乎所有调查指标的数据结果都指向相同的方向，而且互相基本吻合，那么我们可以得出一个基本的结论，即英国社会自 20 世纪 60 年代以来宗教实践的显著衰落趋势。

二　宗教观念意识——内在的宗教信仰

宗教观念和宗教意识也属于构成个人层面宗教信仰的因素之一，它是检测世俗化内在表现的软指标。对宗教观念近几十年来变化的探究能够体现构成英国基督教信仰之核心成分的世俗化趋向。宗教观念这类属于人类内在精神层面的因素不像体现宗教实践的外化指标那样直观、明确且易于把握，我们可以尝试从基督教观念本身在人们头脑中的模糊、宗教意识在社会中逐渐被边缘化，以及由此引发的一系列社会道德问题

---

① Adrian Hastings, ibid, pp. 551–552；Callum G. Brown, ibid, pp. 6–7.

② Hugh McLeod and Werner Ustorf, ibid, p. 31.

③ John Wolffe, ed., *Religion in History: Conflict, Conversion and Coexistence*, The Open University, 2004, pp. 167–168.

④ Callum G. Brown, ibid, p. 231.

的争议三方面对此加以分析。

（一）模糊的宗教意识

1968 年在英国伊斯灵顿（Islington）进行的一次宗教调研中发生了以下一段对话："你信仰上帝吗？""是的。""你信仰一个能够改变世界万事万物发展进程的上帝吗？""不，只是普通的上帝。"① "普通的上帝"的说法反映了上帝观念的模糊性。上帝在人们心目中已不再是那个全知、全能、宇宙的创造者和人类的拯救者的清晰形象，而不过是人们头脑中残留的一种朦胧的神圣感的体现。虽然有 2/3～3/4 的英国人声明自己信仰"某种"上帝②，但他们很难说清其确切含义。③ 在 20 世纪50 年代，有 43% 的被调查者承认他们相信一个人格化的造物主上帝，而这一比例到 20 世纪 90 年代降至 31%，2000 年 5 月的调查显示为26%。④ 有 71% 的被访者在 1951 年同意"耶稣基督是上帝的儿子"这一说法，而 1965 年和 1982 年的比例分别降至 64% 和 43%。⑤ 天堂、死后生活和原罪等也与此类似，一些调查显示出自 20 世纪 60 年代以后，人们对信仰层面一系列概念的理解变得愈发含混不清。⑥ 此外，根据在伊斯灵顿以及 20 世纪 80 年代在利兹（Leeds）等地所做的调研，一些宗教社会学家认为，许多英国人（尤其是那些不去教堂但声称自己是信徒而且经常做祷告的人）的宗教信仰已在很大程度上偏离了教会的正统教义，甚至更接近于人们通常所指称而被教会所反对的迷信，如相信占卜、运气、宿命、幽灵等。另外还有一部分英国人，他们的宗教意识虽然已经逐渐淡漠，但由于受传统力量的驱使他们仍然去教堂参加礼拜，或者说是习惯或惯性使然。与英国宗教社会学家格雷思·戴维所宣称的"没有归属的信仰"（believing without belonging）相比较，或许我们可以

① Grace Davie, *Religion in Britain since 1945: Believing without Belonging*, p. 1.
② 根据英国社会态度调查的统计数据，1991～2008 年，毫不怀疑上帝存在的受访者比例由 23.70% 降至 17.03%，虽然怀疑但仍信仰上帝的受访者比例由 26.01% 降至18.29%，不信仰上帝的受访者比例则由 10.39% 升至 18.25%（http://www.britsocat.com/Marginals/GODBELF1，2012 年 10 月 22 日下载）。
③ Grace Davie, ibid, pp. 74-75.
④ Steve Bruce, ibid, pp. 71-72.
⑤ Steve Bruce, *Religion in Modern Britain*, p. 51.
⑥ Hugh McLeod and Werner Ustorf, ibid, p. 3.

将以上那种情况称为"没有信仰的归属"。

近年来在对英国宗教现状的探讨中出现了一些新概念，如公民宗教（civil religion）、公共宗教（common religion）、民间宗教（folk religion）、无形宗教（invisible religion）、替代宗教（surrogate religion）等，且在20世纪60年代以后非常流行。其共同特点是它们都超出了正统的、核心意义上的基督教思想和观念，其边界往往大于组织化宗教的范围。宗教与许多相关概念交织在一起，界限无法确切地划分清楚，这同样反映出人们宗教意识的模糊性。

例如"公民宗教"，这一概念来源于美国，意指一个国家的公民为本国的社会和政治共同体赋予绝对的神圣的意义，以此将整个国家联结为一个整体。在英国，它体现在国王加冕、王室成员的婚礼和葬礼仪式，女王每年圣诞节面向全体英联邦国家的广播电视讲话，以及为纪念在两次世界大战阵亡将士而设立的荣军纪念日（Remembrance Day），等等。在这些活动中，宗教语言与政治仪式紧密结合在一起，对基督教的虔敬与对国家的热爱融合在一处。这种现象确实能够在一定程度上反映出基督教在当代英国公众生活中仍然是一个重要的组成部分，但是在这种情况下体现出的人们的宗教性往往更多揭示的是传统的惯性而非宗教信仰的力量。英国国教会有时并不是某种特定神学思想和教义的凝结，而是公民身份认同的徽章。有些原本生长于其他教会的英国人，在事业上取得成就并享有了一定的国际知名度以后便加入了圣公会。在宗教调研中，许多不是圣公会的教徒在被问及宗派归属时可能会说属于圣公会，有人甚至说自己没有宗教信仰，但却属于圣公会，因为"它是我们传统的一部分，因为我是英国人……它是我所受教育的一部分，是我生活方式的一部分。我们是一个基督教国家"①。

又如"公共宗教"，它的内容比较宽泛，超越了正统的基督教理念，包括对各种超自然现象的信仰，如巫术、占星术、幽灵、飞碟，以及各种私密的灵性体验。它涉及大部分英国人，他们仍将基督教视为理所当然的信仰，基督教为他们提供了生命意义的一个来源，但他们头脑中的

---

① Gerald Parsons, ed., *The Growth of Religious Diversity*：*Britain from 1945*, Volume 1：*Traditions*, p. 335.

宗教意识并不是一个完整的互相联系的思想体系，也缺乏一定的神学内涵。我们或许可以称其为"混血信仰"。

再如"替代宗教"，也有人称之为"伪宗教"（pseudo-religion）或"准宗教"（quasi-religion）①。它与超自然的力量无关，但其特定的组织和意识形态似乎可以提供一整套价值或道德体系。足球即是替代宗教最典型的例证之一。② 那些虔诚的英国足球迷参与各种相关仪式并采用一系列象征符号以示对某球队的效忠，其强烈程度可以与对传统宗教团体的拥护相媲美甚至有过之而无不及。在条件允许的情况下，球迷们跟随他们的球队，足迹踏遍欧洲，并将全部业余时间和金钱奉献给他们的球队。与宗教相类似，足球为那些生活乏味或生活缺少希望的人提供了一种振奋人心的目的感。在1997～1998年足球赛季即将到来之际，英国电影电视广告和路边的巨幅广告宣传画描绘了一群球迷振臂高呼"足球是我们的宗教"，画面下方的回应是："我们了解你们的感受。我们的感受也是同样的。"③ 1989年4月15日，在设菲尔德（Sheffield）的希尔斯巴洛体育场（Hillsborough stadium）发生了一场惨剧，④ 在此举行的利物浦队对诺丁汉森林队的比赛只进行了6分钟即被取消。由于体育场一端入场球迷过多而压垮了围栏，有94人死亡，他们全部是利物浦队的追随者。数以百万计的现场和电视观众目睹了这一过程。在惨剧发生的随后几天，利物浦出现了各种哀悼仪式，包括正式的和非正式的、有组织的和自发的、民间的和政治性的、体育的和宗教的。来自四面八方的人们涌向教堂或利物浦足球俱乐部所在地安菲尔德（Anfield），以各自的方式表达哀悼之情。几天之内有大约100万人（约为利物浦总人口的2倍）到安菲尔德进行"朝圣"。事后，利物浦的主教撰文对此进行描述和评论，并提出一个问题，即它究竟表明了对神的亵渎、不健康的迷信、俗气的多愁善感，还是个人的悲痛、虔诚的敬意与纯正的信仰的混合体。

我们可以从这一事件当中发现当代英国社会中宗教信仰边界的模糊。其实，公民宗教、公共宗教、替代宗教等这些概念本身即说明了这

---

① Gerald Parsons，ibid，p. 333.
② Gerald Parsons，ibid，p. 336.
③ John Wolffe，ibid，p. 170.
④ Grace Davie，ibid，pp. 88-91.

一点。人们已经无法分清各种形式的宗教之间的界限，甚至不能确定某些思想或意识是否属于宗教信仰。脱离传统宗教意识的独立的宗教性是令人怀疑的。虽然从某个角度看，所谓的宗教意识似乎更加普及，接受面更广了，但实际上核心的宗教观念已被弱化。

（二）被边缘化的宗教意识

一些社会调查数据显示，不仅英国人的宗教实践有所衰落，他们的上帝、死后生活、天堂和地狱等基督教基本的信仰原则在 20 世纪最后几十年里都已遭到侵蚀。基督教和《圣经》似乎已不再与人们的日常生活相关联并受到关注。以英国剑桥大学为例：20 世纪 50 年代中期，该校超过 90% 的在校大学生表示信仰上帝，而 1994 年的调查显示，这一数字下降到了 34%（自称有宗教实践行为的大学生的数量比例由 55% 降至 10%）。[1] 与此同时，人们可以公开坦然地承认自己不是基督徒，而不像几十年前那样需要足够的勇气才可以这样做。坦率承认自己不信仰上帝的人数比例从 20 世纪 50 年代的 2% 上升至 90 年代的 27%。[2] 相信死后生活的人数比例 1957 年为 54%，到 1991 年时下降了一半，只有 27%。[3] 在 20 世纪 60 年代早期，人们只是在英国工党领袖休·盖特斯基尔（Hugh Gaitskill）死后才得知他是不可知论者。到 20 世纪 80 年代晚期和 90 年代早期，尼尔·金诺克（Neil Kinnock）是一位无神论者已尽人皆知，而这丝毫没有影响到他领导工党参加大选。虽然保守党与圣公会一直保持着密切的关系，但该党领袖约翰·梅杰（John Major）的不可知论立场也没有引发任何争议。[4] 与几十年前的情况相反，部分被采访者在一些宗教调研中承认，他们会隐瞒自己的宗教体验以免被周围的人认为愚蠢。[5] 这说明在他们看来，当代英国的社会环境已经改变，自己正在被逐渐地边缘化。英国普世教会研究委员会（Ecumenical

---

[1] Don Cupitt, "Post-Christianity", in Paul Heelas, ed., with the assistance of David Martin and Paul Morris, *Religion, Modernity and Postmodernity*, Blackwell Publishers, 1998, p. 219.

[2] Steve Bruce, *God is Dead: Secularisation in the West*, p. 72.

[3] Steve Bruce, *Religion in Modern Britain*, p. 51.

[4] John Wolffe, ibid, pp. 168–169.

[5] Grace Davie, ibid, p. 83.

Research Committee）于 2003～2004 年在全英国和爱尔兰境内组织了一项有关教会发展状况的问卷调查。在对其所作的回应中，许多普通信徒表示，英国人现在生活在一个世俗的时代，上帝是否存在和人们没有关系，很多传统的价值观念已经丧失，社会面临着深层的精神问题。[①] 事实上，当代英国基督教信仰的现状是，大部分英国人既非坚定的宗教信仰者也非坚定的世俗主义者。全心全意忠于教会的基督徒已属于少数，而且其数量趋向于减少；彻底持世俗观念的人也是少数，但他们的数量在增多。

（三）"宽容"抑或"纵容"——社会道德问题

20 世纪 60 年代以来，英国主流文化氛围当中出现了一些有关伦理的新课题，如环境保护、性别与种族平等、核武器与核动力、素食主义等，而在这些问题的讨论中，基督教原则的相关性相对来说显得比较弱。同时，传统基督教文化原本在英国社会生活中的普遍应用，如节制、守安息日、对社会习俗的遵守等近乎于被彻底抛弃，而幸存于社会中的道德准则似乎也与宗教性和基督教伦理脱离了干系。

罪感、责任等基督宗教基本的观念和意识逐渐远离了英国新的文化和道德伦理景观，英国社会中出现的一系列道德问题又冲击着基督宗教曾经紧锁的道德之门。家庭伦理方面的极端自由主义和放纵主义盛行，传统基督教教义与人们的实际行为之间产生了明显冲突。英国社会中离婚、再婚、未婚同居和非婚生育、人工避孕和生育控制，以及同性恋等有悖于"常规"的现象在受到广泛质疑的同时也被广泛接受。20 世纪 60～70 年代，英国政府在社会压力之下相继颁布实施的一系列与性、婚姻和家庭相关的自由化倾向明显的立法标志着事态发展的转折，例如 1967 年将堕胎合法化的《堕胎法案》（*Abortion Act*），将成人自愿的同性恋行为合法化的《性犯罪法》（*Sexual Offences Act*）[②]，允许向未婚者提

---

① Ecumenical Research Committee，"Let the People Speak"，http：//www. churchsurvey. co. uk，2008 年 5 月下载。

② 此法案规定成年人之间自愿发生的同性恋行为不属于犯罪，这意味着对同性恋行为的默许，而 2005 年 12 月 5 日《同性婚姻法案》（*Civil Partnership Act*）的生效则使同性婚姻在英国正式合法化，同性伴侣可以依据法律登记结婚和离婚，与异性夫妇享有同等的法律权利。

供避孕药具的《国民医疗服务制度》（*National Health Service*），1969 年放宽对离婚限制的新《离婚法》（*Divorce Act*）①，等等。笼罩在英国社会上空的是一片"道德真空"。英国社会究竟是变得更加"宽容"还是对道德腐化的行为过于"纵容"，对这个问题人们无法获得定论。

（四）宗教实践与宗教意识的关系

英国英格兰和威尔士地区于 2011 年进行的人口普查中关于宗教信仰调查的结果显示，59.3% 的英国人宣称自己是基督徒。② 但与不到 10% 的教堂参与率相比，已有相当一部分英国人可以被称为"名义上的基督徒"。格雷思·戴维认为虽然入堂率等宗教实践方面指标的下降趋势不可否认，但不能绝对地宣称英国人被世俗化（secularised）了，他们只是不去教堂或不再属于任何教会了（unchurched）而已，大多数人心中仍保持着对神圣彼岸的坚信。英国人仍然拥有"没有归属的信仰"。

然而，笔者认为，宗教实践与宗教意识的发展不是独立而互不相干的，二者之间存在着紧密的互动关系。康德曾对此进行简要的评述："虽然信徒对上帝必须作出真正的道德上的事奉，像上帝的国自身一样是无形的，即是一种心灵的事奉，只能存在于把所有真正的义务作为上帝的诫命来遵守的意念之中，不能存在于仅为了上帝而规定的行动之中。但对于人来说，无形的东西需要借助某种有形的东西（感性的东西）来体现，需要由某种有形的东西来仿佛把它直观化。一定的宗教仪式对于坚定人们的意念、明确人们的义务、陶冶人们的心灵，是有积极意义的。"此处"一定的宗教仪式"指"默祷、礼拜、洗礼和领圣餐等"。③ 反过来说，基督徒如不定期甚至再也不去教堂参加崇拜活动，意味着有形宗教仪式的缺失。长此以往，会模糊和削弱无形的宗教意念。当然，相对于宗教实践的衰落，宗教意识的淡漠有其滞后性。

有调查显示，那些强调自身宗教体验的人也同样是最有可能参与教

---

①　Hugh McLeod and Werner Ustorf, ibid, pp. 3-4; G. I. T. Machin, ibid, pp. 217-224.

②　http://www.ons.gov.uk/ons/rel/census/2011 - census-key - statistics - for - local - authorities-in-england-and-wales/rpt-religion.html, 2012 年 12 月 27 日下载。

③　〔德〕康德：《单纯理性限度内的宗教》，李秋零译，中国人民大学出版社，2003，中译本导言第 40 ~ 41 页。

会活动的人。① 美国学者詹姆斯·戴维德逊（James Davidson）和蒂恩·克努德森（Dean Knudsen）的研究发现，宗教意识和宗教参与之间有较高相关性，即宗教意识强的信教者，宗教的参与性就强，反之亦然。② 包括宗教信仰在内的人的思想意识不是飘浮在空中的幻影，它需要人们通过外在机制性的组织使其得以保持，并且通过系统的教育一代一代地传扬下去。③ 在21世纪的今天，大部分英国人不再去教堂，只有去教堂的父母才把孩子送到主日学校，基督教思想不再通过人生重大事件发生时采用的宗教礼仪得以巩固和加强，基督教也不再确保婚姻家庭的神圣和持久。因此人们很难设想，在宗教实践的衰落程度如此显著，人们心理上的道德底线如此不明朗的情况下，英国人的宗教意识仍旧与几十年前同样强烈和稳固。

上文曾经提到，最近一次2011年英格兰和威尔士地区人口普查的统计数据显示，自称为基督徒的人口比例为59.3%，这一比例与10年前相比，下降了12.4%；而没有宗教信仰的人口比例为25.1%，比10年前上升了10.3%。④ 没有宗教信仰的人口比例的增长幅度与基督徒人口比例的下降幅度相差无几。这样一组反映10年之间巨大变化的统计数据，或许能够印证宗教实践与宗教意识之间正相关但后者相对滞后的互动关系。面对相对萎缩的基督徒群体和日益壮大的无宗教信仰的群体，我们恐怕不能说英国人"只是不去教堂了"而已吧？

三　宗教组织机构——基督教会的中坚力量

宗教组织机构属于构成宗教社会层面宗教信仰的因素，也是检测世俗化外在表现的硬指标之一。宗教组织机构构成了基督教会的中坚力

---

① Steve Bruce, *God is Dead: Secularisation in the West*, p. 72.
② 高师宁：《西方宗教社会学中的宗教定义与宗教性的测定》，《世界宗教资料》1993年第4期。
③ 关于宗教礼仪的作用，另参见 Martin Stringer, *On the Perception of Worship*, Birmingham University Press, 1999; Kieran Flanagan, *Sociology and Liturgy*, St Martin's Press, 1991; Catherine Pickstock, *After Writing: On the Liturgical Consummation of Philosophy*, Blackwell, 1998。
④ http://www.ons.gov.uk/ons/rel/census/2011 – census/key – statistics – for – local – authorities–in–england–and–wales/rpt–religion.html, 2012年12月27日下载。

量，是基督宗教在世间的有形体现。而在当代英国社会当中，教会的神职人员队伍趋向萎缩，一些教堂被迫关闭或者被出售、出租而挪作他用，基督教会在公共领域所扮演的角色也备受质疑。

（一）神职人员队伍动摇

第二次世界大战之后，尤其是 20 世纪 60 年代以来，英国几乎各个宗派神职人员的数量都在快速下滑，教会组织出现了危机。在 1900 年，英国总共有 45400 位牧师。到 2000 年时，英国人口总数几乎翻了一番，若按照相同比例的增长率计算，牧师总数应为 80000 名，而实际上牧师的数量却在原有基础上减少了约 25%，总数只有 34160。① 圣公会牧师人数 1975 年为 15911 名，到 1992 年为 13920 名。② 1985～1995 年，英国圣公会的牧师数量以平均每年 1.3% 的速率减少，罗马天主教会神父数量的递减速率为平均每年 1.9%。③ 英国天主教会神父的人数从 20 世纪 70 年代初到 20 世纪末不到 30 年的时间里，几乎减少了一半。在苏格兰，天主教会神父的数量由 1960 年的 1437 名下降至 2000 年的 861 名。④ 每年进入修院的年轻修生（神父的接班人）的人数在急剧减少，1970 年为 261 人，1979 年为 193 人，1999 年为 57 人；修女人数也在不断减少，从 1970 年的 18660 人减少到现在的不足 7500 人，⑤ 即在 20 世纪最后 30 年之内，减少了 60% 以上。

一些神职人员情绪低落，开始怀疑其职业的意义。他们感到在为一个与世无关的教会供职，宣讲一些落伍和过时的教义，自己的教会不再吸引和服务于大众，自己已经被普通的社会生活所隔绝。他们因此为自己的处境而犹疑，选择离开教会而去从事其他能实现其基督教理想的或许收入更高的社会工作。⑥

不仅神职人员的数量在减少，一部分神职人员的宗教观念也逐渐

---

① Steve Bruce, ibid, p. 69.
② Grace Davie, ibid, p. 46.
③ Grace Davie, ibid, p. 49.
④ Steve Bruce, ibid, p. 69.
⑤ 张训谋：《欧美政教关系研究》，第 59～60 页；Steve Bruce, ibid, p. 69。
⑥ Paul A. Welsby, *A History of the Church of England 1945-1980*, Oxford University Press, 1984, pp. 104-105.

淡漠。他们不再保持对超然上帝存在真实性的信仰，而强调基督教信仰此世的一面。与相信耶稣基督的神性相比，他们更愿意相信人格化的耶稣，认为正是耶稣的高尚人格感化了芸芸众生，使人们追随耶稣进入教会。成立于20世纪80年代初期的英国"信仰之海"（the Sea of Faith）教会组织①中相当一部分成员是教会的神职人员。他们不相信上帝的真实存在、道成肉身、童贞女感孕和耶稣复活这些最根本性的神学信条，认为上帝是人类创造的神灵，宗教也是人类创造的结果。他们不是无神论者，也愿意继续在教会中履行牧师的职责，但人们不禁对此产生疑问，他们是否还能够系统地向信众传讲基督教核心的传统教义。

（二）开放教堂数量减少

1969～1984年，圣公会出现了1086座过剩的教堂，其中一些比较具有历史意义的得以保留，其余许多都被毁掉了。在1976年一年中平均9天就有一座教堂被拆除。在曼彻斯特一个圣公会教区中，17座教堂中的14座被关闭。循道宗在1971～1974年间关闭了493座教堂，在随后的10年中被关闭的教堂每年多于100座。② 1985～1995年，英国教堂总量以平均每年0.1%的速度减少，其中圣公会教堂数量的减少速度为平均每年0.8%。③

多少个世纪以来，圣公会在英国境内建起了许多宏伟的主教座堂，以及数百座富丽堂皇的教区教堂。不论在城市还是乡村，那些高高的尖顶已成为英国的标志性建筑之一。它们从某种程度上说代表着英国人生活传统的连续性。然而，国家并不负责这些教堂的维修，各教会须从自身的收入和教徒自愿的奉献中提出这一大笔开支。随着教徒定期来教堂参加崇拜仪式的频率逐步降低，信众人数不断减少，教堂收入每况愈下，甚至到了入不敷出的境地。一些教堂最终无法支撑庞大的经济开支，停止了对信众开放。在英国各地的报纸上，时常可以读到某某教堂关闭，或者几个教堂合并，希望被关闭教堂辖区的教徒到另外的教堂参

---

① 张训谋：《欧美政教关系研究》，第63～64页。

② Adrian Hastings, ibid, p.602.

③ Grace Davie, ibid, p.49.

加活动的消息。人们原本希望采取这样的措施可以使参加崇拜仪式的教徒更加集中，使得空荡荡的教堂显得满一些。可是实际情况却是，许多信徒对于自己所属的在此生活了几十年的教区已经十分熟悉，他们常称其教区教会为"我的教会"。可见教徒内心的归属感很强。主观上讲，他们离开倍感亲切的教堂，而去一个完全陌生的环境心里很不情愿；从客观上来说，要去其他教堂路程会更加遥远，这给年老体弱的信徒带来了麻烦。许多公交车周日停止服务，没有私家车的信徒会感到出行不便。这些因素都会妨碍信徒们去新的教堂参加活动。长此以往，产生了恶性循环，信徒人数下降导致教堂关闭，开放教堂数量的减少，又反过来给教徒造成不便，并且打击了教徒的积极性，使他们更加不会定期参加教会的崇拜活动。

对于如何处理越来越多过剩的教堂，1976 年英国《时报》（*The Times*）曾开辟一个专栏，发表了表达各种建议的信件，连续数周对此问题加以讨论。有人提出了一些"实用的"建议，比如鉴于教堂内部天花板距地面有相当的高度，可进行一些诸如羽毛球、乒乓球、拳击和体操等室内体育运动，甚至提议把这些教堂改为宾果（bingo）游戏厅、仓库和私人住宅。[①] 在今天的英国，人们确实经常可以看到被出售或出租而用作展览馆、商店、仓库、运动场、夜总会和舞厅的教堂建筑。

（三）教会地位在社会公共领域中引发的争议

随着现代化进程中社会结构的分化日益精细，打破了传统英国社会中基督教会的垄断地位，教会的权威不断受到冲击。各个社会公共领域当中都有极为密集的职业细分，教会在诸如政治、教育、医疗保健和社会福利等这些很多世纪以来属于自己掌控领域中所发出的声音渐趋微弱。英国政府逐步介入原先由教会所掌控的社会福利和婚丧嫁娶等领域。教会虽然仍旧保持着很高的社会声望，受到民众的爱戴和尊重，但其影响力已今非昔比。这可以由教会（尤其是英国国教会）在当代英国社会各公共领域所处的优势地位所引发的广泛争议反映出来。我们以政治和教育领域为例进行简要说明。

---

① Alan D. Gilbert, ibid, Introduction, pp. xi–xii.

在政治领域，圣公会主教在英国国会上议院拥有固定数额的 26 个席位①，对于这一点，近年来其他宗派和宗教团体一直持有不同意见，希望减少圣公会主教的席位数目，或增加己方代表。虽然圣公会主教可以利用上议院这个平台在国家政治议程中发挥适度作用，但教会要对政治掌权者负责，教会的各种决定在获得法律效力之前必须得到议会的最终批准，因此教会被永久地锁定在与政府的关系之中，而这种关系必定对教会的决断力产生限制。虽然教会可以自由地处理诸如礼拜、教义或教规戒律一类的问题，但是在实际操作中，这样的自由会被议会圈定在可被它容忍的限度之内。② 因此，上议院中的圣公会主教们也只是"含糊地"运用其议员身份来表达教会关注的事务，③ 寻求各方平衡。圣公会为保持国教会地位必须付出极大的代价。

圣公会的国教会地位在当代英国社会备受质疑。主张废除国教制度的意见认为，各种形式的国教制度都已不适合于在一个已经世俗化和多元化了的社会中继续存在。在当代英国社会中，只有非常有限的占人口总数不到 1/10 的人定期参加基督教会的礼拜活动。在这极其有限的一部分人当中又只有其中的 1/3 属于"所谓的国教会"④。由这样的少数派所支撑的一个教会怎能代表整个国家？国教会在一个现代民主国家中的存在同时意味着对其他基督宗教派别、非基督教团体和越来越多的无宗教信仰人士的歧视。反对取消国教制度的观点则是担心政教分离不仅会使圣公会继续被边缘化，更会将宗教信仰和价值观念整体性地从社会生活中抛开，从而助长世俗化的势头。

宗教与政治的关联性也在减弱。在英国历史上传统的宗派与党派之间的天然联盟逐渐模糊，比如独立教会信徒与自由党拥护者的一致性和罗马天主教徒与工党的紧密联系。英国人意指政教联盟的一句谚语，也是长期戴在圣公会头上的一顶帽子——"作祷告的托利党"（the Tory

① Kenneth Medhurst and George Moyser, *Church and Politics in a Secular Age*, Clarendon Press, 1988, p. 273.
② Kenneth Medhurst and George Moyser, ibid, p. 309.
③ Kenneth Medhurst and George Moyser, ibid, p. 276.
④ Grace Davie, ibid, p. 145.

party at prayer)①，也因显得过时而被摘掉了。宗教因素已不再是划分党派政治界限的重要标尺。

　　在教育领域，英国政府曾于 1944 年在英格兰和威尔士颁布实施了一部《教育法案》，在国立学校中以法律形式保障了基督教义务教育，其中包括要求全体学生每天清晨必须参加集体礼拜仪式和定期接受宗教指导的规定。这部《教育法案》要求所有学校使用统一的教学大纲，强调了基督教在英国国民生活中近 2000 年所占据的主导和稳固的地位。然而，自 20 世纪 50 年代末 60 年代初始，逐渐出现了对它的争论和批评。越来越多的职业教育家认为，当代的宗教教育应当是无限制和非教条式的，包含除基督宗教之外的其他世界宗教以及非宗教的哲学和观念。应培养学生以学术方法批判地分析和理解各种宗教与世俗的观点，宗教是学生个人决定和选择的问题。同时，由于越来越多教师和学生将自己排除出基督徒之列，以及其他宗教信徒数量的增多，学校每天举行的集体礼拜仪式受到质疑。但是，福音派基督徒反对英国教育的主流向自由、世俗和多元价值观的转向，希望它回到传统的基督教轨道上来。在这种背景之下，1988 年的《教育改革法案》（Education Reform Act）出台了。它实质上是各种观点的折中和妥协，既确定基督教教育在法律上的正式的官方的显著地位，又具有相对性和灵活性，给信仰其他宗教和没有宗教信仰的学生以一定程度的自由空间。但这一法案却导致了对它的不同诠释，不仅未能使争议平息，反而更加剧了冲突。各方都表示出不满，认为它过于向相对的一端妥协和让步。宗教的热诚与世俗的敏感之间的冲撞仍在继续。② 例如，根据 2008 年英国社会态度调查的统计数据，有 42.10% 的受访者表示，任何宗教群体都不应拥有自己的学校。同时，有 44.11% 的受访者认同任何宗教群体都可以拥有自己的学校。③ 赞成与反对的双方可谓势均力敌。另有 13.79% 的受访者表示，某些宗教群体可以，而另一些宗教群体不可以拥有自己的学校。④ 所谓的"某

① Gerald Parsons, ed., *The Growth of Religious Diversity: Britain from 1945*, Volume 2: *Issues*, Routledge in association with the Open University, 1994, p. 126.
② Gerald Parsons, ibid, pp. 163–195.
③ http://www.britsocat.com/Marginals/fthsch, 2012 年 10 月下载。
④ http://www.britsocat.com/Marginals/fthsch, 2012 年 10 月下载。

些宗教群体",恐怕是指受访者自身所属的宗教群体。在没有明确的新政策出台之前,类似的争执难以停止,而政府出台新政策又谈何容易。

基督教是一种传统的价值体系,它需要借助国家的教育系统将其一代一代传递下去。教会学校是英国公共教育体系的组成部分,它们共拥有国立学校近 1/4 的学生。有些父母虽然不属于某个教会,但他们希望自己的孩子接受教会学校的良好教育。近年来在英格兰和威尔士出现了废除教会学校的强烈呼声。[1] 虽然这种意见在实践中未获实行,但仍不能被忽视。

一位英国历史学家痛心地指出:"英国用了长达几个世纪的时间皈依基督宗教,却在不到 40 年的时间里就背弃了它。"[2] 20 世纪 60 年代以来,人们似乎有一股强烈的愿望,要挣脱历史的束缚,在对美好未来的幻想中摆脱沉重的、压抑的、剥夺了人的创造性生活的过去。然而,"一个没有历史的民族会像一个失去记忆的人那样悲伤而虚弱无力"[3]。而造成这一切的原因,同样蕴含在英国自身甚或整个西方社会的历史发展当中。

第三节　当代英国世俗化质变的形成原因

英国学术界对于当代世俗化形成原因的诠释,大致可以根据认为其关键是长期因素或是短期因素而划分为两类。以长期因素作为关键点的学者又有两种不同的观点。斯蒂夫·布鲁斯和布莱恩·威尔逊等是传统世俗化理论的拥护者,他们强调现代化发展与当代英国宗教衰落的关系;而艾伦·吉尔伯特在从英国长期社会经济发展的角度论证世俗化过程的同时,也重视神学的现代化对人们的误导。卡勒姆·布朗是以短期因素诠释世俗化的代表。他认为,英国社会 20 世纪 60 年代灾难性和剧烈的社会经济与文化变革使英国核心宗教文化遭受了沉重打击。他尤其

---

① Grace Davie, *Religion in Modern Europe*: *A Memory Mutates*, pp. 85–86.

② Callum G. Brown, *The Death of Christian Britain*: *Understanding Secularisation 1800–2000*, p. 1.

③ Paul A. Welsby, ibid, p. 106.

强调性别，认为是女性角色的变化对英国人宗教性趋于崩溃有重大影响。休·麦克劳德更强调世俗化成因的复杂性，认为它是多种因素混合作用的结果，因而不存在造成世俗化的"主宰因素"。但他比较突出社会政治冲突方面的原因。

笔者认为，英国当代的世俗化确实是由多种因素产生合力的结果，包括所谓的短期和长期因素。但即使是短期因素，也具有其长期的历史积淀（我们可以从前文的分析中看到这一点），而在20世纪60年代最终爆发和显现出来，有些现象甚至可以追溯到几个世纪以前。此外，20世纪上半叶西方社会政治、经济、文化等全方位的危机对英国宗教产生了强烈冲击。在当代社会经济、政治、文化和神学思想等各项因素中，以社会经济发展为基础的各要素之间的关联和互动，对于我们理解当代英国世俗化的形成有一定帮助。

一　经济—文化—自由

历史上的工业革命首先发生在英国，它不仅意味着生产力的巨大增长，也造成社会和文化的重大变革，创建了现代文明。然而，人们在享受现代文明丰硕成果的同时，也经历着它所带来的无尽烦恼。

（一）物质丰裕与消费主义

到20世纪60年代，英国虽然失去了从前世界帝国的凛凛威风，却仍然是一个繁荣的现代化国家。英国社会的经济发展使绝大部分人口的生活水平达到了前所未有的高度，人均收入几乎翻了一番，人们无须节俭度日即可拥有梦想中的财富。汽车、电视机、电冰箱和洗衣机等甚至在普通工人阶级家庭中都很普及，[①] 人们由此可以将更多的金钱投入到娱乐和休闲中。人们的居住地虽然变得更加分散，但电视、电话，尤其是电脑、传真机等现代化设备的高度普及，使人们可以与外界保持全方位的联络，信息沟通迅捷，视野更加开阔。虽然英国社会在近几十年中也经历过经济危机，但人们的生活环境还是在不断改善。英国社会逐步由生产型社会向消费型社会转变，服务业和娱乐业迅速膨胀。商店营业时间延长，周日关闭的禁忌也彻底被打破。消费主义成为与此相映衬的

---

① 　Paul A. Welsby, ibid, p. 98.

生活方式。人们业余生活的选择范围大幅度拓宽，可以利用周末尽情地购物、运动、看电视和电影，在假期驾车旅游或探亲访友。随着社会竞争日益激烈，人们的工作压力也随之增大，因此也需要各种娱乐休闲活动放松身心。生活变得色彩斑斓和值得享受。对本该去教堂做礼拜的周日上午的"使用"方式多元化了，各种职业中的专业人员更可以随时随地帮助人们解决原本需要由神职人员才能解决的各种问题。在人们多姿多彩的生活中，在琳琅满目的商品面前，宗教不幸也沦为商品的一种，等待着被选择。教堂逐渐成为缺乏优势的竞争者而被很多人淘汰和遗忘。在一个崇尚科学技术的时代，科学和事实、价值和意义被分离开来。人们舍弃了事实的意义与价值而只是专门寻求事实本身。事实被认为是绝对的，而价值则成为相对的、个体性的。人们只相信摆在眼前看得到摸得着的东西，却遗弃了超越与神灵这类传递价值和意义的概念。

（二）对传统文化和权威的反叛

商品经济和市场经济造成的物质丰裕侵蚀着人们内心对灵性的渴望，资本主义原始积累时期清教徒"节俭、克己和努力工作的美德"逐步屈从于现代社会大众物质主义和享乐主义唯利是图的"毫无道德顾忌的贪婪攫取"①。物质财富还赋予人们更强的独立和自信，决定自己行为的自主权，以及各种行为标准的评判力。随着战争阴云的远去，在这个年代成长起来的年轻人再也无法体会他们的父母在过去的世代中曾遭遇的痛苦。他们沉浸在富裕的社会中，并开始寻求更大限度的个人自由、独立和背离，建立自己的社会群落，尝试各种标新立异的新潮事物和生活方式，奇装异服、时髦发型、摇滚音乐甚至毒品。一股新的文化浪潮，或者说是反传统文化的浪潮席卷了包括英国在内的西方世界。基督教框架之内许多绝对的传统价值观念遭到质疑甚至被人抛在脑后，以往被人们看作越轨的行为却越来越被普遍接受而变为常态，其中最明显的例证即是与性和婚姻、家庭相关的伦理道德观。基督教文化中对于性的抑制常与道德联系在一起，教会长期以来一直进行关于性的道德规范的教育，而这些在 20 世纪 60 年代的"性革命"和"性解放"中被颠覆。人们要在个人生活和人际关系当中寻找快乐，性在人们生活中处于愈发

---

① Kenneth Medhurst and George Moyser, ibid, p. 27.

重要的位置。对有关性的话题的公开讨论不再是禁忌，在文学作品和电影中也有越来越多的对浪漫爱情和性的描绘。婚前和婚外性行为增多，直接挑战着传统的婚姻和家庭。现代科技的发展也对此推波助澜。避孕药具广泛普及，各类媒体如电视、报刊和网络，铺天盖地的信息使人们轻易就能接触到此类问题，从而起到间接的宣传和促进作用。在强大的社会舆论压力下，上文曾提到的一系列相关立法应运而生，而英国社会的道德宽容也被一部分人指责为放纵、颓废和堕落。有人评论"无论作为军事强国还是道德强国的英国都已经消失了"[1]。

在对传统文化的反叛中，英国社会日益成为一个多元文化聚合地和西方"通俗文化的领军者"[2]，人们释放出比其他年代更非凡的能量和想象力，试图创造一个更加自由和令人快乐的社会。比如在音乐领域，流行音乐，或更确切地说通俗音乐，只是自20世纪60年代以来才迅速传播，并与西方传统的古典音乐分道扬镳。其音乐题材更贴近人们的日常生活，表现人们跳动的激情和世俗情绪，而远离了神圣的殿堂。乐队编制和乐器组合更加灵活和随意，新式的电声乐器地位愈加突出。流行音乐倚赖特色商业包装，强调乐手或歌手的外形设计和个性。来自英国利物浦的四人组合甲壳虫乐队（Beatles）是其中登峰造极的代表。虽然从成立到解散，该乐队仅仅存在了10年的时间，但是它的摇滚音乐充满活力，不仅主宰了英国的音乐市场，而且迅速风靡欧美国家以至全世界，年轻人对它的追捧达到了狂热的地步。"甲壳虫"拥有令后人难以企及的唱片销售纪录，其巨大的影响力波及至今。它的音乐迎合了战后英国新一代年轻人要求文化解放的思潮，同时推动了这一趋势的发展。它成为英国流行音乐时尚的风向标，引领了20世纪60~70年代的流行文化方向。其成员之一约翰·列侬（John Lennon）甚至自称他们"比耶稣基督更受欢迎"[3]。他们的歌曲内容渐渐传递出无神论的倾向，比如在他们的歌曲代表作之一《想象》（*Imagine*）中，列侬唱道："如果你尝试

① G. I. T. Machin, ibid, p.195.
② Hugh McLeod, "The Religious Crisis of the 1960s", "*History of Religion*" Seminar, University of Birmingham, 21 October 2004.
③ 〔英〕休·麦克劳德：《20世纪60年代的欧洲宗教》，载赵林、邓守成主编《启蒙与世俗化——东西方现代化历程》，武汉大学出版社，2008，第219页。

一下，很容易想象并没有天堂。我们的下面没有地狱，我们的上方只有天空。想象所有人都只为今天而生活……不为任何事物而死，也没有宗教……你可能会说我是个梦想家，但我并非唯一的一个。我希望有一天你会加入我们的行列，世界将实现大同……"① 这些内容可以说既展现出了时代潮流，也进一步引导大批年轻人向这一潮流涌动。"甲壳虫"是年青一代的文化先锋和精神偶像，是"青年反叛的时代象征"②，以冲破陈旧道德规范和传统价值观念的形象，表达其对理性的否定，对宗教、天堂和地狱的漠视，以及对一个充满自由和人性的未来世界的憧憬。

人们在争取更大程度个人自由的同时，也表现出对一切权威的批判和反抗。人们普遍质疑英国的社会基础，抨击政府的对内和对外政策，对环境保护、人权、种族关系、世界和平、第三世界面临的种种灾难等问题都表示出强烈的不满情绪，并相继脱离各类组织，如政党、工会等。③ 在这样一个蔑视权威的年代，教会也被很多人看作传统权威的一个组成部分，是前科技时代残留下来的古董而失去了在当代的社会文化意义。教会和政府、家长一样，象征着保守、落伍以及对快乐和自由的压制，而人们这时向往的是拥有更多财富和没有羁绊的生活。基督教所崇尚的自律、克制、牺牲和罪感失去了效力。此时教会成员数量的减少在一定程度上反映了整个社会文化氛围的变革，对参与公共生活兴趣的降低，而不单纯是宗教领域的问题。教会和政党等这些在历史上曾经唤醒人们反抗压迫、解放和自由意识的先锋，现在反而成了人们追求更大限度个人自由的绊脚石。当后现代社会开始成形，结构、权威和真理被侵蚀，基督教成为其受害者之一。

（三）女性角色的变化

与上述内容相关联的一个重要因素是女性在当代社会和宗教中角色的变化。一般而言，女性较男性更能维系各类传统，如操持家务、创作手工艺品、庆祝节日以及参加与人的出生、死亡等相关的礼仪庆典，与亲友保持联

---

① http：//search. tom. com/mp3/lyric. php? word = Imagine&mimetype = all，2006 年 11 月下载。
② Arthur Marwick，*The Sixties：Cultural Revolution in Britain，France，Italy，and the United States，c. 1958-c. 1974*，Oxford University Press，1999，p. 70.
③ John Wolffe，ibid，p. 166.

络，等等。女性在宗教领域也比男性表现得更为积极，比如教堂里的女性人数总是多于男性。根据一些学者的研究，由于心理和社会角色等种种综合原因，女性的宗教性强于男性。^① 现代化进程促使男性背离教会的程度较女性更高。但自 20 世纪以来，尤其是 20 世纪 60 年代以来，这种状况开始发生改变。英国女性生活上的变化与其宗教性产生了一些负面的碰撞。

首先，自 20 世纪 60 年代以来，在女权主义运动影响下，对女性在接受高等教育和职业等方面的限制逐渐放松。大批妇女走出家门从事有薪工作，女性在劳动力总数中所占比重空前提高。同时，女性逐渐进入到原本由男子控制的职业领域。许多妇女由于既需要工作挣得收入又要照顾家庭，她们参加宗教活动的时间越来越少，包括去教堂做礼拜，以及帮助教会做一些清洁、园艺、筹款、牧师培训等义务工作，而这些工作是教会长期以来倚赖妇女们所从事的。妇女愈将时间和精力投入到其固定的有薪工作中，她们就愈发忽视那些所谓"繁杂之事"。

其次，女性在获得经济独立的同时也找到了身份认同、目的和价值感。从前在英国社会公认的理想女性形象是由丈夫所供养和保护的、扮演妻子和母亲角色的家庭主妇。它在 20 世纪 60 年代受到女权主义的抨击，许多妇女不再愿意担任纯粹的妻子—母亲的角色而开始寻求解放和新的女性特征。长期以来，人们头脑中已经有一种对女性固定化了的角色特征，而这种特征由基督教的教导所强化，即妇女应在家庭生活中无私地、无条件地、自我牺牲式地付出爱心，照顾家人。与此相关的性伦理使得妇女在性生活中没有任何主动的权利，表示出性的欲望是一种羞耻。男人可以需要和享受性生活，女人则只能被动地接受男人的控制。这种不平等的两性关系在当代社会遭到质疑，妇女在"性解放"浪潮中扮演了主要角色。法律上的平等权利、堕胎法和对一些限制行为的解除成为女权运动的成果之一。现实生活中的两性关系不能达到妇女对一种平等伙伴关系的期望，表现为英国的核心家庭数量下降、离婚率上升、非婚生婴儿数量增加，等等。原本与基督教文化紧密联结在一起的典型的女性特质被"性革命"所颠覆，许多妇女抛弃了传统两性关系的观念以及支持这种观念的宗教。

---

① Grace Davie, *Religion in Britain since 1945*: *Believing without Belonging*, p. 120.

再次，女性对基督教文化中的父权主义倾向表示出不满。上帝在人们心目中是男性形象，是父、是子，人间的男性特权也体现在天堂。在教会中，男性地位高居神坛之上，而女性只能坐在教堂内的长凳上，接受男性神职人员的领导和教诲。近年来，一些女权主义者质疑男性化的上帝，创造出了女性和母亲的上帝形象，被许多英国妇女所接受。同时，许多妇女越来越难以接受男性教士所拥有的更高权威，英国基督教会内外围绕妇女授任圣职问题进行了长时间的争论（对此本书将在下一章加以详细论述）。

席卷西方世界的妇女解放运动给英国女性的宗教生活带来了深刻影响。许多女权主义的先驱人物要么有着非宗教的社会背景，要么早已切断了与教会的联系。① 许多英国妇女感到，女权主义思想与她们原有的宗教信仰相冲突，于是选择离开教会。根据英国学者在苏格兰地区所做的调查，女性脱离教会的比率已经高于男性。② 近年来，教会中男女信徒的人数已接近持平，改变了过去女性教徒远多于男性的状况。当然，我们也不能夸大这方面的结论，到目前为止还没有学者对英国其他地区做同样性质的调查，因此没有精确的统计数据进行比较。而从总体上来说，女性的宗教性仍然强于男性。

女性背离基督教信仰的后果之一是严重影响到基督教教育的传承。妇女在家庭教育中发挥着极为重要的作用，母亲宗教信仰的弱化往往影响到其子女的宗教性，而人们在童年时期所接受的思想观念的家庭熏陶会为其一生的精神生活刻下烙印。英国设菲尔德大学的研究结果显示，在 1961 年，有 94% 被抽样调查的学生回答在家中接受过宗教教育，1972 年的比例为 88%，而到 1985 年这一比例下降为 51%。③ 面对这种状况，人们不禁为英国基督教发展的未来感到担忧。

---

① 〔英〕休·麦克劳德：《20 世纪 60 年代的欧洲宗教》，载赵林、邓守成主编《启蒙与世俗化——东西方现代化历程》，第 216 页。
② Linda Woodhead, "'Because I'm Worth It': Religion and Women's Changing Lives in the West"（赵林、邓守成主编《启蒙与世俗化——东西方现代化历程国际学术研讨会论文集》，第 257 页）。
③ Hugh McLeod, "The Religious Crisis of the 1960s".

二　政治—多元—平等

英国历史上政教关系的变迁以及与此相关的宗教多元化趋势成为推动世俗化进程的长期因素之一，但其中亦反映出一定的模糊性和复杂性。

（一）政教关系的变迁

自公元 6 世纪末到 7 世纪基督宗教在英国扎下根基时起，英国基督教会效忠于罗马教宗，直到 16 世纪宗教改革时期，英王亨利八世与罗马教廷决裂，英国形成完全的民族国家。1534 年颁布的《至尊法》废除教宗作为英国教会首脑的地位，规定英国国王及其继承人被尊为英国国教会即新教安立甘宗在尘世的唯一最高首脑，确定了英国国教的民族归属性。英王从此成为英格兰政界和宗教界的双重首领。英国宗教改革的动机实际上是非宗教性的，它首先是英国各阶层与罗马教廷经济政治矛盾发展激化的结果，希望摆脱罗马教廷的经济剥削和政治控制，维护王权和民族经济利益。因此其动机是政治—世俗的而非宗教—神圣的。英国宗教改革对世俗化所起的作用并非首要体现于宗教方面，而在于其政治意义，即并非由于从天主教转变为新教信仰过程中，其宗教内涵发生变化所体现出的世俗化内容，而是由于英格兰教会的归属权发生变化所造成的一系列影响。由世俗王权决定宗教事务的民族教会的建立具有明显的国家至上主义性质。亨利八世使英格兰教会由效忠一个宗教权威转化为效忠和依附一个世俗的政治权威，王权与教权合一的实质是王权控制了教权，导致英国迈出世俗化进程中教权衰落的第一步。

民族教会的建立也为日后资产阶级革命直接进攻封建制度创造了基础。基督教成为君主专制的精神工具和不可分割的组成部分，因而资产阶级革命的矛头同时指向占统治地位的教会，国教成为革命冲击的主要对象之一。英国经过 17 世纪推翻专制的革命，王朝复辟，以及通过和平手段进行的光荣革命最终确立了君主立宪制，到 19 世纪中期以后的维多利亚时代被彻底巩固，国王成为"虚君"。在此过程中，与国王一同代表贵族势力的圣公会的地位逐渐衰落，参政范围缩小。面对强大的议会，王室和教会似乎成为了两个同病相怜的"弱势群体"。

　　虽然教权在与政权的较量中节节败退，但教权与政权长期以来在英国一直保持着盟友关系，使英国宗教具有很强的政治气质。比如，17 世纪爆发的英国革命，其划分斗争双方阵营的是宗教信仰而非阶级。在革命中，支持国教的势力也支持国王，主张改革国教的清教徒支持议会，他们要求清除国教中的天主教成分，同时限制国王权力。这场革命不能算是彻底的资产阶级革命，其结果也不是欧洲大陆一些国家资产阶级革命后形成的政教分离的局面。在英国政党政治的形成方面，17 世纪下半叶，议会由于王位继承权问题分裂为两派，其中"辉格党"（Whig）坚持宗教改革原则，反对身为天主教徒的国王的弟弟詹姆士登上王位；而"托利党"（Tory）坚守王位继承的正统原则，主张保留詹姆士的继承权。这成为英国政党政治的开端。[①] 托利党代表了英国上层社会王室和贵族势力，因而与圣公会保持了长时期的"天然"联盟。辉格党和在 19 世纪下半叶转变为代表中产阶级的自由党则吸收了许多非国教会成员。英国传统政党政治的背后有着深厚的宗教背景，而接受欧洲大陆世俗社会主义思潮的影响不是非常明显，反宗教的世俗激进主义在英国未像欧洲大陆国家那样起作用。与各政党相关的宗派之间由于各种原因有着各种冲突，它们显现出来的公众形象是分散的，而不易作为一个整体成为反宗教势力的打击目标。因此，英国在政治领域受到世俗化的冲击不是太过剧烈。

　　未曾像其他欧洲大陆国家那样经历过彻底政教分离的英国直至今日仍然保持着政教合一的关系模式，圣公会维持了几百年至高无上的国教会地位。圣公会的主教制成为一种政权工具，维护教阶制度即是维护英国王权统治的一部分。这一传统对世俗化进程所起到的作用并不是绝对的。一方面，国教会的形象为整个社会确立了主流信仰模式，树立了正统的权威力量。同时，教会得以近距离地与国家政权机构进行接触，从某种程度上制衡了世俗的国家权力，将其纳入宗教信仰的轨道。另一方面，一些教会人士和学者认为，英国的国教会传统实际上妨碍了圣公会的灵性发展，甚至"扼杀了教会的精神前途"[②]。圣公会数百年来得到的

---

　　① 钱乘旦、许洁明：《英国通史》，第 180 页。
　　② 张训谋：《欧美政教关系研究》，第 83 页。

世俗利益和地位的保障使其成为了"皇帝的女儿",具有一种优越感,从而无须认真考虑教会的影响力及其成员多少的问题,结果渐渐失去自身的竞争力。其他宗派和信仰团体无法享受这种优惠条件,因而它们必须在意识形态的"商品市场"上努力推销自己,以赢得一席之地。① 同时,政教合一也意味着国家有权干预教会内部事务,比如议会控制着教会的教义和礼仪的制订修改,以及教会圣职和其他人事任命权。确保国教会地位的危险之一是沦为世俗国家政权的附庸,无法保持其独立性而对世俗国家的权力及其决策发挥建设性的批评作用。在一个以国家主权和利益为主导的现代世界里,代表神圣力量的教会注定只能处于次要和辅助的位置。

（二）宗教宽容与多元

英国有着长期宗教宽容的历史,并被认为是世界上宗教传统最多元化的国家之一。亨利八世宗教改革的主要关注点在政治方面,对于宗教教义的改革相对次要,因此在圣公会中保留了大量天主教成分。自宗教改革之后,英国圣公会教义的特点之一是广泛的综合性、灵活性和包容性。它容纳了 16 世纪新教中所有重要宗派的代表思想,其教义是基督教各宗派观点折中的杂烩,而且随历史发展和实际需要不断调整与补充。这一点有利于促进宗教宽容,但它同时也具有不稳定的特性。几经周折,新教势力最终在英国得到稳固,但圣公会内部高派教会（即安立甘宗公教派,Anglo-Catholicism,High Church）、低派教会（即安立甘宗福音派,Anglican Evangelicals,Low Church）和广派教会（即自由派,Anglican Church with liberal tradition）形成了分歧,且延续至今。此外,在一系列政治与宗教的复杂斗争中,圣公会发生分裂,长老会（Presbyterian Church）、公理会（Congregational Church）、浸礼会（Baptist Church）、贵格会（Quakers,即 Society of Friends）等从国教会中分离出来,被统称为"不服从国教者"（Nonconformists）。他们虽受到长期压制,但他们在公众生活中的影响力逐渐扩大。1689 年的《宽容法案》（*Toleration Act*）破坏了英国宗教信仰统一原则的法律基础,② 对于

---

① 张训谋:《欧美政教关系研究》,第 67 页。
② Hugh McLeod and Werner Ustorf, ibid, p. 82.

罗马天主教会和非国教会在公众生活中的法律限制也分别在 1828 年和 1829 年通过的《考查与社团法案》和《罗马天主教解放法案》中被废除,① 二者从而获得了相应的政治地位和权利。非国教会信徒的政治权利不断增强,国教会的统一形象逐渐解体。英国社会逐步形成一个宗教竞争的环境,宗教气氛更加自由。然而,这种环境侵蚀了英国基督教赖以发展的土壤条件,教会内部的分歧和分裂致使圣公会的领导地位在很大程度上被削弱。宗教多元和宗教宽容所带来的后果是使圣公会自身的地位受到排挤。不断壮大的宗教"自由市场"扰乱了原本圣公会教区网络的和谐与稳定,使信徒与神职人员的关系也发生了转变,去教堂做礼拜和参加教会的各种活动已不再以牧师的意志为转移,而是取决于教区居民的兴趣和偏好。人们的选择范围扩大了,"甚至在种种根本问题上人的独立思考的自由"② 也扩大了。每个人有信仰任何宗教、参加任何宗派或者不去信仰任何宗教的平等权利。当圣公会设立更加严格的皈从标准时,会将更多的游移者吓退。况且,政府不再像从前那样为圣公会提供足以使其扩充力量的资金支持。它被迫成为英国社会中众多宗教信仰团体和基督教宗派中的一个,而在面对各种宗派和非宗教意识形态的压力和挑战时显得脆弱而无力。

在现实社会中,圣公会既没有保持一种无可争议的霸权式的国教地位,像罗马天主教会在某些欧洲国家那样,又未能很好地适应多元社会宗教市场的竞争环境,而是处于夹缝间的尴尬局面之中。这种状态对于汹涌的世俗化浪潮所起到的只是推波助澜的作用。

三 神学—开放—博爱

(一) 新教自由主义神学的复苏

现代化进程为人类带来了科学技术和生产力的提高,也促使人们对人性进步和历史发展持乐观态度。在 19 世纪西方思想领域中,体现这种乐观与自信观念的新教自由主义神学居于主流地位。20 世纪上半叶两

---

① 张训谋:《欧美政教关系研究》,第 79 页。
② 〔英〕罗素:《西方哲学史》下册,马元德译,商务印书馆,1982,第 43 页。

次世界大战的爆发，以及席卷西方社会的经济大萧条，摧毁了人们心中对繁荣向善的美好世界的幻想，使人们的思想陷入混乱状态，一种前所未有的危机意识迫使人们对人类社会历史和西方文明的价值体系进行反思。这一时期，危机神学占据了西方新教神学的统治地位。在英国，圣公会新正统神学同样对自由主义神学表现出了否定态度，但它并没有走到某些欧洲大陆国家神学悲观主义的极端，而是较为现实和中庸。因此，经过战后重建和经济社会发展的回暖，自由主义神学倾向在英国重新复苏。然而，经历了战火和动荡年代的洗礼，人们已经对上帝产生了深刻的怀疑，其思想主旨与从前截然不同了。

英国圣公会主教约翰·罗宾逊的《对神老实》一书于 1963 年出版。该书为小 32 开本，仅 140 多页，但它的出现顿时激起轩然大波，引发了持续的争议。罗宾逊在此书中承袭和融合了保罗·蒂利希提出的上帝应与现实社会具有生存关联、狄特里希·朋谔斐尔提出的对基督教进行"非宗教性解释"，以及鲁道夫·布尔特曼提出的"非神话化纲领"思想，[①] 表示在现代社会中，人们父辈传统观念当中的高高在上的上帝已经遭到抨击而失去了宇宙中的位置，[②] 在正统的超自然信仰与当今世俗世界所能体验到的意义范畴之间存在着一条日渐扩大的鸿沟。[③] 罗宾逊在书中写道，"我所能做的一切就是力图做到诚实——对上帝诚实并且对有关上帝的事诚实"[④]，教会应以此为起点而履行自己的使命。罗宾逊认为教会在当代社会中显得过于保守，而他的初步尝试似乎是激进的，在许多人看来无疑是异端邪说。但他确信，如若回顾历史，他的主张只会是错在不够激进。[⑤] 他相信，教会正受到呼召而进行一场"哥白尼式的革命"[⑥]，质疑基督徒过去所持有的许多基本假设；如果我们对于信仰的守护只是局限于重申传统的教义学说，我们十有八九会失败，沦为"渺小的宗教遗迹"；因此，神学当中诸如上帝、超自然，甚至宗教等最根本

---

① John A. T. Robinson, *Honest to God*, SCM Press Ltd., 1963, pp. 21–24.
② John A. T. Robinson, ibid, pp. 13–14.
③ John A. T. Robinson, ibid, p. 8.
④ John A. T. Robinson, ibid, p. 28.
⑤ John A. T. Robinson, ibid, p. 10.
⑥ John A. T. Robinson, ibid, p. 27.

的范畴都必须被重新加以铸造①；教会应深入此世，发现并成就上帝的事功。②《对神老实》一书出版后仅在三年之内就销售了近100万册，只有《圣经》的销售量可与之匹敌。③ 到1991年，此书已经印刷22次。

罗宾逊写作此书的本意是宣教，虽然作者在整本书中均未提及"宣教"一词。他在书中表示从未怀疑基督教信仰的真实性，只不过是质疑其不适合于时代发展的表达方式。④ 他的目的是为质疑持守传统既定"宗教构架"的激进教会进行辩护，希望人们接受此种做法为诚恳之举，并且终究认可它对于维护信仰是必要的。⑤ 为使基督教不被沦为"渺小的宗教遗迹"而继续保持其神圣的意义，罗宾逊认为必须从根本上改变其以往的风格，放弃传统神学中的上帝形象。在罗宾逊的引领之下，英国神学思想迅速转向自由主义和激进的世俗主义，在大洋彼岸的美国也引起了"上帝之死"派神学的共鸣。罗宾逊坦言，"哥白尼式的革命"对他来说是一场"勉为其难的革命"，他预料到他的观点将会被严重误解，⑥ 而事实上也确实如此。他所提出的建设性意见反而在此书的广大读者中产生了对基督教信仰破坏性的效果。罗宾逊的神学观念开创了英国基督教激进主义思想的新时代，而他对绝对超然上帝的摒弃引发了人们对传统上最基本的基督教教义的质疑。罗宾逊在书中所用的诸如"有神论的终结"和"基督教必定是超自然的吗"⑦等一些语汇误导了人们的思想，致使许多人的信仰立场产生动摇。罗宾逊认为，基督教唯一绝对的伦理就是"爱"，它具有道德指南的作用，使人们在任何境遇中关注他人最深切的需要。⑧ 既然世人很难把握超自然的神明，那么不如"对神老实"，由强调超然上帝的信仰转向在现实社会提倡"爱"的伦理，达到一种博爱之境。在20世纪60年代荡漾自由主义的氛围中，英国社会出台了一系列法律，放松了对同性恋的限制，自杀不再属于犯罪

---

① John A. T. Robinson, ibid, p. 7.

② John A. T. Robinson, ibid, p. 139.

③ Adrian Hastings, ibid, p. 536.

④ John A. T. Robinson, ibid, p. 27.

⑤ John A. T. Robinson, ibid, p. 9.

⑥ John A. T. Robinson, ibid, p. 27.

⑦ John A. T. Robinson, ibid, p. 29.

⑧ John A. T. Robinson, ibid, p. 115.

行为，对堕胎和离婚的条件也有所松动。这些似乎都体现出人性化的"爱"的准则，而教会发布的相关报告对这些立法也起到了相当程度的促进作用。[①] 但事情的发展最终证实，一个世俗化的社会违背了教会的初衷。自由主义神学倾向在英国社会思想中占据统治地位，但却偏离了其初始目的。基督教神学调整自身而使之适合于现代世界观，但其结果之一却是"逐步拆除了基督教传统的超自然主义支架"[②]。它以人类的普遍经验为基础，使得神学向人类学中心转化，为宗教信仰的私人化、随意化和松散化提供了遁词。

（二）天主教神学的自由化转向

罗马天主教会于 1962～1965 年召开梵蒂冈第二届大公会议，其"跟上时代"的革新精神也在英国产生了影响。它在神学方面突破了与世隔绝、故步自封的保守思想，肯定人性以及人在社会生活中的中心地位，放弃"教会之外无救赎"的说法，而根据"爱人如己"的博爱精神提出"普世救恩"的观念，强调教会在社会中发挥的作用所体现出基督"道成肉身"的内涵，要求教会不断反省和改革，在人世间建设天国。同时，天主教会开始承认科学的价值，寻求科学与宗教信仰相协调。"梵二"会议这些提倡向世界开放，适应时代的需要而对自身进行改革的思想标志着天主教会的转折，推进了包括英国天主教会在内的天主教神学自由化的转向，与新教自由主义神学对英国世俗化起到了同方向的作用。当然，天主教会在实际操作中的自由化倾向并不像其理论上所展示的那样明显。但是，人们思想开放的闸门一旦打开，其力量便难以逆转。当教宗于 1968 年颁布关于生育控制问题带有保守色彩的《人类生命》（*Humanae Vitae*）通谕之后，大批虔诚的英国天主教信徒甚至神父均表现出不同意见。人们在实践中的所作所为也已与教宗的教诲大相径庭，对教宗权威的尊重被大打折扣。

基督宗教自身在某种程度上是西方社会自由、平等、博爱以及民主、法

---

① Sheridan Gilley and W. J. Sheils, ed., ibid, p. 482.

② Peter Berger, *A Rumor of Angels: Modern Society and the Rediscovery of the Supernatural*, pp. 9–10.

治和人权等观念的源头，而这些概念有时会被人类误用或极端地使用，以至于造成现代化后期人类的困境和信仰危机，失却了超越的价值和意义。

总之，世俗化在英国是历史长期发展积累的产物。世俗化在英国的形成原因有很多方面，各种因素有机联系，相辅相成。当具体到某一段特定的历史时期，这些因素会显示出不同程度的重要性，而它们相互的关联所体现出的宗教与社会之间的互动铸成了英国基督宗教发展的现实。

20 世纪 60 年代是一个令人困惑的时代。对于某些人来说，那是最好的时代，对于另一些人来说，那是最糟的时代。它同时充斥着智慧与荒谬，信仰与怀疑，光明与黑暗，希望与绝望。人们似乎拥有了一切，而又变得一无所有。人们在获得了自由之后又顿感迷茫。英国社会日益多元，若问谁是主流，答案将会是模糊不清的。经历了世俗化猛烈冲击的英国基督宗教自从那个时代之后似乎失去了方向，局势朦胧难测。这对当代英国基督宗教的发展产生了巨大影响，亦形成其现实存在的一些重要特色。

第三章　　两难困境
——英国基督教会内外对世俗化挑战的回应

　　一方面，我们确实可以严肃地看待这个现代世界，承认它是我们所了解的唯一的世界，接受它，肯定它，体验它。这样做即是接受和体验上帝的死亡。另一方面，我们也可以拒绝这个现代世界，远离它，保护我们传统信仰的世界以求使它不被外界侵蚀。这两种权宜之计都是艰难而孤注一掷的。[①]

　　当世俗化对当代基督宗教的发展构成严重威胁的时候，基督宗教也在向世俗化势力进行着回应，甚至也在挑战着世俗化的发展进程。神圣与世俗这两股相反方向的力量总是处于相互作用之中。

　　在面对世俗化的挑战时，英国基督宗教面临着双重两难的困境。一方面来自基督教会内部，即对世俗化采取顺应还是对抗的策略，每一种策略都有其各自的利与弊；另一方面来自基督教会以外，新兴宗教运动以及"新时代"灵修运动在英国社会的扩展是对世俗化的逆反，但同时也是对基督宗教本身的反抗。下面我们将具体分析英国基督宗教在这双重两难困境中的艰难跋涉，尤以基督教会内部自由派和保守派对世俗化截然不同的回应策略为重点，探寻它们如何谋求在当代社会中的生存与发展。

[①]　Alan D. Gilbert, *The Making of Post-Christian Britain: A History of the Secularisation of Modern Society*, p. 133.

第一节 进退维谷：英国基督教会的
顺应和对抗

神圣的宗教与世俗的政治、经济世界纵横交叉，密不可分，基督教会必然要参与世俗世界的社区、国家和国际层面的各项事务，而掌握何种参与模式，即教会以何种方式进行与社会的互动，在某种程度上决定着二者关系的走向。如果为其分类，则可观察到历史上教会与社会的关系大致可归为三种模式：第一，强制模式，即教会采取高压手段强制民众纳入其组织范围，对与之不相一致的思想观念进行打压，强迫世俗社会为其所谓的宗教真理服务；第二，分离模式，即教会高高在上，处于象牙塔顶，与社会保持距离，不屑参与到社会活动之中；第三，融入模式，教会运用类似西方近现代社会自由—平等—博爱的思想理念，以循循善诱的劝说将宗教思想注入大众心田，与多元社会进行广泛、宽容的对话。在现代民主社会当中，主要的关系模式为后两种。面对当代社会的发展变化，不同的关系模式表现为对世俗化挑战各异的回应方式。

英国基督教会在经受世俗化冲击的同时，意识到现代世界的各种问题以及教会与这些问题的关系，意识到世俗化对教会价值和地位的严峻挑战。它们认为应该认真反思教会在国家社会中的位置和它的使命等问题，对教会进行重新定位。任何教会都是特定历史时期和地域文化的产物且具有一定的局限性，需要不断调整自己，以适应时代的变迁。如若不然，它将面临着被历史淘汰的危险。关键是采取何种策略，运用怎样的措施，以应对瞬息万变的社会。

随着历史的发展，传统的各基督教教派和宗派之间的界限及由此所确定的基督徒的身份认同在很大程度上已不能代表各自的神学立场，跨宗派神学思潮之间的个性差别已超越了各宗派形式上的分野和对立。世界范围的基督新教教会内部自第二次世界大战结束以来逐渐演化为自由派和保守派两大板块，在英国也不例外。这两派在涉及神学、文化、政治和社会道德等方方面面的问题上都有着各自截然不同的立场。事实上，基督教会在历史上针对教会与社会的关系问题一直存在分歧，而"自从'启蒙运动'以来，传统的基督教信仰在现代精神的压力下，围绕着面对现代精神的态度和方式而产生了深刻的分化"①。"梵二"会议之后，天主教会和新教教会愈发接近，而各教会内部的分歧却日益加深。保守、自由、中庸、激进等各派之间冲突激烈。② 20 世纪 60 年代以来，世俗化对英国社会和基督教会造成了越来越强的冲击，各派教会对于如何抑制这一势头的进一步发展则表现出更加明显的立场分歧。不仅是各宗派之间，即使是同一宗派内部都无法取得统一的意见而导致冲突和分裂。英国各主流教会（主要包括圣公会及其他新教教会）中的大部分表现出浓厚的自由派倾向，对于世俗化基本上采取的是有限度地顺应的策略；一些保守倾向比较明显的福音派和五旬节派等教会的策略一般是有限度地对抗，这些宗派活跃于各主流教会之中，故而已具有超宗派性质；而天主教会则由于其在英国的复杂历史发展进程而处于比较特殊的地位，它们的态度居于前两者之间，在某些问题上倾向于第一种，在另一些情况下又倾向于第二种。在全球范围内的天主教会，总体来说被认为是比较保守的，但"梵二"会议的召开亦为之带来了革新发展。鉴于天主教会立场的主流在英国偏重于自由派倾向，在下面的论述当中我们将其归入第一类。

一　两种策略的依据

历史上的基督教会对于教会与社会的关系问题一直存有两种相反的态度倾向，而每一种倾向都可在《圣经》中找到其依据。在《新约》当中存在着两条相反的原则，即"本土化"（indigenizing）原则和"朝圣"（pilgrim）原则。③ 一方面，根据《使徒行传》第 15 章的记述，使徒们在耶路撒冷大会上经过讨论所形成的结论是，外邦人不必按照犹太人的律法规定行割礼也可信仰上帝而获得拯救。上帝按照人类本来的面目接受处于不同时代、来自不同地区和不同历史文化背景的人们，人无法脱离其自身所处的社会。由此导致了基督教历史上的"本土化"原则，基

---

① 董江阳：《哪种基督教？哪类基督徒？——试析现代基督教内部的阵营分组与分野》，《世界宗教研究》2006 年第 3 期。

② Hugh McLeod, *The Religious Crisis of the 1960s*, Oxford University Press, 2007, p. 2.

③ Andrew F. Walls, *The Missionary Movement in Christian History: Studies in the Transmission of Faith*, Orbis Books and T&T Clark, 1996, pp. 7–9.

督徒是社会的一分子，教会要使人感觉"像在自己家里一样"①。基督教信仰的核心内容"道成肉身"即是这一原则的体现。上帝的道化为人类的肉身，深入到社会现实之中。人们的日常生活福祉是上帝的首要关切。耶稣予人饱食，医治疾病，扶助贫困，展示了慈爱的上帝形象，让人们明了天国来临之时将会是何种情形，并且，神圣在人类社会当中予以展现，它根据人们所处的各种独特的社会文化环境而使用各种不同的语言来显明其自身，以共同的信仰将人们联结起来。另一方面，在教会历史上还存在着与上述原则相反的一股力量，即上帝不仅按照人类的本来面目接受了他们，而且要使人类转变成为他所期望的样子。人类需要悔改，投入上帝的怀抱。上帝不仅是仁慈的，他更是最高的审判者。耶稣作为先知劝诫人们要为自己的罪过而忏悔并坚信耶稣是人类的拯救者。人世间没有永恒的城，信仰上帝的基督徒要进入恒久的天国之城。基督徒与此世的世俗社会有别，"光照在黑暗里，黑暗却不接受光"②。基督徒拥有双重"国籍"，他们来自于世俗的国度但却不属于它，因此招致世界的恨恶，但他们要忠于神圣的信仰国度，不断地在朝圣天国的道路上前行。

这两条原则互相关联，它们一直处于一定的张力之中，也保持着相对的平衡。它们引申出了基督教会对世俗化社会的顺应或是对抗或是游移于二者之间的不同回应态度。主张顺应社会世俗化发展的自由派教会认为，上帝之道像一湾流动不息的清泉，其本身是动态而具有创造力的，它总是根据不断变化的社会形势而产生新的意义，永远不会拘泥于过去而显得陈腐。主张对抗世俗社会的保守派教会则认为，此世并非基督徒的家园，教会应当坚守信仰堡垒，保持其独特性和对基督的忠诚，不向世俗社会妥协。在处理教会与社会关系的实际应用当中，面对错综复杂的世俗化问题，究竟采取哪种策略，或者哪些基督教信条可以改变甚至放弃，以适应当代社会的发展，与世俗社会相融合，而哪些是不可更改的原则，是基督徒不可更改的核心理念，英国基督教会内部产生了诸多争论，意见难以统一。

---

① Andrew F. Walls, ibid, p. 7.
② 《新约全书》之《约翰福音》1：5，英文新国际版·中文和合本版，International Bible Society，1984。

二　两种策略的利弊

世俗化给英国基督教会造成了极大的损失，而如何在顺应和对抗中进行抉择更使教会面临着进退两难的痛苦。教会对世俗化的回应并非真正的自由选择。从理论上说，顺应或是对抗世俗化在当代社会的发展进程是英国各派基督教会所采用的最为显著的两种态度的不同策略。然而，在现实当中，由于两种策略各有利弊以及现实问题的复杂性，教会采取这两种策略的界限有时并不十分清晰，它们在处理许多实际问题时的态度是游移于二者之间的。

奉行顺应策略的教会认可当代社会文化的多元性，承认在一个世俗化的社会当中人们价值标准的变化，以及基督教原则在此社会中只能发挥局部性的、有限的影响力。它们不要求自己的信徒拒绝已由世俗社会所普遍接受的一些价值规范并与之脱离联系。它们力图保持对于社会的道德责任感，寻求作为社会的朋友和警醒的批评者而非控制者。

奉行对抗策略的教会认为其自身目前已处于一个充满敌意的文化环境之中，当前经历着的世俗化的世界已经被半异教化了，教会与社会之间存在着不可调和的冲突。它们拒绝世俗的价值观念和行为准则，强调自身独一的正统性，要求其成员有极高的忠诚度。它们只得到少数人的支持，在社会中处于亚文化有时甚至是反文化的位置。

有学者认为，如若英国社会能够在较大程度上保持其基督教遗产，自由派教会的顺应策略所付出的代价会相对较低。但是，在"后基督教"时代中，选择这一策略却有可能面临英国社会被彻底"异教化"的危险。[①] 教会原本可以深入到包括福利和教育等社会的各个领域，利用自身的强大势力使其神圣化，而当现代教会被迫必须依靠世俗机构和组织来发挥一定的功效以博得大众的支持时，教会本身便被世俗化淹没于其中了。面临宗教"市场"的激烈竞争和越来越多挑剔的"消费者"，教会在无意之中染上了其周围世俗的社会环境的颜色。神圣与世俗之间的重重壁垒过多地被打破，神圣被遗弃在极易受到攻击的处境之中。长此以往，教会有可能在精神层面上逐渐退化，直至不再具有神圣的意

---

① Alan D. Gilbert, ibid, p. 104.

义。对于保守派教会来说，由于它们拥有其成员极高的忠诚度，因而构筑了反世俗化的坚固堡垒。但如果世俗化进程得不到抑制而继续无限制地发展下去，它们将失去一个温暖的基督教文化环境，而被彻底暴露于极度冷漠的世俗世界当中。基督教会正如 1500 年前那样将再次沦为一个与当前社会不相协调的小宗派。①

英国基督教会在回应世俗化时，面对不同策略进行抉择的艰难表现在很多领域之中。例如，近年来教会在对社会公共事务的参与过程中发挥了不可小觑的作用，这一点毋庸置疑。然而，在世俗潮流盛行的当代社会，教会每向前走一步都会遇到这样那样或大或小的障碍，常常陷于进退维谷的两难境地。他们对待许多问题的态度也游移不定，中庸骑墙。这可以从三个问题中反映出来。

第一，对于教会是否应该参与公共生活的问题，教会内部有两种相反的观点。一种观点强调教会的特殊"身份"（identity）和地位，认为教会应专注于其内部事务，进行神学、教义和礼仪等方面的思索，不应纠缠于世俗的政治经济纷争。但这种观点有时被批评为固守象牙宝塔，教会因此会有失去发言权而被世俗社会遗忘的危险。另一种赞成教会参与公共活动的观点认为，教会只有改变孤芳自赏的态度而融入社会，顺应世俗化的时代潮流，才能生存下来并为世人所认可。这派观点有时则被指责为屈从于世俗社会，甚至与世俗社会同流合污，教会将有失去自我而被社会吞噬的危险。

第二，对于教会以何种姿态参与公共生活的问题，教会都认同要在世上作光、作盐，但对这一原则的理解却大相径庭。一些教会人士怀恋从前的基督教王国，仍然保持着高高在上的姿态。这种态度因显得过时而不受欢迎，他们所发表的意见在实践中也往往被否决而得不到采纳。另一些教会人士则更倾向于服务模式，即认为作为社会的仆人，在社会不同层面以各种补充的方式履行服务，比从前基督教王国式的、宗教理论教义最优的定位在当代社会更为恰当。他们在实践中的表现曾被批评为在很多问题上处在妥协的"中间立场"而与政府过于保持一致。

第三，对于教会究竟能够在何种程度上坚持自己原则的问题，以教会发言权最大的伦理道德领域为例，教会对政府出台的一系列与性、婚

---

① Alan D. Gilbert, ibid, p. 104, p. 130.

姻和家庭相关的自由化倾向明显的立法持反对态度，并采取了一定的措施。但若进一步观察，教会由于内部的意见分歧并迫于外部的压力，无论是其表达立场的方式还是取得的成效都是打了折扣的。

　　教会如何面对这个日益"宽容"的世俗社会，各宗派之间立场截然不同。保守派主张坚守基督教传统的道德规范，以保守教会的圣洁领地和特殊身份；自由派则认为教会需要对自身观念进行修正，以得到更多民众的接纳。即便是圣公会内部也对此存有争议，而教会对外表现出的公开立场往往是两种态度折中的产物。比如，教会曾呼吁修改或废除1967 年的《堕胎法案》，但 1983 年又声明在严格的条件限制之下，即特殊情况下，教会赞同堕胎行为。经过教会与政府几年的争论，1990 年议会通过一项议案，将允许堕胎的时间由怀孕后 28 周之内缩短为 24 周，但教会原先的期望值是 18 周。[①] 关于离婚，教会强调婚姻和家庭的神圣性，而且原则上不允许与离婚人士结婚。同时，教会也表示要在"挽救可挽救的婚姻"同时减轻离婚造成的"创伤和痛苦"，一些教堂中还增加了一种新的"离婚礼拜"。1990 年，议会已通过圣公会总议会的提议，允许再婚人士授任圣职。[②] 关于同性恋，圣公会总议会于 1987 年以压倒多数否决了将同性恋教士开除圣职的提议，这似乎表现出开放的姿态，但同时又以绝大多数票通过了另一项动议，认为同性之间的性行为缺乏婚姻中"完全献身"（total commitment）的理想状态，[③] 表达了反对同性恋的保守态度。对于是否允许同性恋者担任圣职，不同宗派的观点不同。天主教会和五旬节派教会不允许，卫理公会和联合归正会认可。圣公会原本不允许同性恋者担任主教职务，但 2003 年 11 月 2 日，美国圣公会新汉普郡（New Hampshire）主教区祝圣一位同性恋者吉恩·罗宾逊（Gene Robinson）为主教，此举引起世界范围内圣公会的震荡，也造成英国圣公会内部对此问题的又一轮争论。关于《圣经·旧约》中"十诫"第四条守安息日的要求，人们在英国观察到这样的现象：大型购物中心和各种体育比赛场地已经取代教堂而成为英国人星期日经常光

---

① G. I. T. Machin, *Churches and Social Issues in Twentieth-Century Britain*, p. 223.

② G. I. T. Machin, ibid, pp. 217–221.

③ G. I. T. Machin, ibid, pp. 224–225.

顾的地方；教会所期望的反对增加周日商店开放时间的政府立法也由于议会的反对而受挫。① 通过以上事例我们可以看出，教会在向世俗势力妥协和让步的同时仍在努力维护传统的基督教道德准则。然而妥协有没有限度，道德底线在哪里，答案并不清楚。

面对以上这些问题，教会都无法作出明确而统一的答复。现实状况是，在世俗化的冲击下，基督教会的势力逐渐式微。教会无论采取何种策略，都面临着各种阻力和来自各方的批评。但英国各派基督教会依然在努力地探索各自对世俗化的回应之道，在理想与现实、神圣与世俗的夹缝中谋求生存和发展。

第二节　自由派教会的有限顺应策略

自由派教会以自由派神学作为其指导思想，依据现代哲学、文化与社会实践，致力于影响基督教实践与教义。面对当代社会文化中世俗化的趋势，自由派教会以"时代精神"积极对自身作出调整，重新诠释传统的基督教教义，"对现代经验、世界观与标准，特别是对其他学术性学科的贡献保持着开放性与适应性，并倾向于强调宗教经验、历史意识，以及在重新恢复基督教中摆脱传统教条与框架的束缚"②。面对世俗化的强烈冲击，自 20 世纪 60 年代起，英国大部分主流教会，包括圣公会（除具有福音派倾向之外的部分圣公会教会）、其他主要的新教教会（如卫理公会和联合归正会等），甚至大部分天主教会等，意识到其周围社会所发生的巨大变化以及教会本身在其传统形式上相当程度的衰落，均表现出不同程度的自由派倾向，以顺应当代社会发展的立场为主进行了包括信仰层面、组织层面和社会层面各种形式的改革，重估其神学和伦理道德教训，进行机构重组，简化礼仪，形成新型牧养风格，加强各宗派之间的合作，更大程度地参与社会生活。其目的是试图打破神圣与世俗之间的坚固壁垒，摆脱教会的旧有形象，寻求与当代社会的相关性

---

① G. I. T. Machin, ibid, pp. 214–215.

② 董江阳：《哪种基督教？哪类基督徒？——试析现代基督教内部的阵营分组与分野》，《世界宗教研究》2006 年第 3 期。

以及适应和渗透当代社会的途径，树立崭新的教会形象，"驱散传统主义的阴魂"[1]，向社会传递出跟上时代的信息。值得一提的是，相对于新教教会来说，英国天主教会的立场更显含糊。作为宣称其唯一正统性的国际性教会组织的一部分，它时常采取比较保守的立场。但鉴于在英国宗教版图中的少数派地位，它不得不接受英国宗教多元形势造成的压力，寻求与圣公会和其他新教教会合作，以在一个世俗化了的世界中与其他教会一道共同维护其宗教信条和道德理念。事实上，英国天主教会虽然比新教教会追求"现代化"的起步晚且步伐较小，但"梵二"会议开放和革新的浪潮促使环绕在其周围、使之与外部世界严格划分界限的高墙逐渐消融。英国的天主教王国逐渐变得"新教化"，英国的天主教徒则不再被认为"古怪"[2]，而是似乎已经显得与其他人没有什么区别。

英国自由派教会在神学思想、组织形态和社会参与这几个层面上的反思和变革相互关联。神学思想在相当程度上指导着教会组织体系及其社会实践的发展走向，在教会各种组织形态以及社会活动的背后都蕴含着其神学思考的结晶，而在各宗派之间对话与合作以及教会深入社会生活的过程中又可对神学思想进行总结和提炼。三者因此而相辅相成，互相影响和促进。

一 神学层面的反思

基督教神学对于社会思想文化的发展变化自《新约》时代起便一直努力进行着回应。近两千年来，人们看待世界、上帝和《圣经》的方式均发生了翻天覆地的改变，以将神圣经典中蕴含的精神宝藏向大众解释和传播为己任的基督教神学因此也随着时代的推移不断地作出调整。特别是在当代社会，面临神圣领地日益缩小的局面，神学家们更需对关于上帝、基督、教会和人性等方面的一些传统观念创造性地加以重新思考和把握，从不同侧面重申基督宗教的存在意义，使那些神圣的精神宝藏在变化了的世界中继续得以传扬，引导人们在世俗社会中仍不放弃对更高精神境界的向往和追求。

在这样的背景之下，英国当代一些具有自由主义倾向的神学家以其

---

① Paul A. Welsby, *A History of the Church of England 1945–1980*, p. 104.

② Grace Davie, *Religion in Britain since 1945: Believing without Belonging*, p. 35.

别具特色的宗教神学思想，从各自的角度对英国基督宗教所面临的世俗化挑战作出反思和回应，给予人们深刻的启示。

（一）约翰·希克的宗教多元论思想

约翰·希克（John Hick，1922～2012）是英国当代宗教哲学家和基督教神学家，他以对宗教多元主义思想的系统论证和推崇而著称。希克的思想具有浓重的自由主义倾向，他明确意识到，基督宗教已陷入深层危机，而"对大多数西方人来说，教会所发展的神学结构是空洞的、不适用的"①。希克认为，尽管那些"通用的基督教话语和象征——上帝、基督、三位一体、童贞马利亚、十字架、教会、圣体与宝血、天堂与地狱，等等——几百年来保持不变，它们的含义却随时空变迁已发生了惊人的变化"②。如果希望保有一个在 21 世纪仍将可信的基督教信仰的话，基督教则不可避免地必须改变对其自身的理解，即我们应"在一个更为开阔的人类图景中认识我们的位置"③。希克认为这是可行的，而将其所倡导的多元主义思想作为解决问题之道，以引起一种重大的"范式转换"，发展"这样一种基督教，它尊耶稣为最高导师和启示者，但不把他看作真是上帝道成肉身；它试图教导男男女女从自我中心转向以上帝为中心，从而不仅提升个体的无私，也提升社会的、民族的和国际的无私；它把自身看作一条主要的灵性道路，与其他道路发展友好合作关系"④。希克试图"以宗教形式的多元性来对宗教作出宗教而非教派的解释"⑤，从而跳出了传统宗教解释的狭隘思路。

希克的思想闪耀着开放、宽容和乐观的光芒。他认为基督宗教的许多教义都需要重新诠释。例如，在希克看来，"道成肉身"只是一个隐

---

① 〔英〕约翰·希克：《信仰的彩虹——与宗教多元主义批评者的对话》，王志成、思竹译，江苏人民出版社，1999，序言第 1 页。

② 〔英〕约翰·希克：《信仰的彩虹——与宗教多元主义批评者的对话》，王志成、思竹译，第 157 页。

③ 〔英〕约翰·希克：《信仰的彩虹——与宗教多元主义批评者的对话》，王志成、思竹译，第 163 页。

④ 〔英〕约翰·希克：《信仰的彩虹——与宗教多元主义批评者的对话》，王志成、思竹译，第 156 页。

⑤ 〔英〕约翰·希克：《宗教之解释——人类对超越者的回应》，王志成译，四川人民出版社，1998，第 1 页。

喻真理而非字面真理。耶稣起初在一种隐喻意义上成为上帝之子，但它被转化成形而上的道成肉身教义。希克指出这一传统教义存在的问题，比如它并不是耶稣本人所教导的，而是教会的创造；耶稣的神性观念从未以人类可理解的方式阐述过；耶稣的神化很容易被用于为历史上的邪恶势力作辩护。但希克认为我们不应完全放弃上帝道成肉身教义。我们应该承认它不是可以从中推出字面含义的字面真理，而将之肯定为隐喻真理或神话真理。神话是被扩展的隐喻。道成肉身教义在神话意义上是真实的，因为它易于唤起对神圣者（the Divine）、对实体（the Real）的一种合适的态度，这个神圣者和实体是一切拯救性转变的终极根源。①宗教多元主义肯定这个终极的超越之实在是世间万物的根基与源泉。更进一步说，每一种宗教的和非宗教的世界观，只要它与实在者保持一致，"我们就是生活在真实的神话之中"，它在"字面上不真实但能唤起一种对实在者作出回应的合适生活"。②

对于宗教与科学的关系，希克认为二者并非互相排斥。"当代对宗教性的宗教之解释"要求我们同时做到既要宗教地又要科学地理解宗教，③ 超越二者"虚假对立"④的立场。现代社会高科技的发展使得一种"自然主义假设"已经"成为我们文化的一个组成部分"，大多数人似乎理所当然地认为"科学对任何事物的描述都是完满的，因而宗教所谈论的被信以为真的先验实在必定是虚构的"。⑤ 但在希克看来，"自然主义的和传统宗教的信仰都不充分，一种更完整的图景必须包括这两种信仰中的真理。它必须完全接受现代科学，视之为我们对物质宇宙当前的、一直在发展的探索，但也必须承认科学方法本身所固有的局限性，并朝超越的维度开放，这一超越的维度已得到全球性的人类宗教生活的见证"⑥。

---

① 〔英〕约翰·希克：《信仰的彩虹——与宗教多元主义批评者的对话》，王志成、思竹译，第 113~123 页。

② 〔英〕约翰·希克：《第五维度——灵性领域的探索》，王志成、思竹译，四川人民出版社，2000，第 346 页。

③ 〔英〕约翰·希克：《宗教之解释——人类对超越者的回应》，王志成译，第 2 页。

④ 〔英〕约翰·希克：《第五维度——灵性领域的探索》，王志成、思竹译，中译本序第 2 页。

⑤ 〔英〕约翰·希克：《第五维度——灵性领域的探索》，王志成、思竹译，导论第 1 页。

⑥ 〔英〕约翰·希克：《第五维度——灵性领域的探索》，王志成、思竹译，导论第 2 页。

希克的思想超越了西方宗教与东方宗教的界限，超越了宗教与非宗教的界限。他认为超越的实在本身是超越各种形式的，要使"以不同名称所称的真我或无私之我、阿特曼、普遍的佛性、我们之内的上帝形象获得自由"①。种种不同的形式将帮助人类生存实现由自我中心向以神圣者、超越者和终极者为中心的转向。

希克批判了与多元论思想相对立的宗教基要主义和政治民族主义倾向，认为它们"退缩到与各自群体强烈的联盟之中"，仅仅肯定各自的价值观与思想方式，而"反对忠诚于世界范围或人类范围的价值观与思想方式"。希克所主张的多元论观点是"向人类各种各样的思想方式和体验方式开放"②。他希望人们能够"在一个以科学为导向、观念世俗化相当强烈的时代，发展出各种不同探讨方案，以确信有一个超越的神性实在赋予人类生活以意义"③。他十分强调"对话"，强调在对话中寻求真理的态度。在普世对话之中，通过不同宗教信仰者之间、宗教信仰者与非宗教信仰者、宗教与现代科学和哲学的对话等，人们不仅可以使"一种非教条的、以耶稣其人及其教导为中心的基督教"④ 获得生命力，而且"在世界各地，以及在每个世纪里的人类灵性著作中"发掘出"无数的灵性财富"。多元主义观点促使人们去利用这些灵性财富，其结果是"每个这样做的人都将会发现没有什么可惧怕的，相反，将会由于这一更为宽广的视域而受益无穷"⑤。"理解其他传统如何体验和回应实体只会扩大一个人自己对这一终极实在的意识，因为我们全都在这种意识中生活、行动和拥有我们的生命。"⑥ 人类的信仰资源愈发丰富和扩展，对于神圣的尊崇将会进一步得到促进和巩固。

---

① 〔英〕约翰·希克：《第五维度——灵性领域的探索》，王志成、思竹译，导论第11页。

② 〔英〕约翰·希克：《宗教之解释——人类对超越者的回应》，王志成译，第439页。

③ 〔英〕约翰·希克：《信仰的彩虹——与宗教多元主义批评者的对话》，王志成、思竹译，第171页。

④ 〔英〕约翰·希克：《信仰的彩虹——与宗教多元主义批评者的对话》，王志成、思竹译，第171页。

⑤ 〔英〕约翰·希克：《信仰的彩虹——与宗教多元主义批评者的对话》，王志成、思竹译，第180页。

⑥ 〔英〕约翰·希克：《宗教之解释——人类对超越者的回应》，王志成译，第442页。

对于他自己的理论，希克也持一种开放的态度，他并不认为这是真理，而是期待着新的、更好的理论。这也符合他对基督教神学理论绝不能退回传统的旧框架之中的创新精神。

（二）唐·库比特的宗教反实在论思想

与希克的思想相比，唐·库比特（Don Cupitt，1934~ ）走得更远。库比特是英国当代宗教哲学家，也是激进的和最具争议的基督教后现代主义神学家之一。他认为自己"一直试图拆除传统拉丁的或者'西方的'、基督教的神学……一直试图减少它对我们宗教想象强有力的控制——以便重新发现自由的宗教思想"①。库比特对传统的"宗教"概念、基督教会及其正统的神学思想展开了批判，认为自从中世纪以来，"宗教开始被视为信条：即它成了依靠信仰以及教会权威确保其正确的教义性信念"②。与此相应的是，基督教会"不仅成了一个精神的国家，而且几乎成了一个极权主义的、意识形态的国家和一个绝对的君主政体"③。由于正统的基督教神学思想长时间占据着统治地位，人们必须服从于教会的权威，遵循既定的宗教信条，致使人们不再清楚什么是真正的宗教和纯粹而自由的宗教思想。在一个上帝和超自然世界逐渐消失的"后基督教"时代，"我们需要对我们的哲学、宗教和道德伦理观进行彻底的反思"④。库比特认为，阐明一种新的宗教思想十分紧迫。我们要为"宗教"重新定义，使它"更接近天国而非教会，更接近登山宝训而非任何保守的正统神学"⑤。

库比特创建其崭新的宗教思想是通过他的"反实在论"和"空的激进的人文主义"来实现的。希克的宗教多元主义体现的是批判实在论的观点，它肯定一个终极的超越之实在，并认为这个超越之实在是万物的根基与源泉，而库比特是宗教反实在论思想家，他否定任何终极的超越

---

① 〔英〕唐·库比特：《空与光明》，王志成、何从高译，宗教文化出版社，2003，导论第3页。
② 〔英〕唐·库比特：《空与光明》，王志成、何从高译，导论第4页。
③ 〔英〕唐·库比特：《空与光明》，王志成、何从高译，导论第4页。
④ Don Cupitt，"Post-Christianity"，in Paul Heelas，ed.，with the assistance of David Martin and Paul Morris，*Religion*，*Modernity and Postmodernity*，p. 219.
⑤ Don Cupitt，*After God*：*The Future of Religion*，Weidenfeld & Nicolson，1997，p. xiv.

之实在。在库比特看来，诸神、人类、动物、天空、大地，以及冥界原本都是一个连续整体的组成部分，当诸神退到了超自然世界，则开始了自然的去神圣化过程。肉体和灵魂被区分开来，灵魂掌管肉体并最终摆脱肉体。在宗教之中人们通过禁欲主义来寻求克服自身中的自然并且净化自我，以希望在超自然世界获得永恒的幸福。① 库比特试图推翻"旧的创造论"所提出的观点，即西方人一般认为的把世界视为神的创造，在最初的人类出现之前就已专门为我们设计好，是完全定型的、现成的、"客观真实的、有序的和美丽的，而且是由全能的上帝之圣言给我们的"②。同时，他否认科学的作用是"复制一个预先存在的、完全定型的、由神安排的宇宙"，因为这使"人对世界的贡献直到今天都倾向于根据完全消极的术语来理解"③。库比特主张"我们所看到的唯一的世界就是我们已经为自己创造的世界，就我们而言，我们的世界就是这个仅有的世界"，而科学"源自人们的日常生活世界并进而区分它、使其理论化、使其丰富，使其与过去相比更大、更复杂。在这一过程中，我们发现世界正变得完全为我们所用；而我们也发觉自身变得完全为世界所用"。库比特认为"这一双重的过程"可以帮助我们恢复那种早已被割裂的神与人之间、神圣与世俗之间原本"古老的连续性"④。库比特赞同"把意义视为当前的用法，把真理视为当前论证的状态，把实在完全视为在无穷无尽的开放的谈话中临时建构的"这样的观点，认为"如今我们必须放弃一个心灵在对永恒实在的默观中找到安宁的世界，相反，我们必须接受一个永无止境地交换和变化的世界"⑤。在后现代社会中，各种界限都显得模糊起来，因此"我们已无法退回到隔离区和特权区去寻求神圣和拯救"⑥。后现代主义拆解了人自身的主体性，而库比特的后现代主义神学通过肯定此世和人类自身，重塑人的主体性，通过促使人们学会热爱这个短暂和不断变化的世界，肯定此世中所寻觅到的神圣，肯

---

① 〔英〕唐·库比特：《空与光明》，王志成、何从高译，第 222~223 页。
② 〔英〕唐·库比特：《空与光明》，王志成、何从高译，中文版序言第 1 页。
③ 〔英〕唐·库比特：《空与光明》，王志成、何从高译，第 221~222 页。
④ 〔英〕唐·库比特：《空与光明》，王志成、何从高译，第 221~222 页。
⑤ 〔英〕唐·库比特：《空与光明》，王志成、何从高译，第 224~225 页。
⑥ Don Cupitt, ibid, p. xiii.

定一种神圣的爱。

在这一论证的过程中，库比特试图将宗教"美学化"（"aestheticize"religion）①，把东方的"有关世界（在其短暂性中是美丽的）的美学看法和西方基督教人文主义传统中的某种东西融合在一起"。我们对世界的描述使得它"光明和美丽"，世界是我们共同的"艺术品"。②如此美好的世界我们当然应该去热爱它。库比特提出"太阳伦理"（solar ethics）③的概念。太阳象征着将死亡与生命完满地结合在一起的宗教理想，因为热核的燃烧不仅是太阳的生存方式，也是它的死亡方式。太阳的存在是生命活力与必死命运的统一，它荣耀地且不计后果地烧尽了自己。太阳伦理的信奉者同样崇敬那慷慨赴死并保持死亡状态的耶稣，而并非从死亡中复活并承诺一种自私自利和自我拯救式的虔敬的耶稣。④库比特还提倡由教条神学向"诗意神学"（poetical theology）⑤的转向。诗意神学的作用并不在于给予我们任何深奥的知识或者从某种东西中拯救我们，而是使我们的生命更加高贵。由此我们可将基督教教义重新诠释为圣爱之庄严的诗篇，那是在基督之中获得人类形态的爱，是甘愿燃烧殆尽并销声匿迹的爱。教条式的宗教只能是封闭的因而最终导致衰落，我们也很高兴看到它的衰落，而诗意神学则面向无穷的变化呈开放状态。从此种意义上说，或许从宗教法规的束缚中不断解脱出来的现代世俗世界并非抛弃而是可能成就真正的宗教信仰。⑥

由此我们可以体会到库比特对宗教未来发展的乐观态度。他以明快的笔调阐明了这一看法："我们对我们新的全球化的和以科学为导向的工业文化不应持悲观主义的态度。我们不应该把它视为必然是毁灭性的。相反，它具有它自身的宗教意义。它可以和新的宗教人文主义联系在一起，也可以和对世界和生活新的和快乐的肯定联系在一起。"⑦库比

---

①　Don Cupitt, ibid, p. xiv.

②　〔英〕唐·库比特：《空与光明》，王志成、何从高译，中文版序言第 1～3 页。

③　Don Cupitt, "Post-Christianity", in Paul Heelas, ed., ibid, p. 230.

④　Don Cupitt, "Post-Christianity", in Paul Heelas, ed., ibid, pp. 230-231.

⑤　Don Cupitt, "Post-Christianity", in Paul Heelas, ed., ibid, p. 226.

⑥　Don Cupitt, "Post-Christianity", in Paul Heelas, ed., ibid, pp. 227-228.

⑦　〔英〕唐·库比特：《空与光明》，王志成、何从高译，中文版序言第 3 页。

特散文式的论述中洋溢着潇洒跳动的活力和四射的光芒，从中人们感受到一缕冉冉上升的希望。

另外，库比特批判了那些克里斯玛式的小教派、"新时代"运动以及"新的膜拜组织和补充疗法"，认为它们"寄生于我们当代世界"，使得多元化的宗教生活越来越"杂乱无章"。库比特主张我们应当"遵循净化之路"，划清与它们的界限。①

近些年来，后现代主义的思维方式在各个思想领域都占据了相当显著的位置。它在对现代主义进行拒斥并与之决裂的同时，也对基督宗教的信仰取向造成了很大程度的负面影响甚至挑战。② 后现代思维范式持相对主义观点，反对权威和绝对主义，因而反对所谓绝对和唯一真理的存在，《圣经》的权威地位以及关于上帝和耶稣基督等基督教许多基本教义与核心信仰于是都不能被接受；后现代主义反对有客观真实性的存在，奉行"反基础主义"，自然对耶稣其人的历史真实性、耶稣所行的神迹、他在十字架上的死亡以及从死中复活等这些基督教信仰中所宣称的历史事实表示怀疑，从而动摇了基督教信仰的基础；后现代主义反对整合统一性并且反对结构主义，质疑"普遍性的理论或原则"，这一点致使《圣经》的统一性以及基督教信仰所确信的万事万物同归于一位主宰——创造一切并掌管宇宙发展进程的上帝观念不可避免地遭到摒弃。

后现代主义思潮对基督教信仰的质疑和挑战引发了包括英国基督教神学界在内的来自不同方面的神学回应。英国当代著名神学家约翰·麦奎利（John Macquarrie，1919～2007）对基督教思想中的后现代主义进行了细致的阐述，分析了它与在此之前的神学和宗教哲学领域主流思想的区别与联系，并给予其正反两方面的客观评价。③ 麦奎利认为，后现代主义思潮对现代神学和宗教哲学思想倾向的批判不应因其有某些过激

---

① 〔英〕唐·库比特：《空与光明》，王志成、何从高译，第5、12页。
② 本段内容参见温伟耀《"后自由主义神学"之后——再思基督教在后现代语境中的"公共性"与"独一性"》，载卓新平、许志伟主编《基督宗教研究》第8辑，宗教文化出版社，2005，第10～13页。
③ 具体内容参见〔英〕约翰·麦奎利《宗教思想中的后现代主义》，何光沪译，载汉语基督教文化研究所编《现代语境与后现代中的基督教》，明风出版，2004，第156～183页。

之处就予以否定和排斥，它也可能对宗教思想作出重要的贡献。事实上，约翰·希克和唐·库比特等神学家的思想，体现出了后现代主义神学破旧立新的意味。多元主义是后现代主义的特征之一。希克对宗教多元主义思想的系统论证突破了基督教神学理论传统的旧框架，打开了一条与以往的宗教解释相比较更加开阔的思路。库比特则更试图"拆除"传统基督教神学，甚至否定作为基督教信仰根基的"终极的超越之实在"。但他们的神学思想通过否定传统实现了理论上的飞跃和升华。虽然他们的思想饱受批评和争议，但毋庸置疑的是，他们为实现在英国日趋世俗化的社会中重塑信仰这一艰巨的任务提供了无比珍贵的智慧与灵感。

（三）罗恩·威廉斯——在自由与保守之间力求平衡

坎特伯雷大主教是英国国教会即圣公会以及全球圣公宗体系 38 个教省约 8500 万成员实际的最高首领和精神领袖，在英国国内处于教会各种连锁机构的交叉点。他是英格兰肯特（Kent）郡坎特伯雷教区的主教，也是南部英格兰教省 30 个教区的大主教和全英格兰首主教。他负责召集大约每 10 年一届的兰伯斯（Lambeth）世界圣公会主教会议、各自主教会最高身份的主教会议，以及各地教会代表组成的圣公会协商委员会会议等，同时领导圣公会在英国和世界范围内处理与其他基督宗教各宗派以及其他信仰团体的关系。[①] 他也是联结教会与政府的核心人物，在英国国会上议院拥有天然席位。他代表圣公会的权威履行一系列重要职责，如为君主加冕、为王室成员主持各种仪式和庆典、出席国家和民间各种重大集会，等等。作为居于如此重要职位的焦点人物，他们的神学思想会对圣公会乃至英国基督教会整体产生不可忽视的影响。于 2003 年成为第 104 任英国坎特伯雷大主教之职的罗恩·威廉斯（Rowan Williams，1950 ~ 　）博士[②]是一位卓越的神学家。他不仅仅对于当代英

---

① The Roles of the Archbishop, http：//www. archbishopofcanterbury. org；卓新平：《当代基督宗教教会发展》，上海三联书店，2007，第 313 页。

② 罗恩·威廉斯博士任坎特伯雷大主教一职共 10 年，于 2012 年 12 月 31 日卸任，之后回归学术，任剑桥大学莫德林学院院长（Master of Magdalene College，Cambridge）。英国女王于 2012 年 11 月 9 日批准任命贾斯汀·韦尔比（Justin Welby，1956 ~ 　）为第 105 任坎特伯雷大主教，接替罗恩·威廉斯博士。贾斯汀·韦尔比此前为英国圣公会达勒姆主教（Bishop of Durham）。他于 2013 年 3 月 21 日在坎特伯雷大教堂正式就任。韦尔比主教在接受任命后举行的记者招待会上首次发布声明时承认，教会面临 （转下页注）

国社会的世俗化在神学方面的回应作出了贡献，他的思想同时也会作用于教会组织体系的发展演进以及教会参与社会的实践行动，与它们有着密切而直接的关联。

威廉斯的神学思想很难被人们贴上任何标签，即定义为是自由的还是保守的。面对日益世俗化的英国社会，他认同现代基督新教神学之父施莱尔马赫所主张的基督宗教要适应当代世界发展的原则，主张促进基督宗教跟上时代的步伐，关注宗教语言如何在世俗社会人们的眼中继续保持神圣的意义。但他也看到教会在顺应时代和世界发展的同时宗教教义被削弱所带来的风险，从而在某些方面表现出对自由主义的反对。①

威廉斯将神学划分为三种风格类型，即礼仪性的（celebratory）、传播交流性的（communicative）以及批判性的（critical）。② 其中礼仪性神学展现出思想和形象之间的关联，以显示所运用的语言中最丰富的意义；传播交流性神学阐明基督宗教如何在多种多样的与自身文化背景相异的环境中与其他信仰传统和谐共处；批判性神学运用否定神学传统以及现代西方哲学神学的方法对神学范畴和规范进行解构与革新。威廉斯认为其中的每一种类型都有其弱点，应当将三者融为一体。他既主张对神学进行批判和改革，向多元的思想文化传统以及文学、音乐和社会科学各学科开放并与之进行对话，又对基督宗教由古至今包括罗马天主教、东正教以及新教各派的历史、神学和哲学文献进行文本分析，深入挖掘其思想信仰传统，并认为神学与灵修不可分离，高度重视祈祷、敬拜和圣餐礼等基督宗教的传统信仰形式，将它们看作是一种"非正式"

（接上页注②）诸多挑战，处于"精神极度饥渴的时刻"。韦尔比主教谙悉世事，对金融事务和解决世界热点地区的政治、宗教冲突等问题拥有丰富经验。这位曾振兴其经营教区的新任坎特伯雷大主教的神学思想及其对世俗化的回应有待研究（http：//www. archbishopofcanterbury. org/articles. php/5003/bishop – justin – welbys – opening-statement, 2013 年 1 月 22 日下载；http：//www. archbishopofcanterbury. org/pages/about–justin – welby. html，http：//rowanwilliams. archbishopofcanterbury. org/pages/about-rowan–williams. html，2013 年 4 月 26 日下载）。

① Rupert Shortt, *Rowan Williams*：*An Introduction*，Darton，Longman and Todd Ltd.，2003，pp. 2–3.

② Rowan Williams, *On Christian Theology*，Blackwell Publishing Ltd.，2000，pp. xiii–xvi.

的神学，并且"一切神学思考皆源于基督徒祷告和生命转变的体验"①。

宗教在当代世俗化的社会中似乎成为人们在超级市场的消费选择之一。威廉斯强调道德对于教化和重新疏导人们欲望方面的作用，认为如果一个人具有成熟的人格（personhood）而不仅仅把自己当做一个单独的个体（individual），则当他遇到艰难的处境时，"选择"将是他所考虑的最次要的因素。② 例如，耶稣在客西马尼花园（the Garden of Gethsemane）中面临极大的痛苦之时完全有另外的选择，即逃跑和背叛；在奥斯维辛集中营里受难的圣徒也可以选择屈从纳粹的权威，但他们拥有深刻的成熟与博爱的人格，从而超越了所谓消费者选择的自由，超越了自我证明和辩白的重荷。这些生动的事例给人们以启迪，对于基督徒在面临当代社会各种处境时采取何种态度和立场提供了指导意义。

威廉斯对过于市场化的国家政府和经济全球化提出了批评。③ 政府在不适当的领域当中（如医疗和教育等）运用市场的语汇和机制，而市场被认为是指向个人利己主义的。经济全球化割裂了经济增长与社会公正，造成不断扩大的下层阶级以及贫富之间的鸿沟。在公共领域中竞争无孔不入，在私人生活领域中则充斥着自私和短视。这些现象当然有损于基督教的基本教义精神。威廉斯认为国家政府应当将给予个人机会最大化转变为使社会和公众机会最大化。这并不是通过提供一系列人人都可获得的抽象的商品来实现，而是应当将各种资源投入到教育式的可更新的领域中，来帮助公众计划其自身的利益以实现其共同拥有的一系列目标。另外，全球经济的发展需要全球性的公共机构，它需要前所未有的高水准的国际合作与信誉。作为世界公民之会众的教会，甚至是跨越国界的教会组织在这些领域中能够参与其中发挥重要作用。

面对当前多元化的世界，威廉斯保持着思想和学术上的坦诚与开放。他批判排他主义，认为基督徒不应宣称拥有最终的绝对的认识，但他也不同意现代自由主义者将耶稣基督根本的独一性相对化的做法，认为不同观点之间的宽容共存这样的陈词滥调解答不了在一个多元的世界

---

① Rupert Shortt, ibid, p. 85.
② Rupert Shortt, ibid, pp. 95–96.
③ Rupert Shortt, ibid, pp. 113–121.

中基督徒身份的问题。与其他文化传统共存依然需要坚持基督宗教的信仰，明确我们自身的身份认同以及实现教会的整合。[1]

我们可以看出，威廉斯的神学思想事实上是处于自由派与保守派之间的灰色地带，在各种神学立场之间保持着平衡。他用于平衡或者说矫正自由主义与保守主义的技法是传统与创新的结合。他认为人们"可以经由正统的途径而实现创新的结论"。他以传统为基础，却没有将正统学说看成"安全阀"。[2] 他认为，我们应当坦诚地正视目前宗教意义被疏离的空洞，同时看到艰难时刻当中所蕴含的积极的一面，乐观地面对挑战，创造性地寻觅到回归宗教的道路。我们的记忆、欲求掌控着世界的认识和意志，并将转化为对上帝之未来绝对的信心、希望和爱。[3] 威廉斯的思想观念有助于教会在回应世俗化挑战的过程中既顺应时代发展的潮流，同时又避免在社会发展的大潮中迷失自我，从而能够坚守信仰立场，维护自身传统，把握前进的航向。[4]

二　组织层面的调整

经过几个世纪的发展，英国基督教会已形成庞大的组织体系，其中的一些宗派组织的范围不仅涵括英国境内，而且扩展到世界许多国家和地区。以圣公会为例，它向来以重视组织机构的严密而著称，拥有繁杂的机构网络，层级分明，连锁交织，覆盖了从城市到乡村，从工厂、学校、医院到军队、监狱的各个角落。这样一支强大的队伍构成了基督教会在英国社会的坚实基础，为教会在社会各领域发挥作用提供了有力的支撑。面对世俗化的冲击，对内方面，英国自由派教会在其组织机构管理、对待一些教会沿袭的传统观念，及其在实践当中的应用均发生了一系列以顺应当代社会发展趋势为前提的，或是主动或是被动的变革；而

---

① "Address by Rowan Williams: Plenary on Christian Identity and Religious Plurality", 17 February 2006, www.wcc-assembly.info.
② Rupert Shortt, ibid, p. 5.
③ Rupert Shortt, ibid, pp. 101–102.
④ 然而，维系平衡谈何容易。威廉斯最终辞去坎特伯雷大主教一职，这与其在妇女授任圣职、同性恋者任圣职等棘手问题上遭受自由派与保守派双方的巨大压力不无关联。可见夹缝中求生存之艰难。

对外方面，自由派教会在各宗派之间加强联合与合作，以及基督教会与其他宗教信仰组织进行沟通和对话方面亦取得了一定的进展。

（一）组织机构管理

在教会内部机构管理方面，成立于 1970 年的圣公会全体会议（General Synod）取代原有的国教会议会（National Church Assembly）成为圣公会最高立法机构，使教会获得空前的自治。① 它可为教会立法，增强了教会的政治自由度，更便于其对公共事务发表意见。教会自 20 世纪 70 年代以来争取到了较先前对于其自身事务更大程度的控制权和自主权，表现之一是对于主教的任命权于 1977 年由英国首相转移至教会，更确切地说是由教会的相关委员会提出人选名单，政府虽可予以否决但不能提出其他选择方案。若政府未能接受教会任命委员会提供的人选，则上述程序将重新开始进行，即教会仍有优先动议权。②

圣公会全体会议这一教会行政机构的设置标志着圣公会的组织管理进入了一个崭新阶段，也表明教会为克服其原先管理体系的种种弊病所做的努力。它的进步之处在于以下几方面。关于教会教义和礼仪等各项事务以前是由坎特伯雷和约克教士会议（Convocations of Canterbury and York）以及教会议会这三个机构③进行处理，而改革之后则集中于圣公会全体会议一个机构。全体会议比原教会议会的规模小得多，且花费于各种会议的时间有所减少，因而更便于管理，提高了可操作性和工作效率。关于教会管理的代表性问题在教会当中有所争议。一种观点认为，全体会议作为圣公会最高决策机构应当代表教会中的精英人物；而另一种观点认为，全体会议正因为是圣公会最高决策机构，它更应具有广泛的代表性，包括各年龄段、性别和社会阶层人士，从而成为教会整体的缩影，且其成员应随各届选举进行变化和调整。1970 年的全体会议机构反映了这两种意见的折中和妥协，而在此之后的几十年中，全体会议的发展逐渐向后者倾斜。这使得教会管理朝更加民主化的方向发展，平信徒对教会事务的参与程度也得以提高。许多以往必须由职业教士负责的

---

① G. I. T. Machin, ibid, p. 212.
② Grace Davie, ibid, p. 159.
③ Grace Davie, ibid, p. 186.

工作现在也可由平信徒承担。例如，目前在许多教会的圣餐礼拜中，平信徒可以执掌圣餐杯，① 虽然这与世俗化造成的神职人员人数下降有一定关联，但对于教会，可以说是一个被动的进步。调查显示，圣公会全体会议的成员，尤其是其中的平信徒，相对于公众或普通定期参加教会活动的信徒来说更加支持教会发出自己的声音，表达其立场，对政府的政策发表评论，甚至针对教会自身对当前社会上许多问题的回应提出批评。② 在新的管理体系当中，全体会议通过地方教区会议（Deanery Synods）与各主教教区以及教区的联系更加紧密。在全体会议针对教会事务作出最终决议之前，各项议案需要送达各主教会议（Diocesan Synods）获得批准。这种管理机制强调全体会议在一个更大范围组织体系之中的至高地位，并且确保各类信息在各个教区和主教教区之间的上下传递。③

在多数自由派教会中，类似上述理性的、具有广泛代表性的由宗教会议和委员会构成的行政管理体系已被采纳。而在圣公会中，由于其内部保留的强大天主教传统，这种宗教会议式的法治的民主程序并非唯一的决策机制，与其并行的是一种传统的教阶体制，④ 它尤其在主教们的权威中得以充分体现。鉴于圣公会内部包含多种不同派别、利益和信仰倾向，这两种组织体系在圣公会中共存并互相补充。当然，同样由于圣公会内部的多样性，哪一种管理体制也不可能使所有人都感到满意。但每一种均可弥补另一种在操作和应用过程中的缺陷，官僚体制中潜在的过于刻板和机械化的非人格性与教阶体制中潜在的人为的独裁主义可互相制约，并保持一定的平衡。

圣公会主教的地位至关重要，而主教的角色在英国历史上经历了一个漫长的演变过程。其传统形象是"君主主教"（prince bishop），之后过渡为"高级教士"（prelate），直到20世纪60年代以来才转变为现代牧职形式（pastor）。20世纪末，人们愈发看重主教在教区管理中的实际经验。教区主教、资深主教以及大主教们的工作方式则由以往直线型的

① Grace Davie, ibid, p. 176.
② Grace Davie, ibid, pp. 170–171.
③ Grace Davie, ibid, pp. 167–169.
④ Grace Davie, ibid, pp. 172–173.

各级负责管理（line-management）模式转变为相互协作式的风格。由此，在任用主教的过程中，其较强的关系感，以及与他人和其他教会互相合作的能力逐渐成为重要的考察因素。① 另外，圣公会神职人员的升迁尺度也发生了明显变化。无论其教育和社会背景如何，任何有才华和感受力强的牧师现在都可以被晋升至较高的职位。曾经就读于公立中小学校的教区主教比例由 1960 年时的 85% 下降到 1984 年的 65%，而曾经就读于牛津大学或剑桥大学的主教比例由 1960 年的 89% 下降到 1984 年的 72.5%。②

管理层的人员构成及其组织制度体系是圣公会的核心，也是它生存和发展的关键。教会在这些方面突破传统，提高和完善其管理能力与对于来自内外种种压力的应变能力。

此外，圣公会近些年来利用各种会议和组织逐步巩固自身的领导体系，加强其内部各成员教会之间的沟通，并保持了对教会内部事务和社会发展动向的灵敏嗅觉和开放度。例如，兰伯斯会议是圣公会每一主教区都有代表参加的唯一大会，于 1867 年首次召开，形成圣公会由主教、神职人员和平信徒共同组成的圣公会会议领导的格局。1968 年以来，兰伯斯会议规模迅速扩大，圣公会本身有非主教身份的顾问和代表参加，大会还开始邀请其他宗派的观察员参加。1988 年的第 12 届兰伯斯会议共有 520 名主教与会，圣公会协商委员会的全体成员也出席了此次会议。在 1978 年召开的兰伯斯会议上形成每个教省最高身份的主教会议。自 1979 年起圣公会每两三年召开一次由自主教会首主教参加的会议，讨论神学、社会和国际问题。自 1968 年以来，形成了圣公会协商委员会每两三年召开一次会议的惯例，讨论其成员教会所关心的问题。该委员会在联合国有常驻代表，在罗马设有圣公会中心。其会议涉及的议题包括宣教、联络、礼仪、社会关怀和教会统一，等等。③

上述教会对其管理体制的改革及其对组织机构设置力度的加强，均有助于巩固和增强教会的自身实力以及各宗派间的联合，对于重塑教会

---

① Grace Davie, ibid, pp. 178–179.
② Grace Davie, ibid, p. 179, p. 188.
③ 卓新平：《当代基督宗教教会发展》，第 317 ~ 319 页。

在当代英国社会中的形象，提高教会的社会地位，发挥教会的影响力大有裨益。关于宗派间的联合、教会对社会事务的参与及其社会影响力的提高，将在下文展开具体论述。

（二）案例分析——妇女授任圣职

在自由派教会内部，一些与教会组织相关的传统观念，以及在这些观念引导下教会在实践当中的具体做法逐步发生了变革。关于妇女授任圣职的问题便是一个典型的案例。

虽然自从宗教改革时期之后，妇女在英国一些自由派教会（如卫理公会和贵格会）当中被允许讲道，但她们所发挥的作用极其有限，妇女担任圣职更是长期以来被普遍否定的。历史上基督教会没有任命女性神职人员的传统，因为女人被认为是夏娃的后代，对将罪恶带给世界负有责任，因而不适于通过圣礼传达上帝的恩典；深受古希腊哲学和罗马律法影响的基督教传统思想认为，女性无论从其天性还是从法律角度应被看做劣等的；早期基督教还由于女性生理上的特征认为她们不洁净而会玷污圣坛。[①] 随着社会的发展和进步，当上述理由显得不可信而缺乏说服力之后，许多教会便以从来没有任命过女性神职人员这一"教会传统"作为否定为妇女授任圣职的正当理由。

在当代西方世俗社会中，女性在社会生活各个领域的参与程度越来越高，她们在社会生活中所发挥的重要性也越来越大。既然女性已经在许多职业范围里承担着与男性相同的工作，神职人员当中没有女性涉足便愈发引人注目。一些学者批评传统宗教机构在此问题上的失败，认为它们没能重视女性在现代社会中逐步改变的社会角色、生活经验和现实关切，由此引发出当代基督教会如何对待早期教会传统的问题——教会是应当重视和维持所继承的传统，将它当做永久性的一成不变的绝对形式，还是反思形成此传统的特定文化背景，在此前提下重新考虑性别问题与当代变化了的社会环境之间的关系。针对这一问题，各宗派内部有不同的回答。目前，英国大部分新教教会可以任命妇女正式担任圣职。罗马天主教会的官方政策对此一直持否定态度，在可预见的未来也不太可能有所改变，但其内部也存在意见分歧。福音派和五旬节派等保守派

---

① John Wolffe, ed., *Religion in History: Conflict, Conversion and Coexistence*, pp. 193–195.

教会不赞成妇女担任圣职。

　　作为英国国教会的圣公会对待这个问题的立场有一个发展演变的过程，并且态度是小心谨慎的，因为其政策上的任何变化都有可能对宗派内部以及与其他教会之间的关系，甚至教会的普世合一运动产生重大影响。圣公会内部对此问题的看法也存有争议。反对方主要以教会传统为依据，①认为只有男性才适合担任圣职，这符合耶稣基督的思想和意愿；所有一神教都只有男性神职人员，女性宗教领导者只能与多神教、自然宗教和异教信仰相关；由女性在圣坛上履行牧师职责将会彻底改变教会的性质，导致教会的分裂甚至摧毁基督宗教；上帝创造两个性别的人是要他们承担不同的工作，认为呼吁为妇女授任圣职是受世俗人文主义不良影响的例证之一；圣公会内的高派教会担心为妇女授任圣职会损害其与罗马天主教会和东正教会的关系，阻碍它们之间的联合；圣公会中的福音派认为女性担任圣职与《圣经》文本有冲突，使徒保罗要求女人在教会中顺服并保持沉默，不允许她们讲道或管辖男人。②

　　但从总体上来说，圣公会意识到妇女在公众生活中日益提高的政治经济地位，加之教会内外社会舆论要求给予妇女公正和平等权利的压力，解放神学的广泛影响，以及西方社会中女权主义运动的蓬勃发展，促使英国圣公会在妇女授任圣职的问题上逐步打开缺口。而其他一些自由派教会以及世界圣公宗范围内其他国家和地区的教会在这方面走在了英国圣公会的前面，如卫理公会会议于 1973 年允许妇女担任圣职，其第一批 17 名卫理公会女性于次年被祝圣。美国、加拿大、新西兰和中国香港等地的圣公会都在 20 世纪 70 年代相继开始为妇女授任圣职。③

　　英国圣公会在这方面进展比较缓慢，道路相对曲折。④ 1962 年，一份关于性别和圣职的报告（*Gender and Ministry*）引发了圣公会内部的争论。直到 1975 年，圣公会全体会议通过一项动议，承认对妇女授任圣职不存在根本的异议，这使得支持者们信心大增，认为妇女担任圣职只

---

①　John Wolffe, ibid, pp. 195-196, p. 203.

②　《圣经·新约》之《哥林多前书》14：34，《提摩太前书》2：11-12。

③　John Wolffe, ibid, p. 192, pp. 200-202；http://en. wikipedia. org/wiki/Ordination_ of_ women_ in_ the_ Anglican_ communion, 2012 年 10 月 18 日下载。

④　John Wolffe, ibid, pp. 199-209.

是一个时机问题。① 然而，1978 年圣公会全体会议对于一项为妇女授任圣职消除障碍的动议却以失败而告终。此后正反双方的冲突升级，甚至发展成为相互之间尖刻的人身攻击。一个名为"妇女祝圣运动"（Movement for the Ordination of Women）的组织于 1979 年 7 月成立，在 20 世纪 80 年代组织了一系列抗议活动，包括在圣公会举行祝圣仪式过程中退场、举办特殊礼拜仪式、静默游行等，敦促加快为妇女祝圣的进程，期待积极的成果出现。在圣公宗内一些国家教会开始为妇女授任圣职 10 年之后、瑞典国教会开始此种做法 20 年之后，英国圣公会才于 1981 年允许妇女担任圣职当中最低级别的助祭（diaconate）职务。第一批被授任执事（deacon）职务的妇女于 1987 年 4 月在坎特伯雷大教堂被祝圣。随后，10 位女性执事获准成为圣公会全体会议教士院（Synod's House of Clergy）的成员。到 1990 年，教士院中共有 23 位女性执事，而平信徒院（House of Laity）中妇女的人数比例由 1970 年的 22% 增加至 1990 年的 52%。② 但在此期间，为妇女授任圣职的反对者相继成立了"妇女反对妇女祝圣"（Women Against the Ordination of Women）和"使徒牧职协会"（Association for an Apostolic Ministry）等组织，联合圣公会高派教会和福音派内部倾向于反对妇女担任圣职的成员，忽略他们在神学上存在的分歧，为支持者施加压力。然而，历史发展的潮流终究已无可逆转。1992 年 11 月 11 日，英格兰圣公会在经过 20 多年的争论后，由圣公会全体会议投票，以 2/3 多数票赞成的结果最终决定可以给妇女授任圣职，③ 而苏格兰和威尔士圣公会分别于 1994 年和 1996 年才予以批准。④ 英格兰圣公会第一批女牧师于 1994 年 3 月在布里斯托大教堂被祝圣，标志着妇女多年以来对教会生活的参与达到了一个高潮。

1988 年召开的第 12 届兰伯斯会议已将妇女能否被授任为主教的问题列为其核心议题之一。英格兰圣公会针对此问题进行了漫长的讨论。英格兰圣公会全体会议分别于 2005 年、2006 年和 2008 年投票赞成清除

---

① Grace Davie, ibid, p. 181.
② Grace Davie, ibid, pp. 169–170, p. 186.
③ Grace Davie, ibid, p. 170, p. 186.
④ Callum G. Brown, *Religion and Society in Twentieth-Century Britain*, Pearson/Longman, 2006, p. 282.

任命女性主教的法律障碍，但最终结论至今尚未得出。曾有专家称，英格兰圣公会即将作出决定，赞成任命女性主教。第一批女性主教有望于2013年获得祝圣。然而，于2012年11月20日举行的英格兰圣公会全体会议并未以2/3多数通过任命女性主教的提案。反对者多为神学思想较为保守的福音派和高派教会人士。时任坎特伯雷大主教罗恩·威廉斯、其继任者贾斯汀·韦尔比，以及约克大主教约翰·森塔姆（John Sentamu）在投票之后均公开表达了对投票结果的失望之情。① 但是，英格兰圣公会为任命女性主教所做的努力并未终止。2013年的英格兰圣公会全体会议继续推进任命女性主教的立法程序，以扫清障碍。人们希望在2014年看到圆满的结局。苏格兰圣公会宗教会议于2003年6月进行投票，结果以124对24票的绝对优势赞成任命女牧师为主教。② 不过，虽然原则上认可，苏格兰圣公会至今尚无女性主教。威尔士圣公会尚未允许女性任主教。爱尔兰圣公会于1990年允许任命女性牧师和主教。

不和谐的意见冲突不可避免，并且还将继续存在，在现实当中也时常会出现令人不愉快的事件。比如女性牧师在一些教会不受欢迎或不被完全接受而无法充分投入到工作当中，甚至还受到性和暴力的威胁恫吓。一些神职人员由于反对为妇女授任圣职而离开圣公会，改宗天主教会，引起圣公会人员流失和领导队伍不稳定。对于女性神职人员的歧视还造成她们的工作报酬较同级别的男性教士偏低，获得晋升的机会也相对较少。③

但是，由女性担任圣职可以解决一些由世俗化造成的现实问题。比如上文中曾经提到很多妇女对上帝的男性形象感到不满，而传统的全部由男性组成的神职人员队伍以及礼拜仪式支持了男性形象上帝的观念，并且体现的是男权社会的等级思想，由此成为大量女性信徒离开教会的重要原因之一。女性牧师和主教的出现则会使这种状况得以改观，体现

---

① http：//en. wikipedia. org/wiki/Ordination_ of_ women_ in_ the_ Anglican_ communion，2013年2月28日下载。目前，美国、加拿大、澳大利亚、新西兰、爱尔兰、南非和古巴等地的圣公会已拥有得到祝圣的女性主教。其中，第一位圣公会女性主教于1989年在美国马萨诸塞州被祝圣。截至2012年，全球圣公宗的38个教省中，已有28个教省祝圣了女性牧师，17个教省为妇女担任主教之职清除了所有障碍。

② 卓新平：《当代基督宗教教会发展》，第326页。

③ John Wolffe，ibid，pp. 212–214.

了男女能够平等地受到上帝召唤为教会服务的思想。另外，此举还可弥补神职人员日渐不足的问题。同时，由妇女主持圣餐礼使得其中蕴含的滋养和抚育的母性特征凸显出来，宗教精神以更加鲜活的形象体现，妇女更能够体会到与神圣领域的联系和自我肯定。因此妇女担任圣职所产生的影响已不仅仅是保持两性关系的平等而已，它更引申至深入发掘圣礼本身的神学意义。①

总之，圣公会虽然在妇女授任圣职的问题上几经周折和犹疑，步履蹒跚，但它毕竟在一步步地向前迈进，艰难地突破存在了近 2000 年的厚重茧壳，努力追随时代精神。同时我们也能够从中体会到教会在适应当代社会发展过程中所遇到的重重压力和阻碍，以及教会内部复杂的矛盾和冲突。

（三）联合与对话

"普世教会运动"（Oecumenical Movement）源于 20 世纪初期，它倡导基督教会内部的团结和统一，各宗派希望能够重新联合，超越彼此的界限与分裂状态，资源共享，构建普世的基督宗教团契。这一运动贯穿于整个 20 世纪，发展迅速。在基督宗教宗派林立的背景下，英国也积极参与了全球性的普世教会运动。特别是 20 世纪 60 年代以来，面对世俗化狂潮对英国基督宗教的冲击，英国各个宗派都感到有必要加强彼此之间的联合，以避免世俗化这个大家共同的敌人将会带来的灾难，普世教会运动遂成为英国基督教会对世俗化的主流回应方式。1972 年 9 月在英国伯明翰举行的英国基督教会联合会大会澄清了普世教会运动的现实处境。正如首先构想组织此次大会的大卫·爱德华兹（David L. Edwards）所坦率直言的大会召开缘由："本届会议是空前的，因为它所面临的危机史无前例。"② 他不仅指出近来的统计数据所揭示出的教会归属和教堂参与等方面的衰退迹象，而且警告此种发展趋势还会继续。爱德华兹对年青一代背离教会和基督宗教的未来深感忧虑。类似的忧虑并不是个别现象，它在英国各派基督教会内部非常普遍。因此，一些教会人士将教会间的联合看作对世俗化的主动出击，而不是苟延残喘式的被动防守，③

① John Wolffe, ibid, p. 211.
② Alan D. Gilbert, ibid, p. 129.
③ Alan D. Gilbert, ibid, p. 126.

力图促使世俗的社会重新基督教化。自由派教会中普世教会运动的领导者们积极倡导各宗派团结起来，希望由各派教会组成的联合阵线能够突破传统的各宗派互不相干、各自为政的局面，对外以一个声音说话，协调彼此的信念与行动，为英国基督宗教提供一条良好的出路。时任坎特伯雷大主教迈克尔·拉姆齐（Michael Ramsey）在 1968 年兰伯斯会议期间提出了基督教联合的原则，强调"教会间的磋商是基督教联合整体工作的一部分，它包括一切在教会圣礼、神学、宣教以及基督徒参与等方面所体现的教会之更新"[1]。

普世教会运动在诸多方面取得了一定进展。例如，在组织联合方面，英格兰和威尔士公理会与英格兰长老会于 1972 年组成新的联合归正会，这是第一个超越宗派界限的联合教会[2]（但接下来寻求更进一步组织联合的努力遭遇了各种困难而未取得成功）。在地区层面上，英国普世教会运动机构"不列颠基督教会联合会"发展了几百个地方教会联合会[3]，为增强宗派间的谅解与友谊做了很多工作。到 1973 年，英格兰的主要宗派参与成立了"地方普世教会事业协商会议"（Consultative Council for Local Ecumenical Projects in England）。同时，"不列颠基督教会联合会"将几个宗派的复兴组织包括"圣公会教区和人民运动"（Anglican Parish and People Movement）、"卫理公会复兴小组"（Methodist Renewal Group）、"浸礼会复兴小组"（Baptist Renewal Group）和"公理会牧师小组"（Congregational Church Order Group）合并为一个"统一基督教复兴"运动（ONE for Christian Renewal），其成员致力于相互认可、促进基督教的复兴以作为重新联合的前提及其社会见证。[4] 礼仪方面的成果在 60 年代就已显现出来，大多数教会都对圣餐礼等礼拜仪式做了修改，各教会还在 1963 年成立了"联合圣礼小组"（Joint Litergical Group），对礼拜仪式进行更新，并探讨礼仪基本原则的共同基础，表示出对宣教的牧养关切以及基督徒对当代社会的参与。另外，英国几乎所有教会都参与组成了联合委员会，共同对《圣经》进行重新翻

---

① Sheridan Gilley and W. J. Sheils, ed. , ibid, p. 480.

② Alan D. Gilbert, ibid, pp. 128–129.

③ Alan D. Gilbert, ibid, p. 129.

④ Sheridan Gilley and W. J. Sheils, ed. , ibid, p. 479.

译，分别出版了新的《圣经·新约》（1961 年）、《圣经·旧约》和《外典》（1970 年），以取代原先的老版本。① 教会还对《圣经》作出新的解释，根据变化了的现实注解千年不变的经书，使之更贴近世俗生活，令更多的普通信徒易于理解和接受。他们认为，《圣经》的作者受到当时社会文化以及价值观的影响，所写下的内容不会全部适用于当代社会。人们不应按照字面意义理解《圣经》，而应参考一些现代学科领域的研究成果灵活解读经文。

大约到 20 世纪 70 年代中期，英国基督教会从整体上说已经洋溢着宗派和解的气氛，各宗派由彼此怀有敌意转向积极合作，普世教会运动的支持者由少数派发展为多数派。二战刚刚结束时占主导地位的注重各个单独教会的身份认同，转变为大家意识到对于本质上共同的福音或许有不同的表达方式，② 这一历史发展趋势不可避免。70 年代以来逐渐兴起的多元主义神学思想则为普世教会运动的蓬勃发展提供了理论支持和精神动力。以约翰·希克等神学思想家为代表的多元论者使基督教神学和宗教哲学呈逐渐开放的态势，其神学理论逐步实现自我超越。他们以一种新的姿态对待基督教会内部和基督宗教与其他宗教进行的对终极真理的探讨，以求更加全面和充分地理解各种宗教所表现的人类终极追求。多元主义思想在英国日占上风，突破了以往排他主义所占据的统治地位，这种思想氛围对于普世教会运动在英国的开展极为有利。

虽然各派教会为走向联合进行了长期努力，然而各种正式的行动也曾经历了一系列挫折与失败，众多宗派的存在始终抑制着教会联合的发展。③ 例如，在英格兰，虽然圣公会和卫理公会进行了几十年的对话，并在一定程度上达成了约定，但在涉及一些诸如卫理公会是否要设立主教这类关于教会的基本组织建构的问题时，双方的分歧一直未能解决。在苏格兰，主要新教宗派之间的讨论因不能互相承认彼此的牧师职位而未能达成协议。在威尔士，似乎曾出现达成永久联合协约的可能性，但并非所有主要的新教宗派都能够加入。在圣公会与罗马天主教会进行对

---

① Sheridan Gilley and W. J. Sheils, ed. , ibid, pp. 480–481, p. 485.

② Grace Davie, ibid, p. 164.

③ Gerald Parsons, ed. , *The Growth of Religious Diversity：Britain from 1945*, Volume 1：*Traditions*, p. 78.

话和合作的尝试过程中，确实出现过一些令人欣喜的情景，如"梵二"会议以来，天主教会被允许参与普世教会运动，并首先展开与圣公会的对话。坎特伯雷大主教拉姆齐于 1966 年公开拜访教宗保罗六世，并举行联合引领的礼拜仪式，实现了共同祷告和一定程度的相互认可，这在 10 年前是难以想象的。① 1972 年"不列颠基督教会联合会"大会首次有天主教会的代表参加，这被视为历史性的进步，是英国基督宗教应对世俗化联合之梦的具体内容。② 双方于 1970 年成立的"圣公会—罗马天主教会国际委员会"（Anglican-Roman Catholic International Commission）就圣餐、牧职和教会权威等问题从 70 年代到 80 年代初期分别发布了共同声明。③ 1982 年教宗约翰·保罗二世访问英国，使双方的合作进程达到顶点。然而，双方在天主教教义本质、道德伦理以及教会权威等问题上均存在巨大分歧。对话取得了显著进展，但并未达成实质性的统一意见。而且，双方的对话并不是平等的，圣公会处于弱势。④ 圣公会内部对妇女授任圣职问题的争论所取得的进展，为其与罗马天主教会的关系带来的却是负面影响，因而妨碍了双方的和解以及在其他方面已取得的合作成果。

在这种情况下，普世教会运动向更加灵活和注重实效的方向调整，从强调实现"联合"（unity）转向"共同朝圣"（pilgrimage together）。⑤ "不列颠和爱尔兰共同教会"（Churches Together in Britain and Ireland）即在这样的背景下产生。它成立于 1990 年，比其前身"不列颠基督教会联合会"有更宽松的机构设置和更广泛的参与者。它的成立表明了"对普世教会运动灵活性和成员范围广度的需求，同时也暗示着对现存的宗派组织结构延续下去之重要性的认可"⑥。在 1988 年兰伯斯会议上，坎特伯雷大主教罗伯特·朗西（Robert Runcie）指出，"'圣公会的暂时性特征乃我们所不容模糊的'，普世教会乃基督信仰构建上的核心，而不

---

① Grace Davie, ibid, pp. 165–166.
② Alan D. Gilbert, ibid, p. 129.
③ Sheridan Gilley and W. J. Sheils, ed., ibid, p. 480, p. 484.
④ Grace Davie, ibid, p. 166.
⑤ Gerald Parsons, ed., ibid, p. 80.
⑥ Gerald Parsons, ed., ibid, p. 80.

仅仅是一种额外的选择；普世教会的任务乃圣公会一切神学对话、教牧关切、宣教和社会行动的基础"①。各教会不再刻意追求机构上的联合，而是加强了彼此间的对话与合作。如圣公会与卫理公会、浸礼会、路德宗以及五旬节派等教会均展开了持续而富有成效的正式对话，甚至进入了各领域实质性的合作。

近年来，组织化的普世教会运动通过"不列颠和爱尔兰共同教会"寻求通过共同的事工促进各教会之间更紧密的合作关系。它拓宽了原先"不列颠基督教会联合会"的参与范围。在其30个成员中，有一些大型教会，包括以前未加入"不列颠基督教会联合会"的英格兰、威尔士和苏格兰境内的罗马天主教会，也有许多小型教会。"不列颠和爱尔兰共同教会"与英国和爱尔兰很多普世教会网络、组织相关联，成为上述地区普世运动的总体协调机构。②

目前英国国家层面上的普世运动机构包括"英格兰共同教会"（Churches Together in England）、"苏格兰共同教会行动"（Action of Churches Together in Scotland）、"威尔士共同教会"（Churches Together in Wales）、"爱尔兰教会联合会"（the Irish Council of Churches）以及"爱尔兰教会间会议"（Irish Inter-Church Meeting）等。其中"英格兰共同教会"中的"自由教会团体"（Free Churches Group）代表自由教会在各领域的特殊利益。在地区层面上，许多独立的教会和教区通过各地区的教会联合会、地方共同教会团体或"地方普世教会合作伙伴"（Local E-cumenical Partnerships）进行合作。③

在实践当中，英国普世教会运动意味着各宗派之间的互相妥协以及宗教文化对其世俗环境所作出的调整与适应。这一运动所取得的成就并不等于各教会达成了全体一致。分歧与争论仍将继续存在。但它们所引起的分裂主要并非存在于宗派之间，而是超越教会的保守派与大多主流教会之间关于是否应当顺应现代社会发展趋势的不同立场。

当代英国社会存在着双重多元问题，一是基督教会内部的宗派多

---

① 卓新平：《当代基督宗教教会发展》，第319~320页。
② Paul Weller, ed., *Religions in the UK: 2001–03*, the Multi-Faith Centre at the University of Derby in association with the Inter Faith Network for the United Kingdom, 2001, p. 231.
③ Paul Weller, ed., ibid, p. 231.

元；二是各种宗教传统的多元。近年来，基督宗教对待其他宗教信仰的基本态度逐步发生转变。多元主义和包容主义思想逐渐占了上风，越来越多的基督徒认为各种宗教信仰是平等的，它们通过不同途径寻觅真理，通过对话加深彼此的尊重和理解，并且超越了以往仅以传教并力图使人们皈依基督宗教为目的的对话，希望来自不同宗教传统的人们能够和平共处。从对《圣经》的诠释中也可以看出从排他到多元思想的转变。许多世纪以来，《圣经》本身尤其是其中的某些章节，被视作教导人们排他性地相信唯一的救世主耶稣基督，并反对与其他信仰进行对话的证词。近年来，一些学者主张发掘《圣经》文本关于与其他宗教信仰者关系方面隐含的意义，认为当今世界迫切需要基督徒以宽容的态度去理解自身所处的社会，展示上帝出于对人类的爱而采取的行动。《圣经》"不应被看做将社会共同体分割开来的一堵墙，而是一盏明灯，照亮基督徒寻求与拥有其他信仰的人们共同生活的道路。……《圣经》教导我们从狭隘的自我中解脱出来……"① 这样的转变十分有利于基督教会与其他信仰团体开展对话与合作，不仅可以帮助生活在同一屋檐下的人们和平共处，而且在客观上可以加强作为整体的神圣同盟的力量，在一定程度上遏制了世俗化的攻势。

近几十年，英国成为宗教信仰高度多元的国家，宗教对话随之大规模展开。从20世纪末的最后几年至今，许多跨宗教信仰的组织致力于发展各宗教团体间的良好关系，并引导各宗教团体充分参与到公共生活当中。英国现已被许多国家视为"有组织地发展宗教信仰间关系行动的引领者"②。

宗教间对话所采取的形式多种多样。一些宗教间组织与相关机构相联系，如"英国宗教信仰网络"（the Inter Faith Network for the UK）；另一些则主要以个体成员为基础，如"世界宗教信仰协会"（the World Congress of Faiths）；部分宗教对话组织着重于讨论社会和政治问题，如"世界宗教与和平会议"（the World Conference on Religion and Peace）；

---

① Wesley Ariarajah, *The Bible and People of Other Faiths*, World Council of Churches, 1985, p. 71.

② Paul Weller, ed., ibid, p. 79.

其他一些则偏向于组织祈祷、崇拜或默想活动，如"为世界和平祈祷周"（the Week of Prayer for World Peace）。宗教对话可分为双边、三边或多边对话。双边对话包括基督宗教与犹太教、基督宗教与伊斯兰教等之间的对话，三边对话主要指犹太教、基督宗教和伊斯兰教三者间的对话。20世纪80年代以来，众多基层宗教对话团体在英国城镇和乡村涌现出来。这些独立的实体通过探索多样并有效的宗教对话方式回应各地社区不同的需求与面临的挑战。①

宗教间对话的议题包括：第一，社会与政治合作。许多基督徒、印度教徒、犹太教徒、穆斯林和锡克教徒等结成多边宗教信仰联盟，致力于达到特定的社会政治目标，比如帮助无家可归者、残疾人和难民，争取人权、正义与和平以及解决生态环境问题。第二，寻求共同价值观。随着英国社会宗教和文化等方面的日益世俗化、多元化和经济发展带来的压力，人们担心支撑公民价值观的传统道德规范逐渐被侵蚀。虽然在一个多元社会中各宗教、社会团体在价值观问题上达成一致是不可能的，但各方都认为应当至少去尝试探索一套基本的共享价值观，以在一定程度上为多元的公共生活领域建设性地提供道德整合标准。这一目标在实践中究竟能在多大程度上实现，各方看法不一。第三，共同祈祷与崇拜活动。这一领域的合作与针对社会问题的共同行动相比较，争议更多且难度更大。一些人可以接受不同宗教信仰者聚集在一起，以各自宗教的传统方式进行祈祷，但无法接受以共同的方式祈祷和举行崇拜活动。在一些危机时刻，信仰不同宗教的人们才更容易聚在一起，为特殊事件进行祈祷，如海湾战争和伊拉克战争期间各宗教团体有大量祈祷和平的联合行动。②

自20世纪下半叶以来，英国除基督教会之外的其他宗教团体也开始被邀请出席各种国家级的重大庆典和宗教仪式，而这在历史上只是英国国教会的专利；越来越多的公共机构如医院和监狱中逐步设立了基于多种宗教信仰的礼拜堂和牧养关怀小组；在广播、电视等媒体中，反映英国宗教融合的新闻报道比重增高；在法律方面，一些带有明显宗教歧

---

① Paul Weller, ed. , ibid, pp. 79-85.
② Paul Weller, ed. , ibid, pp. 87-89.

视内容的法规被逐步废除，或考虑到一些宗教信仰的特殊习俗而在特定法令中规定豁免内容。①

2004 年 12 月 25 日，英国女王伊丽莎白二世在一年一度面对英联邦国家的圣诞节广播电视讲话中，首次将宗教间关系这一敏感问题作为讲话的主题，表达了承袭不同宗教文化传统的人们互相理解、互相尊重，消除歧视，和平共处的良好愿望。② 英国女王的这篇讲话说明，宗教多元化已成为英国社会的显著特征，宗教间的互动已深入人们的日常生活和工作当中。虽然宗教歧视仍是一个不容忽视的问题，但是大家对宗教对话与合作的未来持积极态度。

近些年来，无论是英国基督教会内部的普世教会运动还是各宗教之间的对话都取得了积极成果，其中前者是后者的"基本条件和必要准备"③。基督宗教与其他宗教开展对话与合作，在很大程度上得力于其内部各宗派之间的对话与合作。基督宗教的内部联合使基督教会获得了充分准备和具体经验，以改善更大范围内宗教信仰团体之间的关系。当然，各种求同、合一的努力只能使各宗派和各宗教之间尽可能达成一定程度的谅解与协调，而不可能实现真正理想中的统一。多元化已成为世界文化发展的必然趋势。

基督教普世主义运动强调基督宗教与整个社会的有机联系和不可分割，提倡教会内部各宗派的团结合一以及基督宗教与各种宗教和社会思潮的对话。它打破了基督宗教传统中狭隘僵化的教会中心论，是基督教会迈向现实社会的一大步。虽然互相协作难度很大，彼此间也远未达到联合的目标，但各宗派和信仰团体确实已比从前更加团结，敌意与对抗更少，对话与合作更多。这样能够使基督教会自身实力和生命活力增强，而只有自身强大了，才能拥有抵御外部压力与挑战的资本和能力。更加团结的教会在诸如社会公义、道德伦理、种族歧视、环境保护、战争与和平等社会问题上亦可表现出共同的关注，可更加有力地表达自己的立场和观点。

---

① Paul Weller, ed., ibid, pp. 42–46.
② "The Queen's Christmas Broadcast to the Commonwealth 2004", http://www.royal.gov.uk, 25 December 2004.
③ 卓新平：《当代基督宗教教会发展》，第 35 页。

三　社会层面的回应

基督教会并非孤立存在，从它建立之日起便身处社会当中，总是要与社会的经济、政治和文化环境息息相关并保持错综复杂的关系。基督教会对社会的参与活动同样历史悠久，并不是当代的新创意。西方主流基督教会认为，基督宗教的社会关怀是其最为基本的使命之一，关心社会是基督徒的责任。它有着丰富的神学依据。耶稣基督教导基督徒要"爱人如己"，教会因而感到应响应上帝的召唤关爱他人，教会传讲福音为的是使所有人都得救。其宗教信仰和伦理教诲针对的不仅是基督徒，而是整个世界。教会还是基督的身体，是一个制度化的团体，因此有义务在社会上为基督做见证，它们作为整体开展活动，针对各种问题向所有社会成员发表自己的看法。基督信仰的个人层面和社会经济政治层面相互联系，不可分割。①

当西方现代化进程带来一系列社会问题，并对教会的生存和发展造成威胁之时，教会才更加明确地意识到应该采取措施应对当前所处的困境。西方主流教会逐渐走出神圣的象牙塔，步入茫茫尘世。"传统宗教的神圣性在现代社会中日益淡化"，教会"由注重对天国的描绘，转为更加关注人间的世俗生活，对现实生活中的伦理、道德等社会问题的关注与阐释占据了当代宗教宣传的主要内容"。②

当代英国基督教会努力表达自身对现实社会的责任心和使命感，密切关注社会和大众的日常生活。教会不仅强调人的属灵性和对彼岸世界的向往，而且号召基督徒"参与生活、关心社会、投身历史，以先知训世的洞见和牺牲之爱的表率来为其信仰真理在世上作光作盐"③。英国基督教会的领导层多次传达出积极参与社会的思想信息。1924 年，由威廉·汤朴（William Temple）主持的在伯明翰召开的关于基督教政治、经济和公民身份的会议表现出教会对社会的特别关注。1961 年 6 月，迈克尔·拉姆齐在其当选第 100 任坎特伯雷大主教的布道中，将教会对社

---

① 王美秀：《当代基督宗教社会关怀——理论与实践》，上海三联书店，2006，第 2 页。
② 刘晓宝：《世俗化：当代宗教的发展趋势》，《人大复印报刊资料·宗教》1995 年第 5 期。
③ 卓新平：《基督教文化百问》，第 198 页。

会的参与与教会联合以及礼仪改革共同列为教会三项应予以优先考虑的事宜。他指出："我们应当努力深入于工业、科学、文学艺术……的社会当中，我们在这一深入的过程中必须既以导师又以倾听者的身份看待社会。"① 拉姆齐不仅表达了教会参与社会的重要性，而且还表现出对社会参与灵活开放的姿态。当普世教会运动中英国各宗派之间由于神学教义分歧导致对话搁浅的时候，它们仍可以在开展社会关怀事业的合作方面取得共识。1988 年召开的第 12 届兰伯斯会议除了将妇女能否被授任为主教的问题列为其核心议题外，还讨论了政治压迫、贫穷和国际债务等问题，并决定号召发起"传福音十年"活动，把 1991～2000 年定为"传福音运动的十年"，以促进圣公会在当代社会文化背景之下的发展，变教会被动的维持现状为主动的对外宣教。② 根据 1984 年、1989 年和1990 年圣公会两次协商会议和圣公会首主教会议的讨论结果，圣公会的对外宣教主要基于五点，而其中的第三点"通过爱的服务来回应人类的需求"和第四点"寻求改变社会的非正义结构"都直接涉及教会参与社会的行动纲领。

我们可以这样说，世俗化在给英国基督教会带来巨大挑战的同时，也在某种程度上为它提供了在社会各领域发挥作用的机遇。比如，教会不仅经常针对政府政策发表评论，甚至在一定程度上参与到政府的决策过程当中，寻求对当代社会所面临的各种问题的解决方案，对社会政策走向施加直接的影响。

两次世界大战之后，人们把注意力集中于振兴经济、恢复国力。工党和保守党轮流执政，两党的政策趋向中和，宗教信仰与党派之间的界限也逐渐模糊。战后两党形成"共识政治"，在英国建立"福利国家"，在社会平等方面取得了巨大成就。从二战结束至 20 世纪 60 年代，教会与政府保持了相对来说比较和谐的关系。但 60 年代中期之后，二者之间的冲突不断升级，和谐局面至 80 年代撒切尔夫人执政时期被彻底打破。因而圣公会也不再是"做祷告的托利党"。

在社会伦理道德方面，20 世纪 60 年代以来，世俗化造成了"道德

---

①　Sheridan Gilley and W. J. Sheils, ed. , ibid, p. 478.

②　卓新平：《当代基督宗教教会发展》，第 318 页。

真空"，许多年轻人抛弃了教会传统的道德教化。在社会"宽容"潮流的推动下，如本书第二章所述，英国政府于 60 ~ 70 年代出台了一系列与性、婚姻和家庭相关的自由化倾向明显的立法。教会内部对相关道德伦理问题产生了争议和意见分歧，部分教会人士表现出比较宽容的态度，认可社会潮流的发展趋向，认为这也是上帝对人类的恩赐，我们应该享受这样的生活。但另一方主张教会维护正统伦理准则，反对纵容有悖于基督教道德规范的立法，并联合其他一些具有相似意向的宗教和世俗群体以及议会外的压力集团，提议废除或修改相关法律条文。这些努力虽然没有达到预期的效果，但也取得了一定成效。80 年代早期，由于失业和贫困等社会问题而引发的英国布里斯托、利物浦、伦敦、曼彻斯特和伯明翰等几个大城市的街头暴乱，使教会领导和政府之间的冲突达到了高潮。教会将其归因于几十年来家庭、学校和教会中不充分的引导而造成的"道德疲软"（moral weakness）[1]，呼吁教会和政府为此承担起更大责任。

在社会经济政策方面，撒切尔夫人领导的保守党在 70 年代末期开始执政后进行了大规模的改革，抛弃"福利国家"政策，转而实行私有化，控制货币，削减福利开支，打击工会力量。[2] 这样的政策虽然帮助英国摆脱了经济危机，但其中的"扶富抑贫"倾向显然有损于社会公正，也极大地违反了基督教的基本道德准则，从而激起了教会针对政府一系列社会经济政策的批评。例如，由坎特伯雷大主教授权的一个特别委员会历时两年对英国一些重要城市地区的考察之后，于 1985 年发表了一份引人注目的报告《城市中的信仰——对教会和政府采取行动的倡议》[3]，在英国社会引起极大反响，此后又于 1990 年出版了类似的《乡村中的信仰》[4]。这两份务实的报告尖锐地指出当时英国的经济、政治、社会和道德等各方面存在的严重问题，质疑政府以市场为导向的经济政

---

① G. I. T. Machin, ibid, p. 227.

② 钱乘旦、许洁明：《英国通史》，第 345 页。

③ The Report of the Archbishop of Canterbury's Commission on Urban Priority Areas, *Faith in the City: A Call for Action by Church and Nation*, Church House Publishing, 1985.

④ The Report of the Archbishop of Canterbury's Commission on Rural Areas, *Faith in the Countryside*, Churchman Publishing, 1990.

策的道德基础，呼吁教会和政府采取积极的行动迎接挑战，并分别针对教会和政府提出一系列明确的建议，力求改善现状，缓解危机。报告的内容和其犀利的语风使政府大为不悦，甚至因此而被谴责为"马克思主义"。在《城市中的信仰》发表 10 年之后，教会关于城市发展的另一份报告认为城市的境况改善甚微，而政府却认为它低估了政府按照 10 年前报告中提供的建议所做的努力。① 于 2006 年出版的报告《虔信的城市：对赞美、洞见和公义的倡议》②，是由各基督教会以及伊斯兰教和犹太教代表组成的委员会经过两年考察后发布的，它分析了《城市中的信仰》发表 20 年来英国社会所发生的巨大变化，指出政府对城市的巨额投资和经济增长并没有矫正显著的社会不公，贫富差距继续扩大，种族偏见使邻人形同陌路，人们远离政府的决策程序。同时，物质财富没能使人们更幸福，人们的精神贫困甚于物质匮乏。报告认为宗教信仰是使城市希望重生的最丰富和持久的资源之一，呼吁政府和教会以及各宗教信仰团体进行合作，应对整个国家经历的共同挑战。③

　　种族问题是近几十年来英国社会所面临的热点问题之一。教会自 20 世纪 60 年代起对此保持高度关注，号召全社会为创立一个多种族的和谐社会而努力。1965 年在"基督教行动"（Christian Action）组织举行的一次会议上，教会代表被敦促其采取的各种政策都应反对种族偏见，教会领导们发起的教育活动应促使教会成为种族和谐的一支积极力量，"不列颠基督教会联合会移民委员会"（Migration Committee of the British Council of Churches）应与罗马天主教会合作，在移民群体中安排数量更多的神职人员。当受到新纳粹团体煽动的排犹主义抬头之时，坎特伯雷教士会议（Canterbury Convocation）于 1960 年 1 月召开全体会议，圣公会主教安布罗斯·里弗（Ambrose Reeve）提出动议，对排犹主义表示痛惜，并指出基督徒有责任使各种族之间实现尽可能良好的关系。牛津副

① G. I. T. Machin, ibid, p. 230.
② The Commission on Urban Life and Faith, *Faithful Cities: A Call for Celebration, Vision and Justice*, jointly published by Methodist Publishing House and Church House Publishing, 2006. www.chbookshop.co.uk.
③ Maev Kennedy, "Government Accused of Draconian Treatment of Asylum Seekers", *The Guardian*, 23 May 2006, www.guardian.co.uk.

主教附和了这项动议，强烈要求教士会议的全体成员对"基督徒和犹太教徒理事会"（Council of Christians and Jews）在国家和地方层面的工作予以支持。1964 年，坎特伯雷大主教拉姆齐担任"英联邦移民委员会"（National Committee for Commonwealth Immigrants，NCCI）主席，希望能够尽其所能为英国社会各种族的和谐作出贡献。在现实中，政府因种种经济和社会原因限制移民数量，并在其 1968 年的移民法案中为白人和有色人种移民分别设置了不同条款，受到拉姆齐等教会人士强烈批评。主教罗宾逊因其对政府政策的反对而退出工党，许多成员离开了 NCCI 的中央委员会或附属委员会。拉姆齐批评政府的政策"彻底排除了英国社会实现种族和谐与融合的任何可能性。我们需要……实践众人平等这一基本的基督教信仰，以此履行国家支持人权以及联合国宪章的誓言"①。在接下来的数十年中，英国基督教会从未停止反对种族歧视，争取实现社会公义的活动。在 2005 年举行的大选中，各教会虽然奉行不干涉民众之政党倾向的原则，但都呼吁本教会的选民不要投票给具有明显种族主义特征的英国国民党（British National Party），体现了教会的鲜明立场。

另外，教会在消除贫困（特别是针对第三世界国家）等相关问题上达成高度一致。例如，英国基督教各宗派是 2005 年系列活动"让贫困成为历史"（Make Poverty History）最积极的组织者和参与者，并于 2005 年 7 月世界八国集团首脑会议期间，在苏格兰首府爱丁堡组织了几十万人参与的超大规模游行，呼吁发达国家免除第三世界国家债务，消除贫困，远离战争，维护世界和平。

教会在自己所专长的伦理道德领域，针对政府各项立法以及对政府社会政策的参与和批评，比起教会内部的神学争论和礼拜仪式更能引起公众的关注。教会同时获得了相应的社会和政治地位，成为反对政府的政治力量之一，也成为官方政策受害者即弱势群体的主要依靠力量之一。

从微观层面上来说，当代英国主流基督教会认为，教会不仅仅意味着教堂，组成教会的每一个成员才是最重要的。因此，它们主动走出教

---

① G. I. T. Machin, ibid, pp. 205–209.

堂这一神圣的象牙宝塔，深入社区，与普通信徒加强联系和沟通，探知他们的需求，以服务的精神奉献自己的热情。

例如，宗教场所逐渐延长向社会开放的时间。许多教堂即使在没有礼拜活动时也敞开大门，以便让信徒随时都可以到教堂来进行祷告、默想，甚至只是为了寻得喧闹尘世中的一片净土而歇憩片刻。圣公会、卫理公会和联合归正会等根据《路加福音》当中对好撒玛利亚人（good Samaritan）故事的描述①，建立了一条电话心理服务热线，任何人在遇到心理上的难题需要帮助时均可拨打，为在工作和生活重重压力之下焦虑、抑郁甚至想轻生的人们打开了一扇充满温暖的阳光之窗。一些教会为儿童、青年人和老年人等群体分别设计了适合他们的各种特色活动，以满足他们不同的灵性需求。另外，教会充分利用场地空间和时间，如平日无礼拜活动时在教堂里安放篮球架和桌球台等，鼓励教区居民积极参加体育锻炼，在周末举行特色民间舞会，丰富居民业余文化生活，等等。这样做不仅可以提高教堂的利用率，还可提高其知名度，吸引更多信徒和非信徒到教堂来参加各种宗教或世俗活动，使他们有可能更多地了解教会，并最终加入教会组织。一些教会还给外国基督徒提供聚会的场地，比如韩国基督徒在英国人口中所占比例不大，他们没有自己的教堂，因此每周有半天时间租用当地英国人的教堂。这样双方各取所需，韩国基督徒在异国他乡也能够坚持每周的礼拜活动，而英国教堂不仅增加了收入，解决了经费困难的问题，从而更好地进行教堂的保护、维修和宣传工作，还可以为本教区居民提供多样化的服务，有利于各民族间的理解、沟通与融合。

总之，当代英国基督教会除了通过间接方式，如布道和礼拜活动培养基督徒作为国家公民积极参与社会事务的意识之外，还直接涉入政府的决策过程当中，发挥对政府政策批评监督的功能，并主动采取行动，密切与普通信徒和广大民众的联系，在广阔的社会生活中尽力发挥自己的能量。当然，教会的社会参与还存在着一些局限性，比如它不具有法律方面的世俗权力，② 因而不能强制性地实现自己的价值观，只能以引

---

① 《圣经·新约》之《路加福音》10：25–37。
② 王美秀：《当代基督宗教社会关怀——理论与实践》，第25页。

导、劝说的方式影响公众。英国一些人文主义者曾发表言论："'少数'基督徒无权将他们的观点强加在社会'大多数'非基督徒头上。"① 当代教会不再拥有至高无上的权威，人们受到周围环境以及自身教育、阶层等社会背景的影响，道德判断的自我独立意识增强，其在现实生活中的伦理观念和行为实践与教会的教导不符，教会也不得不适当调整对某些社会问题的立场。加之教会内部对社会问题的意见也很难统一，同样的信仰原则在遇到实际的具体问题时很可能产生分歧甚至冲突，削弱了教会整体的社会影响力度。但从总体上说，在一个世俗化的社会当中，虽然英国基督教会能够发挥的作用有限，但它仍然受到民众的高度尊重。教会的社会参与是教会对社会施加影响最直接的领域。教会加强社会参与有利于抵制当代社会将基督信仰和实践私人化的意识形态，提高教会整体的社会地位。自 20 世纪 70 年代以来，英国教会的社会影响力得到提高，神职人员重新受到公众重视，许多身处困境的人们首先想到求助于基督教会，通过神职人员寻求精神关怀和体贴入微的生活指导。②

约翰·希克在他的著作中表达了对教会的期望：到 2056 年，教会"鼓励彼此为社会和世界的公平正义而工作……主流教会愈加投身于为社会正义、男女平等以及为最大限度地维持全球环境平衡，使人类生活得以持续而努力。与过去相比，基督教变得更'绿'、更人道，政治上更加负责任"③。

第三节　保守派教会的有限对抗策略

面对世俗化对基督宗教的冲击，英国自由派教会总体上洋溢着宽容的气氛，其对世俗化的回应相对来说是比较温和的。而与世界其他地区相类似，世俗化将英国基督教会也拆分为两个相互对立的阵营，主要以福音派、五旬节派和灵恩派为代表的保守派教会即为另一组在 20 世纪后期英国境内势力逐渐强大的阵营。从总体上来说，它们对待世俗化的

---

① G. I. T. Machin, ibid, p. 202.

② Grace Davie, ibid, pp. 175–176.

③ 〔英〕约翰·希克：《信仰的彩虹——与宗教多元主义批评者的对话》，王志成、思竹译，第 168 页。

态度不像自由派教会那样有 "绅士风度", 而是表现出咄咄逼人的甚至是 "好战" 的强硬姿态。二者形成了鲜明对照。以下我们也同样从神学、组织以及社会这三个层面入手, 主要分析英国保守派教会中比较有代表性的福音派教会的有限对抗策略, 及其与自由派教会有限顺应策略的异同。当然, 福音派教会也不是铁板一块, 而是分别具有自由派、基要派或灵恩派倾向等, 但它们的核心观念基本上是一致的。

福音派是 20 世纪 40 年代初期诞生的神学运动和现象, 是在原有的基要派中涌现出的一场保守派基督教运动, 在第二次世界大战之后迅速壮大, 并逐渐发展成为保守派教会的代表性势力。福音派教会是超越宗派的, 它本身并不是而且也不局限于基督宗教的某一个具体宗派, 而是存在于各主流宗派当中。福音派教会坚定地维护正统的基督教信仰, 忠实地信守福音讯息的社会应用, 同时并不放弃在社会伦理领域中的领导地位, 也不放弃在科学与历史领域中的理性探究, 不愿把主流宗派的领导权拱手让给自由派的拥护者,[①] 反而对自由派教会的思想和行为多有抨击之辞。

一　神学层面的反击

英国的保守派神学家与自由派神学家同样意识到世俗化的巨大杀伤力, 以及教会在此危机时刻所承担的历史使命。他们中的许多人虽然也强调教会应随时代的发展进行改革和更新, 但他们一贯坚持《圣经》和教会传统的权威性, 坚持教会身份的独立性, 坚持基督教传统教义和价值观念不应与世俗社会相妥协; 同时严厉批判自由派教会, 认为他们对现代社会的顺应态度实际上是对世俗化的姑息纵容和退让, 甚至会削弱基督宗教信仰的力量。约翰·斯托特 (John R. W. Stott, 1921~2011) 和阿利斯特·麦格拉斯 (Alister E. McGrath, 1953~   ) 便是保守派神学家当中较为突出的两位。

(一) 约翰·斯托特——将《圣经》作为最锐利的武器

约翰·斯托特是英国著名福音派领袖之一。他明确意识到基督宗教在当代社会所面临的危机, 认为世俗化侵蚀了教会的影响力, 诸如 "宣

---

① 董江阳:《哪种基督教? 哪类基督徒?——试析现代基督教内部的阵营分组与分野》,《世界宗教研究》2006 年第 3 期。

教""福音主义""皈依信仰"等一系列词汇在当今这样一个充满不确定因素的年代已"不合时宜"。使徒福音的广度和深度在当代的信仰宣告中正在很大程度上令人悲痛地丧失,对福音真理、福音的相关性和其力量的信心也随之广泛缺失。福音已不再是来自上帝的好消息而被"上帝的传言"(斯托特在这里套用彼得·伯格的著作《天使的传言》中的说法)所取代。我们这个"世界的根基正在崩塌"①。作为一名神学家和教会领袖,斯托特为当代基督教的失败而感到惭愧。面对当代基督信仰的失落,人们日益向教会寻求答案。但如果"教会过于胆怯而不能发表意见,那将会是一场悲剧"②。他认为,危机时刻正是基督徒自信地维护和坚持信仰的正确时刻,而教会承载着拯救世界的职责。当前的西方人在对无价值和理性的异化感到绝望的同时渴望个人意义,教会必须深入到基督的丰富以及当今人类的困境中,使神圣启示与人类需求相关联,努力将《圣经》中的福音呈现出来。③

　　福音主义的性质即是将《圣经》所承载的福音置于高于一切的优先地位。斯托特阐明了福音的实质及其重要意义。使徒们以耶稣基督为中心,特别讲述了拿撒勒的耶稣的死亡与复活,以《圣经·旧约》以及他们的亲眼所见为依据,将它作为上帝所应许的新纪元或天国的起始,以此为基础上帝将"宽恕"和"圣灵"赐予悔改的信徒们,并使基督成为一切生命之主。这便是福音的基本要素。④ 斯托特认为在当代社会中,我们无权根据我们自己的想象和经验宣讲耶稣基督,而只能根据新旧约《圣经》经文,发现和恢复真实的耶稣、历史上的耶稣。⑤ 斯托特强调耶稣基督的唯一性、终结性和至高无上都源于关于他的历史事实。教会不仅必须继续肯定"耶稣是童贞女玛利亚所生,在本丢·彼拉多手下受难,被钉死在十字架上,死亡并被埋葬,在第三天复活",教会还应断

---

① John R. W. Stott, *Christian Mission in the Modern World*, Inter Varsity Press, 1975, p. 40; Christina Baxter, ed., *Stepping Stones*, Consultant editors: John Stott and Roger Greenacre, Hodder & Stoughton, 1987, pp. 178–179.

② Christina Baxter, ed., ibid, p. 178.

③ Christina Baxter, ed., ibid, pp. 180–181.

④ Christina Baxter, ed., ibid, p. 179.

⑤ John R. W. Stott, ibid, p. 48.

言只有拿撒勒的耶稣是上帝的道成肉身并居住在我们中间，为我们的罪而死并且复活。道成肉身、救赎和复活都既是历史性的又是神学性的，无可比拟。① 在这里，斯托特以《圣经》为依据，强调了耶稣的历史真实性，以及他的唯一性、权威性和普遍性。这与一些自由派神学家（如约翰·希克）所倡导的"道成肉身"只是一个隐喻真理或神话真理而非字面真理以及多元主义思想大相径庭。斯托特认为，主耶稣的唯一性和普遍性造成多元信仰活动中的困境。教会应敬拜基督，使他被全人类所知晓，并避免任何可能贬低和减损他的无上权威的活动。② 在当代处境之下谈论基督的权威及其唯一性和普遍性不仅是可能的，而且非常重要。它是教会最初的和普遍的信仰，由上帝所启示而交给教会。虽然上帝在一个特殊的文化背景中向人们启示了福音，但这并不是我们拒绝上帝启示的理由。只有一个福音存在，而且它的精髓永远不会改变。斯托特批判自由派所认可的"应根据使我们这个喜好质问的时代可以接受的条件来宣讲福音"。他认为上帝之道来自于上帝并且是关于上帝的，而不是人的看法，不是有条件的命题，没有商议的余地。因此我们没有特权随意偏离这一福音的核心。③

福音对于福音派信徒来说具有至高无上的地位，而传播福音则是他们在世间最重要的责任。斯托特通过对"拯救""自由""劝导""皈依""对话"等一系列概念的阐释，使人们明确了福音派教会积极进行宣教活动，传播福音的动力、方式及其目的。福音派认为教会本身就是"使徒的"，被派遣到世界上作见证和服务，教会应动员其中的每个成员分享上帝赐予的使徒的宣教使命。所有基督徒都有宣教的责任，都应当是福音见证者，并应创造机会与其他人分享福音。④ 同时，基督宗教是拯救的宗教，"拯救"在基督宗教中处于中心地位。《圣经》中的上帝是拯救人类的上帝。在《旧约》中"上帝"与"拯救"是同义词，在《新约》中耶稣来到世间是为了拯救罪人。"耶稣"意为"救世主上帝"

---

① Christina Baxter, ed. , ibid, pp. 182–183.
② Christina Baxter, ed. , ibid, p. 185.
③ Christina Baxter, ed. , ibid, p. 179；John R. W. Stott, ibid, p. 42, pp. 48–49, p. 59.
④ Christina Baxter, ed. , ibid, p. 193.

或"上帝是拯救"。① 身处当代社会，我们有义务宣布我们传播福音的对象正在走向"毁灭"。我们向他们传播耶稣的福音是为了使他们能够从毁灭中获得拯救、解放和真正的自由。福音带来"毁灭"和"地狱"的警告，同时也带来应许。我们的责任是向那些忏悔和相信的人应许通过耶稣基督获得与上帝在一起的平安。② 教会应通过理性和感情劝导人们，使人们信服真理，随即皈依信仰，③ 这便是福音传道的目的和结果。按照《圣经》所传递的信息，上帝通过基督使我们与他和解，但不意味着所有人已经与上帝和解，并不是通知人们他们已经与上帝和解，而是代表基督请求人们与上帝和解。上帝"在基督里"正在使世界与他和解。如果我们希望接受这样的和解，我们必须要"在基督里"，④ 即应当服从基督，与他的教会相结合。皈依是福音所要求的回应，没有它人们便不能得到拯救。⑤ 当前有些人认为皈依不一定必须加入教会，但斯托特对此予以批判，认为当代基督徒的义务是寻求教会的更新，而不是废止或遗弃它，因为它是上帝的教会。在《圣经》中，上帝召唤人们在深入世界的同时以其独特的信仰和原则与世界相区分，我们必须明确"基督徒团契"与某种"人类共同体"的区别，后者是在当代西方失去个性的技术统治论之下数百万人正在探寻的，但它存在于基督之外。"基督徒团契"具有超自然的起源和地位，它召唤人们通过洗礼皈依基督，加入基督徒共同崇拜和为所有人服务的团体，展示出"基督的恩典、上帝的爱以及圣灵的团契"⑥。斯托特对于教会对宣教领域的漠不关心表示不满，批评自由派教会对福音派教会积极进取的福音传道形式的反对态度，认为教会应关注"第四世界"即非基督教地区的人们，向他们传播福音，使其基督教化。⑦ 这些都表现出斯托特典型的福音派神学立场和思想特征。

斯托特指出，"破裂"是当代世界和教会的特征。福音派欢迎所有

① John R. W. Stott, ibid, p. 83.
② John R. W. Stott, ibid, pp. 112–113.
③ Christina Baxter, ed. , ibid, p. 187.
④ John R. W. Stott, ibid, p. 112.
⑤ John R. W. Stott, ibid, p. 109.
⑥ John R. W. Stott, ibid, pp. 118–120.
⑦ John R. W. Stott, ibid, p. 36.

寻求促进教义上的一致以作为联合之必要基础的普世教会运动的努力，但是教会联合计划并不必然导致对宣教的强劲动力。① 斯托特认为许多普世主义基督徒似乎并没有学习在《圣经》的权威下生活，而福音派基督徒自认为已经这样做了。如果不能找到对《圣经》的统一诠释，关于"宣教"之意义和义务的更广泛的共识就不可能达成。② 斯托特对普世教会运动不积极传播福音表示不满，认为普世教会运动若不是一个向全世界传播福音的战略，那它就只是一个"令人感兴趣的学术运动"③。"我们不提倡以一种暗淡的黑白图像取代基督教丰富多彩的差异。……虽然我们与其他人分享着人类共同的脆弱甚至分裂，我们可以证明上帝在我们中间工作，修补我们破裂的生命和社会。"④ 也许这正是福音派教会被批评为不积极与其他宗派合作参加普世教会运动的思想缘由。

关于基督宗教与其他宗教文化之间的对话，斯托特认为是必要的，基督徒应当理解和欣赏他人的文化财富，以谦卑和开放的态度，通过听取他人对基督教的批判学习他人信仰的某些方面。然而，虽然各种文化都有其真实性并值得尊重，但这并不意味着我们应赞同每种文化的每一个方面。因为每种文化中的宗教不一定都与基督相一致。⑤ 上帝没有种族偏见，也同样存在于非基督徒世界里，向他们传道，以使他们信仰耶稣，通过耶稣获得罪的宽恕。⑥ 这道出了对话的目的，即宣教，劝导世人皈依基督从而拯救他们。根据斯托特的观点，对话"决不能代替福音传道，虽然这有时是传道呈现出来的形式"⑦。真正的基督徒与非基督徒之间的对话不是各种宗教信仰调和的表现，而是"与我们对耶稣基督的终极信仰完全一致"⑧。他批判自由派教会以过度夸大的完全"开放"姿态进入对话，因为在这种开放之中，我们甚至悬置了对福音真理的信心以及对耶稣基督的个人信奉。它不仅是基督徒不真实的姿态，而且实

① Christina Baxter, ed. , ibid, pp. 191-192.
② John R. W. Stott, ibid, pp. 10-12.
③ John R. W. Stott, ibid, p. 36.
④ Christina Baxter, ed. , ibid, p. 192.
⑤ Christina Baxter, ed. , ibid, p. 195 和 John R. W. Stott, ibid, pp. 59-60.
⑥ Christina Baxter, ed. , ibid, pp. 183-184.
⑦ Christina Baxter, ed. , ibid, p. 188.
⑧ John R. W. Stott, ibid, p. 71.

际上使对话成为不可能。坚持信仰，在对话中是绝对必要的。在对话中，只有基督徒不隐藏他对主耶稣的信仰，或他欲使对方皈信主耶稣的渴望，则这种对话才是真实的。斯托特的观点带有强烈的排他主义色彩，他甚至严厉驳斥那些认为无须使印度教徒、犹太教徒或穆斯林皈信基督的自由派教徒是"对基督教宣教的背叛"。①

根据《圣经》的说法，人们应当既爱上帝又爱邻人，耶稣曾谈及他的门徒"出世"又"入世"。这牵涉福音传道与社会行动二者的关系问题。斯托特认为福音传道和社会政治参与都是基督徒责任和义务的一部分，对天国的需要没有丧失社会的维度。福音派基督徒从前具有将我们与世俗世界隔离的虔信主义倾向，福音派应为忽视我们的社会和政治责任而感到内疚。② 在斯托特看来，教会应如基督一样作世界的盐、光和酵母，对社会进行深入持久而且具有根本转变性的渗透，体现《圣经》中"拯救"的基本思想，当然这要比世俗层面上将人们从各种形式的压迫中拯救出来的意义更为深广。③ 斯托特同意基督教宣教具有社会和福音传道两个维度，若将福音传道与社会行动相结合，则基督教在社会上会产生更大的影响，而困难在于如何使二者相关但不混淆。斯托特重申教会与社会的清晰界限。教会在世界中但不属于它，虽沉浸于它的生活，但由上帝给予的生命所超越。天国与不敬神的社会应保持不同，进入天国依赖于灵性的复生，由此解决人们的灵性饥渴。按照耶稣基督的要求传播福音是教会的第一要务。④ 自由派教会偏重于社会转变而忽视了对福音传道的关切是不正确的。在这一原则指导下，斯托特分析了三种处理二者关系的方法。其一，是将社会行动视为福音传道的一种有效方法。但它使教会的社会行动成为糖衣和诱饵，缺乏可信性，在慈善事业当中蕴涵着伪善。其二，是将社会行动视为福音传道的一种表现形式。但它使前者成为后者的一部分，也只是一种方法。讲道期待回报，而真正的爱不期待任何回报。其三，是将社会行动视为福音传道的一个伙伴，这才是真正的基督宗教的观点。二者彼此相属而又独立，都是真

---

① John R. W. Stott, ibid, p. 60, p. 82 和 Christina Baxter, ed., ibid, pp. 187–189.
② John R. W. Stott, ibid, p. 31, p. 92.
③ John R. W. Stott, ibid, p. 101.
④ Christina Baxter, ed., ibid, p. 198 和 John R. W. Stott, ibid, pp. 18–19.

实的爱的表达。①

斯托特主张基督徒应深入世俗社会，在其中服务基督。但基督徒的职责之一是在社会中特别是在道德标准方面保持诚实、正直和高尚廉正的气节。属于天国的人必须表现出他们所宣告的内容，彼此相爱，在他们自己的社区生活中证明其对于正义与和平的高标准，以其自身良好的行为使他们所声明的福音具体化，证明上帝的真实性。有时天国的价值观和道德标准与社会的道德纵容、社会不公正或上层人士中的腐败相抵触。这时教会有福音传道的责任，谴责邪恶，赞扬良善，要求统治者悔改，为上帝的律法和福音作见证。基督徒应如耶稣基督一样生活，哪怕在一个反对他们，甚至不再接受他们的社会中仍一如既往地保持操守。②从斯托特的思想中体现出的福音派教会虽然参与社会但并非顺应社会大众，坚决维护自身信仰原则而不与世俗社会道德标准相妥协的立场，与自由派教会形成了鲜明对照。

我们可以发现斯托特在对其思想的论述过程中的一个突出特点，即大量引用《圣经》经文作为论据，为其针对各种问题所提出的观点提供佐证。这也体现出福音派神学家在回应当代社会向基督宗教的发问时，以《圣经》作为他们最锐利武器的特色。

（二）阿利斯特·麦格拉斯——福音派引领基督教未来发展方向

阿利斯特·麦格拉斯为现今活跃在英国学术界的福音派神学家之一。他坚信以福音传道为首要任务的福音派代表正统的基督教信仰，从而引领基督教未来的发展方向。与斯托特相比，麦格拉斯对自由派教会的抨击更加尖锐。

麦格拉斯指出，福音派植根于一系列核心的信念，而所有这些都完全植根于《圣经》当中。福音派承认《圣经》是神学与灵性来源的最高权威，并将其解释和应用于当代处境。福音派因此可以"面对当今的文化而又不会羁绊于这种文化当中"。因为基督教避免"臣服于文化时尚的唯一途径，就是要确保使自己牢牢地扎根于一种独立于那种文化的源泉之上"，而不能让自己的观念与价值"受控于那些起源于基督教传统

---

① John R. W. Stott, ibid, pp. 26–27.
② John R. W. Stott, ibid, p. 108; Christina Baxter, ed., ibid, pp. 189–192.

之外的观念与价值"。①

　　由于耶稣基督是《圣经》的核心焦点，福音派坚持彻底的基督中心论，而强调基督的威严性与福音宣教之间存在着"明显的、有机的联系"。因为基督教信仰的"整个要点"，是上帝的恩典通过《圣经》特别是通过它的焦点耶稣基督而为人所知。耶稣基督是所有人的救主，因此福音宣教是福音派承认耶稣基督的身份和重要性的"不可或缺的因素"②，"是内在于教会身份之中的东西"，福音派对福音宣教的热忱以积极的方式将人们带到了"积极的信仰"里面。同时，人们应当忠实地宣扬福音而不进行任何"歪曲篡改"。麦格拉斯认为，在当今这个日益世俗化的时代，福音布道"在超出教会的界限而将耶稣基督的好消息带给那些男男女女方面有着至关重要的意义。……教会在未来的存在和健康发展取决于坚定地和原则性地宣扬福音的努力"③。而自由派教会在20世纪"不顾一切地追求现代化"的过程中抛弃了真理。④麦格拉斯尖锐地指出，自由派神学最大的失误之处是"侵犯福音本身，以使它更易于为现代文化所接受"⑤。自由派教会是"模糊的、不确切的和极其缺乏吸引力的。……他们绝大多数都没有什么真正的讯息"。他们相信"必须要改变基督教才能使它被接受"，"唯一的希望就是使基督教现代化"，但此种现代化并非"站在基督教信仰的那些核心要素可能是和现代社会的需要与渴望相关的这样一种立场上"，而是抛弃了基督教信仰中诸如超越的上帝观念等很多重要的方面，因而招致失败，使得基督教背离了它的初衷，反而被世俗文化所改变，成为"对世俗文化趋势的苍白无力、含混模糊的宗教反思"。因此，自由派的方案"在学术上是脆弱不堪的、在灵性上是残缺不全的。……它在教牧学的缺陷变得格外明显……在严酷教牧现实当中几乎无从提供什么"⑥。麦格拉斯认为使基督教与现代世界保持相关性的最为稳妥的方式是"忠实于基督教正统信

① 〔英〕阿利斯特·麦格拉斯：《福音派与基督教的未来》，董江阳译，中央编译出版社，2004，第56～57页。
② 〔英〕阿利斯特·麦格拉斯：《福音派与基督教的未来》，董江阳译，第60～64页。
③ 〔英〕阿利斯特·麦格拉斯：《福音派与基督教的未来》，董江阳译，第1页。
④ 〔英〕阿利斯特·麦格拉斯：《福音派与基督教的未来》，董江阳译，第200页。
⑤ 〔英〕阿利斯特·麦格拉斯：《福音派与基督教的未来》，董江阳译，第103页。
⑥ 〔英〕阿利斯特·麦格拉斯：《福音派与基督教的未来》，董江阳译，导言第5页。

仰，并采用理智的话语将它宣告给这个世界"。福音派相信"福音永远都是同一的"，他们忠实于福音而不予以折中妥协，因而是"历史的、正统的基督教的现代掌旗手"，能够抗拒可能会在西方文化中持续发展的世俗化处境的压力，并使人们脱离世俗文化而转向基督教信仰。①

福音派将传播福音视为最重要的使命和原则性问题，而其他一切相关主题都"被有意地置于从属的地位"，这其中也包括教会体制的问题。麦格拉斯认为"新教"更易于表明同一种教会政体体系的关联，进而"遮掩同福音本身相关的更重要的关切"，而福音派"拒绝让任何有关教会体制的问题居于福音本身的前列"。② 福音派最突出的特征之一在于它的"非宗派性"或"超宗派性"，强调不使自己"局限于任何具体的分离论的有关教会的教义，或者有关教会体制细节的理解"。宗派特征相对于福音来说只是第二位的。福音派虽然承认教会模式的重要性，忠实于作为团体的基督教生活意义上的教会，但并不意味着它要忠实于任何一种宗派，将"某一个具体的教会等同于那真正的教会体的观念"。它认为真正的教会存在于"福音获得了真正的宣扬与真正的接受的地方"。《圣经·新约》在这方面对多种解释保持开放，它并未设定有关教会政策的细节，也没有规定对所有基督徒都有效的单一教会体制模式。福音派相信人们需要的是福音，而不是某一个具体的宗派归属。为获得拯救所需要的是对罪的悔改以及对真正福音的信仰，而不一定成为一个特定宗派中的成员。麦格拉斯认为在我们的时代中，社会流动已成为一种重要的文化力量，而福音派在教会体制问题上的传统观点"符合于我们这个时代全球文化变迁中一个重要的趋势"③。

由于福音派认识到有必要为了共同利益而与他人合作，同时与他人共同分享上帝的恩典，麦格拉斯表示，福音派可以与同样强调教义正统性和伦理标准性的基督教团体结成联盟，并阐述了其联合策略的基本原则。福音派与其他人联合"以应对他们能够同意的问题"，联盟"在性质上是暂时性的，并且是仅仅局限于它的目标而言的。这不是要使福音

---

① 〔英〕阿利斯特·麦格拉斯：《福音派与基督教的未来》，董江阳译，第 88～96 页。
② 〔英〕阿利斯特·麦格拉斯：《福音派与基督教的未来》，董江阳译，第 8 页。
③ 〔英〕阿利斯特·麦格拉斯：《福音派与基督教的未来》，董江阳译，第 78～85、107～109 页。

派在其他任何问题上都形成联合，也不是要对其他团体之立场的正确与否表示认同或认可"。① 麦格拉斯对此举例予以说明。其一，是英国圣公会内部福音派与高派教会结成的临时性联盟，它们阻止于 60 年代末期提出的圣公会与卫理公会之间的联合方案，并最终取得了成功；其二，是美国福音派与罗马天主教信徒之间在堕胎等道德伦理问题上的结盟，形成具有巨大社会影响力的政策压力集团，② 这与英国的情况也有相似之处。福音派的联合策略实际上限定了其合作对象、合作内容以及合作时效的范围。比如，福音派的合作对象应当与福音派相类似而强调"教义的正统性和伦理的标准性"，这便将众多自由派教会排除在外；他们的合作内容是有限的，并非在任何问题上都进行联合；而且他们的联合是"暂时性的"，并非长期而稳定。这反映出福音派较强的独立意识和在教会联合问题上的审慎态度，同时我们也能够从中体会到各教会内部错综复杂的政策倾向。总体上说，麦格拉斯认为，作为一个整体的基督教需要"为他们相互的权利而斗争"，"在各个层次上来反对一种越来越好斗的世俗文化"，③ 这是福音派与其他教会进行合作的根本目的。

在涉及基督宗教与其他宗教信仰的关系问题上，麦格拉斯认为基督宗教向来与作为竞争对手的其他宗教处在多元化的世界中，基督徒始终应当宣扬基督教的福音。麦格拉斯以古代早期基督徒为榜样说明他们对当代基督徒的启发。他们从一开始就"正面回应了"其他信仰的问题，"并没有坐下来同其他信仰进行什么对话……他们只是利用所有他们能够支配的权力与说服力来尽其所能地宣扬耶稣"。④ 麦格拉斯极力反对约翰·希克等人主张的宗教多元主义，认为它实际上以其"特有的高人一等的俯就预设，而对其他的宗教犯下了带有'殖民主义者'态度性质的罪过"⑤。麦格拉斯对具有此种思想倾向的"世界基督教协进会"也进行了严厉批判，认为它"无视于基督教福音这一中心旋律，它的活动议程似乎同所谓的'纯粹的基督教'格格不入"，"在本来更应该使用基督

---

① 〔英〕阿利斯特·麦格拉斯：《福音派与基督教的未来》，董江阳译，第 185 页。
② 〔英〕阿利斯特·麦格拉斯：《福音派与基督教的未来》，董江阳译，第 187～188 页。
③ 〔英〕阿利斯特·麦格拉斯：《福音派与基督教的未来》，董江阳译，第 192 页。
④ 〔英〕阿利斯特·麦格拉斯：《福音派与基督教的未来》，董江阳译，第 172～173 页。
⑤ 〔英〕阿利斯特·麦格拉斯：《福音派与基督教的未来》，董江阳译，第 172 页。

教范畴的地方却不加批判地使用一些马克思主义的语言和范畴"，"最终是反基督教的归纳论或还原论的态度与价值"，"已经危险地接近了滑向某种异教性质的宗教的边缘"。① 对于麦格拉斯来说，只有向全世界宣扬基督教福音，才是处理与其他信仰关系的正确方式以及对世俗化威胁作出的"正面回应"。

一方面，麦格拉斯亦主张福音派应当重视社会参与，福音派是"通过信奉福音讯息的社会运用的方式来坚定维护正统的基督教信仰的"。福音派既要信仰《圣经》，又不能将自己屏蔽于社会生活范围之外，应"力图使基督教同社会、政府和文化的现行需要发挥有效的接触。……将人们引向救世主基督但同时又力图在文化中作盐作光……"② 英国福音派曾于 18 世纪晚期至 19 世纪早期高度重视福音的社会维度，但在 20 世纪上半叶压抑或忽视了对社会变革的要求从而撤离了公共事务领域。麦格拉斯批评一些"福音派的个人主义由于完全专注于福音对个体的个人性利益而压抑了它的社会性意义"③。他认为若要忠实于《圣经》，则必须意识到福音既是个体的，同时也是社会的好消息。"我们不仅是这世界上的光，而且还是这尘世上的盐。"④ 麦格拉斯希望当代的福音派承认信仰的社会维度，"以一种神学上的坚韧性、巨大的能量，以及对以《圣经》为依据的基督教在面对今日的社会痼疾有许多话要说的信念来参与到社会中去"⑤。另一方面，麦格拉斯反对通过获取权力的途径实现社会参与，因为这使得福音派在对抗世俗社会之时却仿效了世俗社会的方法，本能够击败世俗世界的福音派便会"被其想要击败的对象所征服"⑥。因此，福音派需要超越世俗权力，"被看作是高于政治之上的"，将教会的道德见证"建立在它的教牧关怀和对人的怜悯之上"，不与政

---

① 〔英〕阿利斯特·麦格拉斯：《福音派与基督教的未来》，董江阳译，第 171～174 页，第 201 页。
② 〔英〕阿利斯特·麦格拉斯：《福音派与基督教的未来》，董江阳译，第 29～30 页。
③ 〔英〕阿利斯特·麦格拉斯：《福音派与基督教的未来》，董江阳译，第 184 页。
④ 〔美〕杰里·福尔韦尔编《基要派现象》，道布尔迪，1981，第 144～145 页；转引自〔英〕阿利斯特·麦格拉斯《福音派与基督教的未来》，董江阳译，第 180 页。
⑤ 〔英〕阿利斯特·麦格拉斯：《福音派与基督教的未来》，董江阳译，第 178 页。
⑥ 〔英〕阿利斯特·麦格拉斯：《福音派与基督教的未来》，董江阳译，第 182～183 页。

治党派保持任何"恒久的联盟",否则将会"导致教会丧失它的公众信任度"。① 麦格拉斯的社会参与思想体现出的是强调基督徒与世俗社会有别,来自于世俗国度但却不属于它的"出世"的一面。福音派面对当今的"社会痼疾"拥有欲以自身坚定的信仰对其进行诊疗、影响并改变社会的强烈愿望,同时也表现出他们欲与世俗权力保持距离之出淤泥而不染的气质。

麦格拉斯亦反思了福音派自身存在的一些弱点,并呼吁教会不断进行改革。在麦格拉斯看来,某些福音派人士过于强调罪感意识,片面地理解福音;某种形式的福音派具有的教条主义倾向使其内部发生不必要的分裂;个人崇拜现象有可能促使福音派走向宗教权威主义;对灵性关注的匮乏则是对福音派长期发展的威胁,等等。② 麦格拉斯认为福音派教会应当认识到这些问题的严重性,以此当作审察自身的契机,努力完善自我,消除曾经在公众心目中的消极形象,逐步走向成熟。从总体上来说,麦格拉斯对于福音派在未来的发展具有十足的信心,认为只有以《圣经》为根基才能令世界重新发现基督教的魅力,福音派"非常理想地适应于由现代性之死所带来的西方的理智氛围"③,在孔汉思所指出的"缺少根基的现代主义与缺少现代性的基要主义之间"找到了一条出路,而且它是一种"更新的和改革的运动"④。福音派目前呈现出不断增长的态势,它的发展不仅是对日益世俗化之社会的回应,也是对主流自由派教会"不负责任性的一种回应"⑤。

二 组织层面的开拓

福音派教会最显著的传统特征之一即是它的超宗派性。他们将传播福音当作第一要务,并不将自己局限于某个具体的教会组织机构,认为宗派归属以及各教会具体的教义和体制模式是次要问题。因此人们可以看到福音派信徒活跃在英国许多新教宗派当中。这一点与一些自由派教

---

① 〔英〕阿利斯特·麦格拉斯:《福音派与基督教的未来》,董江阳译,第 187 页。
② 〔英〕阿利斯特·麦格拉斯:《福音派与基督教的未来》,董江阳译,第 146~168 页。
③ 〔英〕阿利斯特·麦格拉斯:《福音派与基督教的未来》,董江阳译,第 198 页。
④ 〔英〕阿利斯特·麦格拉斯:《福音派与基督教的未来》,董江阳译,第 202 页。
⑤ 〔英〕阿利斯特·麦格拉斯:《福音派与基督教的未来》,董江阳译,第 199 页。

会如圣公会广泛而严密的组织机构网络体系风格截然不同。英国福音派神学家麦格拉斯认为，福音派在教会体制方面的特点符合我们这个时代高度的社会流动性这一全球发展趋势。在 20 世纪 60 年代后期，福音派内部曾就是否应当脱离主流教会而组成自己的独立宗派发生过一段激烈的争论。① 主张分离的一方认为，主流自由派教会已经背叛了基督宗教而与世俗社会同流合污，福音派无法接受隶属于这样的宗派，只有从它们当中撤离并组建自己的团体才能保证福音派未来的发展。而以斯托特为首的另外一方则认为，福音派的正确选择是继续留在那些主流宗派之内以从内部促使其更新。后者的观点获得了更多支持从而逐渐占据上风。1967 年，在基尔（Keele）大学举行的圣公会福音派全国代表大会（National Evangelical Congress）上论证了其视域的多元性，认为圣公会福音派应当平等对待圣公会内部的其他传统，福音派的未来存在于英国国教会之中。② 基尔大会之后，大多数福音派信徒都认为留在圣公会是一种现实的选择，福音派在圣公会内部发挥了更加积极的作用，它"比以往更深入地卷入了英国国教会的内在生活，昔日那种根深蒂固的'党派'孤立主义已经一去不复返了"③。

面对各个教会普遍关注并予以激烈争论的妇女授任圣职的问题，福音派内部并没有意见分歧，它们以《圣经》和教会传统为主要依据，一致反对教会任命女性神职人员，而且其所持的保守观点不为来自各方的舆论压力所动。福音派保留着传统的男性管理的观念，虽然它们的成员中女性居多数，而且教会采纳现代民主参与的形式，其所有男女成员都能够参与到教会活动当中，各自拥有不同的角色和责任空间，但教会的管理权威仍集中在一个由男性组成的牧师队伍之中。圣公会虽早已为女性牧师祝圣，甚至已投票通过允许任命女性主教，但圣公会福音派在实际操作当中至今仍未启用女性神职人员，其他教会对此也不置可否。

---

① 〔英〕阿利斯特·麦格拉斯：《福音派与基督教的未来》，董江阳译，第 40～43 页。
② Randle Manwaring, *From Controversy to Co-Existence: Evangelicals in the Church of England 1914-1980*, Cambridge University Press, 2002, p. xi.
③ 〔英〕詹姆斯·帕克：《福音派圣公会身份认同问题：一种分析》，拉蒂默出版社，1978，第 12 页；转引自〔英〕阿利斯特·麦格拉斯《福音派与基督教的未来》，董江阳译，第 43 页。

　　福音派在英国公众心目中曾经是一种孤立主义的消极形象，这在近几十年来有了一定程度的改观。福音派教会意识到若要在当今社会谋求自身的生存与发展，并抵抗世俗化这一基督教会共同的敌人，必须摆脱孤立主义的高傲姿态而与他人合作。福音派本身超越宗派界限的特性似乎天然地具有一种普世运动的倾向。然而，它的反世俗化的原则立场决定了它所期望的普世联合与主流自由派教会所进行的大规模普世教会运动无法协调统一。

　　与不列颠基督教会联合会和世界基督教协进会所倡导的、有各英国主流新教教会参加的普世教会运动相并行，福音派教会联合组成了"福音派联盟"（Evangelical Alliance），形成一种"影子普世教会运动"（shadow ecumenism）[1]，拒斥所谓"官方"普世教会运动对世俗化的妥协和让步。福音派联盟于 1966 年发起全国福音派大会（National Assembly of Evangelicals），并通过大会设立了一个福音传道委员会，研究在英国促进重新重视个人福音主义的方式方法。该委员会的报告指出，福音派的合作发自基督教对世俗化的真正的反抗，以及对屈服于世俗化潮流的时髦的普世教会运动的反对，认为二者不可能建立伙伴关系。这份报告表现出福音派联盟的强硬立场以及对自由派教会的彻底批判。它声明"只需作出一种区分，即信仰与不信仰福音之本质的人。这种根本的区别在《新约》中已被严格地划分出来，正如黑暗与光明，死亡与生命的区别一样严格"[2]。福音派认为那些世俗的普世运动分子并非为了世俗世界而创造出一种神学，而是制造出一种世俗神学，没有任何超自然的成分，并且有时脱离了它的历史基础。福音派将自由派教会对世俗社会的顺应视为"现代异端"，表示坚决不与歪曲和篡改了福音的自由派"基督徒"进行合作。[3]

　　官方普世教会运动在英国如火如荼地开展着，在很多方面取得了长足进展（详见本章第二节内容）。与此同时，福音派教会的"影子普世教会运动"也得以发展壮大。福音派的联合忽略了各自教规上的分歧，

---

① Alan D. Gilbert, ibid, p. 139.
② *On the Other Side*, "Report of the Evangelical Alliance's Commission on Evangelism", Scripture Union, 1968, p. 84, 转引自 Alan D. Gilbert, ibid, p. 139。
③ Alan D. Gilbert, ibid, pp. 139–140.

而着重强调神学本质基础的一致性。福音派联盟以及全国福音派大会的召开为其注入了清新的活力，"大学校际团契"（Inter-Varsity Fellowship）成立后产生了广泛影响，跨宗派团体"福音派自由教会"（Evangelical Free Churches）的形成也增强了"影子普世教会运动"的实力。另外，地方层面福音派团契的发展为"影子普世教会运动"提供了新型的组织上的凝聚力。①

　　由于福音派教会对基督教正统信仰的坚守及其保守倾向，使得它与罗马天主教会和圣公会内部的高派教会在某些领域，如社会伦理道德问题上产生了共同语言，进而发展出一定程度的对话与合作。比如，在教义方面，它们都认可《圣经》的权威、耶稣基督的中心地位、上帝的恩典和拯救，以及对童贞女受孕和耶稣肉体复活的传统理解等，而且都认为基督徒面对世俗化的社会不应苟同其沦落的道德准则，从而对堕胎、离婚、同性恋和安乐死等具体问题持类似的反对意见。圣公会福音派与高派教会曾结成联盟，表达其对共同神学原则的维护，寻求信仰和崇拜生活的更新。福音派于 1967 年和 1977 年分别于基尔和诺丁汉（Nottingham）召开的全国代表大会，以及高派教会于 1978 年在拉夫巴勒（Loughborough）举办的首届天主教复兴会议（Catholic Renewal Conference）都有对方观察员或顾问参加，并表达了力求加深相互理解并建立共同团契的愿望。双方在 1978 年和 1988 年兰伯斯会议过程中也进行了对话与合作，均表示反对神学自由派倾向，并强调双方并非对立，而是互相需要和提倡，希望二者的联合为消除宗派分裂作出贡献。②但鉴于各方在许多领域存在众多差异和分歧，对话与合作的道路仍然艰难曲折。

三　社会层面的应对

　　英国福音派教会在 20 世纪中期之前的公众形象是消极的，其原因之一是它们往往表现出对政治、社会问题和慈善事业的漠不关心。福音派似乎只是强调福音对个人的拯救和个人内心的虔信，将基督徒的责任

---

① Alan D. Gilbert, ibid, p.140, p.151.

② Christina Baxter, ed., ibid, pp.x–xiii.

局限于个人生活的范围里，自命清高地远离世俗的"邪恶"社会。然而自 20 世纪 60 年代以后，英国社会发生了剧烈的动荡，世俗化犹如洪水猛兽一般吞噬着人们的灵魂。自由派教会对此作出积极回应，对参与公共领域的各项事务表现出极大的热情。在这样的处境下，福音派教会被迫走出自己狭窄的战壕，反思《圣经》中固有的与基督徒社会责任相关的信息，寻求改造世俗社会的方法，在社会生活当中发挥更加广远的影响。

一些福音派教会领袖和神学家（如上文提到的斯托特和麦格拉斯等）以《圣经》为基准，深入分析了教会和基督徒的社会责任与义务，劝导人们不仅要重视传播福音的使命，同时也不应贬低基督徒在尘世中的生活，应当将二者相结合，促使福音派教会转变旧有观念而达成更新。圣公会福音派人士布鲁斯·里德（Bruce Reed）也对福音派的社会伦理观进行了阐释。他指出，上帝存在于所有的包括与道德问题相关的各种境遇中，为人类设计他的目的，为道德问题寻找公正的出路。耶稣基督关怀世上所有人的福祉和命运。对基督来说，社会伦理产生于具体情景之中，而福音书汇集了这些情景。因此，当代基督徒应当以基督为榜样，在圣灵的指引下明辨上帝的作为，通过《圣经》和耶稣的事迹诠释今天所遇到的问题，引申出适合于当代的社会伦理和行动指导，并学习对其加以实践。[①]

世界福音派领袖于 1974 年在瑞士洛桑召开大会，探讨了包括教会的社会责任和社会伦理在内的一系列问题，英国福音派人士是其中重要的参与力量。大会认为在爱上帝与爱邻人之间并不存在对立和冲突，福音是为全人类和全世界的。基督徒应效仿耶稣，既宣讲上帝之国，又站在被压迫者一边，履行基督徒的道德责任，在获得精神自由的同时也关怀俗世的自由。福音布道必然与公共生活相关，改变非正义的社会结构是福音派应做的工作。[②] 在英国圣公会福音派领袖斯托特的领导下，洛桑会议通过《洛桑盟约》，其中第五条以《圣经》为依据，表达了福音派对教会社会责任的认识和理解，指明了福音派社会伦理的发展方向：

---

① 王美秀：《当代基督宗教社会关怀——理论与实践》，第 98～100 页。
② 王美秀：《当代基督宗教社会关怀——理论与实践》，第 101～104 页。

"我们承认上帝是造物主，是所有人的审判者。因此，我们应该分担上帝对人类社会公正与和解的关注，分担上帝对人类摆脱各种形式的压迫的关注。……我们也在此为我们忽视传福音和社会关怀，为我们有时认为传福音和社会关怀是相互排斥的而表示忏悔。虽然与人和解并不等于与神和解，社会行动并不是布道，政治解放并不是救赎，但是我们承认，布道和参与社会政治都是基督徒的责任。……我们拥有的救赎应该改变我们，使我们能够履行对个人和社会的全部责任。没有作为的信仰是毫无活力的。"①　在此之前的 1967 年英国福音派基尔全国代表大会上，福音派也发出了类似强调其需要加强社会责任的声明。

如今许多福音派信徒认为基督徒不仅要作世界上的光，也要作尘世上的盐。他们已经认识到应当进入公众领域中去。同时，他们在参与社会事务的实践过程中仍然突出表现了高水准的伦理道德原则立场，对各种他们认为是邪恶、异化和非正义的现象予以严厉谴责。比如，对于婚姻家庭和生命伦理等这类福音派比较关注的问题，当自由派教会内部为此出现意见分歧而争议重重之时，福音派教会则鲜明地表达了一致的强硬态度，坚决反对诸如堕胎、离婚、同性恋、安乐死、基因工程和克隆等行为的社会现象，恪守基督教传统道德理念。在政治领域，和一些与国家政权机构具有天然联系的自由派教会不同，福音派坚持教会与国家分离的传统原则。他们并不寻求成立一个政党或者期望有一个代表基督宗教的政党来统治社会，使整个社会按照基督宗教的规范行事。福音派对"此世"怀有相当大的猜忌，他们建立起信仰团体以作为与俗世分割开的"正义的飞地"，在政治事务的参与中"至多欲组成一个有效的压力群体，推动形成制度上的共同利益以及广泛的道德原则，并一般性地要求在公共论坛中拥有发言权"②。他们有时会通过与地方权力机构谈判磋商，或通过在建制政党中的候选人身份来行使他们的发言权，做社会

① Klaus Bockmuehl, *Evangelicals and Social Ethics*, Downers Grove, IL: Inter-Varsity Press, 1975, pp. 13-14；转引自王美秀《当代基督宗教社会关怀——理论与实践》，第 105 页。

② David Martin, "The Evangelical Upsurge and Its Political Implications", in Peter L. Berger, ed., *The Desecularisation of the World: Resurgent Religion and World Politics*, Ethics and Public Policy Center and William B. Eerdmans Publishing Company, 1999, p. 39.

道德状况的强有力的评论者。除此之外，福音派的许多信徒会投票支持那些最为赞同福音派观点的候选人或政党。① 英国社会学家大卫·马丁认为，在一个具有基督教传统的当代社会中，以往那种联合教会专断的政权体制已不再可行。而福音派教会最有影响力的贡献正是在于创立非官方的志愿团体，以及增加公共领域中的参与和行动者。福音派的文化特征，如参与、实用主义、竞争和个人服从权威等方面，从长远来看将会促进民主的发展。②

在对社会生活的参与过程中，福音派始终如一地履行着宣扬上帝的福音这一根本使命。他们力图将福音传播到社会每一个角落，并努力探索使福音为当代世俗社会的人们易于接受的途径和方式，希望重新点燃人们内心的信仰火花和宗教热情。由圣公会伦敦三一布朗姆顿教堂（Holy Trinity Brompton Church）牧师查尔斯·马恩厄姆（Charles Marnham）于 1977 年发起创办，并由教区牧师尼奇·加姆伯（Nicky Gumbel）在 20 世纪 90 年代予以巩固完善，如今已被许多教会引进的"阿尔法课程"（Alpha Course）便是一个绝佳例证。③

"阿尔法课程"所讨论的内容是关于基督宗教的一些最基本的问题，它的目标人群主要是非基督徒和刚刚加入教会的基督徒。任何对基督宗教感兴趣或有疑问、希求探究精神世界的人们都被邀请加入其中。它并非以一种传统的授课方式向人们传教，而是营造一种令人愉悦的轻松环境，在非正式的气氛中与大家一同探讨生命的意义，促进灵性增长。一般来说，一期课程持续 10 周，每周利用一个上午或晚上大约 3 小时的时间，另外有一个周末集体外出。一次典型的晚间课程安排大致如下：首先共进晚餐，为大家提供互相了解的机会，之后以一两首歌曲作为课程的开始。针对一个具体主题的演讲大约进行 45 分钟，最后是分组讨论，每个小组大约 12 个人，由一到两个人主持和引导。大家一起学习《圣经》，对当天的主题可以提出任何问题或自由发表自己的看法。在为期

① David Martin, "The Evangelical Upsurge and Its Political Implications", in Peter L. Berger, ed., ibid, p. 39, p. 49.
② David Martin, "The Evangelical Upsurge and Its Political Implications", in Peter L. Berger, ed., ibid, pp. 48–49.
③ 以下相关内容参见 http: // www. uk. alpha. org, www. htb. org. uk。

十周的课程当中，供讨论的话题主要包括：基督宗教是否令人厌烦、不真实而且落后于时代潮流，耶稣是谁，耶稣为什么死亡，怎样确信信仰，为什么及怎样阅读《圣经》，为什么及怎样祷告，上帝怎样引导我们，圣灵是谁，圣灵做了什么，怎样使自身充满圣灵，怎样抵抗邪恶，为什么及怎样向他人作见证，上帝今天是否还在医治人们的伤痛，教会是怎样的，怎样充分利用余生，等等。该课程是免费的，尽管它可能会要求学员为共同的晚餐和外出活动作一些捐献。除一般性的标准课程之外，"阿尔法课程"还分别设立了适用于青少年、大学生、婚姻生活、军队和监狱等的专门课程，触及各个社会群体。其宽松的无拘无束的环境、小组讨论的愉悦氛围、食品、鲜花、音乐以及学习材料本身，都被设计得对人们具有极大的吸引力。

"阿尔法课程"的特点之一是它很少做广告宣传，也并不采用上门推销的方式，而是基于友谊，朋友之间进行信息传递，致使其受众范围越来越大，知名度也越来越高。现在，在"阿尔法课程"的基地伦敦三一布朗姆顿教堂，该课程贯穿全年循环举办，每周都有几百人参加。在整个英国境内，"阿尔法课程"在各类教会的 7000 多个教堂同时进行着，范围涵盖了圣公会、罗马天主教会、浸信会、长老会、卫理公会、救世军、独立教会、五旬节派教会以及家庭教会等，所有教会均使用统一的学习材料。参加"阿尔法课程"的英国人已超过 200 万人，而全世界已有许多国家和地区的几万个教会引进了该项目，参与其中的人数约为 1100 万人，可见其巨大的社会影响力。许多教会领导报告了"阿尔法课程"对其教区内的基督徒和非基督徒所产生的惊人效果，以及它在商业机构、学校和监狱等所谓世俗领域中的迅速传播。许多知名媒体对"阿尔法课程"给予了高度评价。伦敦《卫报》（*The Guardian*）认为，"阿尔法课程"吸引数以万计参与者的原因在于，它给人们提供了一个讨论生命、死亡及其意义问题的机会，而这在世俗文化当中是非常宝贵的；伦敦《每日电讯报》（*The Daily Telegraph*）称，"阿尔法课程"是一个彻底的胜利；伦敦《晚间标准报》（*Evening Standard*）称，"阿尔法课程"是近年来阻止教堂参与指标残酷下滑趋势的唯一绝对的成功；《时代》（*Time*）报道，许多人宣称"阿尔法课程"改变了他们的生活，他们在这一次经历之后看来真的更加幸福了；《今日基督教》

（*Christianity Today*）认为，"阿尔法课程"成功地使许多虔诚的基督徒从注重内在的教会工作转向拓展外向的福音传播。

可以这样说，"阿尔法课程"是福音派教会向当代社会传播福音，使基督宗教与现代人的生活息息相关的成功范例。它运用简易的教程，以令人感到亲切的方式将基督宗教最基本的信息传递到千千万万普通人的心中，成为福音宣教强有力的媒介，是教会解决低效宣教的有益尝试。

总之，福音派坚信，使基督教信仰同现代世界保持相关性的最佳方式只能在于完全忠实于以《圣经》为基础的基督教正统信仰，并以世俗世界所能够理解和接受的方式恪守与宣扬福音，体现其内在的吸引力和感召力，彰显《圣经》所见证的上帝在耶稣基督中的救赎启示。

第四节 "自由"与"保守"之异同

一 两大阵营的差异性

（一）多样的立场和倾向

神圣与世俗自古便有所区分，精神与物质、人的灵魂与肉体被二元分割，基督教会从其诞生之日起就注定要生存在二者的夹缝当中。世俗化趋势使得教会的倾向性成为异常敏感的问题而凸显出来。关于如何对待一个日益世俗化的社会，英国基督教会内部的巨大分歧和激烈争论仍将长期存在，多方面原因决定了同一种信仰会导致不同的立场。同时，我们应当看到，如果只是将所有基督教会简单化地以一刀切的方式划入或是自由派或是保守派这两个阵营当中，也不能准确地反映出现实的全貌，仍有大量教会和信徒处于中间地带，在面对不同的问题时会有不同的立场倾向，甚至在同一阵营内部也存在政策倾向层次上的差异。

（二）发展态势比较

依照目前的情况来看，保守派教会的发展态势似乎强于自由派教会。相对于自由派教会的萎缩，保守派教会成员人数逐步上升，宗教热情高涨，其社会文化影响力也持续走高。我们仅以圣公会和五旬节派教会在 1975～1995 年间的这 20 年间的数据变化作一对比。从教会成员人数来看，圣公会在第一个 10 年和第二个 10 年中每年的下降率分别为 2.6%和 3.1%，而五旬节派教会在这两个 10 年中每年的上升率分别为 5.7%和 5.9%；从牧师数量来看，圣公会在两个时间段的下降率分别为 2.4%和 1.3%，五旬节派教会的上升率分别为 10.0%和 7.9%；从教堂的数目来看，圣公会的下降率分别为 0.9%和 0.8%，五旬节派教会的上升率分别为 4.3%和 2.8%。[1] 一位知名度不高的福音派主教乔治·凯里（George Carey）于 1991 年当选为第 103 任坎特伯雷大主教，当时曾被英国主流新闻界看作"福音派在英国国教会内新的自信和力量的象征"[2]。一些福音派教会人士认为，主流自由派教会在 21 世纪很难生存，保守派教会最有可能决定基督宗教的未来。但也有学者对此提出异议，如历史学家卡勒姆·布朗指出，到 20 世纪 90 年代末期情况已发生改变，保守派教会也呈现出衰落的迹象，而且其衰落趋势愈发明显，只不过它们的衰落比自由派教会要晚两个年代。布朗认为没有哪个教会看来是具有免疫力的，保守派教会反对自由派改革压力的时间越长，就越无法避免其最终急转直下的衰落。[3] 若讨论 10 年以后、50 年以后甚至更长远的历史发展趋势，自由派教会与保守派教会哪一方会更加兴旺，人们很难预料，我们也无权妄加评断。

世俗化使基督宗教这 1000 年古教与历史发展的潮流发生了激烈的碰撞，并使得各宗派之间的种种分歧分散了作为教会整体的力量。然而人们可以看到多种不同的选择，教会以各具特色的方式回应世俗化所带来的冲击，这对于提高基督宗教适应瞬息万变的社会发展的能力不啻为一件好事。当然，在应对世俗化的不同策略中也蕴涵着困难和风险，自由派与保守派两大阵营也多有相互指责和批评。比较理想化的状况是二者能够化敌为友，互相借鉴成功经验。正如约翰·希克所感叹的："展望未来，有一种可能是整个教会一分为二，变成可见的两个基督教……

① Grace Davie, ibid, p. 49.
② 〔英〕阿利斯特·麦格拉斯：《福音派与基督教的未来》，董江阳译，导言第 3 页。
③ Callum G. Brown, *Religion and Society in Twentieth-Century Britain*, p. 315.

两者日益分道扬镳——各自视对方为宗教患害。但这一发展结果将是十分令人遗憾的……基督教信仰的发展，还是让这两种基督教在同一个教会体内继续并存更可取些，尽管不时有摩擦；因为那样还有对话和相互影响的可能，还有可能让更令人信服的思想占上风。"① 大多数基督徒希望教会能够坦然接受现代文明成果，直面但不屈从于世俗社会，在坚守自身的基督宗教立场和教义基本准则的同时保持灵活性和适应性，超越世俗化的羁绊，以实现灵性与理性、神界与人界的和谐共融。

二　两大阵营的共同点

无论是自由派教会还是保守派教会，它们所采取的策略无论是顺应还是对抗，其目标是一致的，都是希望基督宗教在不断变化和发展的当代社会中继续得以弘扬，在世俗中继续保有神圣的领地，而且，无论是自由派的顺应还是保守派的对抗都并非绝对，而是有限的。自由派并不是不讲原则地一味顺应世俗社会的游戏规则，丧失基督教的本真；保守派也并非刻板守旧，以世俗世界为势不两立的敌人。它们的行动说明，二者都正在经历着某种意义上的创新和变革，只不过所采取的方式和程度有所不同。二者也都有很多可取之处，为当代教会发展所必需。

面对时代的变化，自由派教会与保守派教会往往会发出不同的声音。而在某些问题上，两大阵营却也表现出一致对外的姿态。例如，宣教是教会的重大使命之一。从传统上说，保守派教会对于宣教相对更加热衷。但是，由于世俗化的冲击，英国基督宗教各个宗派都意识到了所面临的严峻的宣教形势。他们都希望采取有力的措施，扭转信徒流失的局面，挽救呈衰落趋势的英国基督宗教；与此同时，更新观念，改进方法，尽力维持海外宣教的优势地位。

（一）国内宣教

英国基督教会的各个宗派都清醒地认识到当下所面临的严峻的宣教形势。以圣公会为例，它承认最近几十年的英国社会发展走向对教会产生了负面影响，一个消费社会的出现与基督教王国的终结同时发生了。

---

① 〔英〕约翰·希克：《信仰的彩虹——与宗教多元主义批评者的对话》，王志成、思竹译，第 165～166 页。

不仅基督教组织持续衰落，而且从前曾经赋予全体英国人以共同身份认同的基督教文化也消失了。① "教会已经开始认识到它的宣教责任……很多很多人已经没有一丁点儿基督教信仰；它不只是不活跃，而是不存在了；在众多情况下，我们不得不回到基点；我们正处于危急的宣教形势之中。"② 作为国教会，圣公会应迎接挑战，"寻求将所有国民联系起来"，"致力于整个国家的永恒救赎和牧养福祉"。③ 在新形势下，教会重新强调宣教的重要意义，认为宣教是上帝的本质，是教会的本质特征之一，它永远不应从教会的议事日程上消失，因为它是"教会生命的动力"④。

为了改进宣教工作，包括圣公会在内的许多英国教会认为，应当积极对自身作出调整，对社会保持开放的态度，由"内向型"转变为"外向型"，即从以前的等着人们"到我们这里来"的保守方法转变为"我们要到你那里去"的积极态度；做到民众在哪里，福音就体现在哪里，而不是教会在哪里，福音才体现在哪里；以民众能够接受的方式，而不是按照教会偏好的方式传播福音。⑤

圣公会除了在传统教会内部探索新的宣教方式之外，还大力扶持各种具有创新性的教会形式。他们认为，没有一种统一的教会形式适用于所有情况，应当因地制宜，找到适合于本教区处境的形式。在这一点上，教会需要福音的"处境化"。教会认识到，"处境化"在西方国家进行海外宣教的过程中是一条重要原则，却并未在本土宣教中引起足够的重视，而圣公会应当吸取这一传统作为自身的主要资源，⑥ 使之"由一个跨文化宣教的战略转变为各教会在本国文化中的必要实践"，在各地区的特殊处境下使福音具体地体现出来。⑦

---

① Church of England's Mission and Public Affairs Council, *Mission-shaped Church*: *Church Planting and Fresh Expressions of Church in a Changing Context*, Church House Publishing, London, 2004, pp. 1–11.

② Church of England's Mission and Public Affairs Council, ibid, pp. 11–12.

③ Church of England's Mission and Public Affairs Council, ibid, p. 102, 137.

④ Church of England's Mission and Public Affairs Council, ibid, p. 31, 36, 41.

⑤ Church of England's Mission and Public Affairs Council, ibid, p. 41.

⑥ Church of England's Mission and Public Affairs Council, ibid, pp. xi–xii, pp. 12–13, 29.

⑦ Church of England's Mission and Public Affairs Council, ibid, pp. 90–91.

自 20 世纪 90 年代起，在圣公会范围内出现了各种崭新的教会形式，如选择性礼拜社团、基础教会社团、咖啡馆教会、细胞教会、多重及周中会众、以网络为关注焦点的教会、基于学校并以学校为联络中心的会众和教会、探求者教会、传统教会移植，以及青年会众等。[①] 其中一部分已经发展得比较成熟，另外一部分则还处于初步尝试和探索阶段。它们中的一些新形式的教会具有以下几个共同的特征。[②]

它们都意识到相对于大规模的教会会众来说的小群体对于宣教的重要性，它们并不像传统教会那样在周日上午聚会，这是为了适应近几十年来人们生活方式的改变而作出的回应。它们都涉及一个特定网络之中的人群。比如，基于学校的教会涉及的是在同一个学校学习的学生，或者在同一个学校上学的孩子的父母，以及由他们建立起来的关系网络。基于工作场所的教会涉及的是在同一个公司或组织机构上班的人群。这些教会具有微弱的宗派特征。虽然教会的领导者通常属于某一个宗派，其成员却可能来自各个宗派，它们与一个或多个资源网络（包括上文提到的伦敦三一布朗姆顿教堂等）保持联系。相对于本教区范围内的教会，有的地方教会可能与本地区之外的教会具有更多的相似之处。

对于这些新形式的教会起初争论很大，但圣公会逐步承认了它们与传统教会平等的合法地位，并开始组织人力和财政资源予以支持。例如，在人力资源方面，圣公会强调地方领导层的重要性，加强教区主教的领导责任和权力，使他们从行政负担中解脱出来，把主要精力放在宣教工作上来，帮助下属教区制订宣教战略，任命专门的高级神职人员负责支持新型教会的培植并使它们融入整体的教区宣教工作，以及重视适应新型教会培植的神职人员的培训和任命，做到不脱离实践环境的边工作边培训。[③] 在财政资源方面，圣公会认为原先的教会资源不均衡地倾向于传统教会，而这已不再适应眼下急迫的宣教形势，需要作出战略性的资源转向，使新型教会得到扶持。圣公会要求每一主教教区设立宣教成长基金，而教会有关未来财政支持模式的战略决策应与各主教教区合

① Church of England's Mission and Public Affairs Council, ibid, pp. 44-80.
② Church of England's Mission and Public Affairs Council, ibid, p. 43.
③ Church of England's Mission and Public Affairs Council, ibid, pp. 132-147.

作，为教会培植提供资源。①

在加强对新型教会扶持力度的同时，圣公会也建议这些教会秉承
"三自"原则。"三自"原本是海外宣教中的一条重要原则，由英行教会
的亨利·维恩（Henry Venn）于 1846 年为建立适应当地文化并由当地
人领导的本土教会而提出。② 圣公会认为这一原则同样适用于当今国内
的教会培植，因为新型教会尤其脆弱，并且毕竟受到引进全职神职人
员和财政支持的限制。新型教会必须继续保持再生的潜力和外向的态度，
独立决策，承担责任，逐步成长，走向成熟。③

圣公会认为，神学和实践形式适于特定文化处境的动态发展，是其
自身的显著特征之一。对各种新型教会的探索，充分体现了教会形式的
多样性和灵活性，也说明新时代中教会潜在的创造力。十几年来，与此
相关的书籍、高等教育课程、网络指导及其经验探讨层出不穷。圣公会
已向其体系内的全体教会推荐它们的经验和教训，希望能对现存的传统
教会有所启发，帮助它们重新定位各自的宣教使命。

（二）海外宣教

在抓紧改进国内宣教工作的同时，英国的海外宣教仍在继续，只是
规模有所收缩，方式也有所转变。发生在伯明翰塞里橡树区（Selly Oak
Ward）的故事便见证了英国海外宣教思想的百年变迁。④

受到 1910 年在英国爱丁堡召开的世界宣教大会的鼓舞，从 1912 年
起，"塞里橡树"就成为了普世宣教教育的同义词，而这要归功于爱德
华·卡德伯里（Edward Cadbury）——一个名门望族的公子。这个家族
的巧克力工厂，也就是闻名于世的吉百利巧克力的生产基地，距塞里橡
树区仅两三英里之遥。卡德伯里家族是贵格会成员，爱德华通过将卡德
伯里家族的土地出租给不同的宣教组织，并投资合作企业的方式，促成
了"塞里橡树"宣教培训基地的创建。作为一个普世宣教教育的中心，

---

① Church of England's Mission and Public Affairs Council, ibid, p. 148.
② Church of England's Mission and Public Affairs Council, ibid, pp. 120–121.
③ Church of England's Mission and Public Affairs Council, ibid, pp. 121–123.
④ Kirsteen Kim, "Selly Oak Mission Studies Centre: a Legacy and a New Beginning", in
British and Irish Association for Mission Studies (BIAMS) Newsletter No. 26 (New Series),
March 2006; Kirsteen Kim, "Missiology as Global Conversation: The UCA Mission
Programme", in *International Review of Mission* Vol. 93, Iss. 369, April 2004.

塞里橡树区坐落着许多宣教教育和培训学院。自创建之后的 70 多年里，英国圣公会、卫理公会、长老会、公理会、浸礼会和贵格会等都曾在此建立学院，并共享资源。直到 1999 年，它们是以一个联盟的形式存在的，以培训教师、社会工作者、教会领袖和传教士而闻名，来自全世界的几百名传教士和教会领袖曾在这里学习。这些学院向全世界开放，圣雄甘地也曾造访于此。

20 世纪下半叶，学院联盟开始经受巨大的压力。伴随着世俗化的浪潮，在塞里橡树区建立学院的各个英国传统教会均显现出衰落趋势，资金问题难以解决。英国教会开始反思它在后殖民时代的海外宣教，对海外宣教的参与多少丧失了一些信心。在学院联盟内部，对于联盟的性质和必要性也出现了怀疑。与此同时，与塞里橡树区相邻的伯明翰大学正在扩张。当联盟中规模最大的一个决定加入伯明翰大学的教育学院时，联盟开始解体。经过整顿和重组，仍有几个塞里橡树学院继续坚持作为宣教教育和培训中心的组成部分。然而，在周遭总体不利的宗教气候之下，学院一个接一个地退出，对自身重新定位，按照它们所各自代表的宗派机构的需求做出宣教规划。到 2001 年，一些联合教学项目也彻底失败了。

耶稣升天学院（the College of the Ascension，CA）是塞里橡树学院之一，由英国最古老的圣公会宣教机构——1701 年成立的福音传道联合会（the United Society for the Propagation of the Gospel，USPG）创建于 1923 年，起初只用来培训圣公会高派教会的独身女传教士，后逐渐开始接受世界各地的基督徒，并改为男女同校。1996 年，它与由卫理公会创建于 1905 年的宣教教育和培训学院合并，成为耶稣升天联合学院（the United College of the Ascension，UCA[①]）。CA 和 UCA 同样经历了塞里橡树学院联盟解体的沉浮。联盟解体后，UCA 继续探索普世宣教教育和培训之路，并于 2001 年开始独立实施其宣教课程规划（UCA Mission Programme，UCAMP）。它是根据英国不断变化的宣教形势而设置的一个试验性项目，主张"从各处到各处的宣教"（mission from everywhere to everywhere）。这种国际化的特点体现在各个方面。

---

① 笔者曾于 2004～2005 年在这里学习。

　　UCA 宣教课程的目标人群主要仍包括它的两个资助机构（即圣公会福音传道联合会和卫理公会）即将派往海外工作的传教士，但这已不是它唯一的学生群体。另外还有到这里接受培训的、准备派往世界各地的欧洲其他国家的传教士，以及来自第三世界国家的传教士，他们完成学习后大多回到本国从事宣教工作，也有少数成为留在英国的"逆向"传教士。例如，参加 2005 年春季学期 UCA 宣教课程的学员共 19 人，其中派往海外工作的英国传教士有 13 人，他们的目的地分别是黎巴嫩、斯里兰卡、尼泊尔、所罗门群岛、洪都拉斯、智利、巴西和阿根廷；来自意大利和德国的传教士有 4 人，其中 2 人回到意大利，另外 2 人派往以色列；还有 2 位传教士分别来自缅甸和印度，学习之后回国。

　　UCA 的教职人员专业素养深厚，而且全都具有长期的直接宣教经验。他们之中大部分是英国人，也有一些来自印度、韩国、莫桑比克、赞比亚、津巴布韦、葡萄牙、美国和秘鲁，其专长分别是跨文化沟通、福音传播、宗教间对话、普世教会研究和宣教神学，等等。

　　UCA 宣教课程的学习周期约三个月，每年三个学期，循环授课。它的课程内容包括三部分。第一部分为宣教核心基础课程，包含五个学科：圣经与神学研究、宣教历史、跨文化交流、社会与全球研究，以及宗教研究，并涉及对宣教的反思、处境神学、解放神学、世俗化和后现代社会、女性主义运动等话题；第二部分为实用性较强的宣教训练，内容包括宣教神学、全球和地区问题、文化冲击、与派出机构的联系、实用技巧训练、医疗保健、财务和个人准备工作等；第三部分为一些灵活设置的相关课程，如外语（为派往海外工作的英国传教士教授目的国使用的语言，如西班牙语、葡萄牙语等，或为来自非英语国家的学员强化英语）和计算机等。UCA 宣教课程的学习互动性强，形式多样。学员们一起生活、学习、做礼拜。他们经常分成小组，有针对性地讨论某一宣教区域的政治、经济、历史和宗教问题，了解当地风土人情，进行案例分析，参观特色教会，组织宣教演习，使学员在掌握基础知识的前提下充分锻炼领导和组织能力，以及具备适应各种特殊环境的心理调适技能。

　　UCA 宣教课程所具有的国际性和开放性"很少有其他宣教课程能企及"。它跨越了语言、种族和文化界限，也跨越了宗派的界限，"创造了一个全世界教会的缩影，作为宣教教育的处境"，体现出国家之间和宗派之间联合与合作的精神。① 这种宣教教育的革新既适应了业已变化的英国宣教形势，又可以使英国的海外宣教视野更加开阔，超越传统海外宣教各种不平等的条条框框，创造和谐的宣教氛围，增强英国海外宣教的国际影响力。

由于资金不足，UCA 最终于 2006 年 7 月关闭。两个月后，一个新的塞里橡树宣教研究中心② （Selly Oak Centre for Mission Studies, SOCMS）宣告成立，接替了原先 UCA 的工作，其宗旨、风格、教职人员和课程设置等方面都和 UCA 没有太大区别，③ 只是 SOCMS 目前是女王普世神学教育基地 （the Queen's Foundation for Ecumenical Theological Education）的一个组成部分。虽然 UCA 的关闭是被动的，但将它纳入主流普世神学教育的体系则体现出一种必要的范式转换。以往的英国宣教机构在财政上独立于教会。教会鼓励它们的工作，但并不为它们买单。因此，当资金吃紧的时候，由宣教机构资助的宣教培训学校则很容易被放弃。可以说，英国宣教机构在某种程度上是与教会相脱离的，充其量只能算是教会独立的外交部门。而现在，宣教被看作教会存在的理由。因此，纳入主流普世神学教育体系的新的 SOCMS 的成立显示出，"宣教意识终于回到了英国教会的中心……"④，宣教教育由此获得了教会内部应有的重要地位。

新成立的 SOCMS 非常活跃。除了各种固定的长、短期培训课程之外，中心还与圣公会福音传道联合会和卫理公会共同创办旨在加强宣教研究的电子期刊"反思宣教"（Rethinking Mission）。⑤ 另外，中心时常组织相关专题研讨会。例如，2009 年 3 月，中心举办了题为"象牙塔与淤泥地——神学教育的宣教现实"（Ivory Towers Muddy Grounds: The

---

① Kirsteen Kim, ibid, p. 278.
② 笔者曾于 2009 年访问该中心。
③ 参见 www. queens. ac. uk。
④ Kirsteen Kim, "Selly Oak Mission Studies Centre: a Legacy and a New Beginning", ibid, p. 4.
⑤ 参见 www. rethinkingmission. org。

Mission Realities of Theological Education） 的国际研讨会，① 近 40 位与会代表中除了来自英国、印度、斐济、所罗门群岛、缅甸、赞比亚、尼日利亚、肯尼亚和巴哈马的中心教师和学员之外，还有来自美国、瑞士、新西兰、菲律宾和南非的学者和神职人员，体现出中心的国际性和开放性。会议提出 21 世纪全球的宣教形势是机遇还是挑战的问题，指出将神学教育的学术理论与现实社会中的宣教现实相结合的重要性。与会代表分析了在世俗化冲击之下的西方 "后基督教" 时代的宣教处境，结合自己在世界各地区的神学教育和宣教经历，从不同的视角和层面总结出一系列经验教训，互相分享和交流，继续着 "从各处到各处的宣教" 的精神。

SOCMS 此次研讨会的议程之一是为 2010 年举行的 "1910 年爱丁堡世界宣教大会一百周年纪念活动" 做准备。1910 年在英国爱丁堡召开的世界宣教大会曾是世界基督教宣教历史上一个里程碑式的事件，为 20 世纪的世界基督教宣教工作指引了方向。SOCMS 研讨会举办时，世界宣教大会百年庆典正在世界各地处于紧锣密鼓的筹备过程中。据两位参与庆祝活动筹备工作的学者介绍，题为 "爱丁堡 2010——见证今日基督"（Edinburgh 2010：Witnessing to Christ Today） 的活动不仅仅是在爱丁堡召开一次类似于 1910 年那样的会议，还包括在世界各地举行一系列研讨和庆祝活动；1910 年的会议局限于主流新教教会，而 2010 年的活动将有各个派别的基督教团体参与；1910 年的会议局限于 "北方" 教会，而 2010 年 6 月来到爱丁堡参加会议的代表将有 60% 来自 "南方" 教会。学者们意识到，20 世纪世界基督教的重心将发生转移。在爱丁堡世界宣教大会召开 100 年之后，希望 2010 年的活动真正具有世界性，延伸到全世界范围内的基督教团契中。事实上，于 2010 年 6 月在英国爱丁堡举行的 "1910 年世界宣教大会百年纪念活动" 实现了学者们的预期。

（三）宣教特点

总体看来，目前无论是教会的国内宣教还是海外宣教，都呈现出一派 "改革开放" 的态势，似乎这才是抵挡世俗化对英国基督教会冲击的

---

① 笔者列席了该研讨会。

上策。应该说，国内宣教和海外宣教是紧密联系、相互影响、同兴共衰的。我们可以从当代英国基督教会宣教工作的发展变化中发现两个特点。

其一，当代英国宣教工作的重心有所转移，由传统上重视海外宣教转变为以国内宣教为主。世俗化对英国基督教文化造成了空前的巨大冲击，英国国内的信仰危机迫使教会不得不反思其以往的宣教政策，投入主要的精力以弥补过去由教会自身的失误而造成的损失。正如一位肯尼亚圣公会牧师所说："他们过去总是想着向国外派出传教士，派出，派出，但或许他们正在失分……"上文提到的由英国各主要宗派代表组成的普世教会研究委员会在全英国和爱尔兰境内组织教会调查，投入了2万英镑，花费整整一年的时间，倾听民众的声音，了解民众对于宗教和教会的需求，接受他们针对教会的严厉批评，试图找到逆转不利形势的有效途径。透过以"阿尔法课程"为代表的，教会对为身处世俗社会的人们易于接受的多种传播福音的途径和方式的探索，以及对各种具有创新性的教会形式的大力扶持和鼎力推介，我们都可看出英国教会对国内宣教工作的良苦用心。英国圣公会宣教和公共事务理事会工作组发布的报告《宣教塑造的教会》（*Mission-shaped Church*）共189页，虽然论述的是圣公会总体的宣教战略，但几乎通篇都是探讨如何在已经发生变化的处境之下为国内培植新型教会，谈到海外宣教的部分只有只言片语以及很少的几个小案例。然而，也有教会人士担心，宣教的钟摆由一端摇到另一端，即教会由原先的只注重海外宣教这个极端，跳到过于注重国内宣教而忽视海外宣教的另一个极端。虽说新的SOCMS被纳入教会主流普世神学教育体系是一件好事，但是又一个独立的专业海外宣教培训机构（UCA）的消失不免令人感到遗憾。

其二，国内宣教和海外宣教不再泾渭分明，二者的界限逐渐模糊。圣公会的报告中将国内宣教和海外宣教的战略融为一体，进行统筹安排。几个世纪以来，英国长期积累的海外宣教经验如今亦为国内宣教所借鉴和利用。例如，圣公会在论证培植新型教会的思想时，明确提出应当运用原先只在海外宣教中才予以重视的"处境化"原则和"三自"原则。两位被派往智利从事宣教工作的英国传教士也提出，他们可以借鉴在南美的宣教经验，回到英国后运用到当地的教会牧养之中。UCA以及新成立的 SOCMS，不仅仅为教会培训海外传教士，同时也培养在国内从事宣教工作的地方教会领导者。通过他们所具有的国际性可以看出，他们对"逆向宣教"也持一定程度的开放态度。当然，他们在培训"逆向"传教士时也是比较谨慎而有所选择的。

英国基督教会培养的宣教大军，有的从事国内宣教，有的成为海外传教士（"宣教伙伴"[①]）。英国派出的海外传教士遍布世界各大洲，既有亚非拉等第三世界国家，也有欧美发达国家；英国从海外引进的传教士同样来自世界各地。据统计，英国向全世界派出的传教士在 2010 年时共有 15000 人，居世界第七位、欧洲第四位；英国从其他各国引进的传教士共 10000 人，居世界第七位、欧洲第三位。[②] 这充分体现了"从各处到各处的宣教"的开放性和活跃性。

第五节　新兴宗教运动与"新时代"灵修运动

对于世俗化的回应不仅仅局限于英国基督教会之内。世俗化对整个英国社会造成了震荡，而不同的社会群体从社会各个角落以各种不同的方式对世俗化作出了回应。它们的回应也许并不如基督教会那样直接和旗帜鲜明，其影响力也许并不像基督教会那样广泛和持久，但人们仍然不应忽视它们的存在意义和价值，而要对其加以严肃对待和认真研究。特别值得一提的是新兴宗教运动（New Religious Movements）和"新时代"灵修（New Age spirituality）运动，它们近几十年来的发展在英国社会掀起了不小的波澜。一方面，它们脱胎于基督宗教但发生了异化和嬗变，甚至与基督教传统教义、教会组织相抵触和对立，给传统基督宗教造成了一定的威胁。另一方面，它们在英国普通民众当中的流传体现出生活在当代社会的人们仍然保持着对宗教或各种超自然的精神信仰与灵性空间的追求，我们也可以将其看作对世俗化狂潮的一种逆反。

---

① 鉴于时代的发展变化，为了改善英国海外殖民时期给第三世界国家留下的印象，显示各国的平等地位，如今英国基督教会向海外派出的传教士的称谓已改变为"宣教伙伴"（mission partners）。

② Todd M. Johnson and Kenneth R. Ross, ed., *Atlas of Global Christianity 1910 - 2010*, Edinburgh University Press, 2009, p.259, p.273.

一　新兴宗教运动

　　早期的新兴宗教运动兴起于 19 世纪，其中大部分是美国基督教新教传统的衍生和变异体。20 世纪下半叶，当代新兴宗教运动在亚洲和欧洲等地传播开来。在英国，新兴宗教运动于 20 世纪 70 年代达到了其发展的顶峰，① 吸引了公众的广泛关注。20 世纪 60 年代以来，包括英国在内的许多西方国家经历了明显的世俗化进程，主流基督教会组织日渐衰落，传统价值观念和权威体系趋于崩溃，人们的信仰领域出现了真空。社会的种种变化引起很多人对传统的宗教信仰体系以及当代生活方式的诸多不满，于是造成了人们寻找令人满意的宗教或灵性替代品的潜在需求。从客观上来说，第二次世界大战之后，有许多从英军中复员的穆斯林、印度教徒、锡克教徒以及其他宗教教徒在英国定居，加之来自欧洲大陆、亚洲、非洲和加勒比地区的移民，英国的宗教多元趋势发展愈加迅速。人口流动以及大众传媒的发展使得人们有机会接触与了解不同的宗教和哲学资源并对其加以利用。② 当代形形色色的新兴宗教运动正是在这样的社会环境之中产生并发展起来的。我们可以发现，在新兴宗教运动所产生的社会条件之中便蕴涵着它们既反对传统宗教形式，又反对世俗化的生活状态的双重因子。虽然各新兴宗教运动在其来源、信仰、行为实践、组织、领导、生活方式以及对各种社会问题的态度上具有极大的多样性，比如新兴宗教运动的思想来源包括基督宗教、印度教和佛教，以及各种心理分析、科学幻想小说和神秘主义传统等，③ 但总的来说它们都是尝试以各种新的途径和方式为人们寻找新的信仰出口。

　　一方面，各新兴宗教运动或是直接或是间接地表现出反对世俗化社会的意向。所谓"抵制世界"（World-Rejecting）④ 型的新兴宗教运动相

---

① Gerald Parsons, ed., *The Growth of Religious Diversity*：*Britain from 1945*，Volume 1：*Traditions*，p. 296.

② Bryan Wilson and Jamie Cresswell, ed., *New Religious Movements*：*Challenge and Response*，Routledge，1999，pp. 18–19.

③ John R. Hinnells, ed., *Dictionary of Religions*，Second Edition，Penguin Books Ltd.，1997，p. 351.

④ 对新兴宗教运动的两种分类，参见 Steve Bruce，*Religion in Modern Britain*，p. 96。

对来说比较直接地表现出对世俗社会的不满和反抗，而"肯定世界"（World-Affirming）型的新兴宗教运动对世俗化的逆反则更多的是通过间接的方式体现出来。

与世俗化的社会中人们争相追求个人自由相反，"抵制世界"型的新兴宗教运动崇尚自我牺牲精神。它们认为人类自身的价值卑微，按照传统基督宗教的看法，自我在本质上是有罪的，只有服从于更高的权威才能得到改进，因此要求其成员对本团体完全效忠。"抵制世界"型新兴宗教运动的典型例证"统一教会"（Unification Church）① 的成员认为世俗世界由于人们对物质财富的追逐而堕落为一个邪恶之地。人们只有到永久地离开它的时候才能消除邪恶。其创始人文鲜明将自己的使命视为通过在尘世建立天国而完成基督未尽的工作。"统一教会"的成员为远离邪恶而使用的方法是改变原有的世俗生活方式，转而实行禁欲苦修。他们不吸烟、不饮酒、不吸毒，而且信守传统的关于婚姻、家庭和性的道德生活准则。比如他们立誓婚前要禁欲而保持独身生活，只有在异性恋的一夫一妻的婚姻之内才允许发生性行为，等等。② "抵制世界"型新兴宗教运动对其内部成员的这些要求与当代世俗化社会提倡多元、自由、平等以及日益"宽容"的伦理道德观念形成了鲜明对照。

新兴宗教运动中的大多数——"肯定世界"型则呈现出另外一种风格。它们并不消极抵制世俗世界，而是对世界、人类和自我持一种比较积极乐观的态度，认为世界和人类并非那么邪恶。与社会环境相比，人的个性更是造成他们没有能够发挥自身潜能的原因。因此人们需要学习解除内心的拘束而发掘自身的潜能，以享受美好的生活。它们达到这种目的的方式与传统宗教形式不同。一部分"肯定世界"型新兴宗教运动在西方世俗心理治疗的方法中加入灵修成分，训练人们学习将理性与感情、智慧与心灵相结合，从恐惧、内疚、焦虑等状态中解脱出来，更完全地履行生活的责任。另一部分"肯定世界"型新兴宗教运动则借鉴了东方宗教传统并予以革新，如"超觉静坐会"（又译"超越冥想派"）

---

① "统一教会"起初由文鲜明（Sun Myung Moon）于1954年在韩国创立，后来扩大至包括英国在内的许多国家。

② Steve Bruce, ibid, pp. 96-97.

（Transcendental Meditation） 最初的思想来源就是印度教。它教导人们每天早晚各用 20 分钟时间进行打坐默想并且口中念颂相关咒语。"超觉静坐会"在英国《独立报》（*The Independent*） 上所做的广告宣传中介绍道，他们会以这种自然而有效的方法使人们感到放松精神、缓解压力、预防疾病、恢复活力、内心平静而充满热情地积极面对生活，并体验到一种宇宙意识。同时它具有累积效应，即如果足够多的个人通过此种方法得到拯救，那么社会将会由于超自然的力量得以改变。[①] "肯定世界"型新兴宗教运动脱离了传统基督宗教的形态，它们看上去已经缺乏作为传统宗教的许多特征，如没有教会、集体崇拜仪式、神学思想和伦理道德体系等，它们所强调的超自然力量也与基督宗教人格化的上帝相去甚远。[②] 但它们在西方超越的上帝概念中引入东方内在的神圣的概念，促使人们关注自我潜在能力的开发以及对内在上帝的体验，以达到超越种种物质上之约束的目的。

从总体上说，新兴宗教运动崇尚"内在的神"并通过灵修的方法改造世界。它们不同意通过采用理性和"科学"的手段达到宗教理解，而声称能够提供源于"内在"的必然和智慧以取代怀疑、困惑和"枯燥乏味的"理性主义。人们通过灵修则可以改变受奴役的被动状态而成为积极而有创造力的行为者。[③] 这些新兴宗教运动虽然已与传统基督宗教的形式大相径庭，但就其对神圣和精神信仰的追求而试图超越世俗社会生活这一点来说，二者又不免显现出殊途同归的旨趣。

另一方面，盛极一时的新兴宗教运动体现出许多英国人对传统基督教会的不满，在一定程度上对传统基督宗教提出了挑战。新兴宗教在招募新成员方面使用的一些方法非常奏效，吸引了大批接受过良好教育的年轻人，其在一段时间之内表现出来的发展势头甚至强于许多主流基督教会。这里的原因是多方面的，其中包括教会自身的问题。比如，一些新兴宗教暴露出其教义上的矛盾以及对《圣经》诠释的谬误，但教会并没有提供足够的正面教导以使人们能够对新兴宗教教义的谬误之处提出

---

① Steve Bruce, ibid, pp. 98 – 99.

② Steve Bruce, ibid, pp. 98 – 100.

③ Dan Cohn-Sherbok, ed., *The Canterbury Papers*: *Essays on Religion and Society*, Bellew Publishing, 1990, p. 189.

质疑；教会不善于利用并且向人们宣传自己现有的资源，有些大学生因欲寻找参加基督教团契生活和进行默祷的机会而向周围的教区牧师寻求帮助，但未能得到相关信息，却转而在新兴宗教中找到了答案；主流教会在很多问题上（如道德伦理）由于过于分析其复杂性未能给人们提供直截了当和清晰简明的解决方案，而许多新兴宗教运动则满足了那些寻求简单"真理"的人们的需要，无论是对某种信条的表述还是对一种生活方式的推崇都是清楚明了的；① 许多加入新兴宗教运动的年轻人将传统教会定位为"冷淡、伪善而缺乏感情"，认为教会中的大多数成员都是年老的妇人，而"上帝的儿女"（Children of God）或"统一教会"等新兴宗教运动在 20 世纪 60～70 年代为年轻人提供了主流教会所缺乏的宗教热情。② "统一教会"的创始人确信基督宗教应当被取代，因为它的分裂破坏了它的道德基础和教会自身的基础。③ 总之，人们的信仰需求如果在主流教会内部得不到满足，自然会到其他地方去寻找。

在英国社会 20 世纪 70 年代以来掀起的反膜拜运动（anti-cult movement）当中，传统基督教会自然是主力之一。但有些传统教会谴责新兴宗教运动的弊病实际上在传统教会自身当中也十分类似地存在着，比如在对本教会或宗教运动的宣传方式上使用"爱之轰炸"（love-bombing）式的手法，由于他们过于主动热情的姿态干扰了人们的正常生活从而使人感到不悦；在对《圣经》的诠释中将它当作固定的教规，过于强调本教会或宗教运动的正确和权威性，而忽视了基督教需在不断钻研和探究《圣经》经文的过程中发现上帝启示的传统；在传统教会或新兴宗教运动中都存在着对某些成员或不属于本组织成员的歧视现象，④ 等等。

新兴宗教运动存在着一些弱点，比如它们对"自我"的过分关注以及过于迎合市场需求的姿态，⑤ 使得新兴宗教运动自身难免沾染上了世俗化的倾向。一些新兴宗教运动甚至发展为反社会的邪教组织，这更是

---

① Bryan Wilson and Jamie Cresswell, ed., ibid, pp. 171–173.
② Bryan Wilson and Jamie Cresswell, ed., ibid, p. 22.
③ Steve Bruce, ibid, p. 96.
④ Bryan Wilson and Jamie Cresswell, ed., ibid, pp. 173–176.
⑤ Dan Cohn-Sherbok, ed., ibid, p. 189.

民众所无法接受的。与传统基督宗教的优势相比，新兴宗教运动无论在参与人数还是社会影响力方面都只是处于边缘地带。然而，它给我们带来的启示在于：第一，新兴宗教运动曾经显示出的巨大吸引力表明，在当代世俗化的英国社会中仍然存在着相当程度的宗教意识和宗教热情；第二，新兴宗教运动本身直接或间接地对世俗化的反对和超越是传统基督教会回应世俗化方式的有益补充；第三，新兴宗教运动对传统基督教会的不满和批判，在一定程度上点到了教会的切肤之痛，从一个侧面反映出教会应对世俗化的不力之处。没有人能够标榜自己真正拥有对上帝启示的专利权。新兴宗教运动的挑战为传统基督教会提供了一个机会，使它们通过对新兴宗教运动加以研究和与之进行对话，更好地理解并实践自身使命，这从客观上来说可以刺激和促进传统基督教会加强对自身的进一步反省和更新。

二 "新时代"灵修运动

"新时代"灵修运动与新兴宗教运动有很大程度的关联，可以看作是新兴宗教运动在时间上的延伸与内容上的扩展。它最早源于 19 世纪晚期的秘传（esoteric）文化①，随着 20 世纪 60~70 年代西方国家反文化浪潮的膨胀而在 20 世纪 80 年代广泛流行。"新时代"意指持续了 2000 多年的基督教时代即"双鱼宫"时代的结束和新的"宝瓶宫时代"（the Age of Aquarius）② 的来临。它是一系列思想信仰、行为实践和生活方式的混合物，没有严格的组织形态；其思想信仰融合了基督宗教、秘传佛教、印度教、伊斯兰教、道教，以及一些诸如凯尔特人（Celtic）、督伊德人（Druidic）、玛雅人（Mayan）和土著美洲印第安人（Native American Indian）的"异教"学说；它的行为实践包括禅宗打坐（Zen meditations）、巫术祭仪（Wiccan rituals）、启蒙密集研讨会、萨满教巫师（shamanic）活动、灵修治疗和催眠等，炼金术、占星术、风水、草药医术学、人类潜能、预言、精神综合治疗、苏非派禁欲神秘主义

---

① Steve Bruce, ibid, p. 103.
② Paul Heelas, *The New Age Movement: The Celebration of the Self and the Sacralization of Modernity*, Blackwell Publishers Ltd., 1996, p. 1.

（Sufism）、圣杯传统和希腊传统等也都是它们感兴趣的主题，可谓各式各样，五花八门。① "新时代"灵修运动诞生于西方社会和文化剧烈变革与动荡的时期，表现出人们尤其是青年一代对现行社会结构和文化形态的失望与不满，并欲寻找新的精神归宿的渴望。与新兴宗教运动相似，在"新时代"灵修运动当中我们也能够发现它对世俗化与传统基督宗教的双重回应。

　　一方面，"新时代"灵修运动的主题涉及新科学范式、新生态学、新心理学和新型灵修等。② 它背离了主流西方文化中理性的科学世界观，认为观察和实验等方法只是局限于世俗的物质世界，应当通过启示和回归古老的传统而发现新的范式。前现代文化在精神和道德伦理方面较现代社会更胜一筹。"新时代"人相信受灵魂指引的通神能力，而不再注重物质实在；他们认为任何事物都是互相关联的，如人的肉体、心智与灵魂，因此人的整体健康应突破传统医学只针对某些症状和器官的治疗而还应包含精神层面；上帝与我们自身并不是分离的，而是内在于自我之中，我们可以释放自己真实而巨大的潜能来变得完全、和谐；人与自然环境也是相互关联的，当今的环境问题归根结底是由于人类不断增长的物质欲望致使人与自然的关系扭曲，我们的地球是一个超级有机体，是大地女神（Gaia），世俗的环境保护主义者是为了自身利益，而"新时代"人保护生态环境则是出于对神灵的敬重。③

　　强调"自我灵修"（Self-spirituality）④ 是"新时代"灵修运动的本质特征。"新时代"人相信"自我"是神圣的。他们虽然也强调自然秩序整体的灵性，但同时认为人们首先应当与存在于内心之中的灵性进行接触，这样才能改变我们被现代社会所玷污的存在方式而恢复人的本真状态。⑤ 当代世俗文化的不确定性造成人们对信仰的失落，对权力、地位和金钱的追逐以及人们在社会上需要扮演的多重角色使人们感到非人性化社会对人之本能意愿的压抑，以及对一种真实自我身份感的分裂和

---

① Paul Heelas, ibid, p. 1; Steve Bruce, ibid, pp. 104–105.
② Steve Bruce, ibid, p. 106.
③ Steve Bruce, ibid, pp. 106–110.
④ Paul Heelas, ibid, p. 2.
⑤ Paul Heelas, ibid, p. 2.

迷失。"新时代"灵修运动的吸引力恰好在于借助甚至是古老而神秘的灵修动力帮助人们发掘内心深处的信仰，表达并实现诸如顿悟、神会、创造、自主、真实和仁爱等理想价值观念，寻求提高并满足于自身生活品质，弥补理想与现实之间的裂缝，通过自我发展达到自我实现。[1]

在英国，大多参与"新时代"灵修运动的是接受过高等教育的中产阶级人士。[2] 他们的基本物质需求已得到满足，同时更加感受到现代理性化的社会中人格混乱无序的状态，因而对思考和表达人类的自我潜能与灵性成长表现出浓厚的兴趣。另外，"新时代"灵修运动吸引的女性成员多于男性。[3] 虽然在世俗化的浪潮中大批女性离开了教会（正如笔者在本书第二章当中所述），但多方面原因决定了女性仍保持着对于神圣精神领域的向往和追求，相对而言她们仍然较男性具有更高程度的宗教性。同时，相对于男性更富于对抗和进攻特性的目的取向来说，女性的特有气质是温柔的、更富于合作和爱心的感觉取向。女性还尤其注重自身由内而外的健康和保养。"新时代"灵修运动对人之内心深处灵性的发掘，对人之真实感觉的表达，以及对作为肉体与灵魂之整体的人的关怀与呵护势必对女性产生极大的吸引力。

另一方面，"新时代"灵修运动表现出它与基督宗教关系的矛盾性。前者的许多思想观念和行为模式在很大程度上来源于后者，二者都强调个人和宇宙万物的整体性以及人类生活的灵性层面。但是，"新时代"灵修运动又与正统基督宗教的信仰和实践有着巨大的差异，甚至对传统基督宗教的发展造成了一定的威胁。"新时代"灵修运动产生于西方反传统文化的社会环境，人们所观察到的社会现实与其传统的宗教信仰和价值观发生碰撞，建制宗教的常规秩序和权威被打破，人们转而寻找其他替代品。正如"新时代"这一名称所体现出的含义，许多人认可基督教时代的结束和新的灵修时代的来临。"新时代"灵修运动广泛的公众影响力在英国随处可见。很多大型书店在"灵修"或"心智·身体·灵魂"（Mind·Body·Spirit）分类标题之下的书籍数量比"基督宗教"

---

① Paul Heelas, ibid, pp. 115–116, p. 148.

② Steve Bruce, ibid, p. 114.

③ Steve Bruce, ibid, p. 116.

类的图书多好几倍。比如在苏格兰阿伯丁（Aberdeen）的水石书店（Waterstone's），关于"新时代"的图书所占用的书架长度为 70 米，而传统基督宗教类的书架只有 5 米。① 据统计，1970～1990 年这 20 年间，英国出版的宗教类书籍总数翻了一番，而其中关于各种神秘学说的书籍增长了 1.5 倍。② 据英格兰肯德尔（Kendal）的调查显示，肯德尔主要街道上销售灵修类书籍和光盘等产品的商店占商店总数的比例从 2001 年的 30% 提高到了 2003 年的 45%，而销售《圣经》和十字架等与基督宗教相关产品的商店比例在 2003 年只占 7%。③

"新时代"灵修运动的非传统性意味着它的参与者不再被传统基督宗教的教规戒律和职责义务所束缚。它对传统自然科学和医学等领域的知识权威发起攻击，同样也对宗教领域的权威观念提出挑战。比如，"新时代"人相信肉体再生，这比传统基督宗教的相关信仰观念更具吸引力。按照基督宗教的概念，人们在上帝的恩典之下获得永恒的平安，这使得人的灵魂必须服从于上帝，而这不符合"新时代"人赋予"自我"的重要地位。人们往往很难理解为什么上帝会允许厄运降临在好人身上，而只能将其归结为"上帝是高深莫测的"这种令许多人不甚满意的解释。但"新时代"人认为灵魂会回到地上，人在此世的厄运要么是前世的报应要么会在来生得到补偿。这种观念使人在没有上帝的情况下可以获得公义与安慰。④

"新时代"灵修运动将"自我"神圣化，它"强调满足自我的自由更甚于强调人们应当采取行动以改变自己"⑤。"传统化的宗教性伴有等级分明的组织，它适合于社会共同体，而非传统化的灵修更适合于单独的个体。"⑥ 因此，在一个注重个人自由和人人平等的多元化的社会中，"新时代"灵修方式似乎拥有比传统基督宗教更加适宜生长的土壤。但

---

① Steve Bruce，ibid，p. 104.

② Steve Bruce，ibid，p. 104.

③ Paul Heelas and Linda Woodhead, with Benjamin Seel, Bronislaw Szerszynski and Karin Tusting, *The Spiritual Revolution*：*Why Religion Is Giving Way to Spirituality*, Blackwell Publishing Ltd. , 2005, p. 68.

④ Steve Bruce，ibid，p. 109.

⑤ Paul Heelas，ibid，p. 221.

⑥ Paul Heelas，ibid，p. 173.

与此同时，"新时代"灵修运动对"自我"的推崇使它极易落入极端个人主义的圈子。传统基督宗教只有一个超越的上帝，而且只有一部分人得到足够的灵性倾听到上帝的声音。在"新时代"中，上帝是内在的，而且所有人都有潜能听到发自自我的声音。基督宗教通过共同的历史传统、语言体系和组织典仪提供了一定程度的凝聚力，而"新时代"灵修运动正缺乏这样的凝聚力，它起初的多种传统又被个人主义分散得七零八落。这种极端的个人主义所必然导致的相对主义削弱了（当然包括"新时代"灵修运动自己所宣称的）各种思想信仰的确定性，[1] 从而阻碍了它在社会上的进一步发展。

一方面，"新时代"灵修运动具有抵制和超越世俗的物质主义的个性，而另一方面，它生长的土壤是一个世俗化的消费社会，消费者拥有判断真假对错的权威并选择他们的信仰。"新时代"灵修运动依赖这个消费社会，以各种方式销售自己的产品，人们也有机会利用"自我"的神圣性去满足世俗的私利。"新时代"灵修运动因此又具有陷入世俗消费文化的危险，从而暴露了其自身所包含的困境。

事实上，"新时代"灵修运动给生活在当代社会的人们提供了积极的生活体验、自我身份认同的更新、真实与人性的价值准则、乐观主义的生活态度，使生活重新充满了魅力。[2] "新时代"灵修确实令许多人在工作和生活的各个领域受到启迪而体会到了不同的人生。然而，它的社会影响力总体上是有限的。它的波及面很广，但与此相关的人们却有着不同的参与程度。一些人的世界观和生活航向由此改变，另一些人只不过阅读一本与它有关的小说而将它当作消遣和娱乐的方式。[3] 2000 年在英国进行的一次调查显示，曾经尝试或体验过种种"新时代"信仰和实践的人数比例并没有人们预期的那样高，而且这一比例与认为它们在现实生活中具有重要意义的人数比例悬殊。比如，回答尝试过占卜或占星术的人分别只占被调查者总数的 17% 和 16%，而认为它们对自己的生活很重要的人更只有 2%。[4] 对于对现实生活的重要性这一项指标，回答的

---

① Steve Bruce, ibid, pp. 118–122.
② Paul Heelas, ibid, p. 221.
③ Steve Bruce, ibid, p. 105.
④ Steve Bruce, *God is Dead: Secularisation in the West*, p. 81.

比例最高的项目是"祷告"，有 25% 的被调查者对此持肯定的答复，而这主要归因于他们传统的基督宗教信仰，其中的半数以上被调查者是定期去教堂做礼拜的基督徒。[1]

因此，"新时代"灵修运动的社会影响力与重要性不应被夸大。一方面，与传统的基督宗教相比较，"新时代"灵修运动仍然处于绝对的劣势。几十年间英国只有约 10 万人参与"新时代"灵修组织，而基督宗教各宗派的成员有几百万人。[2] 所谓的"灵修革命"以及对"新时代"灵修将会取代宗教的断言未免有些言过其实。另一方面，对"新时代"灵修的追求也弥补不了基督教会的总体衰落。英国圣公会的成员数量从 1979 年的 167.1 万人减少到 1999 年的 98 万人；卫理公会在这 20 年间，其成员由 62.1 万人减少到 37.97 万人。[3] 可见，所有的"新时代"灵修组织的参加者数量总和都无法填补任何一个基督教会失去成员的数目，他们又怎能与世俗化造成的基督宗教整体下滑趋势相抗衡？

近几年来，一种贯通各种宗教传统的新兴的宗教意识形态引起了一些英国学者的注意。戈登·林奇（Gordon Lynch）对此现象加以研究，并冠以"革新主义灵修"（progressive spirituality）之名。林奇指出，它可追溯至 19 世纪早期，如今其成员的宗教观念比较自由甚至激进，大多秉承泛神论或万有在神论，主张将大自然神圣化。他们关注的主要问题包括：渴望找到一种适合于自由的现代社会的信仰与灵修方式，反对父权制的宗教形式并寻求促进女性解放的宗教形式，推动科学（特别是量子物理学和当代宇宙学理论）的再神圣化以及探索一种基于大自然的灵修方式，以激励人们设法避免迫近的生态灾难。林奇认为，"革新主义灵修"是一种非常适应现代社会文化条件的宗教形式，在当代西方社会的灵修市场上为追求个体意义的灵修之人提供了一个新架构。其核心价值观念渗透于各主流宗教机构和各种标新立异的灵修团体之中，超越了传统与非传统之间的界限。我们可以将它看作是一种反世俗化形式，一种为现代生活重拾神圣所做的努力。同时，我们也应当认识到，其社

---

[1]　Steve Bruce, ibid, pp. 81-82.

[2]　Steve Bruce, ibid, p. 81.

[3]　Steve Bruce, ibid, p. 64.

会影响力仍十分有限，参与其活动团体的人数占英国人口总数的比例少于 2% ~ 3% 。①

　　新兴宗教运动和"新时代"灵修运动两者具有很大程度的连续性和相似之处，它们给英国社会带来的震动是不能被轻视的。两者均植根于西方传统的基督教文化，是传统宗教性的非传统的表现方式。世俗化并非必然导致人们宗教性的丧失，新兴宗教运动和"新时代"灵修运动在英国的传播与发展即是一个例证。神圣并未消失，英国社会没有被彻底世俗化，人们对超自然、宗教和灵性的追求依然存在。即使不是在组织化的宗教机构之内，他们也依然在继续探索神圣的新的存在和表达方式。但同时我们也应看到，二者毕竟只是引起了英国社会中少数人的兴趣，它们总体上只是处于宗教与社会的边缘地带。它们的形式新颖，给人们带来了新奇感，加之在世界范围内的广泛流传，吸引了许多英国人的注意力。但它们在英国的实际影响只是局部的，而且规模有限，势力较弱，无法弥补传统基督教会的缺失。即使我们承认一些学者所作出的乐观断言的部分真实性，即宗教正在美国以及亚洲、非洲和拉丁美洲等许多国家和地区复兴并蓬勃发展，但世界已经朝着非世俗化方向迈进，我们也只能遗憾地表示，正在英国上演的历史剧目并不是它的最佳范例。不过，如果新兴宗教运动和"新时代"灵修运动能够促使英国传统的基督教会警醒地对自身进行理智与客观的反思，积极面对目前所陷入的世俗化与非传统的宗教形态所造成的双重困境，并由此找到恰当的回应方式，那么它们所体现出的存在价值应是值得我们重视的。

① Gordon Lynch, *The New Spirituality: An Introduction to Progressive Belief in the Twenty-first Century*, I. B. Tauris & Co Ltd. , 2007, pp. 2–14.

第四章　个案研究

——英国基层基督教会与世俗化

> 我实实在在地告诉你们，你们将要痛哭、哀号，世人倒要喜乐；你们将要忧愁，然而你们的忧愁要变为喜乐。……我将这些事告诉你们，是要叫你们在我里面有平安。在世上你们有苦难；但你们可以放心，我已经胜了世界。①

本章内容涉及对于历史现象进行研究的重要方法之一——口述方法的运用。近几十年来，学术界广泛重视口述历史（oral history）的研究价值，因为它既能弥补各类历史事件在文字记载方面的不足，又可印证各种文献资料的真实性和可靠性。它可以为人们对历史的研究打开另外一扇窗，了解书本上抽象的历史现象掩映之下真实的个人在这些历史剧目中所扮演的角色，并探究他们的所思所想，直接聆听他们内心的搏动。笔者在对当代英国基督宗教发展状况的研究过程中首次尝试使用了这一方法。2005 年和 2009 年，笔者在英国伯明翰大学神学与宗教系访学期间，对伯明翰地区基督宗教主要宗派的十余家基层教会进行两次实地调研，亲身经历了他们的周日崇拜仪式和其他相关活动，并根据预先设计的一系列问题对各教会主要神职人员分别进行大约一小时的采访。同时，笔者在日常生活中尽可能多地与英国普通信徒进行对话和交流，了解他们的信仰状况以及对世俗化等问题的看法。此外，笔者利用时任英国圣公会坎特伯雷大主教罗恩·威廉斯博士 2006 年 10 月访华的机会，

---

① 《新约全书》之《约翰福音》16：20 和 16：33，英文新国际版·中文和合本版，International Bible Society，1984。

就与当代英国世俗化和基督宗教发展状况等相关问题向大主教先生请教，聆听了他对这些问题的精辟阐述。2009 年，笔者在伯明翰采访了英国圣公会伯明翰教区主教大卫·厄克特先生（David Urquhart），对伯明翰市圣公会的总体面貌有了宏观把握。笔者于 2012 年通过电子邮件，对曾经采访过的基层教会神职人员又进行了一轮整体回访，追踪各教会的发展轨迹。

通过这些调研工作，笔者积累了访谈笔录、录音和照片等宝贵的第一手资料，对当代英国基督宗教在世俗化背景之下的发展状况有了进一步的感性认识。同时，在实地调研当中，笔者还发现了一些在书面资料中未曾呈现的有趣现象和问题，在下文中将对此加以讨论。经过前几章的理论分析之后，这一章的内容将为上文提供生动的实践验证基础，与上文保持理论和历史分析的一致性。

第一节　调研动机与目的

宗教是一种鲜活的社会现象，尽管它是有关超人间力量的投射，但归根结底它是属于社会上的信众——人的信仰。基督宗教也不例外。因此，除了大量阅读书面材料之外，进行实地考察，面对面地与基督徒进行交谈，了解和比较他们的思想、行为，对于理解和分析英国基督宗教在当代社会世俗化背景之下发展的方方面面无疑是必要而有益的研究方法之一。

笔者进行此项实地调研的目的有二。第一，通过基层基督教会的视角理解世俗化与当代英国的基督宗教发展状况。书中基层教会是指英国伯明翰地区所属各个教区内不同宗派的基督教会。基层教会是构成英国整体基督教会组织体系的原子细胞，笔者希望了解它们平日的基本运转状态、基层基督教会领导所持的思想理念，以及他们对一些问题的观点和看法，通过这些各具特色的教会窗口折射出英国基督教会五彩斑斓的立体画面。第二，比较英国基督教会各宗派的相同、相似与相异之处。英国基督教会内部具有高度的多元性，通过与基层基督教会领导的交谈可以发现各派教会看待与世俗化相关之各类问题的态度和立场的异同，反映出在面临世俗化带来的冲击和挑战时教会内部所作出的多种反应方式及其复杂性，这也是当代英国基督教会所呈现出的特点之一。

在开始此项调研之前，笔者曾心存疑虑，担心由于语言和文化背景等方面的差异以及社会学调研经验的不足，被访者会对一个来自东方国度的非宗教信徒抱有冷漠或者不信任的态度。老师、同学、同事们的鼓励增强了笔者的勇气和信心。尤其是当笔者真正走入一座座教堂，面对那些真实的基督徒，无论是神职人员还是普通信徒，他们诚挚的笑容和热忱的话语打消了笔者的种种疑虑，他们的热情协助使笔者这样一个求学于异国他乡的女子能够顺利地完成这项任务。接受采访的神职人员不仅认真而坦率地回答问题，而且主动提出有益的建议，发表对相关事物的看法。他们充满智慧的言谈令笔者深受启发，调研表也不断得到补充和完善（根据调研表整理而成的"英国基层基督教会访谈及周日崇拜仪式调研概录"之中译文的详细内容参见附录）。一位浸礼宗的牧师在仔细回答问题之后，还与笔者一起讨论了其他一些相关问题，以至于整个采访过程持续了 3 小时之久，笔者也从这次采访中得到了意想不到的收获。一位天主教会的神父主动提出愿为笔者在英文写作的语言文字方面提供帮助。当笔者需要回访神职人员时，他们依然是那么热情而耐心，甚至当笔者回到中国之后，继续通过电子邮件就一些问题对他们进行追踪访问时，他们仍会按顺序逐条作出回答。这样无私的帮助实在令笔者感动。

笔者深知，仅凭一个人的力量进行的这项调研并不能全面反映英国基督宗教的现状与特色，只能是管中窥豹，略见一斑。但对英国基层基督教会的实地考察无疑使笔者增强了研究当代英国基督宗教发展状况的现实感和真实感。希望这样的尝试能为本书前几章的论述骨架增添血肉，使书中内容更加立体和丰满。

第二节　调研范围与方法

一　调研范围

笔者在此项调研当中所选取的调研对象除一家圣公会的教区教堂位于英格兰沃尔索耳市（Walsall）之外，其余 10 家分属不同宗派的基督教会均在英格兰伯明翰市，其中包括伯明翰大教堂（Birmingham Cathedral）和另外 9 家分别位于伯明翰塞里橡树区（Selly Oak Ward）、维欧里区（Weoley Ward）和春田区（Springfield Ward）的基层教会。一个地区的社会环境和人口构成状况有助于我们研究当地的宗教信仰状况，因此我们首先需要大致了解此项调研所涉及地区的社会背景。上述伯明翰市几个行政区的社会背景略有差异并具有各自的特点。

塞里橡树区的人口构成相对年轻化，英国白人所占比例较高，并且拥有较高的生活水准。2001 年英国人口普查的数据显示，伯明翰市人口的平均年龄为 36 岁，而塞里橡树区的人口平均年龄略低，为 34.3 岁。伯明翰大学位于该区，是造成这里年轻人比较集中的原因之一。根据英国国家统计署（Office for National Statistics，ONS）2004 年 12 月公布的信息，伯明翰塞里橡树区的总人口为 22654 人，其中英国白人 17030 人，[1] 约占全区总人口的 75.2%，高于伯明翰约 70% 的平均水平。另外，塞里橡树区有 55.1% 的家庭拥有属于自己的房产，[2] 失业率较低，约为 2.85%，92.5% 以上的居民拥有良好的健康状况，[3] 这几项指标反映出该区的中产阶级人口较多，居民的生活水平普遍较高。

根据 2011 年英国人口普查的统计数据，伯明翰市人口的平均年龄为 35.3 岁，塞里橡树区的人口平均年龄略低，为 30.3 岁。[4] 塞里橡树区的总人口为 25885 人，其中英国白人 16692 人，约占全区总人口的 64.5%，高于伯明翰约 53.1% 的平均水平。[5] 另外，塞里橡树区有 44.4% 的家庭拥有属于自己的房产，失业率较低，为 2.9%，约 88.4% 的居民拥有良好的健康状况。[6] 从数值上比较，两次人口普查虽然有差

---

① "Table CAST03 Theme Table on Ethnic Group – People, 00CNHT Selly Oak", http：//www. birmingham. gov. uk.

② "2001 Census of Population：Key Statistics".

③ "Table CAST03 Theme Table on Ethnic Group – People, 00CNHT Selly Oak".

④ http：//neighbourhood. statistics. gov. uk/dissemination/LeadTableView. do？a ＝ 3&b ＝ 6505602&c ＝ selly＋oak&d ＝ 14&e ＝ 13&g ＝ 6361905&i ＝ 1001x1003x1004&m ＝ 0&r ＝ 1&s ＝ 1364541377038&enc ＝ 1&dsFamilyId ＝ 2474，2013 年 3 月 29 日下载。

⑤ http：//neighbourhood. statistics. gov. uk/dissemination/LeadTableView. do？a ＝ 3&b ＝ 6505602&c ＝ selly＋oak&d ＝ 14&e ＝ 62&g ＝ 6361905&i ＝ 1001x1003x1032x1004&m ＝ 0&r ＝ 1&s ＝ 1363921288074&enc ＝ 1&dsFamilyId ＝ 2477，2013 年 3 月 22 日下载。

⑥ http：//neighbourhood. statistics. gov. uk/dissemination/LeadKeyFigures. do？a ＝ 3&b ＝ 6505602&c ＝ selly＋oak&d ＝ 14&e ＝ 62&g ＝ 6361905&i ＝ 1001x1003x1032x1004&m ＝ 0&r ＝ 1&s ＝ 1364543015895&enc ＝ 1，2013 年 3 月 22 日下载。

距，但塞里橡树区的人口构成相对年轻化、英国白人所占比例较高、拥有较高的生活水准等基本特征没有改变。

紧邻塞里橡树区的维欧里区人口的平均年龄在 2001 年为 36.9 岁，[①] 略高于伯明翰总人口的平均年龄。维欧里区 2004 年的总人口为 25034 人，其中英国白人 21523 人，[②] 约占全区总人口的 86.0%，较伯明翰的平均比例高出较多。该区有 50.6% 的家庭拥有属于自己的房产，[③] 低于塞里橡树区的比例；失业率约为 4.35%，高于塞里橡树区；约 89.2% 的居民健康状况良好，[④] 低于塞里橡树区的比例。这些情况说明维欧里区的英国白人比较集中，人口年龄偏高，工人阶级人口较多，居民生活水平相对较低。

根据 2011 年英国人口普查的统计数据，维欧里区的人口平均年龄为 37 岁，[⑤] 略高于伯明翰市的人口平均年龄。维欧里区的总人口为 25925 人，其中英国白人 19802 人，约占全区总人口的 76.4%，远高于伯明翰市的平均比例。[⑥] 该区有 51.3% 的家庭拥有属于自己的房产，高于塞里橡树区的比例；失业率为 7.9%，高于塞里橡树区的比例；约 77.9% 的居民健康状况良好，低于塞里橡树区的比例。[⑦] 这些数据表明，维欧里区的人口及社会基本状况在两次人口普查期间变化不算很大。

与地处市郊的塞里橡树区和维欧里区不同，春田区处于伯明翰的市

---

① "2001 Census of Population: Key Statistics".

② "Table CAST03 Theme Table on Ethnic Group – People, 00CNJK Weoley", http://www.birmingham.gov.uk.

③ "2001 Census of Population: Key Statistics".

④ "Table CAST03 Theme Table on Ethnic Group – People, 00CNJK Weoley".

⑤ http://neighbourhood.statistics.gov.uk/dissemination/LeadTableView.do? a = 3&b = 6507163&c = weoley&d = 14&e = 62&g = 6362331&i = 1001x1003x1032x1004&m = 0&r = 1&s = 1364547175200&enc = 1&dsFamilyId = 2474，2013 年 3 月 29 日下载。

⑥ http://neighbourhood.statistics.gov.uk/dissemination/LeadTableView.do? a = 3&b = 6507163&c = weoley&d = 14&e = 62&g = 6362331&i = 1001x1003x1032x1004&m = 0&r = 1&s = 1364547175200&enc = 1&dsFamilyId = 2477，2013 年 3 月 29 日下载。

⑦ http://neighbourhood.statistics.gov.uk/dissemination/LeadKeyFigures.do? a = 3&b = 6507163&c = weoley&d = 14&e = 62&g = 6362331&i = 1001x1003x1032x1004&m = 0&r = 1&s = 1364547175200&enc = 1，2013 年 3 月 29 日下载。

中心区，人口密度很大。其最大特点是种族融合的程度相当高，突出反映了英国社会多元化的特征。该区总人口 2001 年为 29198 人，其中有 19268 人具有亚洲、非洲和加勒比等世界其他地区的种族血统，所占比例高达 66.0%，① 而到 2004 年时英国白人的数量只占到该区总人口的 28.5%②。春田区所面临的社会经济问题较多，其失业率高于前两个区，约为 5.25%，居民健康状况与维欧里区持平。③

根据 2011 年英国人口普查的统计数据，春田区总人口为 31391 人，其中英国白人 5334 人，只占本区总人口的 17.0%，其他种族的白人占 4.3%，其余人口均有亚洲、非洲和加勒比等世界其他地区的种族血统。④ 春田区的失业率为 7.4%，略低于维欧里区的比例；约 78.9% 的居民健康状况良好，略高于维欧里区的比例。⑤ 与 2001 年的人口普查相比较，春田区种族多元化的特征更加突出。

总体看来，自笔者第一次访问英国伯明翰市的基层教会至今，上述三个行政区的社会环境及其各自的基本特征没有重大改变。笔者所选取的调研范围与访问对象依然能够代表英国社会面貌的多样性。

二 调研方法

笔者在此项调研中主要采用的是观察、参与及访谈的方法。笔者首先利用周日教会举办崇拜仪式的机会观察每一家教会的外观、内部设置以及会众的数量、年龄、性别和种族构成等情况，收集一些教会发放的宣传资料，之后亲身参与它们崇拜仪式的全过程，体会神职人员的布道内容和风格、信徒的反应、二者之间的互动以及在崇拜仪式过程中教堂

---

① "2001 Census of Population: Key Statistics".
② "Table CAST03 Theme Table on Ethnic Group – People, 00CNJA Springfield", http://www.birmingham.gov.uk.
③ Ibid.
④ http://neighbourhood.statistics.gov.uk/dissemination/LeadTableView.do? a = 3&b = 6505936&c = springfield&d = 14&e = 62&g = 6361268&i = 1001x1003x1032x1004&m = 0&r = 1&s = 1364548874671&enc = 1&dsFamilyId = 2477, 2013 年 3 月 29 日下载。
⑤ http://neighbourhood.statistics.gov.uk/dissemination/LeadKeyFigures.do? a = 3&b = 6505936&c = springfield&d = 14&e = 62&g = 6361268&i = 1001x1003x1032x1004&m = 0&r = 1&s = 1364548874671&enc = 1, 2013 年 3 月 29 日下载。

里洋溢的气氛。有时笔者还被邀请参加教会组织的其他一些活动，如教会的坚振礼仪式、圣诞节午夜崇拜仪式以及教会为本教区居民组织的便民活动等，这使笔者得以从各个不同的角度了解基层教会的运转状况，并且有机会与普通信徒进行交流，了解他们的日常生活、思想观念和信仰实践状况。通过以上这些观察和参与可以直观地感受到当代英国基层基督教会的鲜活面貌，并发现各派教会的特色和差异，为进行下一步的比较研究打下一定基础。

在经过观察和参与的过程之后，笔者所采用的另一项极为重要的调研方法是对每一位基层教会的神职人员进行大约 1 小时的访谈。① 选择基层教会领导的优势之一是他们既没有高层领导讲话的所谓套话、"官腔"，谈话比较坦率，顾虑较少，而且相对于普通信徒来说他们的专业素养更深，学术感较强，看问题也比较全面。因此，与他们进行交谈，更有可能达到比较符合笔者访谈要求的客观效果。在进行访谈之前，笔者设计了一张问题表格，内容包括当代英国基督宗教世俗化的表现、程度和原因，教会应采取的策略、措施和效果，基督宗教的不同宗派和各种宗教信仰之间的联合与对话，妇女授任圣职，教会的社会和政治参与、道德伦理方面的敏感问题，对英国基督宗教未来发展的态度等，力求做到问题设计的合理性和科学化，希望通过神职人员针对这些问题发表的看法捕捉当代英国基督教会的实际发展动向。在访谈过程中，笔者与神职人员主要就以上这些问题进行了交流，倾听受访者的观点和看法，并在受访者允许的前提下对访谈过程进行笔录和录音。在访谈结束之后，笔者对照访谈笔录和录音对神职人员所表述的观点进行归纳整理，必要时针对一些问题对神职人员进行了回访。

通过观察、参与及访谈这三部曲，笔者分别完成了对英国的十余家基督教会的实地调研工作，逐步综合完善了调研表，并在这些感性的第一手资料的基础上展开进一步的理性分析和提炼，总结出一些研究成果和结论。

---

① 绝大部分访谈持续 1 小时以上，最长约 3 小时。

三　代表性和局限性问题

（一）代表性

第一，笔者的调研在伯明翰市所选取的基层教会均分布于上述三个行政区之中，这三个行政区在人口年龄分布、阶级构成和种族融合等各方面的社会状况大致反映出当代英国社会面貌的基本特征和多样性。

第二，从宗派角度来看，所选取的基层教会涵盖了包括圣公会（其中又包括圣公会自由派、高派教会和低派教会即福音派）、罗马天主教会、卫理公会、联合归正会、浸礼会和五旬节派教会等在内的英国各主要宗派的教会。

第三，作者兼顾到受访神职人员的职位、性别和年龄段等方面的差异。

总之，此项调研虽然涉及的范围有限，但笔者在各方面尽量做到使其具有相当程度的代表性。

（二）局限性

第一，从调研覆盖面的角度来说，笔者主要选取了位于英格兰伯明翰市下属的几个行政区中的一些基层基督教会，即不涉及威尔士、苏格兰和北爱尔兰等地，不包含乡村地区，基本上不针对城市的大教堂。除圣公会外，笔者只访问了其他每个宗派中的一家基层教会，并对每个教会中的 1~2 位神职人员进行采访。当然，两位神职人员的观点不一定能够完全代表该教会中其他神职人员的立场，一家基层教会也不会完全代表该宗派中其他所有教会的意见。笔者对每家教会的访问在大多数情况下不多于三次，因此笔者对这些教会的了解可能不够全面。另外，笔者的访问对象是基督教会和基督徒，没有听取来自其他宗教信仰团体和非宗教信仰者对当代英国基督宗教发展状况的看法。

第二，从受访者身份的角度来说，笔者主要的访谈对象是基层教会中的神职人员，除一名教长（dean）之外，其余基本都是教区牧师（vicar）或普通牧师和神父（minister/priest/pastor），高级别的神职人员和普通平信徒较少。另外，在访谈过程中，受访者不一定完全紧扣笔者提问的主题给出答案，有时甚至会发表一些与笔者所提出的问题没有关联的意见。

第三，从调研的执行人即笔者本身的角度来说，笔者在社会调研方面掌握的专业技巧有限，平生第一次独自设计并执行此类专业性较强、范围较广、持续时间较长的系列访谈工作。笔者的调研地点是与本人的文化背景和生长环境迥异的陌生国度，在一定程度上面临着语言上的障碍，经费支持有限，调研工作的时间非常紧迫，因此执行这项工作的难度比较大。但是笔者尽己所能，努力降低客观上的困难对调研工作带来的不利影响，且鉴于上文所述此项调研所具有之相当程度的代表性，调研的局限性因而显得相对次要。

第三节　调研成果与思考

一　教会分组

根据各教会的神学思想倾向，并且为下文分析论述的便利，笔者将此项调研的访问对象分为三组。第一组为自由派教会，包括圣公会中具有自由派倾向的教会 SMC（以下简称圣公会 SMC）、BC，沃尔索耳市 RPC，卫理公会 SOMC，联合归正会 WHURC；第二组为保守派教会，包括圣公会中的福音派教会 SSC、SCC，浸礼会 SPBC，五旬节派教会 CLC；第三组主要指罗马天主教会 OLASROLRCC，也包括圣公会中的高派教会 SGC，它们的神学倾向居于前两组教会之间。①

笔者通过对这些基层教会的访问，无论是从它们的周日崇拜仪式还是神职人员的言谈话语之中，都能够充分感受到世俗化的冲击在这些普通基督教会中的体现。但由于背后作为支撑力量的神学观念不同，这三组教会的神职人员在对待世俗化的态度和教会应对策略等方面的看法表现出较大差异，他们相互之间的矛盾和对立也由此暴露出来。

二　周日崇拜仪式印象

基督教会组织的各项活动中最为核心的部分，也是信徒参与教会生活最为集中的体现即各教会在每周日（尤其是周日上午）举行的例行崇

---

① 笔者调研走访的教会名称在本书中均以英文缩写表示。

拜仪式。无论哪个宗派或不同神学倾向的教会在这一点上是共同的。因此，笔者将被列为访问对象的十余家基督教会的周日崇拜仪式作为一个突破口，亲身体验了每一家教会崇拜仪式的全过程，通过对它们的观察和参与，从以下三个角度体会到各教会表现出的相似与差异。

（一）视觉印象

圣公会（自由派和高派教会）和天主教会十分讲究礼仪，具有固定的、在旁观者看来有些复杂的礼仪形式。牧师或神父及其他神职人员和唱诗班成员的着装均为正统的长袍，并按照不同的品级和身份有所区别。圣公会福音派、卫理公会和联合归正会的神职人员着西装并佩戴白色方领。保守派教会崇拜仪式的程序灵活多样，浸礼会和五旬节派教会牧师的着装与普通信徒没有丝毫区别。

总的说来，大多参加自由派教会周日崇拜仪式的人数比较有限，几乎一半甚至更多的座位是空的，天主教会的情况稍好一些，而保守派教会的教堂里空余座位更少；自由派教会崇拜仪式的参加者以白人和中老年人居多，而在保守派教会中，白人、黑人和黄种人都很多，而且有很多青年人和带领小孩子来参加仪式的小家庭。从教堂参与这一点上看来，世俗化对自由派教会的冲击似乎更为显著。

笔者所访问的各家教会在教堂的建筑造型和内部陈设方面也各具特色。人们可以清晰地辨认出各家圣公会教堂高耸入云式的尖顶（见照片4-1），罗马天主教会OLASROLRCC、联合归正会教会WHURC和浸礼会SPBC教堂都拥有传统的高大建筑，而五旬节派教会CLC和卫理公会SOMC教堂的建筑则与英国普通的民用建筑没有什么区别，似乎只有建筑上方标注的教堂名称才能够提醒人们这里是一座教堂（见照片4-2）。一般传统教堂的内部陈设都比较统一，具有保守派倾向的教会对教堂的布置更显活泼，教堂内外墙面上悬挂或张贴许多图案优美的宣传画。卫理公会SOMC和浸礼会SPBC教堂的内部除了墙上的木制十字架之外，几乎没有其他宗教象征符号，浸礼会更与传统教会祭坛置于中央而讲坛设在旁边的做法不同，将讲坛设在了中央位置。

（二）听觉印象

自由派教会和天主教会在崇拜仪式过程中所运用的音乐风格大体比较传统，节奏较慢，使用的主要乐器是管风琴或钢琴，有的教会有时也

照片 4-1　SMC 教堂外观（笔者摄于 2009 年 3 月）

照片 4-2　CLC 教堂外观（笔者摄于 2009 年 3 月）

使用小提琴或吉他，如罗马天主教会 OLASROLRCC 教堂在不同类型的弥撒当中使用不同风格的音乐，而圣公会 SMC 教堂则一向保持着传统的教堂音乐风格，还配有正规的唱诗班。保守派教会大都使用现代的电声乐队，选唱的赞美诗也大都是流行音乐的风格，节奏较快。这些现代赞美诗的内容不仅是表现需人类仰视才得以相望的、高高在上的上帝对卑微的人的恩典和人对上帝的赞美，而且更体现出了耶稣在我们中间，与人们共同欢笑、共同流泪的亲密伙伴关系，以及信徒们共处一个大家庭的亲情和友情。笔者所访问的几家保守派教会所具有的一个共同特点是，参加崇拜仪式的信徒们不像在一些传统教会中人手一册《赞美诗》低头吟诵，而是按照在会众前方的大屏幕上显示的歌词，在小乐队的伴奏和领唱下共同放声高唱，甚至高举双手，身体随音乐节奏摇摆，感情十分投入。

（三）现场气氛

各教会崇拜礼仪的不同、神职人员主持仪式和讲道的差异以及不同风格之音乐的运用导致教堂里气氛迥异。圣公会和天主教会的礼仪程序极其严格，大多自由派教会牧师和天主教会神父讲话时神情严肃，语气平缓，教堂里的气氛非常肃穆。传统的教堂音乐更增添了庄严和超越的感觉（见照片4-3、4-5）。保守派教会的礼仪形式比较灵活，牧师讲道时热情洋溢（尤其是五旬节派教会），而且不拘泥于固定的形式，还鼓励大家参与到仪式的各个环节中，教堂里的气氛非常活跃（当然，神职人员的讲话风格与个人性格等因素也有关系，不能全部归因于教会的派别）。现代流行音乐的元素更使教堂里洋溢着一片生气勃勃、热烈欢腾的景象，在距离教堂很远的地方就都能感受到教堂里掀起的阵阵热浪（见照片4-4、4-6）。圣公会塞里橡树区的教区教堂 SMC 属于自由派，它与属于五旬节派教会 CLC 的教堂仅有一街之隔，然而笔者可以明显地感觉到二者崇拜仪式"温度"的强烈反差。

（四）小结

笔者在2005年与2009年两次走访以上所述基层教会，参加他们的周日崇拜仪式，发现各家教会在教堂外观、内部设置、崇拜仪式程序和风格、信徒数量和参与程度、音乐使用和现场气氛等方面在几年之间基本没有改变。

照片 4-3　SMC 教堂牧师在讲道（笔者摄于 2005 年 4 月）

照片 4-4　CLC 教堂牧师在讲道（笔者摄于 2005 年 4 月）

照片 4-5　SMC 教堂崇拜仪式瞬间（笔者摄于 2009 年 3 月）

照片 4-6　CLC 教堂崇拜仪式瞬间（笔者摄于 2009 年 3 月）

笔者通过对这些基层教会周日崇拜仪式的观察和参与，得到了直观的印象和体会，感受到各派教会的特色和风貌。从笔者观察到的现象来看，传统圣公会和天主教会更加重视遵行严格的等级体制与礼拜仪式，而具有保守派倾向的教会其崇拜仪式更加灵活多样。在前者的崇拜仪式中使人感觉到上帝是超越宇宙万物的，高高在上，远离尘世，俯视人间；而后者的崇拜仪式更加突出体现的是上帝与人们在一起，存在并生活于这个世界上，与每个人朝夕与共的亲密感。总的来说，保守派教会比自由派教会对本教会的宣传更加积极，为了扩大自身的知名度和社会影响力，对待信众也更加热情，显示出向普天下所有人传递上帝好消息的强烈愿望。例如，五旬节派教会 CLC 教堂的宣传方式与其他教会明显不同，它的宣传资料制作精良，色彩鲜艳，内容丰富。在宣传册封面和教堂内的大屏幕上以世界各国十几种主要的语言文字表示出"欢迎"字样，画面上还呈现出各种肤色的人们的笑脸，给人一种朝气蓬勃和十分亲切的感觉（见照片 4-7）。从周日崇拜仪式反映出的情况来看，面对英国社会的世俗化浪潮，保守派教会的免疫力似乎更强，更具青春活力，对于许多英国基督徒尤其是年轻人来说也具有更大的吸引力。

照片 4-7 CLC 教堂内大屏幕显示内容之一（笔者摄于 2005 年 4 月）

三 访谈解析

经过对周日崇拜仪式的观察和参与，笔者对所访问的教会产生了初步的感性了解，使得接下来进行的与神职人员的对话具有了一定的认识基础和针对性。对于笔者提出的关于在世俗化背景下当代英国基督宗教发展状况的方方面面的问题，各派教会的神职人员作出了各式各样充满智慧的回答，其中不乏精彩妙语，令笔者不仅受益于这些神职人员的专业素养与对当前形势的理性判断和分析，而且也体悟到他们的敬业精神和对英国基督宗教事业的满腔热忱。

笔者在 2005 年与 2009 年两次走访这些教会时，均对其神职人员进行了访谈。笔者 2005 年与神职人员进行访谈的具体内容包括每一位神职人员对以下几组相关问题的看法：当代英国社会宗教世俗化的表现、程度和成因；教会面对世俗化的巨大冲击应当采取的策略和措施，其中也涉及基督宗教内部的不同宗派之间和基督宗教与其他各宗教信仰团体之间的联合与对话、妇女授任圣职、教会的社会和政治参与、道德伦理方面的敏感问题；英国各派基督教会的发展前景，等等。

在 2009 年的回访中，由于原神职人员退休、升迁、调离等种种原因，笔者的访谈对象有一半是新面孔。针对二次访谈对象，笔者一方面了解其思想观念与四年前相比有无变化，另一方面提出一系列关于2005～2009 年教会及社会的发展变化，以及其他与世俗化相关的新问题，如在过去的 4 年中，英国社会世俗化程度的变化、该教会信徒数量增减情况、建制宗教的重要性、教会为吸引年轻人所采取的措施、自由派教会与保守派教会在神学思想和崇拜仪式方面的区别、"逆向宣教"在英国社会的影响，以及宗教因素在英国政府内外政策制定过程中是否重要、宗教群体如何影响英国政策制定，等等。针对新访谈对象，作者首先提出的问题大致与 2005 年的访谈相同，以探测同一教会中不同神职人员的观点异同，之后的问题与对前一组神职人员所提的新问题相同。

各教会接受采访的十几位神职人员对某些问题的回答十分一致或观点相近，而对另一些问题则看法各异，甚至完全对立，这充分反映出三组神学倾向不同的教会其各自的特色及立场观点的分歧和冲突。

（一）关于当代英国世俗化的表现、程度和成因

1. 关于世俗化的表现及程度

（1）"变化" VS. "衰落"

所有神职人员都承认英国社会世俗化的现实，但他们对如何理解世俗化以及英国社会世俗化的程度有不同看法。总的来说，自由派教会更倾向于用"变化"（change）一词来描述当前形势，而保守派教会将世俗化的形势看得更加严峻，更倾向于选择"衰落"（decline）一词。

圣公会 SMC 教堂教区牧师 M. R[①] 牧师认为，当代英国社会是一个两极分化的混合体，其中的一部分人具有很强的宗教性和灵性追求，而另一部分人则是持物质主义至上的世俗观点。有些人在平常情况下是世俗性的，但在人生的危急时刻却显示出其宗教性。联合归正会 WHURC 教堂和圣公会高派教会 SGC 教堂的牧师也认为，人们在遇到危机和灾难的时刻往往会提出一些问题，更需要祷告、与牧师进行交流。人类在心理上需要一种神圣超越的力量，这正体现出教会的一个重要功能。与此同时，圣公会福音派教会 SSC 教堂的教区牧师 C. H 认为，从国家整体的角度来看，基督宗教在衰落，英国社会越来越世俗化了，其宗教性越来越低。浸礼会 SPBC 教堂的 M. S 牧师认为，英国事实上已经被世俗化了（尽管还不彻底），目前只是一个名义上的基督教国家。不过，有三位牧师明确指出，在英国只有极少数人是真正的无神论者。

（2）"信仰但不归属" VS. "归属但不信仰"

一些神职人员（尤其是自由派）持类似于"信仰但不归属"的观点，如圣公会 SMC 教堂的 M. R 牧师认为，教会是构成宗教的一个重要维度，基督教会的重要性确实下降了，但宗教的意义远比教会广泛得多，英国的基督宗教并没有崩溃。联合归正会 WHURC 教堂的女牧师 J. E 认为，虽然通过数据显示的教堂参与率下降了，但很多人仍然自认为是基督徒。人们仍保持着灵性追求，但这并不意味着他们一定要去教堂。与此观点相对，在罗马天主教会 OLASROLRCC 教堂 A. F 神父看来，不仅英国人的宗教实践在特别是近 50 年来有所衰退，而且本应由教会带来的社区凝聚力也在减弱，人们日常生活中的道德观念不断弱

---

① 笔者调研访问的神职人员姓名在本书中均以英文缩写表示。

化。浸礼会 SPBC 教堂 M. S 牧师认为，人们现在并不遵循《圣经》所倡导的基督教价值观，与"信仰但不归属"的情况同时存在的是"归属但不信仰"，一些人虽然去教堂做礼拜，但他们并不一定是虔诚的基督徒。五旬节派教会 CLC 教堂 S. B 牧师认为，英国人教堂参与的总体衰落在传统主流教会中表现得尤为突出，学校中关于宗教方面的教育逐渐减少，社会道德每况愈下。

2009 年第一次接受采访的神职人员都属于教会分组中被列为自由派和中间派的教会。他们对英国社会世俗化的程度大多持"两分法"观点。如罗马天主教会 OLASROLRCC 教堂 D. S 神父认为，我们确实处于"后基督教"社会中，但这并不是纯粹的世俗社会，而是一个混合体，包含某种基督教信仰的元素。D. S 神父举了一个例子：该教堂刚刚为一位女士举行了葬礼。她生前不经常到教堂做礼拜，但希望在教堂举行葬礼。这印证了"信仰但不归属"的理论。圣公会高派教会 SGC 教堂的读经师 R. T 先生承认，社会上确实存在对宗教的冷漠态度，人们会说"我有更好的事情要做"。但与此同时，他指出，新近的统计数据表明，去教堂的人更少了，但是信仰上帝的人更多了。原因在于当时人们正在经历的经济危机，他们意识到，一些问题人类无法解决，因而转向神圣，转向上帝。卫理公会 SOMC 教堂的女牧师 D. H 否认英国是一个世俗化的社会，她只承认教堂参与指标的下降。人们感到不必参与教会活动也能保持信仰。同时，她认为大多数人都具有某种信仰，虽然他们不一定信仰基督教。教会依然拥有道德和精神气质，兴办慈善事业。没有证据表明英国正变成人本主义社会。当然，她肯定的是教会的道德和社会影响力，她否认的"世俗化"意味着"没有宗教或道德内涵"。其观点与前两位神职人员没有本质上的区别。

（3）衰落 VS. 壮大

关于基督宗教的"衰落"，一些神职人员在 2009 年接受笔者采访时发表了较为客观的评论。例如，属于圣公会 SMC 教堂的女牧师 S. I 和属于保守派的五旬节派教会 CLC 教堂 S. B 牧师认识一致。他们都承认，一方面，传统教会在衰落，如圣公会和天主教会。对 S. B 牧师来说，传统教会还包括联合归正会和卫理公会；另一方面，现代教会在发展壮大。S. I 牧师认为，"新时代"灵修运动和以世俗方式表现灵修的教会即属于现代教会之列。S. B 牧师对现代教会的定义是：以充满活力的方式表现基督教信仰的教会，特别是那些在社区和社会活动中发挥作用的教会。两位牧师所描述的"现代教会"实际上有很大程度的重合，只不过因其所处阵营不同，话语间表现出了褒贬不一的态度。上文关于教会分组中的保守派教会即符合两位牧师所指的现代教会。S. B 牧师补充道，浸礼会是个混合体，有些较传统，有些较现代。所以其中一些在衰落，另一些在壮大。在关于当代英国基督宗教是否衰落的这一问题上，第一次接受笔者采访的罗马天主教会 OLASROLRCC 教堂 D. S 神父与其前任 A. F 神父意见一致，即斩钉截铁的肯定回答。

（4）神职人员短缺

笔者在走访这些基层教会的过程中发现，传统教会中比较普遍地存在着神职人员短缺的情况。首先以圣公会为例。笔者访问的圣公会 SMC 教堂是伯明翰市塞里橡树区的教区教堂。笔者 2005 年采访的该教堂教区牧师 M. R 牧师于 2008 年 7 月退休。2009 年笔者对该堂进行回访时，其教区牧师职位依然空缺。① 接受笔者采访的女性助理牧师是兼职，原先曾接受训练拟成为教区牧师，后选择心理治疗师职业。她只是每周日在教会讲道，不在教会领取薪金。笔者在访谈中感觉到，她对教会的很多情况不太了解，兼职与全职毕竟不同。笔者不禁依此判断，这位兼职牧师并不能全心全意为教会作奉献，不会针对教会现状对其发展作出规划并加以实施。

笔者访问的另一座圣公会高派教会 SGC 教堂面临着类似的问题。笔者 2005 年采访的该教堂教区牧师 M. C 于 2007 年底以 70 岁高龄退休，之后该职位空缺。② 笔者 2009 年再次参加该教堂周日崇拜仪式当天，在该教堂讲道的牧师是从其他教会"借用"来的。据该教堂 63 岁的读经师 R. T 先生介绍，M. C 牧师退休以来，情况一直是这样。当笔者问及新教区牧师何时上任时，R. T 先生表示也不知道。他的态度是，反正主教终会任命的。R. T 先生抱怨道，一方面，进入神职人员行列的人越来越少；另一方面，圣公会却将一些有此愿望的人拒绝在外。R. T 先生本人希望被授

---

① 该教堂新教区牧师于 2009 年 9 月上任。

② 直至 2010 年 7 月，该教堂新教区牧师才得以委任。

任为牧师，曾经向上级打报告，但一直没有得到答复。他猜测是因为自己年事已高，而圣公会培养一位牧师需要一段不短的时间。还有一点令 R. T 先生感到不悦。按照圣公会的规则，读经师不能主持圣餐和婚礼，但可以主持葬礼，仅在紧急情况下可以主持洗礼。他认为这种规则很愚蠢。

在这两座圣公会教堂的案例中，SMC 教堂的教区牧师空缺了一年多，而 SGC 教堂的教区牧师空缺了两年半。加之各种繁复的规则，不由得让我们感慨，传统圣公会确实体制僵化，行动迟缓。正如伯明翰市 BC 大教堂 G. M 教长在 2005 年接受笔者采访时所下的判断，"很遗憾，教会的行动通常过于缓慢，是跟随社会而非领导社会"。

类似的问题也出现在天主教会和联合归正会。据圣公会高派教会 SGC 教堂前教区牧师 M. C 介绍，由于天主教会的神职人员不能结婚，许多年轻人不愿加入到这支队伍中来，目前天主教会的神职人员数量不足。笔者在 2005 年的采访中了解到，由于缺少神职人员，联合归正会 WHURC 教堂的女牧师 J. E 必须同时兼任两个教堂的牧师。2009 年笔者回访时，J. E 牧师提到，不仅在联合归正会，圣公会和卫理公会也存在牧师短缺的问题。该堂所在地区有好几个教会的教区牧师处于空缺状态。据 J. E 牧师分析，二战结束之后出现了很多新牧师，当时人们很乐意成为牧师，而现在这一代人已经退休，因此出现了巨大断层，是为神职人员短缺的重要原因之一。J. E 牧师于 2009 年 6 月调离联合归正会 WHURC 教堂，赴任伯明翰联合归正会执事长。新牧师于次年上任，按照联合归正会常规由教会选出，是一位黑人，来自尼日利亚，男性。他也要负责照管两家教堂。这是笔者访问过的白人教会中第一位黑人牧师。J. E 牧师 2011 年告知笔者，由于伯明翰联合归正会的信徒数量在下降，因此不得不对领受薪金的牧师进行减员，但教堂的数量没有减少。由此产生的问题是，较少的牧师要设法管理更多的教堂。伯明翰联合归正会正在探索解决问题的方法。

神职人员是教会组织的中坚力量，是广大信众的引导者。这支队伍趋向萎缩，无疑是传统基督教会的重大损失。

（5）世俗化的进程

A. 教会信徒数量的增减。

笔者 2009 年采访每一位神职人员时都提到一个问题，即贵教会的信徒数量在过去的 4 年里有否增减。大多数神职人员列举出一系列统计数字，如教会正式成员人数、参加周日崇拜仪式的信徒人数、成年人和孩子的数量等。浸礼会 SPBC 教堂 M. S 牧师的回答是，信徒总数与 4 年前"大约持平"，罗马天主教会 OLASROLRCC 教堂 D. S 神父和圣公会高派教会 SGC 教堂读经师 R. T 先生承认教会人数"略有下降"。可见传统教会在教堂参与方面的衰落趋势。

有三位神职人员回答信徒人数"逐渐增多"或"稍有增长"。其中卫理公会 SOMC 教堂的女牧师 D. H 介绍了该教堂信徒人数增长的原因之一是，附近较小的教堂关闭之后，人们来到该教堂做礼拜；另一个原因是该教堂吸收了一个非洲信徒的团契。笔者认为这两个原因造成的信徒人数的增加并不是该教堂实质上的信徒数量增长，而该教堂努力提供多种风格的崇拜仪式和各种灵修课程，确实是吸引信徒的积极途径。目前，大约 200 人参加该教堂举办的 17 种课程，学习《圣经》，讨论道德伦理问题。笔者认为此因素可能导致该教堂信徒数量的实质性增长。

有两座教堂的信徒数量增长最为明显：一是圣公会福音派教会 SCC 教堂。根据该教堂 T. H 牧师提供的数据，该教堂正式成员人数增长约 15%，参加周日崇拜仪式的孩子数量增长了近一倍。另一座是五旬节派教会 CLC 教堂。据该教堂 S. B 牧师介绍，该教堂的信徒比 4 年前大约多 50~100 人。参加该教堂周日三场崇拜仪式的约有 500 人，其正式成员约有成年人 250 人。该教堂的规模实为笔者采访的所有基层教会之最。这两座教堂均属典型的保守派教会。保守派教会的队伍壮大，成为不争的事实。

针对教会信徒数量的增减问题，笔者 2012 年通过电子邮件对各位神职人员进行了回访。包括自由派教会和保守派教会在内的部分教会的信徒成员数量与 3 年前"持平"，一些教会参加周日崇拜仪式的人数"稍有增长"。五旬节派教会 CLC 教堂的增长依然显著。目前每个周日大约已有 600 人参加该教堂的崇拜仪式，比 3 年前又增加了 100 人左右，延续着之前的发展势头。

B. 世俗化程度的变化。

在 2005 年之后的 4 年中，英国社会的世俗化程度有无变化，是笔者 2009 年采访每一位神职人员时都提到的另一个问题。几乎所有保守派教会和中间派教会的神职人员都认为世俗化的进程在继续，有两位自由派教会的女牧师认为没有多少变化。总结起来，认为世俗化程度加深的神职人员大致列举出以下几点理由。

第一，近年来出现了一种更具攻击性的新无神论和所谓"好斗的世俗化"。据圣公会福音派教会 SSC 教堂 C. H 牧师介绍，新无神论者称"信仰上帝是危险的"。其代表人物理查德·道金斯（Richard Dawkins）的著作《上帝的迷思》（*The God Delusion*），以基督教为攻击的目标；而克里斯托弗·希钦斯（Christopher Hitchens）的著作《上帝并不伟大——宗教如何毒害一切》（*God Is Not Great*：*How Religion Poisons Everything*），则更倾向于攻击伊斯兰教。C. H 牧师认为，他们向往和平社会，但没有将基督徒与宗教极端分子区分开。

第二，公共空间愈发不适合谈论基督教。人们在公共场合谈论宗教会感到不安，只能在私下里谈论。宗教已不适合公共空间。另外，基督徒在工作中会遇到麻烦。C. H 牧师举例说明，一名护士为其病人祷告，一名基督徒女学生对穆斯林同学讲了诸如"不信基督会下地狱"之类的话，二者都吃了官司。C. H 牧师担忧，没有言论自由的社会可能会引发暴力。而政治家们对此观点不一，这类问题尚存争论。以上两点也在某种程度上说明了多元社会带来的困境。

第三，从政治层面来看，英国前首相托尼·布莱尔卸任之后，曾回忆在任期间无法谈论其基督教信仰，因为会被人嘲笑。如果他从基督教的立场发表看法，人们不会认真看待。一方面，如圣公会福音派教会 SCC 教堂 T. H 牧师所感到的，政府意识到有一些事情自己无法做到，于是请教会来做。例如，该堂拥有并管理一座儿童活动中心。教会做得更好，品质很高，所有参与者都是志愿者，因为他们是发自内心而非有利可图。但另一方面，正如联合归正会 WHURC 教堂 J. E 牧师所批评的，一些政府机构虽然试图不歧视有信仰或无信仰的人，但他们实际上使信仰成为困难的事。例如，教会很难筹募资金。政府意识到与信仰群体合作是件好事，因为这既可带来巨大的利益又无需支付报酬。但他们的控制过多，无视人们提供服务的信仰动机，过于关注事物的可控性，而不关注服务本身。他们用过多的文书工作来证明自己的工作质量，官僚作风愈发严重。J. E 牧师对于政府控制和限制宗教机构进行社会福利活动表示不满。

第四，基督教价值观正在丧失。浸礼会 SPBC 教堂 M．S 牧师怀旧地谈到英国历史，公元 3 ~ 4 世纪，英国通过基督教化的过程成为一个基督教国家，而目前只是名义上如此了。他感叹这个国家的价值观已不再建立在信仰基础上。五旬节派教会 CLC 教堂 S．B 牧师感到，政府的立法使得基督徒实践自己的信仰更具挑战性。例如，在学校里传授基督教价值观愈发困难。目前英国总的价值体系和社会风气非常世俗。尤其是在教育领域，存在一种压制基督教真理的愿望，用科学来压制基督教真理的趋势愈发明显。

第五，与上文紧密相关的是，在大众层面，基督教逐渐远离了人们的生活。首先，基督教节日遭到了破坏。例如，浸礼会 SPBC 教堂 M．S 牧师感叹，圣诞节现在只是冬天的一项庆祝活动，失去了宗教性质。接受笔者采访的前一两个圣诞节期间，某政党给其成员发送贺卡，上面并没有"圣诞"字样。这是为了不冒犯其他宗教的信仰者。其次，婚礼和葬礼等各种仪式更加世俗。在葬礼上也可以使用流行歌曲。再次，教堂参与人数下降。圣公会高派教会 SGC 教堂读经师 R．T 先生抱怨道，人们不能从每周 168 个小时中抽出 1 个小时去教堂，而说要去购物。

谈到世俗化程度的变化，圣公会福音派教会 SCC 教堂 T．H 牧师涉及了非常重要的一点。他认为这个问题很复杂。一方面，英国社会更加世俗化；另一方面，宗教复兴在继续。人们的宗教性更强了，现在更加敢于说出"我有宗教信仰"。宗教在社会上更加引人注目，比如在报纸上经常可见相关新闻。T．H 牧师认为这是一个全球现象，其原因与人口统计有关。由于其他几种宗教的存在，伯明翰市的基督徒比例稍低，穆斯林、锡克教徒和印度教徒等越来越多。加之白人的人口出生率低，T．H 牧师预计，白人将在三五年后成为少数民族。当时伯明翰市 25 岁以下人口中已有 55% 是穆斯林。笔者认为，首先，从一定程度上说，宗教复兴确实可以说是"全球现象"，不过各宗教有别。以基督宗教为例，它还存在地区差异和宗派差异。笔者将就相关问题在本书第六章展开论述。其次，T．H 牧师提到的英国的"宗教复兴"在很大程度上得益于穆斯林人口的较快增长，而并非基督宗教的复兴。

如果以基督宗教为谈论对象，大家普遍认为英国社会依然处于世俗化的进程之中。一部分人，尤其是保守派教会神职人员的观点是，虽然英国目前名义上仍是基督教国家，但实际上越来越世俗化。教堂参与率等指标严重下滑，教会仅在社会上的一些领域存有影响力。基督教价值观的丧失比数据更能体现出世俗化；另一部分人，特别是自由派教会的神职人员认为，虽然数据显示去教堂的人数下降了，但教会在社会上仍有一定影响力。我们不禁想到了半杯水的故事，是"半杯满"还是"半杯空"（half-full or half-empty）？

各位神职人员在 2012 年通过电子邮件向笔者表达了对 2009 年以来世俗化进程的看法。有三位自由派教会的神职人员认为，英国社会在这 3 年间的变化不大。有两位神职人员表示，社会在 3 年内的宗教化或世俗化很难衡量，并分析了情况的复杂性。从教堂参与的角度来看，一些教会的信徒数量依然下滑，另一些在增长。从个体的角度来看，经济衰退使得很多人产生了生命为何物的疑问，这的确令他们更加意识到生命中灵性的一面。在公共和学术层面上，曾有一些关于宗教在公共生活中的地位的讨论。人们谈及以理查德·道金斯、克里斯托弗·希钦斯和丹尼尔·丹尼特（Daniel Dennett）为代表的"好战的无神论"的壮大，这是基于其 2009 年之前出版著作的讨论的继续。另外，近几年，英国工党政府对某些与信仰有关的活动给予了包括资金方面的支持，特别是针对宗教间合作和以信仰为基础的社会活动。不过，在某种程度上，这种支持是政府安全议程所导致的结果，并非由于信仰团体本身的缘故。而且，大多资金在联合政府之下尚未得以补充。两位保守派教会的神职人员肯定地回答，英国社会正在变得愈发世俗化，并且一年比一年更加世俗化。

综合比较各位神职人员在历次访问中的言谈，我们不难看出，与自由派教会的神职人员相比，保守派教会和天主教会的神职人员对于世俗化的态度总体上似乎不那么"豁达"。在保守派神职人员的观念里，世俗化给英国基督宗教和整个英国社会所带来的冲击和负面影响的程度更为深入，他们对于世俗化危机形势的紧迫感更强。也许这正是保守派教会更为积极主动地宣传福音，想方设法吸引和招募成员的原因之一。

2. 关于世俗化的原因

关于造成世俗化的原因，无论是 2005 年还是 2009 年接受笔者采访的各宗派神职人员普遍认同，当代英国宗教和社会的世俗化是多种因素共同作用的结果，而神职人员对于这一问题的种种分析与他们的神学倾向基本没有直接的关联。

（1）现代化

首先，所有神职人员几乎都提到与"现代化"相关的一系列要素。例如，BC 大教堂的 G. M 教长指出，19 世纪的城市化进程造成人们的生活和工作模式的改变，但教会未能跟上时代变化的步伐，城市中一度缺少教堂和神职人员。教会在此之后的努力为时已晚，人们一旦放弃了对基督宗教的信仰，教会就很难劝导他们回心转意。谈到第二次世界大战之后世俗化进程的加速，G. M 教长认为，经济繁荣从很多方面来讲是人们的幸事，它减少了贫困和人们生活中所遭受的束缚，但是它同时也导致了肤浅的物质主义和消费主义的滋生，使社会逐渐变得以个人的自由选择为基础，人们不再拥有以往对事物的确定性。基督徒只信仰和服从一个上帝，这与当代社会的消费文化不相符合。如今很多人看待社会的逻辑是：如果我能换个工作，或许我也能换一种信仰；如果我能换一种信仰，或许我也能换一个老婆。当人们拥有这样东西时，心里会想也许试试那一样会更好。但 G. M 教长认为，人们面临过多的选择有时会是一件很危险的事情。罗马天主教会 OLASROLRCC 教堂 A. F 神父认为，物质生活水平不断提高所带来的消费主义使人们远离了某种传统的处境，而那样的处境能够提醒人们，人类所面临的灾难、不幸和必死的命运。人们如今有了更大的个人自由和更多的选择，教会已不再是人们度过业余时间的地方，不再是社区生活的中心。联合归正会 WHURC 教堂 J. E 牧师抱怨道，人们现在可以过于轻易地在去或不去教堂之间作出选择。圣公会高派教会 SGC 教堂前教区牧师 M. C 告诉笔者，自 1992 年起，商店和剧院等场所在周日开放营业成为合法，这促使人们在周日的活动有了更多其他的选择。2009 年接受采访的该教堂读经师 R. T 先生对此表示认同。他感慨人们现在感兴趣的是电脑和金钱，而非上帝。鉴于物质主义和消费主义强大的吸引力，浸礼会 SPBC 教堂 M. S 牧师将二者比喻为人们的"新宗教"，将人们经常光顾的购物中心比喻为"新型大教堂"，而他认为这与二战之后资本主义的经济繁荣密不可分。

（2）启蒙与理性

一些神职人员非常重视思想上的启蒙运动对世俗化的促进作用。在 BC 大教堂 G. M 教长看来，科学知识改变了人们理解世界的方式，而且无论男女都有机会接受高等教育，因而人们愈发质疑从前的信仰。2009 年接受采访的圣公会 SMC 教堂 S. I 牧师亦强调教育的作用。罗马天主教会 OLASROLRCC 教堂 A. F 神父认为，哲学运动中的思想家使人们远离了上帝。圣公会福音派教会 SSC 教堂 C. H 牧师指出，理性的发展促使人们可以在没有上帝的情况下解释这个世界，依靠自己的力量控制自己的生活。2009 年接受采访的罗马天主教会 OLASROLRCC 教堂 D. S 神父提醒我们注意，很多人的问题并不在于理性，而是道德。人们想做任何自己喜欢的事，又感觉受到教会的控制。因而，造成世俗化最主要的是道德方面的原因。看来，理性有时似乎只是一个幌子，追求个人自由才是思想根源。

（3）多元文化

关于在一个世俗化的社会中，宗教多元状况是否会削弱英国人之宗教性的问题，大多数神职人员认为，一个成熟的基督徒不太可能因为其他类型宗教信仰的出现而改变自己的信仰。他们不认可宗教多元是导致世俗化的原因之一，相反，很多神职人员认为，基督徒与其他宗教信仰者的交流会巩固他们的基督教信仰。五旬节派教会 CLC 教堂 S. B 牧师认为，其他宗教很难使英国白人改变其最初的基督教信仰。联合归正会 WHURC 教堂 J. E 牧师对此的解释是，人们在与他人谈论信仰时，需要思考自己究竟相信什么以及为什么相信。罗马天主教会 OLASROLRCC 教堂 A. F 神父认为，宗教多元从潜在的意义上说是一件好事，它使人们意识到自己原来的信念并非绝对原则，还有其他各种看待世界的有效途径。基督徒要在理解他人信仰的同时实现普遍的友谊。圣公会福音派教会 SCC 教堂 T. H 牧师指出，《圣经》即是在宗教多元的社会背景之下写成的。基督徒可以通过他人的信仰发现上帝和他们自己。从神职人员对英国宗教多元状况的积极认识当中，我们能够体会到他们对基督宗教现实发展的信心。

还有几位神职人员提到多元文化造成的负面影响，认为人们通过与其他类型的文化和世界各地不同信仰的相遇、接触，思路更加开阔，看到了更为广阔的图景，意识到远不止一种宗教进路通达永生。2009 年接受采访的几位神职人员对此并未直接表示肯定或否定。例如，圣公会 SMC 教堂 S. I 牧师承认世俗化意味着开放。人们到世界各地旅游，看到不同的文化。但她对世俗化与信仰多元的关联表示不确定。也许二者相伴而来，世俗主义是多元社会的一部分。另外几位神职人员间接提到伊斯兰教势力在当代英国社会中的增长及与基督教发展的冲突。联合归正会 WHURC 教堂 J. E 牧师虽然表示世俗化与信仰多元是两回事，但她提到，近几年来，由于整个世界范围内的问题，在伯明翰及英国其他地方出现了一种倾向，即人们尽量不去冒犯其他宗教信仰者，特别是怕得罪穆斯林，所以不会拿伊斯兰教开玩笑。但他们不怕得罪基督徒，不会对基督徒给予同等尊重，可以拿基督教开玩笑。J. E 牧师解释其中部分原因是伊斯兰教在英国相对于基督教来说比较新奇，所以人们会注意，而基督教对他们来说已经习以为常。另外，一些人认为自己是基督徒，因此可以针对基督教随意发话。五旬节派教会 CLC 教堂 S. B 牧师的观点是，一方面，一个世俗化的社会不会给任何宗教留有空间；另一方面，奇怪的是，世俗主义和伊斯兰教势力在英国都在增长，伊斯兰教的影响越来越大。我们将来会看到三种冲突：伊斯兰教与世俗化、基督教与世俗化、伊斯兰教与基督教。文化间的冲突会继续。圣公会高派教会 SGC 教堂读经师 R. T 先生一方面表示，我们接受其他信仰，每一种宗教都是同样的；另一方面又抱怨英国政府对圣公会没有财政支持，政府支持其他宗教，而不是自己的宗教。据他分析，原因也许在于所谓的“政治正确性”（political correctness）。他认为政府这样做是在削弱圣公会。笔者认为，以上几位神职人员提到的现象确实与各宗教的本质无关。我们也不能就此得出结论，异己宗教信仰的强大造成基督教的衰落，但多元宗教的存在对基督教在英国社会的现实发展的确产生了一些间接的不利影响。

（4）重大历史事件

一些重大历史事件尤其是世界大战造成的创伤，是大多数神职人员提到的另一个造成世俗化的原因。BC 大教堂 G. M 教长指出，两次世界大战的深重灾难致使无数人丧失了生命，越来越多的人对如何能够爱上帝提出了质疑。浸礼会 SPBC 教堂 M. S 牧师认为，两次世界大战与人们的信仰发生了猛烈的碰撞，人们不禁提出了"上帝在哪里"这样的问题，而且有数据表明，教堂参与等指标在1945年以后急剧下降。五旬节派教会 CLC 教堂 S. B 牧师认为，人们在战争中所经历的痛苦使其价值观开始发生改变从而离开了教会，并且再也无法回归。卫理公会 SOMC 教堂 G. J 牧师认为，战争悲剧对亲临战场的男人们影响更大，第二次世界大战进一步促使男人比女人对宗教表示出更大的怀疑。

（5）教会自身责任

有几位神职人员认识到，基督教会自身应当对世俗化承担一定的责任。联合归正会 WHURC 教堂 J. E 牧师以"新时代"灵修运动为例，说明人们仍然保有对灵性的渴望，但他们无法在教会中寻觅到，只能到其他各处继续观望和寻找，而或许这正是教会的过错。圣公会福音派教会 SCC 教堂 T. H 牧师强调教会是世上的盐，而盐的作用是防止肉类腐烂。由于肉类本身的特性就是要腐烂的，所以肉类腐烂的责任并不在于肉类本身，而应责怪盐。T. H 牧师由这一比喻中得出的结论是，世俗化的责任在教会而不是社会。教会的错误在于，它没有阻止社会向坏的方向发展。五旬节派教会 CLC 教堂 S. B 牧师认为，由于教会面对社会的变化过于松懈，未能作出积极的回应，因此应当对世俗化承担重大的责任。

（二）关于当代英国基督教会对世俗化挑战的回应

当被问及面对世俗化的冲击教会是否应当有所改变时，所有神职人员都给予了肯定的回答。但当进一步涉及教会应采取何种策略和措施应对世俗化挑战的问题时，各位神职人员的答案便出现了差异，同时自由派和保守派的立场分歧再次显现出来。

1. 应对世俗化挑战的策略

（1）关于"顺应"与"对抗"

总的来说，各派教会的神职人员大多不否认调整自身以顺应时代的发展趋势。如2009年接受采访的圣公会 SMC 教堂 S. I 牧师明确表示，对抗是没有用的。大多数神职人员并非将顺应或对抗看作绝对的矛盾和对立的关系。而神职人员在对回应世俗化的具体措施进行解释说明的过程中，笔者发现他们对于"顺应"的理解实际上有着较大的差别。

自由派教会在神学思想上更加开放，如圣公会 SMC 教堂 M. R 牧师认为，教会应在神学和基本教义方面更加开放，以更积极的态度面对世界。卫理公会 SOMC 教堂 G. J 牧师也表示应当对传统的教义进行反思。教会要像耶稣那样做好冒险的准备然后才能维护自身。2009 年接受采访的该教堂 D. H 牧师介绍，他们正努力接纳来自不同国家和地区、不同文化的人们，创造宽容的教会，容纳各种不同的神学和信仰。

与自由派教会相比，天主教会和保守派教会在神学思想方面的原则性更强，强调基督宗教的基本信条和教义不能改变，只是对这些教义的诠释方法以及与人沟通以使其接近真理的方式需要改变。罗马天主教会 OLASROLRCC 教堂 A. F 神父指出，"顺应"的提法是可疑的，教会需要更新，但真正的信仰是不能改变的，能够改变的只是根据新的环境、特定的历史时期和人们所关注的新问题，而对信仰所进行的表达和诠释的方法与形式，所谓新的形式包括在弥撒中使用现代音乐以吸引年轻人。2009 年接受采访的该教堂 D. S 神父认为，讲道的表达方式可以改变，可以不同的方式诠释《圣经》，使其更加清晰，比如利用葬礼的机会向人们讲道，但这样的机会并不多。他同时感慨道，一些罗马天主教会和福音派教会在现实中并没有作出改变。圣公会福音派教会 SSC 教堂 C. H 牧师和五旬节派教会 CLC 教堂 S. B 牧师对此与 A. F 神父持有非常近似的观点。我们也确实可以在保守派教会的周日崇拜仪式中感受到各种不拘一格的形式和大量现代音乐的运用。当然，自由派教会的顺应也是有原则的。圣公会 SMC 教堂 M. R 牧师认为，教会除了顺应，也要对外部世界进行必要的批评。联合归正会 WHURC 教堂 J. E 牧师在指出教会需要更加灵活，人们崇拜上帝的方式能够改变的同时，也指出上帝是不会改变的。沃尔索耳市 RPC 教堂的教区牧师 C. S 认为，教会应当顺应社会，使用人们可以理解的新的象征符号和语言，其目的是使人们理解来自上帝的信息和爱，而不是为了取悦于人和消遣娱乐。

（2）困惑

有几位神职人员坦然承认他们的困惑。如联合归正会 WHURC 教堂 J. E 牧师认为，采取何种策略应对世俗化对于教会是个非常困难的抉择，很多教会甚至并不十分清楚应该怎样去做。罗马天主教会 OLASROLRCC 教堂 D. S 神父甚至耸耸肩，表示这很难说，他要是知道就好了。世俗化是一种文化倾向，看不出该怎么办。这不是靠他一个人就能改变的。事实上，这种困惑在英国基层教会的普通神职人员中是普遍存在的。

2. 应对世俗化挑战的措施

（1）教会应对世俗化采取的具体措施

谈到应对世俗化所采取的具体措施，有两位保守派教会的神职人员并不认为自己做了什么特别的事，或直接地谈论世俗化。他们只是一直在宣讲《圣经》，讨论所面临的挑战，将神圣与大众区分开，不断教导和鼓励人们在《圣经》教导的基础之上营造自己的生活，向人们宣告教会相信《圣经》是终极权威。这是典型的福音派风格。圣公会高派教会SGC 教堂读经师 R. T 先生在提出宣讲福音的同时强调，讲道的内容应对人们当下的生活有意义。R. T 先生感到教会的教导有时并不诚实，而且远离了上帝。他本人努力做到尽可能诚实。

更多神职人员提到的措施是，拓展多种崇拜形式吸引人们参加教会活动。例如，卫理公会 SOMC 教堂 D. H 牧师介绍道，该教会不仅提供周日崇拜，还有多种多样新颖而高质量的崇拜形式，如冥想、安静的音乐、图画、诗歌等，人们可静静地参与进来。有天主教徒和贵格会信徒等其他教派的人也来该教会寻找宁静的灵修。很多新颖的崇拜形式带有个体性，D. H 牧师认为这在某种意义上说接近世俗化，也是对它的回应。当然这只是多种崇拜形式中的一部分。据圣公会福音派教会 SCC 教堂 T. H 牧师介绍，该堂除开办"阿尔法课程"之外，每年举办一次"回到教会"周日主题活动，邀请过去曾经来教会做礼拜但后来不再来的人回来看看。请他们感受一下，或许现在的教会和以前不一样了。这一措施取得了积极成效，一些人重新回到了教会，一些人还邀请朋友到教会来。浸礼会 SPBC 教堂也着眼于更多的方式、各种宣教形式接触和影响大众，比如在塞里园中组织运动会、家庭娱乐日等活动。该堂 M. S 牧师提到教会存在的争论，即神职人员应该走到人们所在的地方去，还是等人们自己到教会来。M. S 牧师认同前一种方式，因为耶稣是这样做的。但 M. S 牧师认为教会应当谨慎，把握什么是可以妥协的。近年来出现了新形式的教会（New Expressions of Church），或称"新兴教会"（Emerging Church），如咖啡馆教会（Cafe Church）、滑板教会（Skateboard Church）、冲浪教会（Surfing Church），等等。社会正在发生变化，基督徒也在思考，我们为什么要唱五首赞美诗、作供奉？什么是教会？什么是重要的？什么是可以放手的？M. S 牧师提出的这些问题很有代表性。在世俗化的社会中，教会把握怎样的标准和底线，才能做到既以多种方式接触大众，又不丧失自我。对于类似的问题，教会很难找到恰当的答案。

（2）教会如何吸引年轻人

所有神职人员都认可，教会吸引年轻人非常重要。那么在这方面教会采取了哪些措施呢？对于自由派教会和中间派教会来说，这是个难题。圣公会 SMC 教堂 S. I 牧师坦言，教会吸引年轻人确实重要，不过"我们没有采取任何措施。我们对此并不擅长"。罗马天主教会 OLASROLRCC 教堂 D. S 神父也表示困惑，"特别是在这个领域中，没有人知道该采取什么措施"。圣公会高派教会 SGC 教堂读经师 R. T 先生认为教会吸引年轻人一向很重要，但他抱怨该教会的崇拜仪式很死板。如果让一个年轻人选择，他更喜欢现代的、充满活力的音乐，否则会感到恐惧。R. T 先生似乎对改变教会现状有心无力。以上三家传统圣公会和罗马天主教会的神职人员都对教会如何吸引年轻人这个问题几乎无言以对，这个现象着实让笔者惊诧不已。我们不禁要问，这难道是巧合吗？无法吸引年轻人的传统教会今后怎样发展呢？联合归正会 WHURC 教堂 J. E 牧师感叹，吸引年轻人真的很困难，并列举出一系列理由，比如当一些年轻人离开本地去其他地方上大学或工作，教会就可能与他们失去联系；该地区的房价很贵，年轻人不愿住在这里，等等。J. E 牧师表示，与大学毕业后来到此地的年轻人保持联系很重要，教会也努力吸引年轻父母。教会试图通过举办一些非宗教活动吸引周围的居民来教堂，比如音乐会、咖啡早茶会等，借此和他们保持联系。卫理公会 SOMC 教堂 D. H 牧师提到教会办有"青少年教会"（Junior Church），性质与原"主日学校"相同。"学校"听上去像是在控制孩子，而"青少年教会"则拥有更多乐趣。据笔者了解，很多教会都有"青少年教会"，这并不是卫理公会的专利。

相比之下，保守派教会则各显神通，其神职人员谈起教会吸引年轻人这件事时神采飞扬。圣公会福音派教会 SSC 教堂 C. H 牧师表示教会吸引年轻人绝对重要，"我们非常热心于此"。该教会组织了各种小组活动，其中包括分别为不同人群所设的小组，如儿童、年轻人、学生、老年人等。参加小组活动的也有不来教堂做礼拜的信徒的孩子。父母感到教会是一个安全的地方。浸礼会 SPBC 教堂 M. S 牧师认为教会必须努力吸引年轻人，否则教会将逐渐消失。他颇有危机意识地表示"教会距离消失仅一代人之遥"。该教会每周举办年轻妈妈陪伴学步期孩子的小组活动，并对此做广告宣传。M. S 牧师希望这些孩子将来成为基督徒并且影响他们的朋友。五旬节派教会 CLC 教堂一向有青年活动项目。S. B 牧师 2009 年再次接受采访时向笔者介绍，和 4 年前相比的变化之一是，如今每月的第一个周日晚上有一场专门为年轻人设计的崇拜仪式。这场崇拜仪式气氛更加活跃，灯光更多彩且富于变化，音乐更喧闹，年轻人对此也更感兴趣。其间穿插一些娱乐活动，如做游戏、看录像等。参加者大概 2/3 是教会成员，1/3 来自教会之外。我们可以想象，这些适应年轻人特点的活动势必产生相应的效果。

　　3. 组织层面的应对

　　（1）基督宗教内部各宗派之间的关系

　　在组织层面上，多数神职人员表示希望基督教各宗派之间更加统一，大家都在进行着这方面的努力和尝试，但同时也承认迈向联合的步伐十分艰难。卫理公会 SOMC 教堂 G. J 牧师认为，宗派之间的分裂状态是一件令人痛心的事。罗马天主教会 OLASROLRCC 教堂 A. F 神父指出，基督徒的联合非常重要，教会的分裂大大降低了基督徒向世界做见证的效力。上帝会将恩典赐予我们，以充分的耐心和决心实现联合，但它需要很长的一段时间。浸礼会 SPBC 教堂 M. S 牧师认为教会本不应该分裂，圣公会高派教会 SGC 教堂 M. C 牧师表示希望各教会某一天会实现统一。该教堂 2009 年接受采访的读经师 R. T 先生认为，基督教的各个宗派就好像七巧板拼图，需要结合在一起。据联合归正会 WHURC 教堂 J. E 牧师介绍，普世教会运动同时体现在国家层面和地方层面上，包含自上而下或由下至上的实践。1971 年长老会和公理会合并为联合归正会是教会联合的第一步，之后圣公会和卫理公会、卫理公会和联合归正会之间进行对话，分别签订协议，在联合的道路上取得了一定进展。罗马天主教会 OLASROLRCC 教堂 A. F 神父定期与其他教会的神职人员会面，而且他们每年都有四五次机会共同组织宗教活动。圣公会高派教会 SGC 教堂 M. C 牧师与其他教会的神职人员每月至少会面一次，他们还共同举行崇拜仪式，关心社区生活和一些社会事务。据浸礼会 SPBC 教堂 M. S 牧师介绍，在该地区的浸礼会、圣公会和五旬节派等教会的神职人员定期会面并一同工作。

相对而言，自由派教会和天主教会倾向于对教会之间的联合及其成果持较为积极和乐观的态度。比如联合归正会 WHURC 教堂 J. E 牧师认为，虽然各宗派教会在结构上存在着差异，但它们的信念是一致的。罗马天主教会 OLASROLRCC 教堂 A. F 神父认为，普世教会运动在近 40 年中具有很大的影响力，教会之间的关系正在改善，互相加深了解，大家一同工作并成为朋友。保守派教会一方则稍显悲观，如圣公会福音派教会 SSC 教堂 C. H 牧师认为，各宗派间的差异是根本性的，无法合拢，因此联合与合作也只是表面上的，某些形式的对话仅取得了有限的成果。浸礼会 SPBC 教堂 M. S 牧师则认为，不同的宗派在很多方面都无法达成共识。我们从神职人员的谈话中还可以发现排斥异己派别的迹象。圣公会高派教会 SGC 教堂 M. C 牧师认为，与五旬节派教会合作非常困难，而浸礼会 SPBC 教堂 M. S 牧师提到，各教会在该地区的合作实践并不包括罗马天主教会。五旬节派教会 CLC 教堂 S. B 牧师认为，如今的福音派教会比过去更加统一了，我们从中不难看到上文曾经提到的"影子普世教会运动"的影子。

笔者 2009 年在圣公会福音派教会 SCC 教堂参加复活节崇拜仪式时遇到两位信徒，他们是好朋友。其中一位是 SCC 教堂的圣公会信徒；另一位是天主教徒，认为天主教更贴近他的心，在崇拜仪式中，笔者可以感受到他挑剔的眼神，他没有上前领圣餐，表现十分尴尬。两人虽然是朋友，但在信仰上存在分歧。由此看来，神职人员之间的合作无法消除信徒内心的信仰边界。不同宗派之间的联合任重道远。

（2）基督宗教与其他宗教信仰之间的对话

对于基督宗教与其他宗教信仰的对话，各派教会的态度取向与上述针对基督教会内部的联合也有相似之处。各派教会的神职人员大都认为，改进与其他宗教信仰团体的关系，与它们进行对话是非常重要的。一些教会也正在进行着宗教间对话与合作的实践行动。相比之下，自由派教会的态度更具多元主义的包容气度，而保守派教会则更加信守自身信仰的阵线，排他的倾向因而较为明显。联合归正会 WHURC 教堂 J. E

牧师认为，人们以不同的方式敬拜着同一个上帝，因而有很多东西需要互相学习。她并不认同一些教会的观点，即它们无法接受非基督徒，与具有其他宗教信仰的人共处也感到很困难。J. E 牧师认为，那些教会是以使他人改变信仰，皈依基督为目的，而并非意与他人一道为社区共同工作，这样的态度会引发一些问题。而与此相对，圣公会福音派教会 SSC 教堂 C. H 牧师认为，除了涉及"真理"的问题之外，社会是宽容的。人们无法就真理问题达成一致意见。五旬节派教会 CLC 教堂 S. B 牧师也持与此相似的观点。C. H 牧师还表示，宗教间对话的目的是互相理解，进而向他人阐明基督宗教的信仰，并使他人皈信基督。

圣公会福音派教会 SCC 教堂坐落于种族多元的春田区，该堂 T. H 牧师的观点比较有特色。他认为，如果人们拥有完全相同的信仰，那么生活将会很无聊。同时，他感到，诸如各信仰团体之宗教人士每月会面这样的宗教间正式对话并没有什么意义，不能提供实质性的帮助，真正的对话应该从身边的社区开始。T. H 牧师与相邻伊斯兰清真寺的首脑互相拜访，早已成为朋友。他的教区为促进不同宗教信仰者之间保持良好关系而设计了特定的活动项目，T. H 牧师还邀请笔者参观了其中一个项目的活动。每周二、四上午，许多居住在该教堂附近持有不同宗教信仰的居民，尤其是家庭主妇，带领他们的孩子聚集到教堂内一间经过精心布置的大活动室里来。他们之中有天主教徒、新教信徒、穆斯林和佛教徒等。他们每周会到各自的教堂或清真寺去做礼拜，而在这个地方，孩子们在一起玩耍成为了朋友，父母们在一起交流，也成为了朋友。T. H 牧师说，确立了友谊，就会有信任，然后才谈得上对话。制定反种族歧视的相关法律固然必要而有益，然而人们内心的观念很难通过法律而改变。只有人们在日常生活中拥有共同的空间，进行交谈或一起工作，彼此熟悉而成为朋友，事情才会有所转机。

（3）关于妇女授任圣职

谈到妇女授任圣职这一颇有争议的问题，神职人员的派别差异就凸显了出来。自由派教会对此表示认可或欢迎，其理由大致是，我们有责任按照当今社会变化了的形势来诠释《圣经》；而大多数保守派教会反对妇女授任圣职，其中有些教会在理论上接受但在实践中却不予执行，其理由与教会传统或对《圣经》细节的诠释相关。

　　在自由派一方，联合归正会 WHURC 教堂的女牧师 J. E 认为，对这个问题的态度取决于人们对《圣经》的诠释。在她看来，《圣经》是由受到上帝启示的人们在他们那个特定的历史时期和特殊的环境中所书写的，而我们需要将其原则应用到今天的世界。同时，我们应将《圣经》看作一个整体而不是一些孤立的部分来阅读。她相信男女都是按照上帝的形象所造，也平等地受到呼召而担任牧职。2009 年接受采访的圣公会 SMC 教堂的女牧师 S. I 表示，妇女授任圣职是件好事。据她介绍，关于妇女是否可任圣公会主教一事，正在经历立法程序，国会也将对此进行投票。S. I 牧师预计，这将是一个漫长的过程，或许需要 5 年甚至更长时间，其间仍会充满争议甚或混乱局面，但终将成为现实。

　　罗马天主教会 OLASROLRCC 教堂 A. F 神父指出，包括妇女授任圣职在内的一些问题对罗马天主教会来说是不可商议的，因为这不符合上帝的律法，耶稣也从未这样做过。2009 年接受采访的该教堂 D. S 神父明确回应，在他能预见到的将来，妇女不可能被授任天主教会圣职。圣公会高派教会 SGC 教堂读经师 R. T 先生认为这是个困难的问题。他本人并不反对妇女任圣职，但该教会一向都只有男性神职人员。大约 10 年前，一些信徒和神职人员因为妇女也可以授任圣公会圣职而离开了教会。这说明，教会中虽有一部分人观点开放，但教会的整体氛围是保守的。

　　在保守派一方，圣公会福音派教会 SSC 教堂 C. H 牧师表示，按照《圣经》的说法，女性无权处于教导男性的地位，但女性牧师行使教导女性和儿童的职责是可以被接受的。C. H 牧师批评一些教会接受妇女授任圣职的所谓理由，认为他们或是根本就不接受《圣经》的教导，或是声称《圣经》对此问题说法不明，或是认为《圣经》的教导不再适用于今天的情况，因而按照自认为合理的方式去做。从保守派的角度看，自由派接受妇女授任圣职的理由是站不住脚的。在这个问题上，保守派阵营中也有不同声音。同属保守派的圣公会福音派教会 SCC 教堂 T. H 牧师的观点非常开放，他在 2009 年表示，强烈支持妇女授任圣职，他的妻子也是被按立的牧师。他补充道，从前就妇女可否授任圣职进行投票时，他的观点即是，如果妇女不能授任圣职，他本人宁愿不被按立。他讲这番话时与现在的妻子尚未结识。浸礼会 SPBC 教堂 M. S 牧师介绍道，该教会有女性牧师，但这取决于各教会自身。有些浸礼会的教会反对妇女任圣职。以上两个教会的例子说明，保守派内部并非铁板一块，各教会的"保守"程度不尽相同，同一教派内部亦存在多元性。但总的来说，在罗马天主教会和保守派教会中，反对妇女授任圣职的势力依然非常强大。

与 2005 年相比，笔者 2009 年采访的神职人员中，女性比例大幅提高，占到四成，而笔者采访的女性神职人员均属自由派教会。自由派和保守派对于妇女授任圣职问题在理论上的争执亦于实践当中充分表现出来。

4. 社会政治参与层面的应对

（1）社会参与

在社会参与层面上，各派教会都表现出高度的热情，多数神职人员表示教会应参与到社区生活当中。如圣公会高派教会 SGC 教堂 M．C 牧师认为，教会是由人组成的共同体，而不仅仅是教堂建筑，因此教会应当更多地关注人们的福利。圣公会福音派教会 SSC 教堂 C．H 牧师介绍说，他的教会根据人们的不同需求为不同人群（包括蹒跚学步的孩子、儿童、青年人、老年人、学生，甚至男人和女人）分别组织了适合于他们的活动。圣公会福音派教会 SCC 教堂 T．H 牧师认为，教会不只是存在于周日上午，不仅是言辞，而且是行动。该教会为本地区各种族居民组织的一些活动并非是宗教性的，但同样传播了上帝的爱。真正的教会是在社会当中的学校、家庭、工厂和办公室里的所有基督徒。浸礼会 SPBC 教堂 M．S 牧师认为，教会应与人们多多交流，成为朋友，了解他们的思想。他的教会参与了"福音战略"的一系列宣教活动。M．S 牧师向笔者详细介绍了"阿尔法课程"的运作方式和社会影响力。另外，笔者在英国学习期间目睹了东南亚国家爆发海啸之后英国各教会积极组织为灾民募捐，以及各教会活跃在系列活动"让贫困成为历史"的组织工作并参与其中，亲身体会到世界八国集团首脑会议期间，教会在苏格兰首府爱丁堡组织几十万人大游行的高涨热情和壮观场面，等等。

（2）政治参与

2005 年适逢英国大选，笔者向各位神职人员询问了几个有关基督徒参与政治活动的问题。大多神职人员虽然表示他们并未询问其教区内的信徒对诸如英国大选问题的态度，因为政治倾向早已成为人们私人化的选择，但都认为由于基督徒普遍来说具有较高的社会责任感，他们会比非基督徒更加关心大选。教会领导也鼓励人们参加投票。同时，某些宗派的基督徒与特定政党的传统联系（如圣公会与保守党）已经消失。联合归正会 WHURC 教堂 J. E 牧师认为，人们目前是根据他们对一些具体问题的立场，而非根据政党本身来决定支持哪个政党。五旬节派教会 CLC 教堂 S. B 牧师表示，大多福音派信徒不会投票给自由民主党，因为该党对堕胎等道德问题的态度过于随意。大部分神职人员认为，教会领导有责任参与政府的决策，代表基督徒为政府提供建议或批评意见，教会与政府应展开互动。但是，天主教会和保守派教会的神职人员似乎更加流露出对政治党派的不满，认为现在根本没有基督教政党或真正支持基督宗教事业的政党。五旬节派教会 CLC 教堂 S. B 牧师认为，社会和政治体系应以基督教真理和正义的原则为基础。此类观点在一定程度上反映出这些教会与国家的政治生活保持着一定的距离。

　　针对笔者 2009 年提出的"宗教目前在英国政府内外政策制定过程中是不是一个重要因素"的问题，神职人员的回答与其宗派倾向没有关联，他们中的绝大多数用各种方式给出了否定的答案。有些神职人员直接回答"否"或"不重要"，另一些则回答"事实上不是""本应是"或"政治家说不是"等间接予以否定。五旬节派教会 CLC 教堂 S. B 牧师坦言，与世俗化相伴随，宗教在政府政策制定中是一个越来越不重要的因素。圣公会福音派教会 SSC 教堂 C. H 牧师表达了类似的观点，认为宗教因素在历史上更重要。例如，18 世纪宗教复兴时期，宗教影响到奴隶制度、工作条件和教育等方面，而现在，以基督教准则进行争辩已很困难。联合归正会 WHURC 教堂 J. E 牧师就其否定回答举例说明，托尼·布莱尔任首相期间不愿讨论其基督教信仰，只是在卸任之后才谈论得比较多。J. E 牧师认为，信仰确实会影响人，因为这就是这个国家创立的方式。英国是以基督教理想创立起来的，所以它几乎是自动地在此基础上运转。然而在现实中，一旦涉及如发动战争是对是错等问题，她并不认为基督教价值观在这类问题上能够真正发挥作用。SSC 教堂 C. H 牧师补充道，政治家们确实考虑到宗教，但他们还有其他关注点，所有政策都是注重实效的。真是一语道破问题的关键所在。圣公会高派教会

SGC 教堂读经师 R. T 先生提出一种说明，议会上院中有 26 位圣公会主教，下院中没有教会成员，但是很多决策是在下院中作出的。浸礼会SPBC 教堂 M. S 牧师指出，当前个人信仰与公共空间是分离的。只是在有些时候，关于道德伦理方面的政策与宗教有关。圣公会福音派教会SCC 教堂 T. H 牧师也提到一些与宗教相关的问题，如经济和恐怖主义问题，以及同性恋、赌博、酗酒等社会道德问题。圣公会 SMC 教堂 S. I牧师则认为，教会自身应当更多关注战争、人权、贫困、债务、金融危机、拜金主义等更重要的问题，而不仅仅宣传对同性恋的态度。

从各位神职人员比较消极的评论中我们可以看出，伴随着世俗化的浪潮，英国社会的文化基础与现实利益之间的冲突愈发显著。在决策领域，国家的政治和经济利益一定是占上风的。他们的回答表现出对客观现实的失望与无奈，同时也在某种程度上表达了对政府及教会的不满甚至批评态度。

鉴于宗教因素在英国政治中的次要地位，五旬节派教会 CLC 教堂S. B 牧师指出，以基督教团体为主的宗教信仰团体正在采取行动，从事一些社会工作来使这种情况得以改变。S. B 牧师认为，如果他们停止这样做，国家就会陷入严重的社会危机，因为教会的社会关注集中于儿童、青年人、老人和残疾人，这是一个巨大的群体。浸礼会 SPBC 教堂 M. S 牧师认为，宗教团体应该对政府的政策制定施加影响。至于宗教团体如何影响英国政府的政策制定，绝大部分神职人员能够举出几个比较有影响的信仰团体的例子。其中三位神职人员提到自 2000 年起教会内部发起开展的"千禧年债务运动"（Jubilee Debt Campaign），敦促政府减免第三世界国家债务。这一运动卓有成效，教会发挥的作用最大，如今已将英国政府推向前沿。联合归正会 WHURC 教堂 J. E 牧师认为，这在很大程度上是信仰和道德诫命所驱使，但政府的行动，即政策上的真正变化与其言论并不总是相符。J. E 牧师感到政府的努力还不够，并对政府在宗教团体方面重视不足表示不满。有两位神职人员提到名为"信仰工作"（Faith Works）的宗教团体，它努力保持宗教与政策制定之间的关系，鼓励教会参与社会行动，尤其是鼓励教会深入社区工作。圣公会福音派教会SCC 教堂 T. H 牧师提到，由圣公会和罗马天主教会组建的"关注家庭"（Care for the Family），敦促政府应当扶持家庭，比如对处于婚姻状态的公民减税，缩短商店营业时间以促使人们花更多时间陪伴家人，将更多钱投到穷人身上，等等。五旬节派教会 CLC 教堂 S. B 牧师提到名为"关注"（Care）的团体，其成员来自各个教会，具有跨宗派性质。它以伦敦议会为基础，在政府框架内展开工作，寻求在政治的核心之处保持宗教道德价值观。他们所做的工作包括试图建立私立中学，在学校中继续传播基督教价值观等。但此举招致政府内许多人反对，因为它过多反映了基督教保守派的精神特质（S. B 牧师感到不平的是，并没有人反对建立伊斯兰教学校）。另外，"关注"与政治家合作，希望立法将堕胎降到最低限度。一些英国下院议员是"关注"的顾问。"关注"定期与英国下院议员和政府各部门人员举行会议进行讨论。

笔者注意到，各位神职人员所列举的信仰团体中，保守派教会所占比重更大。如上文提到的"信仰工作"和"关注"，都具有保守派教会的背景。另外，据浸礼会 SPBC 教堂 M. S 牧师介绍，福音派联盟游说议会建立了名为"Tearfund"的救济金。圣公会福音派教会 SSC 教堂 C. H 牧师介绍道，福音派联盟、圣公会和罗马天主教会在政府中的影响较大。保守派教会对于社会与政治活动的参与似乎热情更高。

一些神职人员对于政府与教会的互动感到有所欠缺。如圣公会福音派教会 SCC 教堂 T. H 牧师认为，政府应当更多倾听教会的声音。圣公会高派教会 SGC 教堂读经师 R. T 先生指出，议会上院中的 26 位主教应当发挥更大作用。神职人员的呼吁反映出在政教关系层面，教会一方依然处于劣势地位。

（3）道德伦理问题

总的来说，神职人员对一些近年来争论比较激烈的社会道德伦理问题的看法原则性都比较强，但对各个具体问题的态度有时也存在较大差异，反映出教会内部对这些敏感问题的意见分歧。

首先，对于堕胎问题，大部分神职人员表示反对，但程度有所不同。一些神职人员表达了类似的观点，认为这是错误的而且对健康有害，但在某些特殊情况下可以允许，如被强奸或母亲生命处于危险之中时。而另外一些神职人员则坚决反对，甚至将它看作对神圣生命的谋杀。圣公会 SMC 教堂 S. I 牧师支持妇女拥有选择的权利。对她来说这不是道德与否的问题。她是一位兼职牧师，从心理治疗师的角度来看，她接触了很多因选择堕胎而无法原谅自己的妇女，这对她们来说是最难以度过的心理危机之一。

与此相关的是避孕问题。大部分神职人员表示支持，甚至认为应当提倡。只有罗马天主教会 OLASROLRCC 教堂 D. S 神父表示反对。圣公会高派教会 SGC 教堂读经师 R. T 先生介绍说，罗马天主教会考虑到防止传染艾滋病毒，态度有所转变。另外，圣公会福音派教会 SCC 教堂 T. H 牧师认为，一些年轻女性使用"后服避孕药"则相当于堕胎，不仅杀死一个生命，也对女性健康不利，因而予以反对。

关于同性恋的问题，自由派教会和保守派教会的态度有明显的区别。在自由派一方，圣公会 SMC 教堂 S. I 牧师表示非常支持同性恋。《圣经》应被视作一部在特定文化背景之下诞生的文献，体现的是当时的价值观念。联合归正会 WHURC 教堂 J. E 牧师介绍说，该教会有同性恋牧师或长老，尽管并非人人都能接受。她认为人们应根据社会现实状况对《圣经》进行诠释，其观点与 S. I 牧师相仿。保守派教会对此则持相反的立场。圣公会福音派教会 SSC 教堂 C. H 牧师和罗马天主教会 OLASROLRCC 教堂 D. S 神父都认为，根据《圣经》的教导，同性恋是错误的，因此应当反对。另外几位保守派教会的神职人员态度稍显温和。浸礼会 SPBC 教堂 M. S 牧师认为，人们不应歧视同性恋者，但同时他也指出，同性恋的行为违背了上帝的律法，基督徒会反对这样的生活方式。圣公会福音派教会 SCC 教堂 T. H 牧师一方面表示，上帝爱每一个人，但更爱异性恋者，因为《圣经》是这样教导的；另一方面，他打比方说，人不应搬弄是非，但我们不能因为有人搬弄是非就要求他离开教会，因此我们也不应要求同性恋者离开教会。圣公会高派教会 SGC 教堂读经师 R. T 先生认为同性恋不是正常的事情，又表示他虽有自己的看法，但不能下判断，只有上帝才能下判断。上帝是每个人的上帝，他给人们选择，同时带着爱和警告。

虽然神职人员对这些道德伦理问题的观点并不十分统一，但相对于英国社会总体上的自由氛围，基督教会仍然坚守着信仰的原则和底线。难怪在一些人心目中，教会虽已随世俗化之波逐流，但还保有这一块道德的圣地。很多家长虽不是基督教徒，但愿意将孩子送入教会学校学习，为的是培养孩子高尚的道德情操。

5. 灵修 VS. 建制宗教

（1）灵修能否取代宗教

针对近几十年来"灵修神学"和各种形式的"灵修"实践在英国的流行，以及有些学者提出的灵修将会取代宗教的说法，笔者询问了各位神职人员的看法。三位自由派教会的女牧师观点较为宽容。2009年，卫理公会 SOMC 教堂接受采访的 D. H 牧师解释，人们谈论灵修时，意指怎样在感情上投入其信仰之中。人们不仅想要思考信仰，也想感觉信仰。灵修非常重要。圣公会 SMC 教堂 S. I 牧师将宗教划分为好的和坏的两种。好宗教具有灵性，而坏宗教没有。坏宗教只有规则而无灵性，人们在其中只遵循形式但未触及心灵。她指出，灵修的概念比宗教更宽泛。两者是不同的，但会在好宗教中得以统一。依照她们的逻辑，人们追求灵修是正确的。虽然灵修与宗教可能统一，但灵修也可以存在于宗教的范围之外。选择灵修比选择坏宗教好些。联合归正会 WHURC 教堂 J. E 牧师认为，人们所追求的许多东西实际上是能够在教会里找到的，在教会之外所寻找的灵性与教会并不矛盾。

大部分保守派和中间派的神职人员剖析了社会上流行的"灵修"概念。他们认为，各种新型基督宗教和灵修对于世俗化的回应之价值无法与传统教会相比拟。罗马天主教会 OLASROLRCC 教堂 A. F 神父指出，人类需要灵性，因为人不仅是肉体，也是灵魂。但目前社会上的新型灵修只是宣称一种"表面上的真理"，它远远不能满足人们对真理的渴望。而教会的教导才是真理的重要根基，人们由此可以发现通往生命的终极意义。该教堂 2009 年接受采访的 D. S 神父驳斥了社会上的流行看法，即宗教是关于规则的，灵修是关于感觉的。他认为二者不应分开。人们实际上误解了"自由"的含义。圣公会高派教会 SGC 教堂读经师 R. T 先生指出，灵修是宗教的一部分，与上帝的联系是灵性的。圣公会福音派教会 SSC 教堂 C. H 牧师认为，"灵修"一词的含义是很模糊的。人们追求灵修并没有错，但这还不够，因为这只是人类的灵，而不是圣灵。只有圣灵才是真实的，只有通过耶稣基督的道路才是正确的。C. H 牧师 2009 年再次接受采访时针对此问题补充道，某些形式的灵修是个人主义的，只关心自我，是自下而上的，而不是基督教的自外而内，自上而下。浸礼会 SPBC 教堂 M. S 牧师指出，灵性所指代的范围很宽，包括善的一面和邪恶的一面。基督宗教即代表了善的灵性。灵修不应取代传统宗教。因为人生活在社会当中，而社会必须要有组织。五旬节派教会CLC教堂S. B牧师2009年接受采访时通过当时席卷西方国家的金融危机分析了人们的灵性需求。他认为，虽然我们没有身处大觉醒时代，也许看不到大批信徒涌入基督教，但依然相信人们确实需要生命的答案，理解生命的意义和目的。科学和世俗人文主义者的哲学体系都无法解释我们的人生目标。只有信仰才能解释。基督教信仰能传达给人们强大的关于人生目的的信息。近年来，人们对灵修的兴趣不断增长，但很多人讲到灵修的时候是在一个更神秘的背景之下，而不是在上帝的语境下。S. B牧师认为，"灵修"是一个宽泛、含糊不清、有限而空洞的概念。那些拓宽"灵修"一词意义的人绝没有触及真正的问题所在。这个词的意义并不神圣，它不指向任何地方，不会改变人们的生活。"新时代"灵修运动实际上是鼓动人们崇拜除上帝之外的其他东西，在神秘领域中寻得安慰。他不认为任何不把上帝置于中心地位的灵修是好的。S. B牧师相信，灵修挑战宗教，但最终不会取代宗教，因为人们追求灵修的各个方面，但绝不会满意。基督教信仰能够提供人们所要寻找的一切，真实的感觉和切实的信仰。虽然各种不同形式的灵修比世俗的东西好些，但并不是最好的。以上几位神职人员的言谈话语都突出表达了基督教会在当代社会的重要性甚至不可替代性。

（2）建制宗教的重要性

绝大部分神职人员以不同方式肯定了建制宗教的重要性。最直接的莫过于其中两位的态度。罗马天主教会OLASROLRCC教堂D. S神父的理由是，教会体制是上帝赐予的，耶稣希望教会不断成长。教会同样不能没有各项圣礼。最好的教会应有某种体制。圣公会福音派教会SSC教堂C. H牧师引用了《马太福音》中的一句话："我要建造我的教会。"他质疑那些声称"即使教会消失也无关紧要"的人，耶稣为何讲那句话。

建制宗教的重要性之二体现于联合归正会WHURC教堂J. E牧师和罗马天主教会OLASROLRCC教堂D. S神父的观点中。J. E牧师认为，如果没有基督教团契、与他人共同敬拜上帝，做一个孤立的基督徒是很困难的。基督徒不能以同样的方式成长，滋养信仰变得困难得多。D. S

神父也表示，人们有可能不去教堂做礼拜，但在没有他人支持的情况下维持自己的信仰是很困难的。当然，J. E 牧师补充道，这并不是说基督徒不参加团契就不能信仰上帝和祷告，况且不是基督徒也可以做一个好人。

建制宗教的重要性之三体现于教会在社区中的存在。圣公会福音派教会 SCC 教堂 T. H 牧师认为，教区有责任创造一个人人都可以分享的空间。在 SCC 教堂所处的地区，圣公会的作用非常重要。这里的教堂对每个人开放，到 SCC 教堂来的人拥有各种不同的宗教背景。与此相比，该教堂对面有一个穆斯林托儿所，只为穆斯林创办，其他人不会去。卫理公会 SOMC 教堂 D. H 牧师一方面承认教堂参与正在衰落，人们感到不是必须参与教会活动才能保持信仰；但另一方面，人们认为教会组织非常重要。如果一座教堂即将关闭，许多从未参加教会活动的人也会感到不安。因此，保持教会在社区中的存在是很重要的。另外，人们有时到教堂来是为了纪念人生的特殊时刻，如洗礼、婚礼和葬礼；有时人们在遇到重大危机时需要点燃蜡烛进行祈祷；有些人在圣诞节和复活节时才来教堂，他们并不想定期来教堂。按照 D. H 牧师的观点，虽然很多人并不定期来教堂，但在人生重要成长阶段、危机和节日等时刻，人们需要到富有宗教性的地方。教会的重要性即体现于此。

在肯定宗教组织重要性的同时，有几位神职人员强调，敬拜上帝应贯穿于全部生活中，人们不应停止敬拜上帝，不仅局限于周日上午在教堂，也可以在其他时间和地点。人们聚集在教会敬拜上帝，解释《圣经》。离开教会之后，在生活中也要敬拜上帝。如果一座教堂建筑毁坏了，人们还会在一把伞下或一棵树下聚会。人群比建筑更重要。

（3）民众心目中的建制宗教

虽然建制宗教的重要性体现在各个方面，但有两位保守派教会的神职人员坦率地谈及当前英国普通民众对建制宗教的消极态度。浸礼会 SPBC 教堂 M. S 牧师的判断是，大众对国教、体制化的宗教持批判和怀疑态度，而个人灵修却越来越流行。进一步说，福音派基督徒认为，"宗教的"一词具有负面意义，是关乎规则和体制的人造的东西。耶稣对"宗教的"持批判态度。基督徒不喜欢伪善的"宗教"，非基督徒也不喜欢"宗教"。因此，如今的英国政治家不愿意谈论上帝，而在50年前，谈论上帝是很正常的。在美国，政治家则公开谈论上帝。从前，英国国王是"国教护卫者"（Defender of the Faith），而查尔斯王子称要做"信仰护卫者"（Defender of Faith），意为包括基督教在内的所有信仰的捍卫者。M. S 牧师预计，如果查尔斯王子成为英国国王，可能会废除国教制度。这对基督教来说将是件大事。五旬节派教会 CLC 教堂 S. B 牧师从另一个角度阐释了这个问题。他认为目前的问题之一是，许多人把基督教和教会看作纯粹是体制上的东西，而现代教会正努力扭转这种趋势，使教会参与到社区活动中。从这个意义上说，英国文化背景下的体制就是那些传统的、固定不变的东西。但后现代的人们却有所改变，他们以更加灵活的方式看待生活。因此，教会必须作出改变，拥抱人们，与人沟通，顺应人们对于信仰的渴望。如果教会乐于接受挑战，就会成功。如果教会固守其体制，只是在周日聚会，宣传某些价值观，其他什么都不做，那么教会就会衰落。S. B 牧师的观点反映出他对传统建制教会的批判，认为建制教会体制保守，不足以满足后现代社会人们的精神需求。传统教会应顺应社会和人的变化而作出改变。

6. "逆向宣教"问题

在世俗化的背景下，一些学者呼吁，原本面向第三世界国家的宣教回到英国本土，以巩固基督教会即将失去的阵地。与此同时，出现在英国的"逆向宣教"现象逐渐进入了人们的视野。所谓"逆向宣教"，主要是指传统上属于宣教接受国的传教士来到传统上的宣教输出国进行宣教活动。也就是说，亚洲、非洲和拉丁美洲的传教士已逐渐来到包括英国在内的欧美国家开展宣教活动。关于这一问题，笔者将在第六章详细论述。"逆向宣教"并非英国基督教会应对世俗化挑战而主动采取的措施，笔者 2009 年采访各位神职人员时倾听了他们对此种现象的回应。

第一，过半接受采访的神职人员坦言从没听说过"逆向宣教"这个术语。经过笔者解释之后，他们承认确实存在这种现象。有神职人员只是听说过非洲传教士来英国宣教这回事，但本人从未遇到过。有的曾遇到过来自太平洋岛屿和韩国的传教士，有的见到许多来自印度、菲律宾和非洲的神职人员在本地区的普通教会里工作。五旬节派教会 CLC 教堂 S. B 牧师感到这种现象越来越多。对"逆向宣教"了解较多的圣公会福音派教会 SCC 教堂 T. H 牧师介绍，在伯明翰有来自非洲和加勒比地区的黑人教会。他们当初来英国是由于政治、经济形势所迫，当时并非传教士。但他们确是基督徒，信仰坚定。比如圣公会现任约克大主教就来自非洲，20 世纪 70 年代来到英国。

第二，各位神职人员对于"逆向宣教"的态度存在积极和消极两方面。积极态度表现在以下几方面。圣公会高派教会 SGC 教堂读经师 R. T 先生对"逆向宣教"表示欢迎。据卫理公会 SOMC 教堂 D. H 牧师介绍，许多海外卫理公会的牧师来英国从事宣教工作已有很多年。她认为这些"世界伙伴"会带来不同的洞识。圣公会福音派教会 SSC 教堂 C. H 牧师认为，"逆向宣教"是一个令人感兴趣的运动。其好的一面在于，让欧洲人不再以为基督教是西方的，而是来自耶路撒冷，欧洲并不是中心。五旬节派教会 CLC 教堂 S. B 牧师透过此种现象看到的是，欧洲或许是最需要帮助的大陆，因为它是世界上最世俗的大陆。200 年来，欧洲和北美地区的传教士到非洲、南美和亚洲去，但现在情况颠倒了过来。S. B 牧师认为，如果"逆向宣教"能扭转欧洲的局面，就是一件好事。此外，S. B 牧师还有一个观点，非洲、南美和亚洲的第三代或第四代基督徒把激情带到欧洲来，这是几代欧洲传教士最终和最伟大的成果。

几位神职人员也谈到了"逆向宣教"的消极方面。圣公会福音派教会 SSC 教堂 C. H 牧师认为，"逆向宣教"让欧洲人认识到欧洲并不是中心的同时，也令人感到悲哀，因为欧洲不再信奉基督教了。浸礼会 SPBC 教堂 M. S 牧师的看法更进一步。他分析认为，历史上，英国人把基督教带到许多国家和地区，而现在，他们对此嘴上说没问题，实际上内心还是可能有点难过，因为过去他们很骄傲。从理论上说，英国人认为"逆向宣教"没有问题，但实际上感到羞辱。联合归正会 WHURC 教堂 J. E 牧师对部分"逆向传教士"传播福音的方式持保留意见。她认为这些来自海外的传教士在英国传教时应尊重当地的文化，正如英国传教士在海外传教一样。来英国传教是好事，不过 J. E 牧师曾看到一些传教士由于传福音的方式问题致使其传教对象对基督教心生厌恶。他们开始接近他人的时候态度不够温和甚至过于强硬，不符合很多英国人的交往习惯，因此招致反感，激怒了传教对象，使其对基督教的兴趣还不如从前。这会给其他传教士今后接近当地人造成困难。

第三，关于"逆向宣教"是否在英国社会具有影响力的问题，只有一位牧师给予肯定的回答。少数神职人员直接回答没有影响力，绝大多数神职人员都感到，就他们观察到的情况来看，其影响力仅限于特定人群，即他们本族群或与其有相同背景的信徒，比如黑人社区。一位牧师认为至多是他所看到的这样。联合归正会 WHURC 教堂邀请本地区来自太平洋岛屿和韩国的传教士组织使用本国语言的崇拜仪式，但 J．E 牧师并不认为他们目前在该地区有多大影响力。圣公会福音派教会 SSC 教堂 C．H 牧师认为，"逆向宣教"并不是一场有组织的运动，而是由全球化引起的。五旬节派教会 CLC 教堂 S．B 牧师认为，来自海外的传教士在英国传教可能会遭到歧视。上文 J．E 牧师提到的，他们因不够尊重英国当地的文化而招致反感，或许是造成"逆向宣教"影响力有限的原因之一。不知"逆向传教士"是否意识到，文化差异可能导致其努力适得其反。

虽然神职人员大都认为"逆向宣教"影响力有限，不过罗马天主教会 OLASROLRCC 教堂 D．S 神父提到，来自海外传教士的数量越来越多。笔者在上文曾经介绍过，联合归正会 WHURC 教堂 2010 年上任的牧师是一位来自尼日利亚的黑人。这是笔者访问过的英国白人教会中第一位黑人牧师。那么，日后"逆向宣教"是否会呈"星火燎原"之势？我们还需拭目以待。

（三）关于英国各派基督教会的发展前景

1. 应对世俗化措施取得的成效

有几位神职人员提到了教会采取各种措施应对世俗化所达到的效果问题。联合归正会 WHURC 教堂 J．E 牧师认为，虽然该教会设计了各种风格的崇拜仪式，并使其更适合年轻人，但并未取得明显的效果，督促人们走进教堂非常困难。当一些教堂关闭之后，人们有时并不愿意到另外的教堂参加崇拜活动。而且，进行变革也是很困难的，许多人喜欢传统的方式，一旦教会的变革过于剧烈同样会失去信徒。圣公会福音派教会 SSC 教堂 C．H 牧师认为，教会采取的措施取得了缓慢的进展，教会在失去原有信徒的同时也不断有新成员加入教会。从统计数据上看，教堂参与率的下滑趋势已经有所减缓。但浸礼会 SPBC 教堂 M．S 牧师认为，教会取得的成果很小，统计数据继续呈现着衰落的趋势。当然也有令人感到鼓舞的成效，比如"阿尔法课程"已使很多人皈信了基督宗教。

2. 对英国基督教会发展前景的预测

谈到英国基督教会的发展前景，几位神职人员表示很难预测，因为目前正面和负面的迹象同时存在。但总的来说他们表现得比较乐观，对基督教信仰拥有充分的信心。大体说来，自由派教会的神职人员显得更为洒脱一些。圣公会 SMC 教堂女牧师 S. I 认为，世俗化既是好事也是坏事。一方面，世俗化使社会变得更加多元，它解放了人们的思想，例如同性恋者获得的权利应归因于世俗化；另一方面，人们不再共享从前的文化价值观，如十诫，这是非常令人遗憾的。S. I 牧师表示，她并不在意教会的未来，而在意灵修，在意人们是否属灵，是否追随上帝。如果 100 年后教会不复存在，但人们组成了新的属灵群体，她也会很高兴。《福音书》便是关于事物死亡与再生的。也许有一天教会消亡了，但将出现新的表现形式。因此，S. I 牧师对教会的发展并不乐观，而对灵修的未来表示乐观。卫理公会 SOMC 教堂的女牧师 D. H 表示对基督教会的未来发展不悲观。教会需要更少的建筑，将小会众集中成大会众，这样能得到更好的发展。

保守派教会的神职人员更倾向于看到世俗化的负面影响。当然，大部分神职人员并非将世俗化看作绝对的坏事，如罗马天主教会 OLASROLRCC 教堂 A. F 神父认为，世俗化是对基督教信仰的有益挑战，可以促使其发展和变化。教会也应当经历一场净化，教会成员人数减少在积极的意义上说或许能够使教会更加持久、坚强和纯洁。2009 年接受作者采访的该教堂 D. S 神父持相似观点，认为虽然世俗化是坏事，不过精选出来的一个群体会留下来。D. S 神父指出，乐观或悲观不是基督教的价值观。在基督教价值观中，人们拥有的是"希望"。他预料到，在不远的将来，教会将经历一段更艰苦的时期，但基督教永远不会消亡。"我拥有希望。"

3. 各宗派彼此间的评价

当笔者问到哪一个宗派会在未来拥有更好的发展势头时，各位神职人员几乎都表示他们自己的教会所属的宗派会有较好的发展前景，同时列举出本宗派的优势，甚或提出对其他宗派的不满和批评。自由派教会和中间派教会对保守派教会的评价稍稍客气一些。例如圣公会 SMC 教堂 M．R 牧师表示，主流教会从未停止成长和革新。同时，年轻人的思想在进入中年以后会有所改变。2009 年接受采访的该教堂女牧师 S．I 认为这是个复杂的问题。现代教会（保守派）确实在发展壮大，但这并不意味着他们值得保持长久的良好发展态势。生存状态好、发展迅速的教会，如基要主义（福音派）教会，未必是好教会。卫理公会 SOMC 教堂的女牧师 D．H 指出，当前保守派教会发展势头好的说法过于简单化。原因是，第一，某些五旬节派教会，如黑人教会吸引的只是特定的黑人群体。另外一些五旬节派教会与其他教会一样，也在进行挣扎。第二，五旬节派教会（属于特定人群的教会除外）吸引的大多是年轻人。D．H 牧师认为这类教会适应人们信仰征程的某个特定的时间点，年轻人成长到一定的年龄阶段便会离开，寻找神学上更加广阔的教会。这一观点与圣公会 SMC 教堂 M．R 牧师不谋而合。罗马天主教会 OLASROLRCC 教堂 A．F 神父在评论保守派教会的发展势头时也表示，并不认为那是实质性的增长。A．F 神父相信，罗马天主教会将继续存在，无论经受怎样的论战、困难和烦扰。该堂 2009 年接受采访的 D．S 神父对此给予了补充，认为罗马天主教会拥有较强的理性基础，同时也能向其他人学习。圣公会高派教会 SGC 教堂 M．C 牧师认为，拥有明确组织体系的传统教会不会消失。即使一家教堂关闭了，人们还可以去其他教堂，教会的结构仍然存在。而一些新型教会（如家庭教会）过于分散，因此只能维持较短时间。该堂 2009 年接受采访的读经师 R．T 先生认为，罗马天主教会历史最悠久，它已经生存了很长时间，仍将继续下去。

相对而言，保守派教会对自由派教会的批评更为激烈。如圣公会福音派教会 SSC 教堂 C．H 牧师指出，只有真正以耶稣基督和《圣经》为中心的教会才会得到繁荣的发展。他举例说，卫理公会就并没有将耶稣置于中心地位。C．H 牧师 2009 年再次接受采访时补充道，卫理公会正在衰落，圣公会也遇到了麻烦。福音派教会联合在一起，寻求新的、非正式的友谊，共同培训牧师、组织会议等。浸礼会 SPBC 教堂 M．S 牧师批评传统圣公会和天主教会与政治权力的联系过于紧密，在其他方面也犯有错误，而新型教会更加活跃并具有吸引力。五旬节派教会 CLC 教堂 S．B 牧师认为，自由派教会将持续衰落，而新型的具有现代风格的教会是宗教性而非政治性的，它们不去追求政治身份而真正关注人们生活中的实际问题，从而会愈发深入到社区当中，获得长足的发展。S．B 牧师2009 年进一步阐述，持续参与社区生活的教会，充满活力地、开放地敬拜上帝的教会将继续繁荣发展。他认为，坦诚面对上帝并以此联结大众，是教会繁荣发展的关键。他又分析了传统自由派教会另一方面的问题所在：这些教会没能让生活在 21 世纪、没有教会背景的大众理解和接受自己的价值观；人们在教堂里感到不舒服；当他们走进一座传统的教堂建筑，传统风格的崇拜仪式对他们来说显得格格不入，他们无法参与其中。而当他们走进一座更加舒适的教堂建筑，虽然这里有神圣的形象，他们还是感觉好像走进电影院、剧场或社区活动中心一样。如果敬拜上帝的环境更加宽舒和吸引人，即便他们感到有些奇异，也更容易参与进来，会感到更放松、更温暖，不必遵循特定的程式。建筑为目的服务，信众是最要紧的。S．B 牧师指出，以教堂参与来衡量，当前的情况是传统教会在衰落，现代教会在壮大。由于现代教会的教堂参与率会超过传统教会，他相信在未来 10 ~ 15 年，英国总体教堂参与的统计数据会止跌反升。

四　几点思考

（一）世俗化为不争事实

经过对以上一些基层基督教会的实地调研，笔者对世俗化背景之下英国基督教会的现实发展状况，以及各宗派教会的神职人员对一系列相关问题的看法有了更为直接而动态的理解。虽然各位神职人员对如何理解世俗化以及英国社会世俗化的程度有不同看法，但所有受访神职人员都承认英国社会世俗化的现实。教会参与下滑、基督教价值观丧失、神职人员短缺等是被访者普遍提及的问题。相对来说，保守派教会的神职人员更加强烈地感受到世俗化的严峻形势。与此同时，神职人员也看到，在英国只有极少数人是真正的无神论者，人们仍保有灵性需求。面对世俗化这一不争的事实，任何人都无法回避它对英国基督教会甚至整个英国社会的剧烈冲击。它给每一个教会的神职人员都带来了不同程度的忧虑和烦恼、困惑和反省。

受访神职人员从不同角度分析了世俗化的形成原因，教会自身对此亦应承担一定责任。神职人员都认为教会应当采取行动，进行一些改变，以应对社会的变化。但这并非易事，神职人员时常面临困难的抉择。哪些教会传统不能放弃，哪些可以妥协，教会的原则、标准和底线很难把握。自由派教会和保守派教会的神职人员对很多问题持不同立场，互相之间亦多有倾轧。神职人员虽然都意识到世俗化给英国社会和基督教会带来的负面影响，但他们并没有因此而丧失信心和希望，并会继续以各自的方式为教会的发展奉献自我。

（二）教会内部的多元化倾向

英国基督教会内部的多元化包括三层含义。其一，在长期的历史发展过程中，英国基督教会逐渐形成了多种宗派共存的局面，主要为基督新教教会、罗马天主教会和东正教会。新教各宗派包括：圣公会、卫理公会、联合归正会、浸礼会、五旬节派教会、贵格会，等等。笔者在伯明翰地区进行的实地调研涵括了其中绝大部分宗派，并且在调研过程中领略了各宗派教会的特色和风格。

其二，英国基督教会存在着高度多元化的倾向，不仅是各宗派之间，即使是在同一宗派内部，也无法达成统一的意见而导致冲突和分裂。例如，圣公会内部又可分为高派教会、低派教会和自由派。其中高派教会比较接近罗马天主教会传统，低派教会具有福音派传统；就联合归正会来说，伯明翰地区绝大部分联合归正会的神学思想非常自由，但在英国其他地区，也有很保守的福音派联合归正会；浸礼会当中有些较传统，有些较现代，有些浸礼会有女性牧师，另一些则反对妇女任圣职。另外，在笔者访问的同一家教会的不同神职人员或不同信徒之间，观点亦不尽相同。前者在罗马天主教会 OLASROLRCC 教堂表现得最为明显。笔者 2005 年采访的 A. F 神父思想较为开放，他自认为属于少数派，而 2009 年接受笔者采访的 D. S 神父则属于典型的正统派。与此相反，笔者 2005 年采访的圣公会高派教会 SGC 教堂 M. C 牧师非常倾向于天主教传统，而 2009 年采访的该堂读经师 R. T 先生的思想相对自由。同一家教会的信徒的神学思想也可能有差异。例如圣公会福音派教会 SCC 教堂属于保守派，其中也有一部分信徒的神学思想比较自由。该堂 T. H 牧师认为，作为英国国教会的一个教区教会，它应当像"诺亚方舟"一样对所有人开放。保守派的神职人员与自由派的同事也可以保持密切的工作关系。又如联合归正会 WHURC 教堂属于自由派，而教会中也有保守派信徒。该堂 J．E 牧师很高兴看到信徒有不同的神学观点，并尽力维护信徒之间的和平共处。她会小心地不去冒犯那些保守派的信徒，不说与其信仰相抵触的话。如果她知道某些事情他们难以接受，就不会在讲坛上提起，而是进行小范围的讨论。保守派信徒也会设法将神学观点与个人感情分开处理。如教会中一些保守派信徒认为同性恋者会下地狱，但他们可以和同性恋者交朋友。J．E 牧师是该堂的第一位女牧师，也被各派信徒所接受。

其三，与世界范围基督教会内部自第二次世界大战结束以来的发展趋势相符，英国教会亦逐渐演化为超越宗派界限的自由派和保守派两大板块。跨宗派神学思潮之间的个性差别超越了各宗派形式上的不同，这两派在涉及神学、文化、政治和社会道德等各方面的问题上都有着各自截然不同的立场。伴随着世俗化的冲击，两派教会关于如何抑制这一势头的进一步发展则表现出更加明显的立场分歧。两大板块的分野和对立在它们各自崇拜仪式的风格，以及神职人员对与世俗化相连的许多问题之观点的表述当中充分体现了出来。

（三）"自由"与"保守"之张力

1. 外在宗教实践形式 VS. 内在神学思想倾向

笔者根据对各派教会的观察与访谈，发现在许多教会的外在宗教实践形式与其内在神学思想倾向之间经常存在着一种不和谐：一个教会要么是拥有现代开放形式的外壳与保守内核的组合物，要么与此相反，是拥有传统保守形式的外壳与自由开放内核的组合物。自由派教会虽然在神学倾向上主张顺应历史发展的潮流，对传统思想和宗教实践进行反思与修正，但它们当中的很多教会（如传统圣公会）仍然十分重视和强调传统的层级制度与程序繁杂的崇拜礼仪；而在神学思想方面被称为保守派的教会在传播福音的方式上却丝毫也不保守，它们使用现代的建筑和音乐，并借助高度发达的信息社会中可以利用的各种高科技手段，使宗教的信息以历史上前所未有的加速度进行传播。可见，教会的实践形式与其神学思想之间具有一定的张力，所谓"自由"与"保守"是相对而言的。我们需要明确对它们的定位，即当我们提到自由派或保守派教会时，仅包括神学倾向这一层面上的意义。

2. 二者在神学思想与崇拜仪式方面的差异

（1）神学思想的差异

自由派教会与保守派教会的本质区别在于神学倾向的不同，而判别神学倾向的关键在于他们各自如何看待《圣经》。正如卫理公会 SOMC 教堂 D．H 牧师所言，每种神学都认为《圣经》是重要的，关键是如何看待它。保守派教会认为这是上帝的话语，被某些人记了下来；因此这确实是上帝的话语，具有特别的意义。自由派教会认为《圣经》是人的语言，试图解释其对上帝的体验；认为《圣经》是受到上帝启示而非口授的话语，看待它的角度就会不同。人们可以对它加以解释，因为它是被他人解释过的，是他人体验的解释。由此我们便可推知，为什么自由派教会认为，《圣经》是某种特定历史时期和环境的产物，人们应当随时代的发展对其作出阐释。如在对待妇女授任圣职的问题上，自由派教会的态度较为开放和宽容，因为人们需要将《圣经》的原则应用到今天的世界。而保守派教会对此持否定态度的一个重要理由是，按照《圣经》的说法，女性无权处于教导男性的地位，耶稣也从未这样做过。

保守派教会所列的自由派教会的最大"罪状"即他们远离了《圣经》，不接受《圣经》的教导，不坚持《圣经》的中心地位，而只有保守派教会自身才是阅读和遵照《圣经》之训诫的。圣公会福音派教会 SCC 教堂 T．H 牧师解释道，他们称自己为福音派教会，因为他们相信《圣经》非常重要，并且热衷于传播福音，相信福音应当与每个人分享。圣公会福音派教会 SSC 教堂 C．H 牧师指出，基督教与其他宗教截然不同。耶稣使基督教成为独特的宗教。基督教来自于人们自身之上、之外，而其他宗教是来自于之下、之内。只有真正以耶稣基督和《圣经》为中心的教会才会得到繁荣的发展。他批评某些教会并没有将耶稣置于中心地位。在保守派教会看来，耶稣基督和《圣经》是使基督教之所以成其为基督教的核心，偏离了这一点，也就不是真正的基督教了。

（2）崇拜仪式的区别

正如笔者所观察到的，一般来说，神学思想自由的教会在崇拜仪式的风格方面比较保守，而神学思想保守的教会其崇拜仪式比较自由。自由派圣公会（自由派、高派教会）和天主教会十分讲究礼仪，具有固定的、在旁观者看来有些复杂的礼仪形式；主持崇拜仪式的神职人员往往照本宣科，神情严肃，语气平缓；他们在崇拜仪式过程中所运用的音乐风格大体比较传统，节奏较慢，使用的主要乐器是管风琴或钢琴，有的教会有时也使用小提琴或吉他；参加崇拜仪式的信徒们人手一册《赞美诗》低头吟诵；教堂里的气氛非常肃穆。相比之下，保守派教会，尤其是五旬节派教会的崇拜仪式程序灵活多样；主持崇拜仪式的神职人员热情洋溢，而且不拘泥于固定的形式，他们在仪式中大都使用现代的电声乐队，选唱的赞美诗也大都是流行音乐的风格，节奏较快；信徒们按照大屏幕上显示的歌词，在小乐队的伴奏和领唱下共同放声高唱，甚至高举双手，身体随音乐节奏摇摆；教堂里的气氛非常活跃。

两派教会的神职人员均为自身的崇拜仪式风格进行辩护，而对对方阵营的形式持保留态度。在自由派一方，圣公会 SMC 教堂 S. I 牧师感到，相对于保守派教会来说，自由派教会的崇拜仪式显得单调。但是戏剧和象征等要素对传统圣公会非常重要，而这些在保守派教会中并不重要。保守派教会的崇拜仪式通常很生动，那是因为他们希望保持简单的仪式，通过直接的途径与上帝相连，这是由其神学决定的。年轻人喜欢这种风格。在联合归正会 WHURC 教堂 J. E 牧师看来，福音派教会的崇拜仪式风格是使用有很多重叠句的现代赞美诗，同样几句歌词要重复好几遍。这种崇拜方式触及心灵而非头脑。联合归正会 WHURC 教堂的信徒认为歌词很重要，不喜欢过多的重复和叠句。

在保守派一方，圣公会福音派教会 SSC 教堂 C. H 牧师认为，从文化角度讲，他们做事的方式并不保守。保守派教会使用的是现代的表达方式，不是 19 世纪的，而是 21 世纪的方式。五旬节派教会 CLC 教堂 S. B 牧师对双方崇拜仪式不同风格的解释是，主张以传统方式敬拜上帝的自由派教会认为，上帝的神圣保存在敬拜上帝的方式当中。当他们发现崇拜仪式被他们认为是失礼或缺乏敬畏感的方式取代后，会感到非常不安，因为上帝是完全的上帝。这里存在巨大的差距。保守派教会认为，上帝依然是完全的上帝，人们依然敬畏上帝，只是要面对面地认识他，感受到他与我们的亲近。由此我们看到，双方敬拜上帝的方式不同，会感受到上帝不同的方面。自由派教会的方式更能体现出人们对上帝的敬畏之情，而保守派教会的方式体现出上帝与人类的亲近关系。

（3）神学思想与崇拜仪式的关联

自由派教会和保守派教会在内在神学思想与外在崇拜仪式上的张力，使得各自招致了来自对方的诸多批评。保守派教会五旬节派教会CLC教堂S.B牧师尖锐地指出，在保守派教会看来，唯有生命跟随耶稣基督才可以算作基督徒。而在自由派教会，只要实践宗教，就是基督徒。保守的福音派教会尤其关注的是信徒与上帝的关系，自由派教会似乎关注的是信徒与礼拜仪式和教会体制的关系。这正是很多人看到的二者的区别。圣公会福音派教会SSC教堂C.H牧师认为教会有别。其中有些区别是重要的，比如《圣经》。保守派教会阅读和遵照《圣经》的训诫，而自由派教会远离了《圣经》；另一些区别并不重要，比如使用何种崇拜方式。保守派教会将传统神学与现代音乐相结合，将永恒的真理与现代的表达方式相结合，二者是一致的，并不矛盾。他讽刺道，由于自由派教会在神学上远离了《圣经》，因而唯有在崇拜仪式上坚持一些传统的东西，才能感觉自己还是教会的一部分。

不止一位自由派教会的神职人员批评保守派教会神学思想简单，崇拜仪式生动，只能吸引年轻人，并认为当这些年轻人进入中年之后，态度就会有所转变。针对这类批评意见，五旬节派教会CLC教堂S.B牧师给予了回应。他讲述了与他年纪相仿的许多中年人的成长历程。他们在十几岁时开始经历教会生活的转型，帮助将教会塑造成现在的样子。这些人目前在教会中处于领导位置。30年后，他们会变成老年人，依然会留在同样的环境中。中年人在现代教会中感觉更轻松。几十年后，人们会看到现代教会中有更多老年人，因为目前创造这种教会环境的中年人会成为下一代继续享受这种环境的老年人。他认为，目前越来越多保守派的福音派教会和灵恩派教会（Charismatic church）吸引到了老年人，CLC教堂每周日上午9点的崇拜仪式有越来越多60岁以上的老年人参加。保守派教会能够吸引到老年人的原因之一是教会的活动项目能够与老年人建立联系。一些老年人看到年轻人表达对上帝的敬拜感到非常激动。这并不是因为音乐的音量和风格，根本上是因为发自内心的、与上帝的关系。一些老年人很多年都与上帝保持着充满活力的关系。现在他们经历的音乐风格和教堂布置或许与几十年前有些不同，但是生命及与上帝关系的活力本质对他们来说依然真实。S.B牧师意指是内在原因，即信徒与上帝的关系，而不仅仅是崇拜仪式的风格等表面上的原因吸引老年人到保守派教会来。他相信保守派教会不仅能吸引到更多年轻人，也会拥有越来越多的老年人。

笔者认为，教会内在的神学思想倾向与外在的宗教实践形式，"自由"与"保守"之间的张力，在某种程度上反映了神职人员在面对世俗化的冲击时所表现出的踌躇和骑墙心理。他们都清醒地意识到，教会在新的历史环境中必定要作出一些变革，同时又希望能够使教会传统的思想观念或礼仪形式得以延续，只是自由和保守两派教会对于变与不变的侧重点和取舍点有所不同。例如，英国自由派教会思想上的超前并不一定体现于教会生活实践当中。现时的教会形态有利于它们持守自身的正统形象，在礼仪活动和宣教形式上与其传统保持一致，因此显得与它们开放的神学思想内涵有些脱节。英国福音派神学家约翰·斯托特认为，福音传道只能根据《圣经》启示，而不应局限于方法。[①] 阿利斯特·麦格拉斯认为，音乐、礼仪和服装式样等因素与福音本身并无本质关系。[②] 这些观念或许是保守派教会在传道形式上自由开放的思想来源之一。目前许多教会内部看似矛盾的状态，即外表自由内心保守或外表保守内心自由的组合，客观上使各派教会在传统与变革的困境中实现了相对的平衡，也许这是回应世俗化较为稳妥的方式。因为某一教会若是彻头彻尾的自由或保守，都显得有些冒险。像教会现在所各自使用的不过于极端的策略，在现实中往往能够吸引并留住更多信徒。

神学思想与崇拜仪式在很多教会中存在张力，但这也并非绝对，不可一概而论。自由派教会的崇拜仪式有时候可能不太正式，保守派教会的崇拜仪式也可能非常正式。例如，天主教会在崇拜仪式中使用现代音乐的通常是神学思想上的自由派，使用传统崇拜风格的一般是保守派。因此，二者之间是对应的关系，没有矛盾。有些教会崇拜仪式的风格取决于该教会的特色、传统和牧师的偏好。这些都没有明文规定。崇拜仪式的风格是信仰的一种表达方式。

---

① John R. W. Stott, *Christian Mission in the Modern World*, p. 40.

② 〔英〕阿利斯特·麦格拉斯：《福音派与基督教的未来》，董江阳译，第 96 页。

3. 发展变化

（1）自由派教会的动向

笔者在 2009 年回访各家教会时观察到的现象之一是，一些自由派教会的崇拜仪式悄然转向。保守派教会的崇拜仪式在形式上没有变化，活泼如故，而个别自由派教会的崇拜仪式逐渐"开放"，吟唱现代赞美诗，使用除教堂传统的管风琴和钢琴等之外的乐器。例如，卫理公会 SOMC 教堂 D. H 牧师介绍，该堂的崇拜仪式有时使用乐队，有时使用钢琴；一些人喜爱现代赞美诗，另一些人喜爱伴随其成长的传统赞美诗。因此有新有旧是必要的。看来该堂正在尝试和融合不同的崇拜方式，使偏好各异的信徒都能够接受。又如，联合归正会 WHURC 教堂 J. E 牧师也在使用各种不同风格的赞美诗，曲调速度快、慢相结合，新、旧赞美诗相结合。她希望信徒们会逐渐习惯并喜欢新赞美诗，因此在现阶段不会在一次崇拜仪式上全部使用新赞美诗。另外，该堂已开始使用投影屏幕，与保守派教会相似。这在 2005 年笔者访问该堂时是没有的。据 J. E 牧师介绍，该堂花了很长时间才决定使用它。在此之前，有人或担心它会遮住十字架，或担心它在崇拜仪式中过于突出，以至于不能按从前的方式进行礼拜。但现在，J. E 牧师感到大家都喜欢它了。教会在使用大屏幕的同时也还会将赞美诗打印出来。如果有人不喜欢看屏幕也不必勉强。J. E 牧师还在屏幕上放映很多图片。她现在非常热衷于使用大屏幕，通过这种方式联络到了更多的人。J. E 牧师在 2005 年接受笔者采访时正苦恼于教会采取何种改革措施。当时她认为教会很难作出改变，因为许多人喜欢传统的方式，一旦教会的变革过于剧烈同样会失去信徒。她试图逐渐改变，但意识到这需要更长时间。4 年之后，J. E 牧师欣喜地看到了渐变的成效。在圣公会高派教会 SGC 教堂，任职 33 年的前教区牧师 M. C 非常倾向于天主教传统，而笔者 2009 年回访时了解到，该堂正在改变，崇拜仪式的风格和神学思想都不太天主教化了。据笔者观察，神学思想先于崇拜仪式的自由化。圣公会高派教会 SGC 教堂的变化究竟只是一个特例，还是说明圣公会的高派教会都有类似的发展趋势，或是天主教会整体发生变化，我们还需进一步研究。

我们看到，联合归正会 WHURC 教堂 J. E 牧师认为利用现代技术，采取新、旧形式相融合的渐变策略可吸引更多信徒。但罗马天主教会

OLASROLRCC 教堂 D．S 神父的观点与此相左。他认为，使用现代音乐和乐队从理论上讲是为了吸引年轻人，但实际上并不会吸引到更多人。如果人们不想到教会来，即使用现代音乐，他们还是不会来。就是说，自由派教会即使在形式上作出改变，也无济于事。这两种观点孰是孰非，或许我们需要用更长的时间来证实。

（2）保守派教会的动向

保守派教会也出现了一些新动向，以至于圣公会福音派教会 SCC 教堂 T．H 牧师感觉到，目前在许多教会中，自由派与保守派的差别越来越小。其原因是，保守派教会在逐渐壮大，自由派教会的衰退相对比较严重，而当保守派教会壮大之后，思想会变得越来越自由，因为当人们处于少数派的小群体时，更易感受到来自外界的威胁，因而更容易保守，维护自身的身份特征，而当人们处于多数派时，便愈发变得无所谓了。因此，保守派教会人数增多后，变得更加开放和宽容。然而，即便如此，笔者认为，保守派教会的开放和宽容并没有使其信仰核心受到丝毫动摇。保守派教会今后会开放到何种程度，也需要时间来检验。

（四）　自由派教会与保守派教会发展态势比较

从笔者观察到的现象上来看，保守派教会总体上似乎比自由派教会显示出更强的吸引力和欣欣向荣的景象。圣公会伯明翰教区现任主教大卫·厄克特先生本人亦属于圣公会福音派。接受过笔者 2005 年采访的、被列为"保守派"的四家教会的神职人员，在 2009 年笔者回访时他依然活跃在讲坛上，而"自由派"和"中间派"教会的领导，除一位以外，其余都已是新面孔。由此能否说明保守派教会的发展相对更加稳定，我们不可妄下评断。不过在这些新面孔所在的教会中，有两家教会的原教区牧师退休之后，该职位空缺了很长时间，没有新任牧师马上接替，这应是能够说明一定问题的。

对于保守派教会发展势头更为强劲的原因，笔者尝试性地作出以下分析。

第一，保守派教会更加强调对《圣经》以及基督教传统核心教义的坚持，许多信徒认为这样才可清晰地反映出其作为一种宗教信仰的本质与真谛。在现代社会中，或许只有清晰明了地展现出自身的信仰特征，才能突出与周遭世俗环境的边界。神圣与世俗、基督教与非基督教的边界划分得愈明确，愈能树立其信仰堡垒的形象。同时，简单、明晰的教义表达使人们更容易接受，尤其适合年轻人的性格特征和思维方式。相比之下，自由派教会的神学思想更为开放和宽容，但这反倒使得自身的信仰形象以及与周围世俗环境的边界不够明确，更易被淹没在茫茫的世俗之海中。

第二，自由派教会中神职人员与平信徒的神学思想不甚统一。虽然总体来说自由派教会的神学思想偏向于自由开放，但据神职人员反映，由于神职人员与平信徒的角色、教育背景等不同，两者的神学思想差别很大，平信徒比神职人员思想保守。神职人员并未将自己的神学思想充分地向平信徒传播，他们讲道的内容在一定程度上并非其所想，而是平信徒想听的，因为这样比较安全，不会冒犯信徒。我们可以设想，如果一位牧师言不由衷，讲道的内容只是为了迎合信徒的口味，明哲保身，怎能激情满怀，怎能发挥教会领袖的作用？在很多英国人印象中，自由派教会似乎对外界变化的反应较为迟缓，改革的动作也不够迅速。其中的原因自然是多方面的，但神职人员与平信徒之间思想上的差异或许是原因之一。

神职人员与平信徒的神学思想统一与否，和教会的组织体系或许存在一定程度的关联。传统圣公会和罗马天主教会中存在严格的教阶制度，神职人员和普通信徒之间被划分出层层等级，二者的地位随之产生差异，思想上的差异亦在所难免。罗马天主教会 OLASROLRCC 教堂 A. F 神父认为自己与普通信徒是平等的，神职人员应支持和服务于普通信徒。但他自认属于少数派。有些神父认为自己比别人更高，看不起普通信徒。由此两者的关系可想而知了。圣公会高派教会 SGC 教堂 M. C 牧师指出，"组织体系"（structure）这个词比"等级制度"（hierarchy）或许更好。该堂读经师 R. T 先生认为，等级制度显示人类的权力，会产生腐败。这是一些传统教会存在的问题。相对而言，几位保守派教会的神职人员均认为，神职人员只是拥有特别的任务和工作，即侍奉。这是责任，而非地位。神职人员和普通信徒承担不同的角色，拥有平等的地位。尤其是在现代教会中，二者几乎没有什么不同。所有人都是基督教的信徒。二者应当就教会和宣教使命分享相同的观点，一起工作，没有分裂。

与其他教会相对比，保守派教会的神职人员讲道激情澎湃，信徒们的呼应心悦诚服，这幅画面给旁观的笔者留下深刻印象，也足以显现出神职人员与平信徒思想的一致。神职人员拥有强大的号召力引领信徒前进，整个教会亦能够生机勃勃地迎接各种挑战。

第三，宗教崇拜活动中贴近现代生活的崇拜方式，以及神职人员充满激情而言之有物的布道，更能博得众多信徒尤其是年轻人的青睐。相对来说，自由派教会虽然神学思想较为开放和宽容，但它们的宗教崇拜活动往往循规蹈矩，严格承袭传统的程序，几乎没有多少创新。神职人员的布道若再语调平平，讲授一些大而化之的例行说教，则会引得一些信徒哈欠连天，昏昏欲睡。笔者 2005 年在圣公会 SMC 教堂、2009 年在卫理公会 SOMC 教堂均看到过此种现象。如在 SOMC 教堂的周日崇拜仪式中，神职人员讲道神情严肃，语速较慢。牧师与信徒之间交流很少。笔者感到坐在众人当中聆听这种慢条斯理地讲道很容易走神。距离笔者座位不远处，一位黑人女士在打盹，另一位青年女子在众人缓慢而冗长的祷告声中捧着一本自带书籍在阅读，仿佛学生在课堂上不专心听讲的样子。可见，除去神学思想之外，崇拜仪式也会产生不小的影响。赞美诗等音乐风格，甚至建筑风格和室内布置，都会发挥作用。内容和形式缺一不可，有时同样重要。

第四，保守派教会往往比自由派教会采取更加积极主动的方式传播基督教福音，笼络所有信徒和非信徒，缩短教会与大众之间的距离，增强亲近感。通过保守派教会神职人员热情洋溢的讲道、神职人员和信徒们一同忘情的歌唱、活泼的音乐、信徒对来访的笔者故知般的欢迎即可看出这一点。笔者在每个教会访问的短暂时间内，便可感受到保守派教会的信徒们友好而热情的态度和较强烈的传教愿望。

笔者在与一位圣公会福音派英国中年女性基督教徒的交谈中了解到，她母亲原本是自由派圣公会的信徒，但因感到教会说教的空洞无味，早已停止去教堂做礼拜。那时这位信徒正处于幼年时期，受母亲的影响从小没有养成去教堂的习惯，也不信仰上帝。直到成年之后，受到福音派圣公会的感召，成为一名虔诚的基督教徒。她认为，由于自由派教会并不突出强调《圣经》的权威和坚持传统的核心教义，而一味向世俗社会妥协和让步，他们所一贯倡导的所谓"爱"和"宽容"就只能是空话，从而失却了信仰的本真。类似的情况笔者在其他教会也听到过。这位普通信徒的信仰历程颇具代表性。

一些自由派教会在平常的周日崇拜仪式中确实显得冷冷清清，无数空闲的座位上似乎也都笼罩着世俗化的阴影。但遇到一些重大的基督教节日和人生关键时刻的宗教礼仪，情况又会大不相同。笔者曾经在一个普通的周日上午感受到圣公会 SMC 教堂崇拜仪式的平淡气氛，也参加了它的圣诞午夜圣餐礼，以及另一个周日晚上它与另外两家教会联合举办的洗礼与坚振礼仪式。在后两个崇拜仪式中整个教堂座无虚席，场面十分热烈，与前一次教堂内的景象形成了鲜明对照。这不禁使人想到，我们究竟该如何判断世俗化使英国人宗教信仰滑落的程度呢？

（五）信、望、爱

虽然所有接受采访的神职人员一致同意英国已经被世俗化了，但他们相信基督宗教仍然具有强大的社会影响力，基督徒仍然具有高度的社会责任感。这些神职人员并未丧失对基督宗教未来发展的信心，仍然坚定地引领着他们的教会凭借着信念、希望和爱努力在世上作光、作盐，维护世俗社会中那方神圣的殿堂。他们对世俗化与英国基督教会的发展进行着理性的反思，同时也在平日里继续履行他们的讲道职责。"在反思的行动中，每个真诚的人都必须完全地开放，而这也意味着终极的开放。讲道的行动则不同，在此，个人不是以反思的态度站在传统之前，而是有意识地进入那个传统，并重新肯定他通过传统而发现的真理，同时并不因此而忘却或否认反思的结果。"[1] 这些神职人员一定相信在基督宗教传统的核心之处有真理，因而不断尝试着使教会冲破世俗化的羁绊而从容向前发展的种种可能性。"可能性是值得小心地希望的，甚至也许是值得用信仰孤注一掷的。"[2] 英国有一句谚语："有生命就有希望。"在世俗化的潮流中，英国基督教会的神职人员面临着痛苦的抉择，同时也看到了前途的希望。他们正在其发展的十字路口思量、选择，以便能够摆脱目前的困境，把握前进的方向。

---

① 〔美〕彼得·贝格尔：《天使的传言——现代社会与超自然再发现》，高师宁译，第141~142页。

② 〔美〕彼得·贝格尔：《天使的传言——现代社会与超自然再发现》，高师宁译，第142页。

第五章　"你能走多远?"

——英国基督宗教的现在和未来

　　一切预言都是徒劳的,未来变幻莫测,但是守望未来将会是一件有趣的事。①

第一节　关于英国世俗化进程的三种不同态度

　　在世俗化洪流的冲击之下,当代英国基督宗教与以往相比呈现出不同的特点。同时,人们关于世俗化这一历史现象对当代英国基督宗教的发展产生的影响态度不一。当然,同样一种客观事物在不同的观察者眼中总是呈现出不同的形态,不同的观察者会对同样的现象作出不同的判断。总体上说,英国学术界及教会人士对英国的世俗化进程以及与之相关的基督宗教发展趋势问题存在三种不同的态度,即悲观、乐观和中立。

　　第一种是消极—悲观的态度。大多赞同上文提到的传统世俗化理论的一些学者同时也认为英国基督宗教前景黯淡。在他们看来,世俗化是不可逆转的趋势,英国基督宗教目前处于危机当中,正在世俗化的阴影笼罩下走向"死亡"。英国宗教社会学家斯蒂夫·布鲁斯和历史学家卡勒姆·布朗便是具有这种倾向的代表。通过他们各自著作的标题《上帝死了:西方的世俗化》和《基督教英国之死:1800～2000年世俗化理解》,即可透露出他们对世俗化带给英国乃至整个西方社会灾难性后果的哀悼。在布鲁斯看来,无论是英国人的宗教参与还是他们对宗教观念

---

① David Lodge, *How Far Can You Go?*, Secker & Warburg, 1980, p. 244.

的信奉都正处于衰落的过程中。几十年后，圣公会将弱化为一个拥有大量传统遗产却无足轻重的志愿社团，其他个别宗派甚至会彻底消失。按照布朗的观点，世俗化不仅给基督教会造成了巨大损失，也从总体上使英国核心的基督教文化遭受了沉重打击。

第二种是积极—乐观的态度。持这种态度的人大体认为世俗化不一定是坏事，它有可能促进基督宗教的更新，英国基督宗教目前只是处在变革和转型阶段。英国大多教会人士以其坚定的信仰力量对基督宗教的未来充满信心，比如有神职人员认为世俗化使教会的力量在弱化的同时也强化了。虽然教会规模缩小并且信徒数目减少，但沉淀下来的将是纯粹的信仰者，他们的信仰将更加坚定，即世俗化会导致信仰的纯洁化。很多英国学者也反映出类似的态度取向。如英国历史学家杰拉尔德·帕森斯倾向于认为，当代英国的宗教特征是高度多元化而非世俗化，多元化体现在各种世界性的宗教信仰在英国的长足发展、各种新形式基督宗教组织的逐渐壮大，以及新兴宗教运动和"新时代"灵修运动在英国社会的广泛传播，因此所谓世俗化的说法是夸大其辞。宗教社会学家格雷思·戴维的著名论点"没有归属的信仰"意指英国人不去教堂或不再属于任何教会并不意味着他们被世俗化了，事实上在大多数人心中仍然保有对神圣的信仰。大卫·古德休等学者认为，教会增长与衰落同样存在于当代英国社会，主导英国学术界、教会和媒体的世俗化观念是错误的。从这些学者的观点中我们可以看出，他们甚至不接受以"世俗化"来描述当代英国的宗教状况。对这类学者来说，相对于"衰落"，"变化"一词更适合描述英国的宗教发展现状，他们对未来所怀有的自然是一种旷达态度。另外，宗教社会学家保罗·希拉斯和琳达·伍德海德等人乐观地认为，在社会愈加世俗化的同时，英国社会中正在兴起一股"灵修革命"，虽然目前其影响力有限，但各种新形式的灵修或将取代宗教的位置，社会将重新呈现出神圣化的迹象。

更多的学者实际上是处于一种矛盾心态，这构成了对待世俗化的第三种态度。它介于前两者之间，认为当代英国基督宗教确实在衰落，一些反世俗化的迹象并不能弥补基督宗教总体的损失。但与此同时，鉴于英国基督教会甚或整个英国社会对世俗化的回应，世俗化也不会轻易导致英国基督宗教的灭亡。这种看法在笔者看来较为客观地反映了当代英国基督宗教发展的现实状况，而前两种看待世俗化的态度未免失之偏颇，而且其中有时难免夹杂着学者本人的主观愿望。就第一种消极－悲观的态度来说，自孔德之后的大批社会科学家往往倾向于认为科学和理性会取代宗教，宗教是注定要灭亡的。但这样的假定"促使他们在每一点点宗教衰落的迹象中发现宗教即将终结的征候，但却忽视每一点点宗教仍具有活力的迹象或被这种迹象所困惑"①。他们有时还将一些宗教复兴的运动看作宗教最终的垂死挣扎。人们很难否定，他们当中的一部分学者是希望看到宗教消逝的结局。就第二种积极－乐观的态度来说，教会人士的信心常常多由其信仰的精神力量而来，却稍稍缺少一点理性分析的成分。而不承认世俗化现实的学者是在每一点点宗教仍具有活力的迹象中发现宗教即将复兴的征候，但却忽视每一点点宗教衰落的迹象或被这种迹象所困惑，而他们也似乎脱不掉由于希望维护基督宗教的神圣地位而不愿承认和面对残酷事实的嫌疑。此外，学者们的态度分歧在某种程度上反映出他们对"世俗化"甚至"宗教"术语理解上的差异。例如，本书第一章曾经提到，马丁·斯特林格基于对普通英国人的日常生活所做的田野考察得出的"宗教"三要素是：由环境形成的和无体系的信仰，人们与非经验性的他者（non-empirical other）的亲密关系，人们对解决日常实际问题的需求。"宗教"概念中最本质的东西是认为"万物有灵"，或者说是被很多人看作"迷信"的内容。从这一界定便可推导出关于世俗化等一系列问题的答案。斯特林格认为，宗教在英国确实正在发生变化，但其基本要素没有改变，它自古至今一直存在于包括英国在内的所有社会之中。一些学者使用的"民间宗教"（folk religion）、"流行宗教"（popular religion）或"隐形宗教"（implicit religion）等术语大致可以描述当代英国大众层面的信仰形式。从这个角度理解，所谓的世俗化愈发揭示出了人们的宗教性，使其得以凸显出来。它不会在世俗化的环境中消失，而只是会改变自身形式以适应时代的需要。② 这样看来，斯特林格自然亦可划入上述对世俗化采取积极－乐观态度的学者

---

① Rodney Stark, *Sociology*, Fifth Edition, Wadsworth Publishing Company, 1994, p. 419.

② M. D. Stringer, *Contemporary Western Ethnography and the Definition of Religion*, pp. 109 – 112.

之列。

我们曾经在上文对"世俗化"的概念进行澄清，认为世俗化既包含人们的行为实践与宗教组织的疏离，也包括人们宗教思想和观念的逐渐淡漠，以及宗教思想和行为、宗教组织和制度在社会上的垄断地位被削弱，等等。根据我们的调查研究，各方面显示出的迹象都指向了英国的世俗化趋势。以其中任何一方面指标作为衡量依据，都难以抹杀世俗化的事实。

无论是宗教性还是世俗性，实际上都是很难予以评价和度量的概念，对一个存在于现实中的历史现象作出完全公正和客观的分析更是难上加难。我们只是依据能够捕捉到的史实和数据等有限的信息，尽己所能，力求较为全面而准确地把握历史的真实面貌。

第二节　两种趋势的并存

一　世俗化与反世俗化

在英国基督宗教的现实发展过程中，世俗化与反世俗化的趋势长期以来始终并存。只是在近几十年当中，这两种趋势的互动与此消彼长的迹象更为清晰并愈发引人注目。

（一）在当代英国基督宗教的发展这架天平的其中一端，世俗化的砝码异常沉重

世俗化在英国如同在其他欧洲国家一样，经历了一个漫长的发展过程，并且是由多种因素在历史长河中共同作用积淀而成的。20 世纪 60 年代以来，首先，在社会经济和文化方面，高度发达的物质文明助长了消费主义和享乐主义的贪欲，侵蚀了人们内心对神圣灵性的渴望。宗教沦为市场中供人选择的一种商品。在反文化、反权威的青年运动浪潮中，个人自由成为社会的基础价值，而在基督教框架之内的许多传统价值观念被年轻人抛在脑后。许多妇女在获得经济独立的同时，开始质疑基督宗教的思想观念和教会体制中体现出的不平等的两性关系，这不仅导致她们自己可能背离基督教信仰，而且还会影响到宗教信仰在家庭教育中的传承。其次，在政治方面，英国历史上政教关系的变迁致使教权在与政权的较量中节节败退。直至今日，虽然英国仍然在形式上保持着

政教合一的关系模式,但基督教会只是处于次要和辅助的地位,在国家公共事务中发挥着有限的作用。经过历史上一系列政治与宗教的复杂斗争,形成了英国宗教宽容和多元的特性,但它在现实当中却常常造成教会内部的分歧和分裂,破坏了基督宗教发展的稳定性和统一的权威性,从而削弱了基督宗教自身抵御来自世俗化挑战的能力。再次,在神学思想方面,具有自由主义倾向的神学思潮重新占据英国社会思想的主导地位,圣公会主教约翰·罗宾逊的神学观念开创了英国基督教激进主义思想的新时代。他在《对神老实》一书中所表达的教会需要变革的建设性思想反而产生了破坏性效果,引发了人们对基督教基本教义的质疑和摒弃。与此同时,罗马天主教会"梵二"会议"跟上时代"的革新精神也推进了天主教神学自由化的转向,与英国新教具有自由主义倾向的神学思潮形成呼应。历史发展证实,这些神学思想带来的后果违背了教会的初衷,反而对世俗化起到了推波助澜的作用。

以上各方面因素以社会经济发展为基础,经济、政治、文化和宗教神学思想等有机地联系在一起。它们之间的关联和互动促使世俗化在当代英国社会实现了由量变到质变的突破并得以加速发展,令当代英国基督宗教遭受到了前所未有的重大打击。

在宗教信仰的外化形式——宗教行为和实践方面,根据各种权威研究机构公布的调查结果,包括宗教归属、教堂参与、主日学校就学,以及在人生重大时刻使用宗教礼仪如婴儿受洗、坚振礼、基督教婚礼和葬礼等的人口比率全部以较从前更为迅猛的速度下滑。到 20 世纪末 21 世纪初,几个世纪以来曾由英国基督教传统所主导和限定的各类人生礼仪继续被世俗仪式所颠覆。例如,世俗形式的婚礼和葬礼,它们虽然早在 19 世纪就已出现,但却在 20 世纪晚期快速流行起来。在 1997 年为黛安娜王妃举行的葬礼上,英国家喻户晓的摇滚乐巨星埃尔顿·约翰(Elton John)演唱了根据他本人于 20 世纪 70 年代创作,后为悼念黛安娜王妃而特意改写的歌曲《风中之烛》(*Candle in the Wind*)。此次葬礼后又引发了更多使用流行音乐、世俗诗歌、亲人撰写的颂词、戏剧等"敢作敢为"的葬礼。①

---

① Callum G. Brown, *Religion and Society in Twentieth-Century Britain*, p. 317.

在宗教信仰的内在形式——宗教观念和意识方面，英国人心目中上帝、死后生活、天堂和地狱等一些基本的基督教观念越来越淡漠，其宗教意识也越来越模糊，"宗教"的界限甚至难以划定。2003 年，回答"我不相信死亡是终结"的英国被调查者比例为 51%。[1] 在 2004 年针对 1 万人进行的一项国际调查中，认同"我一直信仰上帝"这一说法的英国被调查者比例为 46%，属于调查结果比例最低的国家之列，远远落后于美国人的 79%、印度人的 92%、印度尼西亚人的 97% 和尼日利亚人的 98%；认同"我会为我的上帝/我的信仰而死"的英国被调查者比例仅为 19%，而美国人为 71%、尼日利亚人则高达 95%。[2] 与此同时，英国人的道德观念也逐渐脱离了传统基督教伦理的轨道，社会变得愈发"宽容"，人们越来越多地接受了更加灵活、不受宗教训导约束的自由化立场，政府的立法也无可挽回地向自由化方向倾斜。英国政府于 20 世纪 60～70 年代出台了一系列关于放松堕胎、人工避孕和离婚等方面限制的法案。到 2005 年年底，同性恋伴侣在英国正式具备了与异性男女同等的享受婚姻的法律权利。在这一年，瑞士和荷兰等国家和地区将安乐死合法化。即便是面对教会的压力，英国医疗协会（British Medical Association）还是弱化了对实践安乐死在伦理层面上的反对立场，这为政府的相关立法打开了通道。[3]

基督教会的中坚力量——教会的神职人员队伍在近几十年来逐渐萎缩。不仅神职人员的数量迅速下滑，一些神职人员开始怀疑他们所从事职业的意义，还有一部分神职人员自身的宗教观念也逐渐淡漠。人们时常可以听到教堂关闭的消息，但即使使用这种方法也未能促使那些继续开放的教堂有更多信徒光顾。同时，教会在政治、教育、医疗保健和社会福利等公共领域的优势地位被打破。虽然教会目前仍在英国社会保持着很高的声望，并受到民众的尊重，但其社会影响力早已无法与几十年前相比。大多数英国人愈发漠视教会的存在，教会面临着在英国社会被边缘化的危险。

英国人所漠视的不仅仅是教会的存在，基督宗教作为一种社会文化

---

① Callum G. Brown, ibid, p. 29.
② Callum G. Brown, ibid, p. 319.
③ Callum G. Brown, ibid, p. 317.

价值体系已经逐渐远离人们日常生活的中心。例如，英国人已不再热衷于为新生婴儿取一个受洗时的教名（Christian name）。在苏格兰，被列为前十位最流行的男孩名字当中，一些使徒的名字如约翰（John）、安德鲁（Andrew）、彼得（Peter）、马太（Matthew）、马可（Mark），以及《圣经》中人物的名字大卫（David）等所占的比例在 1950 年为 32%，到 2000 年只剩下不到 4%。① 同时，基督宗教亦渐渐退出大众传媒的主要舞台。到 2000 年前后，除了仅有的两个电视频道仍保留了周日晚间的宗教节目，其他各类迅速发展起来的电视频道均不再有宗教节目的位置。一些老年人只是在他们的自传和口述历史的文字记录中流露出对几十年前那个"平静"而"美好的"基督教社会的怀恋之情。② 近期欧洲人权法院审理了四宗类似的诉讼案件，均牵涉英国基督徒在工作场合感觉受到歧视而坚持维护自身的宗教权益。法院最终判决结果为一胜三败。除了坚持在工作中佩戴十字架项链的英国航空公司一位女雇员得到法院支持之外，另外三位基督徒均败诉，其中一位护士被雇主阻止在工作中佩戴十字架项链、一位婚姻顾问因反对为同性伴侣提供性生活治疗建议而遭解雇、一位登记员因拒绝为同性恋者举行结婚仪式而遭处罚。③ 这反映了一种社会氛围，宗教信仰在英国乃至西欧国家越来越成为个人的私事。同时，公民不能在公共场合因表达自身的宗教信仰而影响到其他人的平等权益。英国广播公司负责宗教事务的通讯记者针对法院的判决发表评论称，基督教在与世俗社会的论争中屡屡失败，"基督教在英国文化和法律中的影响已然逐步衰减"④。几十年间，世俗化一步步侵入英国人的生活，而宗教则一步步后退。对于许多英国人来说，这一切似乎都是在不知不觉当中发生的。直到今天，世俗化的趋势仍在继续，缺乏宗教热忱的冷漠成为很多英国人的普遍状态。

（二）在当代英国基督宗教发展这架天平的另外一端，成长着制约世俗化的各种力量，致使世俗化的发展有一定的限度

首先，英国基督教会面对世俗化的挑战进行了各种主动或被动的回

---

① Callum G. Brown, ibid, pp. 280-281.
② Callum G. Brown, ibid, p. 281, p. 290.
③ http：//www.bbc.co.uk/news/uk-21025332，2013 年 1 月 16 日下载。
④ http：//www.bbc.co.uk/news/uk-21037173，2013 年 1 月 16 日下载。

应。在对世俗化进行回应的过程中，教会内部超越宗派界限的两大阵营，即根据其神学倾向的区别而形成的自由派教会和保守派教会，在神学思想、组织机构和社会参与等层面上均表现出明显的立场分歧，并分别采取了顺应和对抗两种不同的策略。

自由派教会在英国相对来说处于主流地位，它们以顺应当代社会发展的时代精神为指南，在各个层面进行大胆的改革尝试与突破，试图摆脱教会传统的陈腐观念，在社会上树立崭新的教会形象。在神学层面上，以约翰·希克和唐·库比特等为代表的英国当代宗教哲学家和基督教神学家从各自的角度出发，对当代英国基督宗教所面临的世俗化挑战进行了深入的反思，以向当代世界开放的宽容情怀和对未来发展的乐观态度，突破传统基督教神学理论的框架，拓宽传统宗教解释的思路，体现出后现代主义神学破旧立新的旨趣，以通过对传统的否定实现理论上的飞跃和升华。英国前任坎特伯雷大主教罗恩·威廉斯在神学立场上风格独特，他力求将传统与创新相结合，使各种思想倾向得以保持平衡，从而帮助教会把握方向，在顺应时代发展潮流的同时坚定地维护自身的信仰立场。在组织层面上，自由派教会对其内部机构管理体制及其传统观念进行了大幅度调整，克服传统管理体系的种种弊病，使现代民主的行政管理体系与传统教阶体制互相补充和制衡，同时加强组织机构的设置力度，保持教会对社会发展动向的灵敏度和开放度。自由派教会还积极倡导和参与普世教会运动，使之逐渐向更加灵活和注重实效的方向调整，促进基督教会内部的团结和统一。同时，基督教会推动与其他宗教信仰团体和社会思潮的对话，力求改善与它们的关系。教会内部各宗派以及教会与各信仰团体之间对话与合作的加强有利于增强教会自身实力和活力，从而提高抵御外部压力和挑战的能力。在社会层面上，自由派教会表现出对社会参与灵活开放的姿态，努力表达其对现实社会的责任心和使命感，号召基督徒关心社会生活，在世上作光作盐。教会不仅经常针对政府的社会政策发表评论，在一定程度上参与到政府的决策过程当中，对伦理道德等领域的社会政策走向施加影响，寻求当代英国面临的各种社会问题的解决方案，而且关注民众的世俗生活。神职人员走出教堂，深入社区，与普通信徒加强联系和沟通，探知人们的需求，以服务的精神融入当代社会，得到了民众的认可。虽然教会在世俗化社会中能够发挥的作用有限，但是它们对社会生活的全面参与有利于其表达对于人类社会所共同关注的公平、正义和生态环境等各类问题的回应，为社会奉献出热情和能量，提高教会的社会地位。

处于另一个强大阵营的保守派教会对世俗化的回应态度与自由派教会的顺应形成鲜明对照。相对于自由派教会的温和与宽容，保守派教会表现出与世俗化对抗的强硬姿态。以英国保守派教会中较有代表性的福音派教会为例，它们不仅坚定地维护正统的基督教信仰，反对与世俗社会相妥协，而且认为自由派教会对世俗化过于姑息纵容因而对其严加批判。在神学层面上，约翰·斯托特和阿利斯特·麦格拉斯等著名福音派神学家明确意识到世俗化对基督教会的巨大侵蚀力，他们与自由派神学家同样呼吁教会进行改革，但神学立场却与之大相径庭。福音派神学家一贯以《圣经》作为反击世俗化最锐利的武器，坚持福音至高无上的地位和教会传统的权威性，认为传播福音是基督徒在世间最重要的使命。他们指责自由派教会对当代社会过度开放的顺应态度是对世俗化的妥协和退让，也是对基督教真理的抛弃和背叛。他们坚信福音派教会代表正统的基督教信仰从而引导着基督宗教未来的发展方向。在组织层面上，福音派坚持其超宗派的特性，不将自己局限于某一个具体的教会组织机构当中，同时也不从各宗派中撤离而组建独立的团体，而是留在一些主流宗派之内，致力于从内部开拓，促使其更新，使之朝自己所期望的方向发展。福音派教会对抗世俗化的立场使它们无法与主流自由派教会的普世教会运动相协调。在拒斥"官方"普世教会运动对世俗化屈从和让步的同时，福音派教会之间组成了联盟，即与前者相并行的"影子普世教会运动"，并逐渐发展壮大。福音派的联合忽略了教规上的分歧，而着重强调神学本质基础的一致性。福音派教会认为，它们之间的合作才是发自于对世俗化的真正反抗，它们不可能与歪曲和篡改福音的自由派教会所组织的"时髦的"普世教会运动建立伙伴关系。在社会层面上，福音派教会努力摆脱只强调福音对个人的拯救却不关心社会公共事务的消极形象。它们反思《圣经》当中与基督徒社会责任密切相关的内容，寻求在社会生活中发挥影响并改造世俗社会的途径。它们在参与社会事务的实践过程中恪守基督教传统道德理念和严格的伦理原则，与国家权力机构保持适当的距离。对于在婚姻家庭和生命伦理等领域中出现的一些有悖于其原则立场的社会现象，福音派教会一致采取坚决反对的态度，而这些问题在自由派教会看来或是可以泰然处之，或是为此长期争论不休。福音派教会还积极探索在世俗社会中履行向大众宣扬福音这一根本使命的方式。它们创立了别有特色的"阿尔法课程"，试图在轻松愉快的氛围中与人们共同探讨关于基督宗教的一些基本问题。该项目已在英国甚至世界范围内流传开来，成为福音派教会以世俗社会所能理解和接受的方式传播福音，使基督宗教与现代人的世俗生活息息相关的典型范例。

在将英国基督教会划分为自由派与保守派两大阵营时，我们应当注意到，"自由"与"保守"只是针对其神学思想倾向来说的，在其他方面则不可一概而论。根据笔者在实地调研中所观察到的情景，各派教会外在的宗教实践形式与其内在的神学思想之间经常存在不一致的现象。比如很多在神学倾向上属于自由派的教会却仍然保持着传统严明的等级体制并固守程序规范的崇拜礼仪，而一些保守派教会在组织制度和礼仪方面却极为开放，它们充分利用通俗文化艺术形式和现代高科技手段向世俗社会传播福音。可见，所谓的"自由"与"保守"只是相对而言。在教会现实的思想内涵与实践外延之间存在着一定的张力，这也反映出教会对宗教传统的保留与扬弃、对世俗化的顺应与对抗之间的张力。

就英国基督宗教发展的现实状况来看，目前保守派教会的发展态势相对来说略强于主流自由派教会，这与世界范围内基督宗教的发展现状大体一致，但人们很难预知若干年后二者的兴衰起落。在多元化特征日益凸显的英国社会，"主流"的概念逐渐趋于淡化。事实上，无论是自由派教会的顺应还是保守派教会的对抗，都并非绝对，而是有一定限度的。而且，并非所有教会都可以被单纯地划分到这两个派别当中，立场的模糊与折中在处理各种具体问题时会时常出现。两种策略不同的回应方式都可以在《圣经》当中找到各自充分的依据，而面对世俗化对教会造成的现实威胁，二者也都依靠自身优势，承担着一定的风险。

2010年6月，在英国爱丁堡举行了世界宣教大会百年纪念活动，有300多人参加会议，而100年前的出席人数超过1200人。① 真可谓今非昔

---

① 朱易：《爱丁堡宣教大会百年后的挑战》，http://www.chinesetoday.com/zh/article/414189，2012年9月26日下载。

比，气势不再。不过与 100 年前局限于基督新教主流教会不同的是，来自世界各地的新教主流教会、福音派教会、五旬节派教会、独立教会、天主教会、东正教会等均参与进来，而且更加体现出性别和年龄上的平衡。① 五旬节灵恩派在纪念大会上影响很大，此次大会在神学上亦侧重于圣灵论。但许多主流教会人士对五旬节灵恩派的消极影响仍持审慎态度，如对恩赐和灵洗的过分侧重及跨文化宣教带来的宗派矛盾等。② 百年纪念大会的主题是"见证今日基督"（Witnessing to Christ Today），意味着在全球化时代及各地的切实处境下见证耶稣基督，这无疑表明了对社会发展一定程度上的顺应态度。

于 2010 年 10 月在南非开普敦召开的第三届世界福音宣教大会是全球基督教界纪念世界宣教大会 100 周年的系列活动之一。大会探讨了全球教会及宣教工作面临的六大挑战：新崛起的无神论主义、享乐主义、伊斯兰教的影响、全球化、分裂与痛苦以及世界基督教的转变，③ 其中无神论主义、享乐主义和世界基督教的转变等都与世俗化相关。大会再次强调基督的独一性、《圣经》的权威性和全球福音化的紧迫性，可谓在原则性问题上立场坚定。同时，在此次大会上，以往福音派有关传播福音是否优先于服务的争论似乎停止，众多发言人都强调二者之间的相互关联，还有一些教会人士呼吁女性平等地参与宣教事工。④ 可见，世界范围内的保守派教会在某些方面的立场观点也在悄然发生改变，与自由派教会的顺应策略逐渐接近。

英国基督教会所采取的策略虽然不同，但它们都在经历着反思和变革的艰难历程。但就像任何新生事物往往要招致怀疑与批评，教会无论实施何种策略，都总是会引发来自不同方面的责难。为了共同的目标，即促使基督宗教更有效地抵御世俗化的侵袭从而在当代社会中谋求更好

---

① http：//www.edinburgh2010.org/en/about-edinburgh-2010.html，2012 年 9 月 26 日下载。

② 黄海波：《走向建构中的公民社会——2010 年中国基督教的责任与反思》，载金泽、邱永辉主编《中国宗教报告》（2011），社会科学文献出版社，2011，第 156 页。

③ 黄海波：《走向建构中的公民社会——2010 年中国基督教的责任与反思》，载金泽、邱永辉主编《中国宗教报告》（2011），第 160 页。

④ 黄海波：《走向建构中的公民社会——2010 年中国基督教的责任与反思》，载金泽、邱永辉主编《中国宗教报告》（2011），第 160 页。

的生存与发展，基督宗教各派教会仍继续着它们曲折的探索之旅，它们之间的分歧和争论也将长期存在下去。

虽然英国基督教会在当代的发展状况令很多人作出判断——衰落是其主要趋势，但我们应当注意到英国教会发展态势的多样性和复杂性。根据一些英国学者近期对英国各地区基层教会的研究，自 1980 年以来的 30 多年里，英国教会的增长与衰落事实上是并行的。英国某些地区的某些教会在衰落，但持续、广泛而大规模的教会增长同样存在。① 首先，从地区角度来看，英国当代教会增长在移民、人口增长和具有经济活力的地区最为普遍，尤其是伦敦及其周边地区、英国东南部沿海地区，以及约克、爱丁堡和伯明翰等大城市。② 例如，伦敦的基督教会在绝对数量和占人口比重方面均呈现出增长势头。圣公会伦敦教区是英国圣公会最大的教区，其成员数量自 1990 年以来的增长幅度超过 70%。③ 其次，从宗派角度来看，虽然大部分传统教会近年来在衰落，但浸礼会却在增长，④ 传统教会中的大教堂相对来说保持了活力，其周日崇拜较为稳定，平日崇拜发展迅速。⑤ 与传统教会相比，新兴教会和新形式教会的增长更为抢眼。据保守统计，1980～2010 年，英国新成立的教会数量约有 5000 个，多于英格兰天主教会的总和，相当于圣公会数量的 1/3。⑥ 例如，在英格兰北部城市约克，平均每年增加一个会众，2000 年以来甚至加速发展。⑦ 即使在圣公会内部，教会的"清新表达"（fresh expressions of church）、"教会培植"（church plants）和"新兴教会"（emerging church）至今已超过 1000 个，参加者逾万人。他们借鉴外国或英国非主流教会的模式，拥有很大的发展潜力。⑧ 近几十年来，随着英国人口构成的多元化趋势，宗教文化亦日趋多元。英国的基督教会

① David Goodhew, ed., *Church Growth in Britain*：*1980 to the Present*, Ashgate Publishing Limited, England and Ashgate Publishing Company, USA, 2012, p. 3, p. 253.

② David Goodhew, ed., ibid, pp. 8-9.

③ David Goodhew, ed., ibid, p. 3, p. 5, pp. 23-39.

④ David Goodhew, ed., ibid, p. 6, pp. 59-76.

⑤ David Goodhew, ed., ibid, p. 6, pp. 77-89.

⑥ David Goodhew, ed., ibid, pp. 7-8.

⑦ David Goodhew, ed., ibid, pp. 179-182.

⑧ David Goodhew, ed., ibid, p. 7, pp. 161-178.

逐渐从少数种族群体的扩大之中受益，如今约有 100 万英国基督徒参加黑人、亚裔及其他少数种族群体即非白人的教会，黑人占多数的教会中有 50 万信徒。[①] 在英格兰中部城市伯明翰，包括黑人主导的教会在内的英国新兴教会发展迅速。几十年前，它们还处于边缘地位，如今已经开始赶超传统的主流教会。[②] 通过这些研究，我们可以看到，在衰落的另一面，英国基督教会对世俗化的回应同样有力。教会中存在着世俗化与神圣化两种倾向，英国社会中的世俗性与宗教性均得以彰显。

与此同时，在教会之外也存在着制约世俗化的力量，其中新兴宗教运动和"新时代"灵修运动在英国社会的传播与发展即是比较突出的例证。二者紧密相关，均脱胎于传统的基督教文化，但在发展过程中发生了异化和嬗变，成为人们传统宗教性的非传统的表现方式。它们将东西方的宗教和哲学智慧资源融会贯通，突破理性和科学的边界，崇尚内在的自我灵修，试图克服人类认知的有限性和理性智慧的相对性，超越世俗社会生活，寻求神圣和精神信仰依托。虽然它们在英国社会产生的影响力较为有限，但是它们在英国民众当中的广泛流传意味着，生活在世俗社会之中的人们依然保有对宗教或各种超自然的精神信仰和灵性空间的追求。即使脱离了传统的宗教组织，人们依然在探索神圣所具有的新的存在和表达方式。因此，我们可以将新兴宗教运动和"新时代"灵修运动看作是对世俗化潮流的一种逆反。此外，新兴宗教运动和"新时代"灵修运动的流行体现出许多英国人尤其是年轻人对正统基督教会的不满，他们认为教会无法满足其灵性需求，因而到教会之外寻找宗教的"替代品"，这在一定程度上威胁到英国传统基督宗教的发展。面对世俗化以及非传统的宗教和灵修形态所造成的双重困境，英国基督教会正在进行深入的分析与反思，并力图找到对各种威胁其生存和发展的势力予以有效回应，从而走出困境的恰当方式。

（三）两组数据的对比

一方面，根据 2011 年英格兰和威尔士地区人口普查的调查结果，

---

① David Goodhew, ed., ibid, p. 13, p. 3, p. 5, pp. 107–159.

② David Goodhew, ed., ibid, p. 7, pp. 193–205.

具有宗教信仰的人口比例为 67.7% ，基督徒占人口比例为 59.3% 。① 另一方面，根据其他调查研究成果，属于某个基督教会的英国人占英国成年人总人口的比例 2000 年时下降到仅为 12% ，② 英国人的教堂参与率在 20 世纪末期只有不到 10% 。③ 根据 1999～2000 年的一项抽样调查，英国从来不去教堂的人数比例高达 55.8% ，比西欧国家的平均水平高出近一倍，位居西欧国家之首。④

针对这两组数据的反差，我们可以从两方面进行分析。其一，世俗化的现实无可否认。虽然英国大部分人口仍为基督徒，但即使他们目前仍保持着纯粹的宗教信仰，众多基督徒的宗教行为实践也已经与其宗教信仰的观念和意识相脱节。但宗教实践与宗教意识的发展存在着紧密的互动关系，即宗教实践的衰落很有可能会逐渐削弱宗教意识。何况有相当多不属于任何教会也不去教堂参加任何崇拜仪式的英国人已成为"名义上的"基督徒，他们的宗教观念和意识变得愈发含糊不清。而且，出于种种原因，在属于某个教会和定期去教堂参加崇拜仪式的基督徒当中存在着"没有信仰的归属"，这与格雷思·戴维所描述的"没有归属的信仰"恰好相反。

其二，我们也不能忽视英国大部分人口仍是基督徒这个事实。如果说许多英国人已成为"名义上的"基督徒确有其根据，但认为英国已成为一个"名义上的"基督教国家则未免言过其实。基督宗教作为一种在欧洲社会绵延 2000 年的文化传统，为塑造英国社会的基础价值观念、道德体系和国民性格起到了潜移默化的重要指导作用。大量基督教观念和意识早已渗透到英国人日常生活的思维和行为方式的方方面面。人们的心灵深处仍然保有对超越现实生命象限的冲动和对无限永恒世界的深切向往。人们希望基督教会可以帮助这个多元社会保存和补充传统的基督教道德智慧，重新定义新的价值体系，寻求一种新的道德和谐，以支撑已发生深刻变化的社会政治经济秩序。虽然教会的影响力已经减弱，

---

① http：//www. ons. gov. uk/ons/rel/census/2011 – census/key – statistics – for – local – authorities–in–england–and–wales/rpt–religion. html, 2012 年 12 月 27 日下载。

② Werner Ustorf, "The Statistics and Dreams of 'Church Decline'".

③ Hugh McLeod and Werner Ustorf, ed. , *The Decline of Christendom in Western Europe*, *1750–2000*, p. 31.

④ Grace Davie, *Europe*：*The Exceptional Case*：*Parameters of Faith in the Modern World*, p. 6.

但人们很难设想教会在一个深深留有基督教烙印的社会之中保持缄默。

二 极端化与多元化

(一) 极端化与 "沉默的大多数"

根据 2011 年英格兰和威尔士地区人口普查的统计数据，没有宗教信仰的人数占人口总数的比例大约为 25%，[1] 而不信仰任何宗教并不绝对意味着是无神论者，是没有宗教性的个体。美国 1996 年综合社会问卷调查数据表明，85% 的 "无宗教者" 会进行祈祷。[2] 我们未曾见到类似关于英国的调查数据。不过，大约同期只有 4% 的英国人表示确信自己是无神论者。[3] 现实情况是，绝大部分英国人既非经常去教堂做礼拜的基督徒，也非坚定的无神论者，而是处于两种极端状态之间。这也基本符合现实生活中很多事物的发展状态。同时，应当指出的是，英国社会中还存在一组极端化现象，对阵双方被称为 "好战的" 无神论者和 "好战的" 宗教保守主义者。他们属于宗教生活中的少数派，其社会影响力较小，却已引起人们的广泛注目。

"9·11" 事件之后，对宗教问题的讨论甚至争论在英国亦屡屡见诸大众媒体，宗教似乎重新成为人们关注的对象。极端的宗教保守主义和世俗主义均有所抬头。在对阵的一方，基督教、伊斯兰教和犹太教等各种宗教中都存在 "好战的" 宗教保守主义者，其中的一部分时常与狭隘的民族主义甚至恐怖主义相混杂。较极端的基督教保守主义者主要包括五旬节主义和基要主义者。五旬节主义近年来已成为全球现象，其在英国的支持者主要以非洲和加勒比地区的移民为主，因而政治影响力较弱。在另一方，正如上文提到的，近年来英国社会出现了一种更具攻击性的 "新无神论"，或被称为 "好战的" 无神论，理查德·道金斯和克里斯托弗·希钦斯即是两位比较突出的代表人物。理查德·道金斯是当代英国著名的无神论者，达尔文进化论的拥护者之一，牛津大学教授。

---

[1] Office for National Statistics, http://www.ons.gov.uk/ons/rel/census/2011-census/key-statistics-for-local-authorities-in-england-and-wales/rpt-religion.html, 2012 年 12 月 27 日下载。

[2] Rodney Stark and Roger Finke, *Acts of Faith: Explaining the Human Side of Religion*, p. 77.

[3] Rodney Stark, *Sociology*, p. 414.

其著作《上帝的迷思》① 出版后颇具争议。道金斯在书中驳斥了对上帝存在的种种证明，指出宗教信仰所导致的一系列恶果，并对针对其无神论观点的各类批评进行了有力回击。道金斯认为，很多因从小接受父母和学校的教育而皈信的基督徒，哪怕他们实际上并不信仰上帝，但并没有意识到离开教会"是一种选择"。道金斯提醒他们，成为无神论者同样能够生活幸福、符合道义、理性思考，并鼓励他们勇敢地站出来，无须为失去宗教信仰而道歉，骄傲地显示其"心智的健康独立"，过上真正"自由"的生活，并帮助更多有类似经历的人加入这一行列，以在社会上拥有更大的影响力。② 道金斯甚至在书中列出几十个组织机构的联系方式，称可以为那些需要"逃离"宗教的人们提供帮助。③ 克里斯托弗·希钦斯是当代美籍英国专栏作家、记者兼评论家，以笔锋犀利、善于辩论而著称。④ 在《上帝并不伟大——宗教如何毒害一切》⑤ 一书中，希钦斯对宗教进行批判，尤其抨击了伊斯兰教。他剖析了世界上主要宗教的神圣经文，认为它们"漏洞百出，而且是拼凑而成的"⑥，而一神教更是"关于一种幻觉的幻想的谣传的剽窃物之剽窃，并可追溯到对几件大肆宣扬即将来临却并未发生之事的捏造"⑦。希钦斯批评宗教歪曲了人类在宇宙中的起源，全知的上帝损毁人性，那些踏上教权主义道路的国家都为之付出了高昂的代价。因此，他将宗教比喻为敌人，号召人们应当与之战斗。希钦斯倡导一种基于科学和理性的世俗生活，认为选择怀疑论更好、更健康，我们需要一场新的启蒙运动。⑧

这股近几年来兴起的"新无神论"思潮在英国社会引起了一场不小的风波。有教会人士感到其极具"攻击性"，因而认为英国社会的世俗化程度在加深。在英国等许多欧美国家，"新无神论"战果累累。2010 年 9 月

---

① Richard Dawkins, *The God Delusion*, Black Swan, 2007.

② Richard Dawkins, ibid, pp. 22-28.

③ Richard Dawkins, ibid, pp. 421-426.

④ 希钦斯于 2011 年 12 月因食道癌去世。

⑤ Christopher Hitchens, *God Is Not Great: How Religion Poisons Everything*, Allen & Unwin, 2008.

⑥ Christopher Hitchens, ibid, p. 340.

⑦ Christopher Hitchens, ibid, p. 336.

⑧ Christopher Hitchens, ibid, pp. 334-341.

进行的一项民意调查表明，大部分西方人认为宗教有害。在 23 个国家和地区的 18192 人中，基本上越是不太发达国家和地区的人越认为宗教具有积极的影响（90% 以上的沙特阿拉伯人认为宗教有益，其次是印度尼西亚和印度），越是发达国家的人越是认为宗教具有消极的影响（80% 以上的瑞典人认为宗教有害，其他依次是比利时、法国、西班牙、日本和英国）。① 2010 年 11 月，"新无神论"运动的主要代表人物之一克里斯托弗·希钦斯与离职后改信天主教的英国前首相布莱尔，就宗教对世界是好是坏的问题在加拿大多伦多进行电视辩论。辩论前，2700 名现场听众中有 57% 认为宗教是坏的，而辩论后，认为宗教有害的听众增加到了 68%。②

与此同时，由"新无神论"引发的争论还在继续，一些学者从不同的角度对它进行驳斥。例如，英国学者乔纳森·本索尔（Jonathan Benthall）认为，"好战的"无神论者其实陷入了两难困境之中。他们声称宗教与科学和启蒙运动的价值观念格格不入，但社会科学已提供了足够的证据表明，宗教信仰和实践具有人类普遍性。同时，他们并未意识到，其来自于欧洲启蒙运动的自由人文主义道德准则受到犹太—基督教传统价值的间接影响有多么深刻。③ 2012 年 2 月和 2013 年 2 月，分别在英国牛津大学和剑桥大学，前任坎特伯雷大主教罗恩·威廉斯博士与"新无神论"运动的主要代表人物之一理查德·道金斯教授先后就人类进化问题和宗教在 21 世纪的作用问题展开辩论。在牛津辩论中，两人平分秋色；在剑桥辩论结束之后的投票中，威廉斯博士以 324 票对 136 票的优势胜出。④

---

① http：//www. bbc. co. uk/news/world–us–canada–11843586，2010 年 11 月 27 日下载。发达国家中美国是例外，60% 以上接受调查的美国人认为宗教有益，在沙特阿拉伯、印度尼西亚、印度、巴西和南非之后列第六位。

② http：//www. bbc. co. uk/news/world–us–canada–11843586，2010 年 11 月 27 日下载。

③ Jonathan Benthall, *Returning to Religion：Why A Secular Age Is Haunted by Faith*, I. B. Tauris & Co Ltd, 2008, pp. 169–170.

④ http：//www. guardian. co. uk/science/2012/feb/23/richard – dawkins – rowan – williams– bout，http：//www. independent. co. uk/news/science/science – vs – god – richard – dawkins – takes – on – archbishop – of – canterbury – 7440051. html，http：//www. guardian. co. uk/ science/2013/feb/01/richard–dawkins–rowan–williams–debate，2013 年 4 月 26 日下载。

英国社会态度调查显示，认为自己"具有极端宗教性"的受访者比例由 1991 年的 1.08% 上升至 2008 年的 1.44%。同时，"具有极端非宗教性"的受访者比例由 7.08% 上升至 12.69%。① 我们可以看到，一方面，"具有极端非宗教性"的受访者比例远远高于"具有极端宗教性"的受访者，说明世俗主义的强势；另一方面，虽然处于两个极端的受访者比例均有所提高，但无论是哪种极端派别，目前在英国社会都属于少数派，其社会影响力都比较有限。人们之所以被那些极端现象吸引，从某种程度上说正是因为其标新立异，与众不同。构成英国社会主体的仍然是"沉默的大多数"。在现实生活中，即使是同一阵营内部，也存在着多元化的倾向。各方互相影响与渗透，自觉或不自觉地进行着"温和的"妥协，宽容与对话的态度才是主流风气。

（二）多元化

英国被认为是目前世界上宗教传统最多元化的国家之一。除基督徒以外，其他各种宗教的信仰者在英国的数量日益增多，占人口比重亦逐渐上升。根据 2011 年英格兰和威尔士地区人口普查资料，伊斯兰教是仅次于基督教最普遍的宗教信仰，穆斯林人口近 270 万人，占总人口的 4.8%；接下来是印度教，其信徒数量为 81.7 万人，占 1.5%；锡克教徒 42.3 万人，占 0.8%；犹太教徒 26.3 万人，占 0.5%；佛教徒 24.8 万人，占 0.4%；其他宗教信仰者共 24 万人，占 0.4%；另有 7.2% 的人口没有透露自己的宗教信仰（见图 5-1）。② 与 2001 年英格兰和威尔士地区人口普查的统计数据相比，基督徒占总人口的比例下降了 12.4%，犹太教徒比例不变，其他各种宗教的信仰者占人口比例均有小幅上升，其中穆斯林人口比例的升幅最大，为 2.1%（当然，两次人口普查中占人口比例增长最多的部分是无宗教信仰者，涨幅为 10.3%）。如今，在英国伦敦和伯明翰等城市，人们在街头看见漂亮的伊斯兰教清真寺绝不是什么新鲜事，也常会遇到着黑袍、蒙面纱的穆斯林妇女和头裹长巾的锡克教徒。

---

① http：//www. britsocat. com/Marginals/RELIGIUS，2012 年 10 月 22 日下载。

② http：//www. ons. gov. uk/ons/rel/census/2011 – census/key – statistics – for – local – authorities–in–england–and–wales/rpt–religion. html，2012 年 12 月 27 日下载。

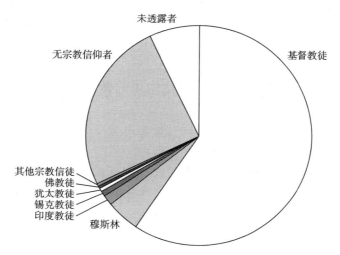

图 5-1 英格兰和威尔士地区宗教信仰构成

　　自 16 世纪以来,英王亨利八世及其王位继承者被授以"国教护卫者"的称号,而随着英国社会宗教信仰的日益多元化,英国王储查尔斯声言自己愿做"信仰护卫者"。宗教信仰的多元存在从某种意义上说确实对基督教会的原有地位和特权造成了冲击,例如各种宗教的信仰者在教育和就业等领域要求获得与基督徒同等待遇。但他们并不应为世俗化承担责任,反而是维持社会神圣属性的一支力量。况且它们对基督宗教的冲击极为有限,由信仰基督教而改信其他宗教的人数并不多。虽然从基督教会的角度来看,一些人视其他宗教信仰为对自身的威胁,但从神圣与世俗的整体较量来看,这些信仰团体毕竟属于神圣的一方。

　　我们跳出宗教团体的圈子,从整个英国社会这个更大的范围看到的是各种宗教信仰和文化意识形态的多元化趋势,及其边界的混淆与模糊。在英国执教的德国学者沃勒·尤斯朵夫(Werner Ustorf)形象生动地描述了包括英国在内的西方社会中的此类现象:"传统教会日渐式微,另类灵修层出不穷,移民宗教与文化第次跟进,接踵而至,这些都大大改变了人们的感受性。在西方社会里,混杂着世俗化自由主义同时又有宗教多样化存在的大杂烩语境,已经司空见惯。在这样一个时代,各行各业的边界也开始混淆不清了,教会为了生存下去,引入了传统的调频

269

电台、星巴克模式或宜家促销方法，而纯粹商业性的组织竟然也利用宗教语言和意象展开促销活动。"① 一与多同生共存，神圣与世俗彼此渗透，这便是当今英国社会的现实写照。

第三节 世俗化作用的两面性

席卷英国乃至整个西方世界的世俗化浪潮对当代英国基督宗教的发展造成了巨大冲击，它的破坏作用是显而易见的。英国社会学家大卫·马丁认为，当代精神和思想的基督教源泉被忽视了，因为它们不再以其"基督教的名字"而被辨别出来。由此导致的是，基督宗教的正面成果被遗忘，反被用来攻击宗教的黑暗和消极。例如，达尔文的进化论仅被视作突破宗教阻力的科学进步；自杀式炸弹爆炸事件只被简单地指责为宗教原因，其世俗民族主义根源得不到追溯。② 英国宗教学家凯伦·阿姆斯特朗（Karen Armstrong）指出，我们生活在一个产生科技天才的时代，而我们的精神教育却往往是欠发达的。③

然而，世俗化对基督宗教的影响也并不绝对是负面的，我们也可以从世俗化与当代英国基督宗教的双向互动当中发现其积极意义。

第一，"世俗化"即"非神圣化"，其中包含摆脱"有限物的神圣化"，还原其"世界性"的意思，但基督宗教所持守的超然维度及其"神圣性"并不受影响，在现实中依然存在并继续发挥作用。④ 在现代民主社会中政教关系的松动即是这方面的一种表现。世俗化使政府这一有限物逐渐摆脱神圣化的色彩，还原其世俗本性。同时，基督教会所持守的超然维度得以凸显，其神圣性丝毫不受影响。从表面上看，政教关系的松动表明教会的社会影响力下降。但是，"传统"既能赋予人前进的

---

① 〔德〕沃勒·尤斯朵夫：《政治宗教》，载赵林、邓守成主编《启蒙与世俗化——东西方现代化历程》，第 261 页。

② David Martin, *On Secularization: Towards a Revised General Theory*, p. 8.

③ Karen Armstrong, *The Great Transformation: The Beginning of Our Religious Traditions*, Alfred A. Knopf, 2006, p. 397.

④ 卓新平：《神圣与世俗：基督宗教存在及发展的现实处境》，载卓新平、许志伟主编《基督宗教研究》第 6 辑，第 4 页。

动力,也可增加其肩上的重负。教会可借此机会在一定程度上卸载以往背负的沉重的社会管理包袱,转而较为独立地行使政府政策的咨询者和批评者的功能,甚至成为反对政府的政治力量之一和官方政策受害者即弱势群体的主要依靠力量之一,赢得相应的社会和政治地位。另外,虽然圣公会在英国仍被称为国教,但它早已失去其"护国宗师"的垄断地位。世俗化将基督宗教各个宗派和多元宗教信仰推入一个以竞争为运行机制的大型宗教"市场"。这确实给基督教会的发展带来了风险和困难,但也促使教会提高危机和竞争意识,加快更新变革的步伐,巩固自身实力,明确其终极本质和历史使命,更加积极地向社会传播基督教福音。

第二,"世俗化"还可被理解为宗教的"入世",即正视并承认其"属世性",以积极的姿态进入世界,适应现实社会的变化,突出其现实意义和现实关切。① 基督教本身即为入世型宗教之一,而世俗化更推动基督宗教走出教会的象牙宝塔,全面而广泛地向社会生活渗透,令基督教会更好地履行其在世上作光作盐的职责。在这一过程中,基督教文化逐渐实现"转型和升华","由社会外在的结构而转为其内蕴的作用,由表面的权威而转为潜在的影响"。②

当代英国宗教状况的特点之一是各种界限的模糊性。在宗教信仰多元化的背景之下,各宗教传统的轮廓有时会显得不那么鲜明。许多宗教"探求者"的宗教意识不像从前那样泾渭分明,而是在各种"信仰和意识形态的超级市场"③ 上各取所需,因而出现了人们形容与顾客在糖果商店里选购杂拌糖的方式相类似的所谓"拼凑式的宗教"(pick-and-mix religion)④。同时,神圣与世俗之间的界限也不再清晰,而是二者互相渗透。当然,界限模糊不等于二者相等同,不意味着神圣失去其身份,甚至在渗透中消失。英国学者戈登·林奇指出,随着建制宗教组织的衰落,很多 20 世纪 60 年代以后出生的年轻人不能接受由传统宗教组织提

---

① 卓新平:《神圣与世俗:基督宗教存在及发展的现实处境》,载卓新平、许志伟主编《基督宗教研究》第 6 辑,第 4 页。

② 卓新平:《基督教文化百问》,第 222 页。

③ Gerald Parsons, ed., *The Growth of Religious Diversity: Britain from 1945*, Volume 2: *Issues*, p. 50.

④ Steve Bruce, *God is Dead: Secularisation in the West*, p. 81.

供的早已"打包"了的真理，并且越来越少地投身于特定的宗教群体或机构，而是开始独自在一个"精神市场"中追寻令他们感到真实的生活意义，参与到一系列群体、哲学思想和行为实践当中。当然并非所有这些都能够被纳入传统"宗教性的"范畴。① 青年一代未曾放弃对终极意义的关切，只是由于现代社会当中人们自我意识的增强，这种关切的形式改变了。林奇认为，当代宗教与大众流行文化之间具有互动的关系，有时甚至融为一体。宗教成为流行文化的一部分，而流行文化形式之中也体现着宗教的维度。② 近几年来在英国乃至世界范围内掀起的"哈利·波特热"可被看作上述观点的一个突出例证。英国女作家乔安妮·罗琳（Joanne K. Rowling）创作的系列小说《哈利·波特》（Harry Potter）以及根据小说改编的同名电影风靡全球，它体现出人们对《哈利·波特》所描绘的那个充满奇异故事的、超自然魔幻世界的浓厚兴趣。虽然故事中的部分情节表现的是孩子们对正统权威和既定规则的漠视与反抗，但总的来说，《哈利·波特》通过发生在人界与魔界之间的神秘故事，揭露了现实社会中人类的贪婪、自私、仇恨、歧视等种种丑恶现象，颂扬爱、忠诚、勇气、善良等传统美德。它演绎了正义与邪恶之间无处不在的战争，并揭示出经历挫折和牺牲之后，正义终将战胜邪恶的真理。一些基督教作家盛赞《哈利·波特》表现的许多主题闪耀着基督教福音的光芒，并大力推荐根据《哈利·波特》编写的教学材料，以使之在学校中推广。③

第三，世俗化向基督宗教发起了挑战，迫使基督教会对自身进行全面而深刻的反思。我们看到，英国教会内外对世俗化作出了种种不同形式的回应。一个人在成长的过程中"才可能在不和谐中看见和谐，在运动中感到宁静，在挣扎中体验到自由，在绝望中有盼望，在痛苦中有欢乐"④。一个宗派、一种宗教的成长也是这样。世俗化使英国基督宗教经

---

① Gordon Lynch, *After Religion：' Generation X' and the Search for Meaning*, p. ix.

② Gordon Lynch, *Understanding Theology and Popular Culture*, pp. 24-27.

③ Connie Neal, *The Gospel According to Harry Potter：Spirituality in the Stories of the World's Most Famous Seeker*, Westminster John Knox Press, 2002.

④ 王志成：《宗教实在论、宗教反实在论与宗教对话》，载卓新平主编《宗教比较与对话》第4辑，宗教文化出版社，2003，第183页。

历了种种痛苦,但同时也督促它在向世俗化的回应中完善自身,逐步走向成熟。

尽管深切感受到世俗化的威力,很多学者认为,英国社会乃至整个人类社会仍然存在着对宗教的普遍需求,现代社会生活仍需要宗教的惠顾和调节。宗教哲学家和基督教神学家约翰·希克将"宗教"定义为"人对生存之奥秘的回应,是人在混乱中寻找意义的探索"[1]。人们通常认识到的世界是由物体的长、宽、高构成的三维空间的世界。爱因斯坦把时间与空间统一起来,使时间成为世界的第四维度。约翰·希克认为,我们既是理智的动物又是"灵性的"存在物。人生还有超乎时空质能的一面,还有超越而高贵的精神或灵性的一面,即人的本性之"第五维度"。而人性之精神或灵性的维度,与宗教所指向的"终极实在"相对应。[2] 正因为人有着精神或灵性的一面,因而会对生存之奥秘产生回应,会在混乱中寻找意义,会在宗教中探索奠定一切、渗透一切、超越一切的世界本源。神学家约翰·麦奎利指出:"人不是一种纯理智的存在物,而是还包含着感受、意愿以及真正人性的生存方式所不可缺少的别的东西。"[3] "人类生活所需要的不仅仅是对事实的认识,不仅仅是科学所能提供的东西。我们还需要诗歌、音乐、正义、伟大的艺术、道德以及宗教。一方面,我们肯定需要真,另一方面,我们还需要追求其他的价值——爱、善、美,以及神圣。"[4]

历史学家艾伦·吉尔伯特分析了人类宗教性的根源:所有人都面临死亡,即使现代社会的医疗设施再先进,也无法改变这一事实。死亡永远构成人类实存中的一面。只要人们都将死去,一些人就会继续保持宗教性。作为"人类灵性不可战胜的护卫者",死亡使得世俗化的推进遭遇到神圣的边界。虽然在 2010 年英国社会态度调查中,超过一半的英

---

① 〔英〕约翰·希克:《基督教信念与信仰间对话》,王红梅译,思竹校,卓新平主编《宗教比较与对话》第 4 辑,第 133 页。

② 〔英〕约翰·希克:《第五维度——灵性领域的探索》,王志成、思竹译,中译本序第 1~2 页,导论第 3 页。

③ 〔英〕约翰·麦奎利:《盼望之涨落:第二个千年终结时的基督教神学》,何光沪译,载汉语基督教文化研究所编《现代语境与后现代中的基督教》,第 143 页。

④ 〔英〕约翰·麦奎利:《宗教思想中的后现代主义》,何光沪译,载汉语基督教文化研究所编《现代语境与后现代中的基督教》,第 173~174 页。

国人表示不属于任何宗教，但是根据英国政府 2012 年 7 月针对 22292 名英格兰死者家属所做的一项调查，85% 的死者在生命的最后阶段属于某种信仰，其中 83% 是基督徒，2% 属于其他宗教，只有 15% 没有宗教信仰。非基督徒所占比例远远低于英国社会总体水平。① 很多人在垂死时刻回归了宗教信仰。死亡与宗教的联系于此可见一斑。

另外，人类总是会意识到自身能力的有限和软弱，人们所取得的任何成就都是转瞬即逝。这种意识打破了人类对自己和整个世界进行管治和自由意志的"幻影"，促使有关宗教问题的产生以及对此的回应。这同样构成对"世俗"思想的限制。② 人类学家乔纳森·本索尔认为，宗教事实上从未离开过人们的生活。宗教倾向是人类一种共有的特质。如若世俗社会压制了宗教想象力，人类的宗教倾向终究会爆发出来。他借用约翰·格雷（John Gray）的说法："人类不会失去其宗教性，正如他们不会失去其性别特征及喜爱嬉戏和暴虐的本性。"③ 下面这句话或许更加耐人寻味："将宗教扔出门外，它会从窗户飞回来。"④

第四节　小结

神圣与世俗，是矛盾，也可平衡。自 1895 年起，英国每年夏季都会举办系列逍遥音乐会（Proms），吸引英国上百万观众。每年的逍遥音乐会有一场名为"最后一夜"的演出，地点在伦敦皇家阿尔伯特大厅，场面非常热烈。我们以 1999 年"最后一夜"音乐会诸多演出曲目中的两个作为对比。其一是英国影坛巨星杰里米·艾恩斯（Jeremy Irons）演唱的歌曲《20 世纪蓝调》（Twentieth-Century Blues）。艾恩斯出场时一手夹雪茄，一手端红酒，将 20 世纪末人们的精神空虚、价值失落、信仰匮乏和情绪忧郁挥洒得淋漓尽致，不时通过肢体语言和观众的交流，让现场气氛轻松愉快。其二是 BBC 合唱团演唱的英国经典爱国曲目《耶路

① http://www.brin.ac.uk/news/2012/faith-and-death/，2012 年 11 月 1 日下载。
② Alan D. Gilbert, *The Making of Post-Christian Britain: A History of the Secularisation of Modern Society*, p.137.
③ Jonathan Benthall, ibid, p.189.
④ Jonathan Benthall, ibid, p.169.

撒冷》（Jerusalem），亦是逍遥音乐会"最后一夜"的传统终曲。这首《耶路撒冷》于1916年完成，有英国"第二国歌"之美称。其歌词源自19世纪英国浪漫主义诗人威廉·布雷克（William Blake）为史诗《弥尔顿》写的序言，大意为："可曾有远古的脚步，行走在英格兰的山间绿地？可曾在英格兰令人愉悦的牧场上，见到上帝神圣的羔羊？在阴云笼罩的山坡上，可曾放射出神圣的光芒？耶路撒冷是否就建在这里，在这些充满黑暗邪恶的磨坊中？带上我那燃烧的金弓，希望之箭，开云的长矛和火之战车。我将不会停止精神的战斗，不会让手中的剑沉睡，直到在英格兰青翠美好的土地上建立起耶路撒冷。"此曲演唱时，现场观众全体起立，气氛肃穆、庄严，爱国主义和宗教的无上神圣感合为一体。一场音乐会体现了处于世纪之交的英国社会，传统和现代、信仰和空虚、神圣和世俗的矛盾与融合。

根据黑格尔的分析，西方社会的世俗化趋势揭示了人的宗教存在和世俗存在这一组矛盾所造成的"两个世界"的分裂：人的"真实生命"所在之世俗的"非本质的世界"即自然的现实世界，与人的"本质生命"所在之"非真实的世界"即超自然的彼岸世界的分裂。世俗化的这种威胁使得人们似乎必须作出一个非此即彼的抉择，从而使基督宗教的发展陷入了两难境地："要么因投入现实而失去宗教意趣，要么因保持宗教本质而与现实世界格格不入。"[1] 但是通过英国基督宗教的当代发展状况我们可以看出，人们绝不仅被限定在这两种极端的选择当中。世俗化与宗教是互动的关系而不仅仅是对立的矛盾关系。当世俗化逼迫宗教作出某些让步的时候，宗教也在向世俗化作出能动的回应。

在历史的发展进程中，神圣与世俗这两股相反的力量始终保持着一定的张力，时常处于类似动态平衡的状态。二者分列天平的两端，交替倾斜。但连续性与变化均有其限制因素，天平因而不易倾覆。世俗化给英国基督宗教的发展敲响了警钟，使这条本不平坦的道路更充满了危机。所谓"危机"，既包括危险，也意指机遇，而机遇中则蕴含着希望。因此世俗化的危机并非必然注定了基督宗教的失败，关键在于基督宗教如何继续与社会发展互动，这将决定英国乃至欧洲的基督宗教能否通过

---

① 卓新平：《基督教文化百问》，第221页。

世俗化的洗礼而实现凤凰涅槃般的重生。

英国作家大卫·洛奇（David Lodge）的小说《你能走多远?》（*How Far Can You Go?*）透过主人公——几位英国天主教徒生活和工作的故事，反映了 20 世纪后期英国宗教和社会领域发生的巨大变化以及这些变化给普通人的思想观念、情感和行为方式带来的复杂影响。对于这些变化究竟意味着什么，是好还是坏，是进步还是后退，是紧张还是混乱，没有统一的答案。作者以小说的标题提出了一个问题："你能走多远?"历史留给我们一个意味深长的问号。社会的变化能走多远? 世俗化能走多远? 教会的革新能走多远? 保守人士感叹我们已经走得太远，而激进分子却抱怨人们走得太慢。每个人心中或许有自己明确的答案，或许还拿捏不准。一些事情是可以用某种标准来衡量的，而另外一些则无法用固定的尺度去测度。

当代英国基督宗教身处圣与俗的漩流之中，何去何从，尚无定论。英国民族性格当中有着温和、宽容与务实的特质，英国历史的发展模式也呈现出和平、渐进和改良的特征。英国给世界带来了丰富的现代化发展的成果，其中也包括一种成熟、稳健的发展模式。① 在世俗化的背景下，涵括于国家整体历史发展之中的英国基督宗教也极有可能遵循那种稳健的模式，适时而变，以求得最佳的生存与发展途径。教会将继续它的艰难之旅，力求各方妥协，以达成整个社会的利益平衡，寻觅民族的心灵归属以及通往神—人、人—人和谐的道路，彰显神圣于世俗之中。

---

① 英国历史上有诸多事例体现出这一点。例如，18 世纪，英格兰与苏格兰因创造性地允许安立甘宗和长老制这两种不同体制的国家教会共存而实现顺利合并。英国对变革常常抱一种顺应的态度，如英联邦取代英帝国、君主制的演变，以及贵族制向民主制的让步（钱乘旦、许洁明：《英国通史》，第 360～361 页）。

第六章 全球视野

——世俗化的共性与个性

> 将基督教视为在全球的现实存在可以令我们以一种崭新的视角整体地看待这种宗教,这会令人感到惊异和不安……我们似乎正在第一次重新审视基督教。①

在全球化的时代背景下,很多学者逐步认识到要以全球性的视角来分析宗教问题,通过区域性个案研究（如对欧洲、美国、拉丁美洲、东亚分别进行的研究与对比）、针对全球性宗教社会运动的研究（如对天主教运动、灵恩运动和原教旨主义运动）以及二者的结合来展现纷繁复杂的宗教现实。本书以英国作为一个标本,初步探索了世俗化背景下当代基督宗教发展变化过程中呈现出的一系列问题。在探讨世俗化问题之时,我们亦应具有一种全球视野。上文曾经提到,鉴于每个宗教群体所处的历史环境和社会文化背景的差异性,各个国家和地区多样的历史传统和不同时期的社会经济条件,以及历史的流动性,没有一个关于世俗化的一成不变且放之四海而皆准的理论模式。我们必须以符合史实为基准,对具体国家和宗派的情况进行具体分析。例如,英国与美国之间在政治、经济以及宗教文化方面的关联具有悠久的历史渊源。北美国家在很大程度上承袭了英国的宗教传统,目前美国几个最重要的新教宗派,如圣公宗②、卫斯理宗、公理宗、长老

---

① Philip Jenkins, *The Next Christendom*: *The Coming of Global Christianity*, Revised and Expanded Edition, Oxford University Press, 2007, p. 255.

② 美国圣公会称为主教制教会（Episcopal Church）。

宗、浸礼宗等，均发源于英国。基督宗教继而在与其本土环境有别的土壤上发生变异，大西洋两岸由此呈现出色彩各异的宗教景观。在世俗化背景下，两国基督宗教的当代发展进路亦有异同。又如，基督宗教在当代欧美发达国家等"北方"地区与亚洲、非洲和拉丁美洲第三世界国家等"南方"地区的发展态势可谓大相径庭，似乎已形成"衰落"与"复兴"的鲜明对照，"逆向宣教"的言论亦是沸沸扬扬。总之，在基督宗教发展的历史进程中，从某种程度上说，世俗化现象在世界上一些国家和地区具有一定的普遍性与共性。与此同时，其多元差异性和个性也不应被忽视，如此我们才能体现历史的客观与真实。

第一节　英国与美国之比较

一　英美模式的异同

常有学者将英国与美国甚或拓展至欧洲与北美之间的"世俗性"与"宗教性"进行比较。现今，英国的宗教世俗化程度被公认远远超过美国。欧洲成为世俗化的典型案例，而北美则保持了较高的宗教性。美国基督教的发展果真十分兴盛，而欧洲基督教的发展已呈颓势，以至于二者形成天壤之别？笔者认为，英美两国的宗教发展状况可以称得上是"性相近，习相远"。英美之间，或者说欧美之间在世俗化发展模式上确实存在很大差异，但却不能将其绝对化。

（一）差异性

确有一系列数据指标显示出英国的"世俗性"与美国的"宗教性"之间的反差。

1. 宗教行为实践

（1）宗教归属

在英国方面，根据 2011 年英格兰和威尔士地区人口普查的统计数据，基督徒占总人口比例为 59.3%，穆斯林占 4.8%，印度教徒占1.5%，锡克教徒占 0.8%，犹太教徒占 0.5%，佛教徒及其他宗教信仰者各占 0.4%，自称没有宗教信仰的人口比例为 25.1%。[①] 就是说，宗教信徒共占总人口的 67.7%。本书第二章曾经提到，英国社会态度调查的统计数据显示，1983～2011 年这段近 30 年的时间里，自称属于圣公会的英国受访者比例由 40% 降至 21%，属于浸礼会的受访者比例由 1.33% 降至 0.61%，属于卫理公会的受访者比例由 4.38% 降至 1.33%，属于联合归正会的受访者比例由 1.24% 降至 0.26%。[②] 自称是基督徒的人由 65% 降至 46%，自称具有任一宗教传统的受访者由 68% 降至 54%，而不信仰任何宗教的受访者比例由 32% 增至 46%。[③] 从这一统计数据来看，基督徒与不信仰宗教的人数水平相当，有宗教信仰者相对于无宗教信仰者的人数优势并不显著。[④]

在美国方面，根据美国皮尤研究中心（Pew Research Center）宗教信仰与公共生活论坛 2007 年 5～8 月组织的美国宗教景观调查（U. S. Religious Landscape Survey）[⑤]，基督徒占总人口比例为 78.4%[⑥]，其他宗教信徒占 4.7%[⑦]，自称没有宗教归属的人口比例为 16.1%[⑧]。就是说，宗教信徒共占总人口的 83.1%，比英国高出 15.4%（见图 6-1）。于 2005 年 4 月进行的一项盖洛普民意调查（Gallup Polls）结果显示，65% 的美国受访者自称属于某一基督教会或犹太会堂，其中绝大多数自然是基督徒，因为据美国宗教身份调查（American Religious Identification Survey）显示，仅有不到 2% 的美国人口是犹太教徒。[⑨] 根据美国皮尤研

[①] http：//www. ons. gov. uk/ons/rel/census/2011 – census/key – statistics – for – local – authorities–in–england–and–wales/rpt–religion. html，2012 年 12 月 27 日下载。

[②] http：//www. britsocat. com/Marginals/RELIGION，2012 年 10 月 22 日下载。

[③] http：//www. britsocat. com/Marginals/RELIGSUM，2012 年 10 月 22 日下载。

[④] 当然，这项调查的访问对象为几千名成年人，覆盖面相对较小，因此不能代表整个英国的确切情况，但其统计数据反映出的近 30 年间的变化趋势能够说明一定问题。

[⑤] 该调查的受访对象为 35000 多名 18 岁以上的美国成年人。

[⑥] 其中新教信徒占 51.3%，天主教徒占 23.9%，另有少数摩门教徒、耶和华见证会会员、东正教徒及其他基督徒。

[⑦] 其中犹太教徒占 1.7%，佛教徒占 0.7%，穆斯林占 0.6%，印度教徒占 0.4%，另有少数其他宗教信仰者。

[⑧] http：//www. religions. pewforum. org/reports，2012 年 10 月 23 日下载。

[⑨] Gordon Lynch，*The New Spirituality：An Introduction to Progressive Belief in the Twenty-first Century*，p. 2.

究中心 2012 年的调查结果，只有不到 20% 的美国成年人不属于任何宗教团体。这些人认为，宗教组织过于关注金钱、权力和规则，与政治的联系过于紧密。即便如此，这些不属于任何宗教团体的美国人中的大多数仍 "以某种方式" 保持着宗教性或灵性。例如，68% 的人信仰上帝、21% 的人每日祷告。[1] 就是说，真正不信仰任何宗教的人就更少了。

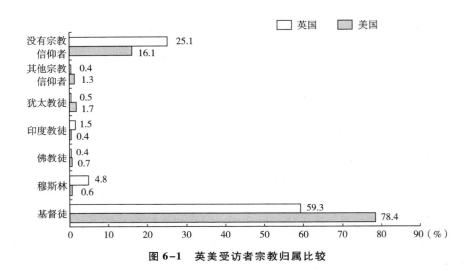

图 6-1　英美受访者宗教归属比较

（2）教堂参与

在英国方面，圣公会 2012 年 1 月发布的统计数据显示，圣公会的教堂参与率继续呈下降趋势。2000～2010 年的 10 年间，每月参加一次教堂礼拜的信徒比例下降了 11.3%。2010 年，英格兰人口约为 5223.4 万人，其中只有 3.1% 的人口每月去圣公会教堂做一次礼拜。周日去教堂做礼拜的人口比例从 2000 年至 2010 年下降了 12.4%。[2] 根据英国理查德·道金斯理性与科学基金会（Richard Dawkins Foundation for Reason

---

[1]　http：//www. pewresearch. org/pubs/2377/unaffiliated－one－in－five－twenty－percent－americans－no－religion－spiritual－religious－prayer－religious－organizations，2012 年 10 月 22 日下载。

[2]　http：//www. brin. ac. uk/news/2012/anglican－churchgoing－in－2010/，2012 年 11 月 1 日下载。

and Science）于 2011 年 4 月组织的调查，只有 29% 的受访者自称在前一年至少每月到教堂参加一次崇拜仪式，49% 的受访者全年都没有去教堂做礼拜，其中 2/3 的受访者在过去 5 年间或者从来都没有去教堂做过礼拜。[①]

在美国方面，近年来，历次盖洛普民意调查均显示，40% ~ 45% 的美国成年人自称定期去教堂或犹太会堂做礼拜。[②] 根据 2007 年美国宗教景观调查，每周至少一次去教堂做礼拜的受访者比例为 15%，每周一次的比例为 24%，每月 1 ~ 2 次的比例为 15%，一年几次的比例为 18%，很少去教堂做礼拜的比例为 16%，从来不去教堂做礼拜的比例为 11%。[③] 就是说，每月至少到教堂参加一次崇拜仪式的信徒比例为 54%，比英国高出 25%（见图 6-2）。

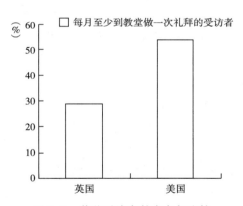

图 6-2　英美受访者教堂参与比较

（3）祷告频率

根据 2008 年的英国社会态度调查，只有 7.42% 的受访者每天祷告，从来不祷告的受访者比例达到 43.83%，[④] 与此相比，美国宗教景观调查

---

①　http：//www. brin. ac. uk/news/2012/census-christians/，该项调查结果于 2012 年 2 月发布，2012 年 11 月 1 日下载。

②　Gordon Lynch, ibid, p. 2.

③　http：//www. religions. pewforum. org/portraits，2012 年 10 月 23 日下载。

④　http：//www. britsocat. com/Marginals/PRAYFREQ，2012 年 10 月 23 日下载。

显示，58%的受访者每天祷告，从来不祷告的受访者只占7%（见图 6-3）。① 美国《新闻周刊》（*Newsweek*）2005 年的一项民意调查甚至显示，高达 93% 的受访者每天祷告或默想。②

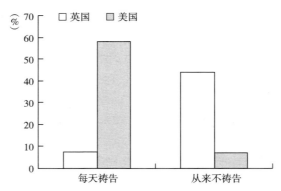

图 6-3　英美受访者祷告频率比较

2. 宗教观念意识

（1）是否信仰上帝

在 2008 年的英国社会态度调查中，只有 17.03% 的受访者毫不怀疑上帝的存在，18.25% 的受访者不信仰上帝；③ 与此相比，在 2007 年的美国宗教景观调查中，高达 71% 的受访者绝对信仰上帝，不信仰上帝的受访者比例仅为 5%（见图 6-4）。④

（2）是否具有宗教性

2007 年的英国社会态度调查显示，认为自己非常具有宗教性的受访者只有 7.89%，认为自己某种程度上具有宗教性的受访者占 26.78%，

---

① http：//www. religions. pewforum. org/portraits，2012 年 10 月 23 日下载。

② William D. Dinges，"The Religious Situation in American Society：Contemporary Trends，Global Implications"，forthcoming，p. 3. International Society for Inter-cultural Technology and Study of Religions，4th International Conference，Linz，Austria，March 19-21，2010. 会议论文，未刊稿，经作者同意予以引用，在此表示感谢。

③ http：//www. britsocat. com/Marginals/GODBELF1，2012 年 10 月 23 日下载。

④ http：//www. religions. pewforum. org/portraits，2012 年 10 月 23 日下载。

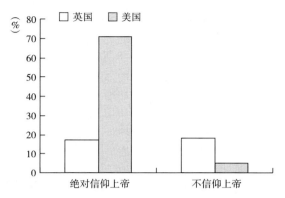

图 6-4　英美受访者上帝信仰比较

不太具有宗教性的受访者占 30.16%，根本没有宗教性的受访者占 35.17%。① 年轻人的宗教性相对于老年人来说低得多。约有 60% 年龄在 18～34 岁的年轻人表示不信仰任何宗教，而 55 岁及以上者不信仰任何宗教的人只有 25%。② 与此相比，在美国宗教身份调查中，当受访者被问及他们的人生观从根本上说属于宗教性还是世俗性时，37% 的人回答属于宗教性，38% 的人回答某种程度上是宗教性，只有 16% 的人回答属于世俗性或某种程度上是世俗性（见图 6-5）。美国年轻人的宗教性也并不示弱。有 70% 年龄在 18～34 岁的年轻人认为自己的人生观是宗教性或在某种程度上是宗教性的，虽然越来越多的年轻人确认自己不信仰任何宗教。③

（3）宗教在生活中是否重要

根据英国理查德·道金斯理性与科学基金会 2011 年 4 月组织的调查，60% 的受访者自称基督教在其生活中重要，81% 的受访者认为基督教对其社交网络没有影响，69% 的受访者认为基督教对其选择婚姻伴侣没有影响，78% 的受访者认为基督教对其在大选中投票没有影响。④

---

① http：//www.britsocat.com/Marginals/Religiu2，2012 年 10 月 24 日下载。

② Gordon Lynch, ibid, p.177.

③ Gordon Lynch, ibid, p.176, pp.2-3.

④ http：//www.brin.ac.uk/news/2012/census-christians/，2012 年 11 月 1 日下载。

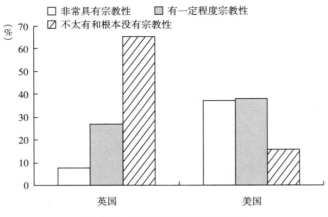

图 6-5　英美受访者宗教性比较

　　2007 年的美国宗教景观调查数据显示，认为宗教在自己的生活中非常重要的受访者比例为 56%，26% 的受访者认为在某种程度上重要。认为宗教在自己的生活中不太重要或者根本不重要的受访者只占 16%。①

（二）相似性

　　虽然以上宗教行为实践和宗教观念意识等多项数据显示，美国的宗教性高于英国，但另有分析表明，通常所说英美世俗性与宗教性之间的对比未免有些言过其实。世俗化现象同样存在于欧洲和美国。以本书重点分析的英国世俗化的关键时期 20 世纪 60 年代为例，英国历史学家休·麦克劳德认为，20 世纪 60 年代的宗教发展史是"国际性"的，即世俗化在西方世界是一个普遍现象。在新教方面，约翰·罗宾逊的《对神老实》一书于 1963 年在英国出版，随即成为神学畅销书，而后迅速被译为多种语言；在天主教方面，"梵二"会议对于世界各地的天主教会均产生了巨大影响，大批天主教神职人员辞去教职，各宗派的入堂率明显下降。至于这些现象产生的背景，欧美也是相通的。例如，发生于20 世纪 60 年代的越南战争和巴黎五月风暴不仅对美国和法国，也对整

_____

① http：//www. religions. pewforum. org/portraits，2012 年 10 月 24 日下载。

个西方世界产生了影响；人们可先后于 1960 年的美国和 1961 年的欧洲获得避孕药；流行音乐、时尚和吸毒之风起始于英国或美国，后迅速蔓延至其他许多国家。① 有学者认为，在 20 世纪 60 年代，美国的"民族信心、爱国理想主义，甚至历史上犹太教-基督教一神论的古老根基被淹没"②。像"世俗化""后基督教"等词汇逐渐普及。美国《时代》周刊 1966 年复活节出版的一期封面上赫然印有"上帝死了吗?"的字样。盖洛普民意调查定期询问美国人的一个问题是，宗教的影响是在增强还是减弱。认为宗教影响在增强的人数比例于 1969 年降至 14%。事实上，在 20 世纪 60 年代，大西洋两岸的宗教发展趋势十分类似，只是到 20 世纪 70 年代中、晚期，宗教实践水平在欧洲持续下滑，但在美国却保持相对稳定。③ 即便如此，美国的宗教实践水平与 20 世纪 50 年代相比也低得多。

近来，一系列研究表明，美国也在经历着长期的世俗化进程，以至于一些美国宗教领袖哀叹，美国的犹太教—基督教传统已让位于"后现代、后基督教、后西方的文化危机，它威胁到我们文化的真正核心"④。更极端者，与描述英国的世俗化状况相类似，也有一些言论宣称"基督教美国的终结"⑤。下面我们从宗教行为实践、宗教观念意识和宗教的社会影响这三方面来分析美国宗教世俗化的表现形式。

1. 宗教行为实践

（1）宗教归属

美国人的宗派忠诚度下降，这在新教自由派教会、主教制教会和天主教会中表现得尤其显著，年轻人脱离宗教组织的趋势更为突出。而

① Hugh McLeod, *The Religious Crisis of the 1960s*, Oxford University Press, 2007, pp. 3-4.
② Sydney Ahlstrom, "The Radical Turn in Theology and Ethics: Why It Occurred in the 1960s", *Annals of the American Academy of Political Science* 387, 1970, pp. 1-15. 转引自 Hugh McLeod, "The Two Americas: Religion and Secularity in the Seventies", in Antti Laine and Aappo Laitinen ed., *Yliopisto, kirkko ja yhteiskunta*, Helsinki: Finnish Society for Church History, 2011, p. 200。
③ Hugh McLeod, "The Two Americas: Religion and Secularity in the Seventies", ibid, p. 201.
④ William D. Dinges, ibid, p. 6.
⑤ William D. Dinges, ibid, p. 2.

且，美国体制宗教、主流宗派的衰落是长期的。1960~1980 年间，美国四大新教宗派，即联合卫理公会、长老会、主教制教会和联合基督教会，共失去多于 1/10 的成员。而在同一时期，美国人口却大量增长。①美国皮尤研究中心的美国宗教景观调查发现，美国的新教徒濒临少数派的边界，只有 51% 的美国人自称是新教各宗派成员，而且这些新教徒人口持续呈内部多元与分裂的状态。美国的天主教徒脱离教会的程度更甚。在该中心 2008 年的美国宗教景观调查中，脱离天主教会的信徒数量高于任何其他宗教团体成员的损失数目。大约 1/10 的美国人口从前曾经是天主教徒。②

越来越多的美国人彻底丢弃了其宗教归属，基督徒占美国总人口的比例越来越低。根据美国宗教身份调查，自称为基督徒的人数自 1990 年以来下滑了 10 个百分点，即从 86% 降至 76%。③ 1940~1980 年，只有 5%~6% 的美国人自称"没有宗教归属"。在 2008 年的调查中，该比例约为 15%，而且"没有宗教归属"这一类别首次在美国历史上成为宗教项目中增长最快的一类。虽然美国至少在名义上仍是基督教国家，但其"没有宗教信仰的少数派"在不断壮大。④ 根据美国皮尤研究中心2012 年的最新调查，不属于任何宗教团体的美国成年人比例在近 5 年中迅速提高，由 15% 增至 20%。在 30 岁以下的成年人中，这一比例高达1/3。这一数字为美国皮尤研究中心历次调查的最高值。⑤

（2）教堂参与

有研究数据显示，在过去的半个世纪里，美国的教堂参与率比较稳定地保持在 35% 左右。⑥ 上文提到，历次盖洛普民意调查表明，有40%~45% 的美国成年人自称定期去教堂或犹太会堂。多项民意调查的

---

① Hugh McLeod, "The Two Americas: Religion and Secularity in the Seventies", ibid, p. 202.

② William D. Dinges, ibid, pp. 9-11.

③ William D. Dinges, ibid, p. 6.

④ William D. Dinges, ibid, p. 15.

⑤ http://www. pewresearch. org/pubs/2377/unaffiliated - one - in - five - twenty - percent - americans-no-religion-spiritual-religious-prayer-religious-organizations, 2012 年 10 月 22 日下载。

⑥ William D. Dinges, ibid, p. 11.

统计数据显示，自 20 世纪 60 年代以来，美国天主教徒的入堂率呈平稳下滑趋势。每周一次望弥撒的比例在 1969 年是 65%，1976 年是 54%，1987 年是 44%。① 美国天主教大学威廉·丁格斯教授（William D. Dinges）强调，很多统计数据夸大了事实而并不可信。量化的数据指标在某些问题上并不能反映事物的全貌。丁格斯认为，民意调查等数据显示出美国人宗教信仰和实践的高宗教性，但数据具有局限性。原因为：第一，它无法反映其社会历史背景②；第二，一些机构统计标准不同；第三，不同统计方法会带有统计者的某种偏见。数据统计的不同方法是造成某些数据不可信的原因之一。由受访者自己回答去教堂的频率和调查者在教堂点人头数这两种方式统计出的数据有很大出入。例如，根据美国学者 1993 年的研究，约 40% 的美国人自称定期去教堂，但通过点人头数统计出的美国新教徒和天主教徒的教堂参与率只有大家公认水平的一半左右，③ 那就是只有大概 20%。而且，这一指标仍在下降，而非上升。④ 另有美国学者 1994 年通过点人头数统计出的美国天主教徒的入堂率为 26.7%，远低于天主教徒"自称"的统计结果。根据美国学者的近期研究，估计目前美国天主教徒每周日的入堂率在 25% ~ 35%。⑤ 同时，两种统计方式造成的缺口与新教徒和天主教徒差不多。

关于美国教会归属与教堂参与率的实际水平，目前仍存在争论，各项调查的统计结果亦有差异。美国宗教身份调查显示的宗教组织成员所占比例已降至 54%。有研究指出，每周到教堂和犹太会堂参加礼拜活动的信徒只占美国总人口的 20% ~ 25%。⑥

两种不同的统计方法呈现出不同的结果，这自然说明美国人实际的宗教行为实践水平要低于人们普遍的印象。而且，世俗化在美国与在英

---

①　Hugh McLeod, "The Two Americas: Religion and Secularity in the Seventies", ibid, p. 202.

②　William D. Dinges, ibid, p. 1.

③　Peter Berger, Grace Davie and Effie Fokas, *Religious America*, *Secular Europe? A Theme and Variations*, Ashgate Publishing Limited, England and Ashgate Publishing Company, USA, 2008, p. 42.

④　Ibid.

⑤　William D. Dinges, ibid, p. 10.

⑥　Gordon Lynch, ibid, pp. 175–176.

国类似，也是进行时。另外，欧洲与美国的对比研究显示出，美国人在主观上倾向于夸大教堂参与的事实，而欧洲人恰恰相反。这可以有两方面相反的解释。一方面，美国人的宗教性并没有人们原本想象的那样高，而欧洲人的世俗化程度比人们想象的要低；另一方面，美国人夸大教堂参与的事实，说明希望别人知道自己去教堂，而欧洲人不愿承认去教堂参与的事实，说明不希望让别人知道自己去教堂。二者回答问题的不同倾向或许反映出相异的社会文化氛围。就是说，在美国，人们对去教堂这件事的反应是积极而正面的，而在欧洲正相反。① 如果是这样的话，美国社会的世俗化程度仍低于欧洲。因为，去教堂在美国被看作常态，而在欧洲却越来越被边缘化了。

2. 宗教观念意识

（1）世俗主义群体壮大

美国的无神论者和不可知论者的数量近年来增长迅速。1990～2009年的近20年间，其数量从100万人增加到360万人，这大约相当于美国主教制教会信徒的2倍了。② 也就是说，无神论者和不可知论者的数量在这近20年间增长了2.6倍。与此相比，美国总人口由1990年的2.4879亿人③增加到2009年的3.0701亿人④，增幅只有约23.4%。无神论者、不可知论者和自然神论者等是构成美国各项民意调查中选择"没有宗教信仰"这一类别人口的重要组成部分。美国宗教身份调查预测了一种可能性，即20年之后，"没有宗教信仰"的人会占到美国人口的近1/4之多。⑤ 与此相应的一项数据显示，有1/4以上的美国人并不期望死后有一个宗教葬礼。这一统计结果是令人震惊的。⑥

自20世纪60年代末70年代初，美国社会中公开的世俗主义群体愈发壮大起来，其中包括：第一，政治上的激进分子，他们认同马克思主

---

① Peter Berger, Grace Davie and Effie Fokas, ibid, p. 43.

② William D. Dinges, ibid, p. 16.

③ 据统计，美国人口数量在1990年4月1日为248790925人，http：//www. census. gov/popest/data/national/totals/1990s/tables/nat-total. txt，2012年12月4日下载。

④ 美国人口数量在2009年7月1日为307006550人，http：//www. census. gov/popest/data/state/totals/2009/tables/NST-EST2009-01. xls，2012年12月4日下载。

⑤ William D. Dinges, ibid, p. 16.

⑥ 魏德东：《宗教社会学的范式转换及其影响》，《中国人民大学学报》2010年第3期。

义；第二，女权主义者和同性恋者，他们认为犹太教和基督教对其受压迫的状态起了关键作用，很多同性恋者脱离了教会，一些女权主义者甚至烧毁《圣经》；第三，自由主义者，他们追求个人自由，主要是性自由或吸食毒品的自由；第四，公民自由意志论者，他们迫切要求一个更加世俗的国家。[①] 从此，宗教保守主义者和世俗主义者这两个阵营均不断壮大，渐成对垒之势。这种两极化发展势头和英国的情况也有相似之处。

（2）宗教观念弱化

有研究显示，美国人对宗教的理解渐趋弱化，宗教与伦理道德逐渐混为一谈，成为与善行相关的基本的道德品质。有美国学者称其为"金规则基督教"（Golden Rule Christianity）。宗教身份退化为"一个好人"而已，宗教归属、教义信条、宗教体验等统统不再重要。[②] 美国年轻人的宗教信仰大多沿袭其家庭传统，但他们的宗教倾向"极度宽容，要求极不严格，类似于公民宗教，文雅而平淡无味"。他们所信仰的基督教在实质上已变体为所谓的"道德治疗自然神论"（moralistic therapeutic deism）。[③] 英国也有类似的情况。根据英国理查德·道金斯理性与科学基金会2011年的调查，有40%的英国受访者将基督徒的身份等同于"做一个好人"，只有22%的受访者认为做基督徒的标准是信仰耶稣基督。[④]

宗教知识匮乏是美国人宗教性降低的表现之一。许多美国人对自己信仰的宗教或一般的宗教知识知之甚少。虽然2/3的美国人相信，生活中一切或大多问题的答案蕴含于《圣经》之中，但只有一半人能够说出四部福音书之中任意一部的标题，而且大部分人说不出《圣经》第一卷的名称。有学者认为，美国人所夸耀的宗教宽容实际上归因于宗教知识的匮乏。[⑤] 与此相应，英国理查德·道金斯理性与科学

---

① Hugh McLeod, "The Two Americas: Religion and Secularity in the Seventies", ibid, p. 203.

② William D. Dinges, ibid, p. 14; Peter Berger, Grace Davie and Effie Fokas, ibid, p. 12.

③ William D. Dinges, ibid, p. 13.

④ http://www.brin.ac.uk/news/2012/census-christians/, 2012年11月1日下载。

⑤ William D. Dinges, ibid, pp. 14–15.

基金会 2011 年的调查数据显示，其中仅有 15% 的受访基督徒在接受调查的前一周阅读过《圣经》，32% 的基督徒在此前一个月至前三年内读过《圣经》，36% 的基督徒在三年前读过《圣经》，15% 的基督徒从未读过《圣经》。另外，只有 35% 的受访基督徒准确说出了《新约》第一卷的名称。[①]

　　很多美国人尤其是年轻人，反对体制宗教的倾向愈发明显。与美国个人主义的盛行相伴随的是，他们放弃与体制宗教的联系，将宗教看作一种个人选择而非组织归属，同时在较高水平上保持了对超自然力或某种超验性实体的信仰。灵修逐渐成为另一种生活方式的选择。"非宗教性的灵性"（religionless spirituality）在美国渐趋普及，"灵性探求者"和"新时代"灵修运动的追求者越来越多。这与英国"新时代"灵修运动的发展是相通的。根据美国不同机构的研究统计，多数美国人将灵修与传统体制化的信仰实践相结合；对另一些人特别是年轻人来说，"信仰"与"教会"是脱钩的；还有一部分人完全是灵性的而没有宗教性。他们更有可能脱离传统的宗教实践和信仰，变成不可知论者，对宗教持有负面评价。据统计，57% 的美国人认为自己"既是灵性的又是宗教性的"，而认为自己仅具有灵性而非宗教性的美国成年人有 25% ~ 30%。[②] 美国人的信仰逐渐从教会转移到一个新兴的"灵修市场"。个人可以从各种传统中选择，而并非遵从一个特定的教会。[③] 类似于英国人在各种"信仰和意识形态的超级市场"[④] 上各取所需，像在糖果商店里选购杂拌糖似的"拼凑式的宗教"（pick-and-mix religion）[⑤]，美国人热情地接受了"杂烩宗教"（patchwork religion）、"混搭灵性"（mix-and-match spirituality）、"自制宗教性"（do-it-yourself religiosity）和"工具箱"（tool kit）式的宗教身份。[⑥] 当然，这种现象并不一定是坏事。其积极方

---

① http：//www. brin. ac. uk/news/2012/census-christians/，2012 年 11 月 1 日下载。

② William D. Dinges, ibid, pp. 8 - 9.

③ Hugh McLeod, "The Two Americas: Religion and Secularity in the Seventies", ibid, p. 203.

④ Gerald Parsons, ed. , *The Growth of Religious Diversity: Britain from 1945*, Volume 2: *Issues*, p. 50.

⑤ Steve Bruce, *God is Dead: Secularisation in the West*, p. 81.

⑥ Peter Berger, Grace Davie and Effie Fokas, ibid, p. 14; William D. Dinges, ibid, p. 20.

面在于，无论是英国人还是美国人，虽然其传统的宗教信仰形式有所改变，但都没有停止对终极意义的关切。丁格斯认为，脱离了传统教会的人们"或许更为诚实地保持着对上帝的信仰"，而拒绝自认为是虚伪的宗教身份。这"或许反映了人类的成熟，以及对终极意义和真理的真正追求"①。

3. 宗教的社会影响

盖洛普民意调查显示，2011 年，认为宗教对美国社会的影响力增加的受访者比例只有 26%，而 10 年前的 2001 年这一比例高达 55%；认为宗教在美国影响力降低的受访者比例在 2001 年为 39%，到 10 年后的 2011 年，这一比例增至 71%（见图 6-6）。② 这说明，超过 2/3 接受调查的美国人认为，宗教对美国社会的影响力越来越弱。根据美国皮尤研究中心 2010 年发布的研究报告，美国 18～29 岁的年轻人的宗教性比其前辈低得多。他们对上帝的信仰更弱，与教会的联系更少，只有少数人认为宗教在自己的生活中非常重要。这说明，很多美国宗教团体在传承其宗教传统方面是不成功的。③

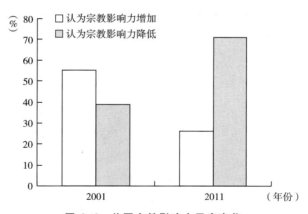

图 6-6　美国宗教影响力民意变化

————————

①　William D. Dinges, ibid, p. 21.

②　http：//www. gallup. com/poll/1690/Religion. aspx，2012 年 10 月 15 日下载。

③　William D. Dinges, ibid, pp. 12-13.

按照丁格斯的观点，美国宗教的社会基础正在被挖空，宗教缺乏社会身份认同。传统宗教权威的影响力无论是作为"内部社会控制机制"，还是作为"外部公共影响传播者"，都在衰退。① 虽然宗教仍在继续影响美国人的政治行为，但由宗教引发的政治热情从本质上来说并不能表明宗教的真实和纯正。宗教很容易成为政治和社会的婢女。即使在宗教具有影响力的公共领域，甚至在一些特定的，关于文化的象征性的道德诉求等问题上，而非在体制性的诸如政党、工会或各职业领域的利益集团中显示其力量。② 丁格斯认为，宗教在美国社会影响力减弱的原因部分在于宗教的商品化趋向。神圣的核心已从传统的宗教机构转移到了市场，宗教转换至为个人消费而设置的"文化资源"中。这使得人们的宗教实践脱离了传统的社区、历史和文化环境。随着大规模消费者市场的崛起，出现了大众庸俗宗教性的灵修市场，而这损害了宗教。与经济市场上其他商业机构相比，宗教缺乏控制力，没有法律的力量来保护自身的完整性。宗教与自由市场经济的结合颠覆了所有的宗教传统。③

（三）小结

通过上文对英美宗教发展现状的对比我们不难发现，虽然多项指标显示出美国的宗教性与英国的世俗性之间存在反差，但美国同样经历着世俗化进程，而且其各方面的表现与英国颇有相似之处，只是二者的世俗化程度和表现形式有所不同。在丁格斯看来，美国当前的宗教状况是一对看似矛盾的结合体。一方面，正如大多数人看到的那样，基督教在美国充满活力；另一方面，美国正经历着持续的、某种形式的"新世俗化"（neo-secularization），这是一个长期而复杂的趋势。④ 丁格斯提出一个比喻，美国的宗教性与美国内布拉斯加州的普拉特河相似，二者都是"一英里宽，一英寸深"⑤，意指美国的宗教性具有相当的宽度，但其深度，也就是宗教性的实质，其实很浅。因此，"欧洲也许并不像看上去

---

① William D. Dinges, ibid, p. 19.
② William D. Dinges, ibid, p. 6.
③ William D. Dinges, ibid, pp. 21-22.
④ William D. Dinges, ibid, p. 19, p. 23.
⑤ William D. Dinges, ibid, p. 6.

那样世俗，美国也不像看上去那样具有宗教性"①。

欧美各国均有学者从不同的角度质疑将欧洲"世俗性"与美国"宗教性"的对比绝对化的做法。美国学者威廉·丁格斯强调，美国目前的宗教活力被夸大了，但同时他也并不认同美国已步入"后宗教"或"后基督教"时代的说法。通过对美国当代宗教发展态势的全方位审视，丁格斯认为，宗教在美国文化和人们的生活中仍然发挥着重要的作用，只是美国文化没有当前人们假定的那样具有如此高的宗教性。

英国学者休·麦克劳德通过历史学的视角对此问题加以分析，认为欧洲"世俗性"与美国"宗教性"之间的对比往往被夸大，而欧洲与美国各自内部的重大差异却被掩盖。② 以往学者们的对比研究大多夸大二者的差异，却忽视了其相似之处，尤其是忽视了欧洲内部的宗教多元性。在19世纪，英国的宗教性与美国更为相似，而与法国和德国有更大差别。大约从1890年起，英国的教堂参与进入了长期的下滑期，英美两国的宗教发展模式自此逐步分道扬镳。即便如此，欧美各国均出现了世俗化的种种迹象。到20世纪50年代时，虽然英国、法国和德国的世俗化趋势日趋显著，但欧洲其他国家的情况却不尽相同。美国当时的入堂率远远低于爱尔兰，而与比利时、荷兰、意大利、奥地利和波兰的水平大致相当。当时许多欧洲国家的教会要比美国教会在政治上发挥的作用大得多。20世纪70年代之后，欧美各国的宗教发展轨迹才有了明显的不同。③

美国学者彼得·伯格、英国学者格雷思·戴维和埃菲·福卡斯也认同欧洲的世俗性和美国的宗教性均被夸大了。他们分析了欧美各国内部各自世俗化模式多样性的问题。在他们看来，在世俗化的问题上，新教、天主教与东正教文化之间的分野或许大于欧美国家之间的差异。在新教文化内部，有英国、美国、斯堪的纳维亚国家和德国之间的不同模式，而同属英联邦自治领域的加拿大、澳大利亚和新西兰的情况

---

①　William D. Dinges, ibid, p. 23.

②　Hugh McLeod, *The Religious Crisis of the 1960s*, p. 3.

③　Hugh McLeod, "The Two Americas: Religion and Secularity in the Seventies", expanded version, unpublished paper delivered to a seminar at Harvard Divinity School, 29 September 2011。未刊稿，经作者同意予以引用，在此表示感谢。

介于英国和美国之间；在欧洲的天主教文化内部，法国和西班牙的世俗化程度很高，但波兰、爱尔兰和意大利的宗教活力甚至高于美国；在东正教范围内，俄罗斯、希腊、塞尔维亚、罗马尼亚、保加利亚、马其顿等是其核心地带，宗教与国家身份认同是一致的，政教关系紧密，而在该核心地带之外，位于英国、芬兰、波兰或阿尔巴尼亚的各东正教会的情形均有所不同。[①]

上述几位学者都注意到美国内部世俗性与宗教性的诸方面差异。首先，从地区上划分，南方地区是高宗教性保守派教会的堡垒，得到西南部和中西部地区的支持，而世俗主义者在美国东北部和西部地区很强势，中部和南部地区的宗教性总体来说高于太平洋和大西洋沿岸地带。其次，以社会阶层划分，拥有较高教育程度的精英阶层更为世俗，而中低阶层大众保持着较高的宗教性。再次，以宗教派别划分，传统意义上的主流自由派教会衰落趋势明显，而保守派教会发展较为稳定。[②]

如此看来，将英国与美国，甚或欧洲与美国的世俗性和宗教性加以比较，并不像表面上呈现的那样一目了然。一方面，由于历史境遇不同，世俗化在欧美各地区的发展程度、方式和表现均不相同。另一方面，差异性与相似性是共存的。美国宗教社会学家塔尔科特·帕森斯（Talcott Parsons）认为，每个社会的文化和社会系统里都有各自的价值观体系，其重要来源之一就是宗教，而这些价值观体系使生活在一个共同体中的人们凝聚在一起。价值渗透在社会结构化的每一个领域，它是社会结构中最深层次、变化最缓慢的部分。[③] 帕森斯分析的是现代美国社会的情形，但对于基督教文化底蕴深厚的欧洲来说，又何尝不是如此呢？

二 英美差异的成因

关于英美世俗化发展模式差异的形成原因，学术界目前尚无定论。

---

① Peter Berger, Grace Davie and Effie Fokas, ibid, pp. 36–39.

② Hugh McLeod, "The Two Americas: Religion and Secularity in the Seventies", in Antti Laine and Aappo Laitinen ed., *Yliopisto, kirkko ja yhteiskunta*, p. 204; William D. Dinges, ibid; Peter Berger, Grace Davie and Effie Fokas, ibid.

③ 石丽：《帕森斯宗教社会学理论述评》，《世界宗教文化》2011 年第 3 期。

笔者认为，正如本书第一章所述，世俗化是多种因素综合作用的产物，英美世俗化发展模式的差异归根结底亦存在于历史之中，并非单一因素所促成。英美两国的宗教文化虽具一定的同源性，但二者遵循了不同的历史发展轨迹，其政治、经济、文化体制等方面的差异显著。总体看来，两国世俗化发展模式差异的成因包括以下所列的几方面，而其中的每一种因素虽各起一定的作用，却又不能准确与全面地分析事物的全貌。

（一）政教关系

有学者认为，英、法、德、意等欧洲国家仍在一定程度上保留了国教传统。在历史上，人们的信仰带有被政府强加的色彩，对政治的憎恨往往不可避免地同时指向宗教。在爆发持不同政见者的宗教运动的欧洲国家，其教会均由政府所扶持。[①] 而当代人对这样的信仰自然怀有厌恶反感之情。在外部压力消失的情况下，这便成为教会信徒人数锐减的一个原因。美国从未经历过政教合一的历史阶段，并且也不存在一个国教。与此相反，政教分离为其宪法所规定，所有宗派都拥有法律上的平等地位。基督宗教虽然是美国社会的主流价值观，但它不是国教，不具有强迫性，也就不会招致人们的反感。[②] 笔者认为，欧洲中世纪漫长的政教合一体制使基督教会获得了至高无上的地位，之后，现代化过程中的政教分离又迫使教会经历了一段痛苦的记忆，这确实令教会在公共生活中的影响力大为下降。但我们不能因此断定，有无国教是导致欧美各国世俗化发展模式区别的关键。

本书第二章曾指出，基督教圣公会至今仍为英国国教（至少名义上依然如此），但它早已失去其强制性。长老会、公理会、浸礼会和贵格会等"不服从国教者"在公众生活中的法律限制于1829年被废除，各宗派逐步获得了平等地位，宗教自由与宗教宽容的氛围延续至今。目前，包括圣公会在内，没有任何一个基督宗教的宗派或者任何一种宗教

① Peter Berger, Grace Davie and Effie Fokas, *Religious America, Secular Europe? A Theme and Variations*, p. 16.
② 王忠欣：《宗教与世俗化——中美欧现代化历程中宗教的发展与变化》，载赵林、邓守成主编《启蒙与世俗化——东西方现代化历程》，第267、276页。

信仰团体在英国社会享有高人一等的特权，或受到政府资助。① 即便是圣公会的神职人员，其薪金也不由国家负担。② 当然，历史是沉重的，历史的记忆会长久存留。强势的国教印象很难从人们的脑海中抹去。但与此同时，圣公会在很多当代英国公众的心目中依然拥有崇高的地位。这不可能具有强制性，国教非但没有因其特殊名号招致厌恶反感，反而是一些信徒加入其中的动因之一。就是说，"国教"这一头衔促使很多人敬而近之，而并非相反。他们会因为自己是圣公会的信徒而感到荣耀。总之，不存在国教的强制性，世俗化的洪流对英国基督教会和社会的侵袭没有因而减弱。美国不存在国教，宗教与政治生活却结合得甚为紧密，宗教已成为美国人国民身份认同的一部分，③ 基督教价值观并没有因此而远离人心。④ 由此可见，政教关系并非当代英美世俗性与宗教性之差异的决定性因素。

（二）宗教多元

宗教多元说与政教关系说密切相关。一些学者认为，来自欧洲的早期移民为了逃避宗教迫害，追求信仰的自由，将不同形式的基督教信仰带到美国，使美国几乎囊括了所有基督教宗派，从此形成了美国基督教的多元性。由于美国自建国之初便未设国教，政府既不明确支持，也不明确反对某一宗派，因而使得基督宗教各宗派得以自由成长，地位平等，形成了一个自由竞争的宗教市场，因而充满了生机与活力。⑤ 而在

---

① 有一点英美两国比较相似。休·麦克劳德教授向笔者介绍，在英国，政府会拨款给慈善团体（包括教会经营的慈善团体）去做一些政府机构无法承担的特殊工作，比如帮助无家可归者或难民等。个人向慈善组织的捐赠亦无须纳税。根据中国学者的考察，美国政府也并不直接拨款给教堂等宗教机构，不向教会学校提供直接资助，但许多州政府的税收可以捐赠给宗教慈善组织。据统计，诸如路德宗教会服务部、美国天主教慈善会、救世军、基督教男女青年会和世界宣明会等都接受了政府大量资助（孙家宝：《美国政府对宗教事务的管理》，《世界宗教文化》2011年第4期）。

② 圣公会神职人员的薪金来源有二：一为教会成员的奉献，二为几个世纪以来教会通过拥有地产或其他投资而积累的财富。

③ 无论是对美国效忠誓词中的"上帝之下的国家"（one nation under God），还是总统宣誓就职时手按《圣经》之举，抑或美元上印刻的国训"我们信靠上帝"（In God we Trust），等等，均体现出这一点。

④ 不过确有宗教团体因过多参与政治生活而遭到批评。

⑤ 王忠欣：《宗教与世俗化——中美欧现代化历程中宗教的发展与变化》，载赵林、邓守成主编《启蒙与世俗化——东西方现代化历程》，第268页。

英国，由于基督教圣公会长期拥有国教地位，限制了其他宗派的发展，宗教市场因而难以形成。圣公会一派独大的局面使其缺乏前进和改革的动力，各个宗派无法进行公平竞争的状况也不能激发出其应有的生机与活力。还有学者认为，在市场上进行竞争的宗教机构通常要比享受垄断环境的宗教机构能力更强，运转更高效。虽然一些欧洲国家的政教关系早已被削弱，但人们仍习惯性地将教会视作一种公用事业，即有益的社会机构，人们在生活中可能会不时地需要它。与此相对，美国的教会不得不作为一种非官办的自发组织，而这样的宗教组织更易适应多元竞争环境。①

事实上，英国基督教各宗派早已于19世纪便获得了平等地位，圣公会的国教地位亦遭动摇，至今并无甚实质性的特权。此外，英美同样是宗教多元的国家。伊斯兰教、印度教、锡克教、犹太教和佛教等在美国兴旺发达的宗教在英国亦欣欣向荣。因此我们可以说，宗教市场在英国实际上也是存在的。但如本书第二章所述，宗教的多元性在英国所起到的作用比较复杂，有时甚至对世俗化起到了推波助澜的作用。那么，同样存在宗教多元性与市场竞争，世俗化对两国的侵袭程度却不尽相同，其缘由便不应只是多元本身了。罗德尼·斯达克等美国宗教社会学家的"理性选择理论"以宗教多元竞争程度作为解释宗教繁荣与否的最重要的，甚至是唯一的因素。而笔者比较认同彼得·伯格的看法，即理性选择理论如同传统世俗化理论一样，无法解释事情的全貌。世俗化理论是根据欧洲的情况衍生而来，而理性选择理论产生于美国，因此更适用于解说美国的宗教状况。② 两种理论模式各自适用于不同地域环境之中，并无优劣胜负之分。

（三）移民

移民因素与宗教多元亦有关联。英国和美国均为移民国家，宗教多元状况在两国同时存在。但是，移民及其带来的各种宗教在两国呈现出的特征以及所发挥的作用却有所不同。

第一，从历史角度来看，美国从建国之始就是一个移民国家，它拥有较长的移民历史。早期来自欧洲的移民动机明确，即追求宗教信仰自

---

① Peter Berger, Grace Davie and Effie Fokas, ibid, p. 16, pp. 35-36.

② Peter Berger, Grace Davie and Effie Fokas, ibid, p. 17.

由。移民的宗教信仰向来平等，且受宪法保护。英国移民的发展轨迹则与美国大不相同，其历史上长期的主体人口为由凯尔特人和盎格鲁－撒克逊人等形成的英格兰人、威尔士人、苏格兰人和爱尔兰人。大批移民的到来是比较晚近的事情，其获得平等地位也有一个过程。17世纪之后，伴随着对外贸易和殖民主义的发展，英国在国际上的势力不断扩张，一些印度教徒、穆斯林和其他宗教信仰者作为仆人和女佣来到英国。19世纪以前，非基督徒的少数派一直遭受到各种形式的不公平待遇，包括被排除在接受高等教育和供职于地方或国家政府部门之外。宗教宽容和废除与宗教相关的民事限制在19世纪取得了重大进展，它推动了各种形式宗教生活的显著发展。例如，犹太教徒人口在1881～1914年间得到增长；自1933年起，从遭受纳粹德国和其他纳粹统治国迫害和屠杀中逃亡出来的犹太人使在英国的犹太社区人口进一步增加；从19世纪中叶起，英国与其殖民地之间的贸易往来愈加频繁，产生了对大量劳动力的需求，穆斯林移民逐渐集中在卡迪夫和利物浦等海港城市；印度教徒和锡克教徒商人、移民者也开始出现；两次世界大战之后的国家重建亦需要大量劳动力，各有许多从英军复员的穆斯林、印度教徒、锡克教徒以及其他宗教信徒在英国定居，加之来自欧洲大陆、亚洲、非洲和加勒比海地区的移民，英国的宗教多元趋势发展愈加迅速。这些外来的非基督徒起初只希望满足最基本的居住和可以养家糊口的工作等生存需求，后来才逐渐过渡到追求社会地位的平等，以及维护并传播各自的宗教文化传统。

第二，从英美不同的移民轨迹可以看出，两国的移民结构有所差异。美国的移民绝大部分是信奉基督新教和天主教的欧洲人、拉丁美洲人和非洲人。虽然来自亚洲的穆斯林和佛教徒近年有所增多，但其所占人口比例不高。[1] 根据2007年美国宗教景观调查，几乎一半美国移民是天主教徒，78%的美国黑人是新教信徒。[2] 穆斯林占美国总人口的0.6%，佛教徒占0.7%，印度教徒占0.4%。[3] 在美国的基督徒移民中，

---

① 段琦：《美国宗教嬗变论——一个中国人眼中的美国宗教》，今日中国出版社，1994，第2～3页。

② http：//www. religions. pewforum. org/reports#，2012年10月23日下载。

③ http：//www. religions. pewforum. org/reports，2012年10月23日下载。

黑人和拉美裔移民分别为美国新教教会和天主教会的繁荣发展以及社会进步做出了重要贡献。其中,非洲裔美国黑人浸礼会和卫理公会积极参加美国废奴运动,而大约1/3的美国天主教徒是来自拉丁美洲的移民。根据2007年美国宗教景观调查的统计数据,拉美裔天主教徒占美国天主教徒总数的29%,① 30岁以下的美国天主教徒中,有45%是拉美裔移民。② 与此相比,英国基督徒的主体为英国白人,而非移民。英国的移民中,穆斯林、印度教徒和锡克教徒等居多。虽然一部分移民是来自非洲和加勒比海等地区的基督徒,但其自身人数不多,他们和英国当地的白人教会没有融为一体,因而影响力也较为有限。③

第三,美国从一开始几乎都是移民,他们通过共同的价值观结为一体,成为"美国人"。因此,美国主流社会总体来说对待外来移民的态度相对比较宽容,宗教在美国亦并非挑起事端的因素。英国传统上属于"同质性的民族国家"④,移民人口属于少数,在社会上的地位也较低。由于近年来移民人口的大量增长,以及移民团体内部的联结越来越紧密,竞争和冲突亦随之而来,其中基督徒与穆斯林之间的摩擦尤为突出。同时,英国白人的人口出生率较低,而少数民族移民人口出生率高,英国人口的构成比例逐步发生了变化。由此产生的相应后果便是,基督徒人口比例降低,而穆斯林、印度教徒和锡克教徒等人口比例提高。有圣公会牧师提到,在英国第二大城市伯明翰,25岁及以下人口中已有大半是穆斯林,白人将很快成为少数民族。根据2011年英格兰和威尔士地区人口普查,英国穆斯林人口数量已达到270万人,占总人口比例为4.8%。⑤ 但是,穆斯林移民在教育、就业、住房等方面大都处于较低水平,受教育水平低、较多从事体力劳动行业和低收入等造成穆斯林群体在整个英国社会中的边缘化和底层化。自20世纪80年代以来,

---

① http://www.religions.pewforum.org/portraits,2012年10月24日下载。
② http://www.religions.pewforum.org/reports#,2012年10月23日下载。
③ 关于非西方移民对英国基督教的影响,参见本章第二节中关于"逆向宣教"的内容。
④ 常晶:《界限与共识——全球化时代英国穆斯林移民与社会整合问题研究》,《世界宗教文化》2012年第5期。
⑤ http://www.ons.gov.uk/ons/rel/census/2011-census/key-statistics-for-local-authorities-in-england-and-wales/rpt-religion.html,2012年12月27日下载。

穆斯林移民群体与英国主流社会的关系日趋紧张，通过 1988 年的拉什迪与《撒旦诗篇》事件、2001 年的"9·11"事件、2005 年 7 月的伦敦爆炸案、2007 年 7 月的伦敦和格拉斯哥机场汽车炸弹事件等可以反映出来。英国社会将对极端恐怖主义势力的憎恶与恐惧转嫁到了国内穆斯林群体身上。① 近年来，英国的少数民族宗教群体越来越有意识地追求更鲜明的宗教形象和更高的社会地位与权益。政府为了保持"政治上的正确性"，对基督教会之外的宗教团体采取了一些保护和扶植措施。但这并未从根本上解决问题，各宗教之间的关系依然不和谐，各方均感受到不公平待遇。宗教在英国成为经常引起麻烦的因素。

美国的教会与民族、种族身份认同密切相连。宗教为移民群体顺利融入一个新国家的社会生活发挥了积极作用。移民起初将宗教作为建立群体团结与身份认同的方式，使其能够更好地应对新环境的各种挑战，并保持文化传统的延续。例如，天主教会对于爱尔兰人，后来移民美国的中、南欧人，拉丁美洲人；路德宗教会对于移民美国的德国人和斯堪的纳维亚人，具有重要的意义。随着这些移民与美国社会的同化，一部分教会依然保持着与特定民族的关联，即便在那些与特定民族的关联已逐渐淡化了的教会，这些移民仍对其初始的宗派保持着较高的忠诚度。② 同时，拥有特定宗教信仰的移民群体，如来自德国的新教徒、天主教徒和犹太教徒，来自爱尔兰、波兰和意大利的天主教徒，对于丰富美国的宗教生活、突出美国的信仰特征也发挥了重要作用。这些移民信徒并不仅仅是将其本国传统的宗教组织移植到美国而已，他们还促进了宗教变革，助燃了美国的宗教活力。在美国，移民与经济发展、城市化进程等因素互相促进，构成了良性循环。③ 不同于英国的是，在美国宗教是解决问题的，而非引起麻烦的因素。

（四）自由派与保守派的对垒

自 19 世纪起，较为保守的福音派信仰便成为美国基督新教的主流。其中的基要派更是对自由派神学大肆反击。有学者认为，保守派遏制了

---

① 常晶：《界限与共识——全球化时代英国穆斯林移民与社会整合问题研究》，《世界宗教文化》2012 年第 5 期。

② Peter Berger, Grace Davie and Effie Fokas, ibid, p. 21.

③ Peter Berger, Grace Davie and Effie Fokas, ibid, pp. 30-31；William D. Dinges, ibid, p. 5.

美国基督宗教自由派的世俗化倾向。由于美国各派教会公平竞争，因自由派的世俗化倾向而退出教会的信徒转入了保守派教会，而并非从此不再参加任何教会的活动。因此，即使美国的自由派教会如公理会、主教制教会、基督门徒会和长老会等人数下降，福音派教会人数却不断增加，美国基督徒总数并没有太大变化。在组织活力与信仰传承方面，倾向于中间偏右的保守派宗教群体总体来说比自由派更为强势。总之，保守派消解了世俗化的影响。① 而在英国，自由主义神学自19世纪起便大行其道，成为英国基督教会的主流思想。根据本书第二章的分析，它最终偏离了初始目的，反为世俗化提供了遁词。不过，本书第三章提到，近年来，以福音派、五旬节派和灵恩派为代表的保守派教会在英国境内势力逐渐强大。它们对世俗化采取对抗态度，其生存状况目前看来确实比自由派教会好些，而且也确有一些信徒由于对自由派教会不满转而加入保守派教会。不过，至少到目前为止，保守派教会尚未强大到遏制自由派教会的世俗化倾向的程度。相对来说，新教福音派是美国宗教景观中至关重要的组成部分。五旬节运动发源于美国，虽然目前已扩展到世界各地，仍具有显著的美国特征，② 而其在英国的发展规模无法与美国相比。

　　虽然福音派教会的发展本身是一个普遍现象，但是以下两点区别笔者认为十分重要。第一，美国基督教保守派与政治的结盟。近几十年来，福音派基督徒在美国政治生活中发挥了相当重要的作用。这一点虽然颇受争议，但确是事实。美国基督教右派热衷于"推动福音派基督徒和其他新教基督徒参与政治行动"。他们支持或反对某种社会政治运动、保持与总统的友谊并给其提出参考意见、支持基督徒候选人、影响立法、把自己人放到关键岗位甚至竞选总统，等等。这种意义上的宗教与政治的联盟在英国是没有的。③ 第二，在美国，基督教保

① 王忠欣：《宗教与世俗化——中美欧现代化历程中宗教的发展与变化》，载赵林、邓守成主编《启蒙与世俗化——东西方现代化历程》，第269~270页；William D. Dinges, ibid, p. 14。

② Peter Berger, Grace Davie and Effie Fokas, ibid, pp. 11–12。

③ Hugh McLeod, "The Two Americas: Religion and Secularity in the Seventies", ibid, p. 208；段琦：《美国宗教嬗变论——一个中国人眼中的美国宗教》，第41~42页；余创豪：《美国基督教右派简史》，烛光网络，第73期，第4页，http://www.truth-light.org.hk/article/title/n215，2012年9月20日下载。

守派在 20 世纪 70 年代发展比较集中的区域是南部地区，这也是当时人口增长、经济蓬勃发展的地区。在英国等欧洲国家，基督教保守派则主要集中于人口下降的乡村地区。[①] 例如，英国的苏格兰高地和群岛地区的基督教保守派势力比较集中。除北爱尔兰之外，该地区的教堂参与水平在英国是最高的，而该地区的人口密度相对较小，且经济发展主要依靠农业、渔业和旅游业。以上两点是保守派在美国的发展势头强于英国的重要原因。

即便如此，这里还是存在两个问题。第一，我们不能确定，如果英国的保守派教会继续壮大，取代自由派教会而成为主流，美国的情况是否能复制到英国，即保守派遏制英国社会的世俗化倾向，消解世俗化的影响。本书第三章曾分析应对世俗化两种策略的依据及其利弊。保守派的对抗与自由派的顺应均无绝对优势和胜算，均面临一定的风险。教会的抉择亦是进退两难，游移不定。第二，我们无法预料若干年后英国的保守派教会和自由派教会二者孰强孰弱。保守派教会是否也将如自由派教会一般衰落，是否其衰落状况比自由派教会相对滞后，至今尚无精确的论证。

（五）启蒙运动

17～18 世纪的启蒙运动在欧洲和美国经历了不同的版本。首先，总体来说，启蒙运动在欧洲是反基督教、反对教权的，它崇尚的是"理性的意识形态"[②]。启蒙运动最初产生于英国，爱德华·赫尔伯特（Edward Herbert）、托马斯·霍布斯（Thomas Hobbes）、约翰·洛克（John Locke）、大卫·休谟（David Hume）等均为英国著名的启蒙思想家。英国思想家爱德华·赫尔伯特、约翰·托兰德（John Toland）等人所倡导的自然神论以及以自然神论形式出现的唯物主义思想是欧洲启蒙运动的重要思想根源。它推崇理性原则，反对蒙昧主义和神秘主义，反对基督教会所宣扬的人格神及其对自然和社会生活的统治与支配作用，认为上帝不过是"世界理性"或"有智慧的意志"等非人格的存在，并主张用

---

① Hugh McLeod, "The Two Americas: Religion and Secularity in the Seventies", ibid, p. 206.

② 从这个意义上说，与美国的启蒙运动版本对比最为鲜明的欧洲国家是法国。

"理性宗教"或"自然宗教"来代替传统的天启宗教。根据本书第一章的分析，崇尚理性的启蒙思想是导致欧洲世俗化的重要因素之一。而在美国，启蒙运动更倾向于表达"政治上的自由"，因而美国的启蒙思想家和政治家并不反对基督教，也不反对教权。① 最初到达新大陆的欧洲移民是为了躲避欧洲的宗教迫害，追求信仰的自由。美国独立战争也并不反对教权，反而是通过宗教解决问题。战争没有导致教会财产被没收或破坏，宗教领袖和信徒也没有遭到迫害。②

其次，作为启蒙运动载体的知识分子，其世俗化倾向在欧洲更为明显。而且，欧洲知识分子的影响力大于美国的知识分子。欧洲知识分子创造了强大的世俗文化的氛围，并将其启蒙思想通过各国相类似的中央政府控制的教育体系逐层传播给普通大众。由此造成了现代的、不落伍的，便意味着世俗的这样一种普遍逻辑。当然，近年来，美国知识分子也有"欧洲化"和世俗化的倾向。只是这种倾向不像在欧洲那样源远流长，而且美国的教育体系是由地方政府各自控制的。另外，与美国情况不同的是，欧洲知识分子在左翼政党和工会的发展壮大过程中发挥了重要作用，而左翼政党和工会往往具有明显的世俗特征。③

（六）教会与阶级和社会文化的关系

在美国，一方面，宗派与阶级有着密切的关联，教会是阶级的标志，这成为一套独特的体系。这一新教教会等级体系深入到每一个社区。有时整个社区居民的阶级成分发生变化，社区的教堂也会随之兴衰。④ 按照从高到低的等级次序排列，这些宗派依次为：主教制教会、长老会、卫理公会、浸礼会和其他福音派教会。⑤ 一个人参加哪个教会便意味着他或她是哪个阶层的人，拥有何种身份和地位。当某信徒从一个地区搬迁至另一地居住时，并不会失去"组织关系"，因为这位信徒会从原教会获得一封信，类似于介绍信的性质，出示给新居住地的教会。这不仅能证明他或她是属于哪个宗派的好信徒，同时能显示该信徒

---

① Peter Berger, Grace Davie and Effie Fokas, ibid, pp.17-18.
② William D. Dinges, ibid, p.4.
③ Peter Berger, Grace Davie and Effie Fokas, ibid, pp.19-20.
④ 段琦：《美国宗教嬗变论——一个中国人眼中的美国宗教》，第4页。
⑤ Peter Berger, Grace Davie and Effie Fokas, ibid, pp.20-21.

信守着"新教伦理"的资本主义美德。当某信徒进入某一职业领域,与其原先成长过程中所属宗派不一致时,便会转入与其职业所代表的身份地位相符的宗派。笔者认为,美国这种宗派与阶级挂钩的教会体系使每个阶层的人都有适合其归属的教会组织,而且信徒的宗派归属不受人口地域流动的影响,这样会使教会组织保持较强的广泛性和稳定性,因而有利于保持教会的活力。在英国,我们也可以看到宗派与阶级有着与美国类似的关联,但根据英国学者休·麦克劳德的研究,其关联更为错综复杂,也没有美国这样紧密,并且已随着岁月的流逝日益淡化了。当然,美国的宗派与阶级之间的关联近年来也有所松动。具体来说,在英国各地,如英格兰、苏格兰、威尔士和北爱尔兰的情况均不尽相同。以英格兰为例,王室和上层阶级大多归属圣公会,其中一部分归属天主教会,加入其他非国教之新教宗派的非常罕见。同时,归属圣公会和天主教会的英国信徒来自于社会各个阶层。许多商务人士和专业人士一向归属非国教之新教各宗派。联合归正会和贵格会成员的主要构成为中产阶级,五旬节派等则包括很多工人阶级信徒。19世纪时,英国和美国的各个宗派都会吸引相应社会阶层的部分人群。进入20世纪之后,英国宗派与阶级之间的关联日趋淡化,大多数宗派成员的社会阶层都有走高的倾向,而吸引到的工人阶级信徒越来越少。工人阶级信徒的流失对英国教会来说是一个问题。[1]

另一方面,在教会与社会文化的关系上,英美呈现出相反的特点。在美国,宗教与流行文化有着良好的互动。很多教会选择并吸收当代文化的一部分,因此更能深入到普通民众及较低的社会阶层。而在英国等欧洲国家,教会拥有的是一种阳春白雪式的"高派文化"。在保持高高在上之社会地位的同时,却远离了大多数普通民众的兴趣爱好。[2] 显然,

---

[1] 根据2011年1月开展的一项"大不列颠阶级调查"(The Great British Class Survey),英国社会目前已拥有一套更为复杂的阶级体系。传统的关于社会阶级的定义及三个阶级的划分方法已经过时,新模式包含七个社会阶级(http://www.bbc.co.uk/science/0/21970879, http://www.bbc.co.uk/news/uk-22007058, 2013年4月5日下载)。教会与这种细化的阶级体系的关系有待进一步研究。

[2] Hugh McLeod, "The Two Americas: Religion and Secularity in the Seventies", ibid, p. 211.

英美两国在这一点上的区别造成了教会社会影响力之广度和深度的不同。况且，最能代表当代文化的主力军是年轻人。年轻人是教会的未来，"得青年者得天下"。从这个意义上说，美国教会的"群众基础"比较好。而在英国，保守派教会相对来说较自由派教会更积极地与当代文化融合，这也是保守派教会吸引了更多青年信徒的原因之一。

（七）小结

通过前文的分析我们可以看出，虽然美国的宗教活力强于英国，但世俗化进程同样存在于美国。究其原因，笔者认为，与诠释英国世俗化类似，现代化的各个方面在美国世俗化进程中亦发挥了重要作用，只不过有诸多因素在美国抵消了现代化对世俗化的推进作用。正是这些因素促成了英美两国世俗化发展模式的差异。

正如解释世俗化现象的现有理论无一令人完全满意一样，分析英美世俗化模式的差异亦不能片面化。上述分析英美两国世俗化发展模式差异的各项因素中，没有哪一项能够起决定性作用。它们互相关联，但各自只能解释事物的一个侧面。这种种因素都蕴含于两国不同的历史发展轨迹之中。历史是不断向前流动的，我们仍需继续关注两国不同境遇下宗教与社会的互动，以准确把握其未来的发展动向。

第二节 "北方"与"南方"之比较

在世界基督宗教发展历史上，20世纪之中发生的最重大变化当数其发展重心由"北方"向"南方"的转移了。基督宗教在其若干个世纪以来的大本营欧洲和北美的发展却如今远不如在亚洲、非洲和拉丁美洲等第三世界国家繁荣兴旺。自20世纪晚期起，西方学术界和教会人士对此给予了高度关注。这一基督教重心的"南移"有其深厚的历史背景，似已造成世界基督教发展格局的转变。在这样的情境下，一些学者呼吁，原本面向第三世界国家的宣教回到欧美本土，以巩固基督教会由于世俗化的冲击即将失去的阵地。出现在欧美国家的"逆向宣教"现象随即逐渐进入人们的视野。

一 "北方"与"南方"的范围

谈到基督教发展重心的转移，以地理上的南半球和北半球划界，稍显绝对，但其含义大体上是指亚洲、非洲、拉丁美洲等第三世界国家和欧美等西方发达国家的划分。美国波士顿大学神学院达纳·L. 罗伯特（Dana L. Robert）教授认为，"北方""南方"的称呼并不准确和充分，就如"西方"/"东方"和"第一世界"/"第三世界"等术语一样。但基于现今大多数教会增长的地理现实，她仍选择使用像"'南方'基督教"这样的术语。① 另一位美国学者菲利普·詹金斯（Philip Jenkins）以"南方世界"（global South）来指代非洲、亚洲和拉丁美洲②，"北方世界"（global North）来指代欧洲、北美和日本③等地，并特别指出，"南方"与"北方"的划分更大程度上是财富和资源的享用权这方面的含义，而地理位置方面的特征是次要的。④ 具体来说，本书在论述全球基督教的发展过程中提到"北方"时，主要是指欧洲和北美（美国和加拿大）、澳大利亚和新西兰⑤，"南方"则主要指亚洲⑥、非洲和拉丁美洲地区。

二　世界基督教发展重心的"南移"

（一）世界基督教发展重心"南移"的表现

2010 年 6 月在英国爱丁堡举行的世界宣教大会百年纪念活动中，明确了"北方"向"南方"的转向，指出"在过去的一个世纪中，基督教的重心明显南移"⑦。达纳·L. 罗伯特认为，自 20 世纪初开始，尤其是第二次世界大战以来，欧洲人及他们的后代向南半球进行了"大

---

① 〔美〕达纳·L. 罗伯特：《向南移动：1945 年以来的全球基督教》，徐以骅译，载徐以骅、章远、朱晓黎主编《宗教与美国社会——当代传教运动》第 6 辑，时事出版社，2009，第 57 页。

② Philip Jenkins, *The New Faces of Christianity*: *Believing the Bible in the Global South*, Oxford University Press, 2006, p. ix.

③ Philip Jenkins, *The Next Christendom*: *The Coming of Global Christianity*, Revised and Expanded Edition, p. 3.

④ Philip Jenkins, ibid.

⑤ 澳大利亚和新西兰虽地处南半球，但其社会形态与欧美发达国家属于同类。

⑥ 亚洲虽地处北半球，且社会形态各异，但总体上与非洲和拉丁美洲的基督教发展状况更为接近。

⑦ http：//www. edinburgh2010. org/en/about-edinburgh-2010, html, 2012 年 9 月 26 日下载。

规模文化和地理上的转移"①。"基督教王国"的概念也发生了巨大变化。根据本书前面几章的论述，昔日欧洲的"基督教王国"已风采不再，在"20 世纪初人们所熟知的'基督教王国'到 20 世纪末已成稀世珍品"②。当"基督教王国"已"被大多数欧洲人抛弃时，却正接受非洲人的热切拥抱"③。当英国，甚至美国如今被人们斥责只是"名义上"的基督教国家时，赞比亚于 1991 年宣布成为"基督教国家"。时任赞比亚总统弗雷德里克·奇卢巴（Frederick Chiluba）宣告："《圣经》是上帝之道。只要进入与上帝的圣约，并服从上帝之道，一个国家便会得到赐福，这在《圣经》中有很多明证。"④ 达纳·L. 罗伯特指出，到 20 世纪末，"一位典型的基督徒不再是欧洲人，而是拉美人或非洲妇女"⑤。

除上文已详细论述的欧洲和美国之外，加拿大、澳大利亚和新西兰这几个英联邦国家在 20 世纪也经历了类似的世俗化进程。尤其是自 20 世纪 60 年代以来，它们与欧美国家面临着同样的宗教危机。宗教归属、教堂参与等指标下滑的同时，世俗主义者和无神论者借助媒体反对宗教的声势愈发壮大。流行文化动摇了恒久的宗教确定性，福音派、灵恩派等超宗派宗教组织的分裂与合作盛行。⑥

从数据上看，世界基督徒人口的地区分布在 20 世纪变化显著。在 20 世纪初期，世界上大约 80% 的基督徒居住在欧洲、沙皇俄国和北美洲，只有 5% 在亚洲和非洲。到了 2000 年，前者的比例降至约 40%，

---

① 〔美〕达纳·L. 罗伯特：《向南移动：1945 年以来的全球基督教》，徐以骅译，载徐以骅、章远、朱晓黎主编《宗教与美国社会——当代传教运动》第 6 辑，第 57 页。

② Hugh McLeod, ed., *The Cambridge History of Christianity Volume 9: World Christianities c. 1914-c. 2000*, Cambridge University Press, 2006, p. 639.

③ Hugh McLeod, ed., ibid, p. 640.

④ Ibid.

⑤ 〔美〕达纳·L. 罗伯特：《向南移动：1945 年以来的全球基督教》，徐以骅译，载徐以骅、章远、朱晓黎主编《宗教与美国社会——当代传教运动》第 6 辑，第 56～57 页。

⑥ Hugh McLeod, "The Two Americas: Religion and Secularity in the Seventies", in Antti Laine and Aappo Laitinen ed., *Yliopisto, kirkko ja yhteiskunta*, p. 200; Hugh McLeod, ed., *The Cambridge History of Christianity Volume 9: World Christianities c. 1914-c. 2000*, pp. 252-261.

而后者增至32%。① 根据类似的统计，在 20 世纪初期，欧洲基督徒约占世界基督徒总数的 70.6%，这一比例到 20 世纪末降至 28%，而拉美和非洲基督徒到 20 世纪末已占世界基督徒总数的 43%。② 美国皮尤研究中心宗教与公共生活论坛 2011 年 12 月发布了一份关于世界基督教人口规模和分布情况的报告。其统计数据显示，一个世纪之前，"北方世界"（北美洲、欧洲、澳大利亚、日本和新西兰）的基督徒人口超出"南方世界"发展中国家（特别是非洲、亚洲和拉丁美洲）的 4 倍多。"北方"基督徒占世界基督徒总数的 82.2%，"南方"仅占 17.8%；如今，世界上超过 13 亿基督徒居住在"南方"，占世界基督徒总数的 60.8%，而只有大约 8.6 亿基督徒居住在"北方"，占 39.2%（见图 6-7）。③

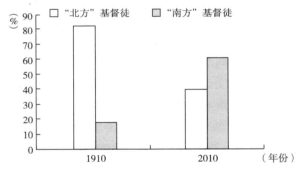

图 6-7　世界基督徒人口的地区分布变化

在教会归属方面，有美国研究机构统计，欧洲和北美洲的教会成员占世界教会成员总数的比例自 1800 年起逐步下滑：1800 年为 90.6%，1900 年为 82.0%，1970 年为 56.8%，2000 年为 40.1%。预计到 2013

---

① Hugh McLeod, ed., ibid, p. 1.
② 〔美〕达纳·L. 罗伯特：《向南移动：1945 年以来的全球基督教》，徐以骅译，载徐以骅、章远、朱晓黎主编《宗教与美国社会——当代传教运动》第 6 辑，第 56 页。
③ http://www.pewforum.org/Christian/Global-Christianity-exec.aspx，2013 年 4 月 10 日下载。另一方面，我们应当注意，"北方"人口中有 69% 是基督徒，而只有 24% 的"南方"人口是基督徒。显然，基督徒在"北方"占有更大的人口比重。

年中期，这一比例为 35.1%，到 2025 年更将下降至 30.6%。与此相对，亚洲、非洲和拉丁美洲的教会成员占世界教会成员总数的比例自 1800 年起逐步上升：1800 年为 14.1%，1900 年为 17.2%，1970 年为 42.0%，2000 年为 58.8%。预计到 2013 年中期，这一比例为 63.8%，到 2025 年更将上升至 68.3%[1]（见图 6-8）。

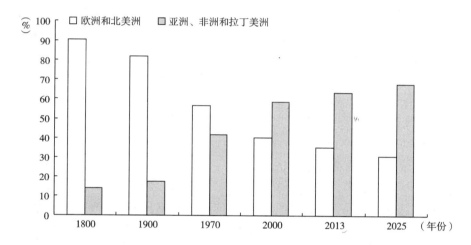

图 6-8 世界基督教教会成员的地区分布变化趋势

从宗派角度来看，以天主教为例，2004~2009 年间，无论是天主教徒还是神职人员的数量，非洲的增长幅度均为最高（分别为 20.6% 和 17.6%），其次为亚洲（10.9% 和 15.0%）和南美洲（两项均为 6.9%）。而在北美洲和欧洲，不仅天主教徒的数量增长幅度小（北美洲 4.7%、欧洲 1.9%），神职人员的数量不升反降（降幅分别为北美洲 6.8%、欧洲 4.5%）。[2]

---

[1] Todd M. Johnson and Peter F. Crossing, "Christianity 2013: Renewalists and Faith and Migration", in *International Bulletin of Missionary Research*, Vol. 37, No. 1, January 2013, p. 33.

[2] "The Roman Catholic Church Worldwide (Changes from 2004 to 2009)", in *International Bulletin of Missionary Research*, Vol. 36, No. 1, January 2012, p. 41.

从地区角度来看，以非洲为例，非洲基督徒人数在 1900 年为 990 万人，仅占非洲总人口的 9.2%；1970 年为 1.44 亿人，占总人口的 40.3%；2000 年为 3.6 亿人，占总人口的 46.0%；预计到 2025 年为 6.34 亿人，占总人口的 48.8%（见图 6-9）。[1] 非洲的教会成员自 1900 年以来占世界教会成员总数的比例逐步升高：1900 年为 1.67%，1970 年为 10.33%，2000 年为 19.17%，预计到 2013 年中期，这一比例为 22.7%，到 2025 年更将上升至 26.5%，为各大洲之最。[2] 在非洲的尼日利亚，基督徒人数在 1900 年为 20 万人，仅占尼日利亚总人口的 1%；1970 年为 2200 万人，已占总人口的 44%；2000 年为 5100 万人，占总人口的 46%；预计到 2025 年为 8600 万人，将占总人口的 47%。[3] 到 20 世纪后期，非洲已成为圣公会信徒最多的大洲。在出席 1988 年兰伯斯会议的 735 位圣公会主教中，有 224 位来自非洲，而来自英国和欧洲其他国家的主教只有 139 位。[4] 在尼日利亚，圣公会称其已有 1700 万受洗成员，而美国只有 280 万受洗成员。[5]

虽然数量的多少并不能代表全部，但确实非常重要。如今，当"北方"学者和教会人士抱怨世俗化带来的消极影响之时，"南方"基督徒们愈发自信地以《圣经》的语言表达其坚定的信仰。或许从某种意义上说，直到不久之前，基督教才发展成为真正的世界性宗教。

[1] Daivd B. Barrett, George T. Kurian, Todd M. Johnson, *World Christian Encyclopedia*, 2nd ed., New York: Oxford University Press, 2001；转引自 Philip Jenkins, ibid, p. 195。

[2] Todd M. Johnson and Peter F. Crossing, "Christianity 2013: Renewalists and Faith and Migration", in *International Bulletin of Missionary Research*, Vol. 37, No. 1, January 2013, p. 33.

[3] Daivd B. Barrett, George T. Kurian, Todd M. Johnson, *World Christian Encyclopedia*, 2nd ed., New York: Oxford University Press, 2001；转引自 Philip Jenkins, ibid, p. 195。

[4] "Background Briefing, Lambeth Conference at a Glance", *Anglican Communion News Service* LC014, July 18, 1998；转引自〔美〕达纳·L. 罗伯特《向南移动：1945 年以来的全球基督教》，徐以骅译，载徐以骅、章远、朱晓黎主编《宗教与美国社会——当代传教运动》第 6 辑，第 65 页。

[5] Bob Libby, "How Many Anglicans Are There?" *Lambeth Daily*, August 8, 1998, p. 4；转引自〔美〕达纳·L. 罗伯特《向南移动：1945 年以来的全球基督教》，徐以骅译，载徐以骅、章远、朱晓黎主编《宗教与美国社会——当代传教运动》第 6 辑，第 65~66 页。

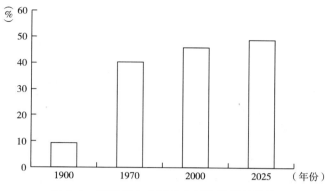

图 6-9　基督徒占非洲总人口比例增长趋势

（二）"南方" 基督教的特点

基督教发展重心在 "南移" 的过程中，"南方" 基督教逐渐形成了自己的个性，似与 "北方" 基督教渐行渐远。

首先，在神学思想方面，"南方" 与 "北方" 愈发呈现出保守与自由的分裂。虽然如上文所述，英美等国家的保守派教会发展势头良好，但适应社会自由化倾向的宗派仍为主流。而在亚非拉等 "南方" 地区，无论是对《圣经》的解读、对待权威的态度，抑或是对性别、道德等社会问题的看法，都较 "北方" 教会保守得多。[1] 几十年前，"北方" 教会对 "南方" 的保守倾向不屑一顾，认为他们缺乏神学高度。但如今，"南方" 的保守传统越来越受到重视。根据菲利普·詹金斯的观点，北美和欧洲的神学已经不再是标准版本，所谓神学应按照地方特色分别称作 "非洲神学" "亚洲神学" "北美神学" 等，而神学的议题也要由 "南方" 主导了。[2]

以对《圣经》的解读为例。不同于 "北方" 自由派教会强调跟上现代社会发展的脚步，根据时代精神、社会处境来解释《圣经》，"南方" 教会更倾向于 "按照字面意思，甚至是基要主义的方式阅读《圣经》"[3]，

---

[1]　Philip Jenkins, *The New Faces of Christianity : Believing the Bible in the Global South*, p. 1.
[2]　Philip Jenkins, ibid, p. 2.
[3]　Ibid.

"更真实和直观地阅读《圣经》"①。詹金斯认为，在这一点上，旧有的基督教王国必须让"南方"的声音拥有优先权。②基督教由此正经历着一种回归，"回归至《圣经》本源"③。

由于与"北方"教会所处的政治、经济和文化环境不同，"南方"基督徒在阅读《圣经》时更看重"超自然的观念"，更关心关于"殉教、压迫和放逐等《圣经》核心的社会和政治主题"，而这些在"北方"看来陌生的基本前提在"南方"都是正常而普通的。④且看一看"南方"基督徒的现实处境。就殉教来说，世界上几百万基督徒生活在受压迫或被强迫改变信仰的危险之中，若不放弃信仰便将面临死亡的痛苦。这样的危险存在于像尼日利亚、埃及、苏丹、卢旺达、危地马拉或印度尼西亚等"南方"地区。世界各地教会的布道全都提到死亡和复活，但这只有在"南方"地区才如此真实。就放逐来说，现今世界上大约一半的难民在非洲，其中的几百万人是基督徒。为难民提供社区的聚合力、给予他们希望的，往往是教会。因此"放逐与回归获得了强有力的宗教象征意义"⑤。《圣经》中很大一部分内容非常符合当前"南方"基督徒身处的残酷社会现实。比如，上帝的子民面对邪恶的世俗权威时所遭受的苦难。耶稣谈到当基督徒遇到信仰的考验时、遭到放逐或逼迫时应当怎样做。因此，《圣经》的经文看上去对当今"南方"基督徒更有意义。在殉教和放逐的背景下阅读《圣经》，难怪众多"南方"基督徒"在寻找应许"⑥。他们相信，自己的苦难只是暂时的，上帝会帮助他们，将其从困境中拯救出来。《圣经》还赋予他们力量，反抗压迫，争取自己的社会地位。

从这个意义上说，《圣经》中关于不屈服于异教徒迫害的内容对现代西方人已经失去了直接的相关性。基督教观念早已成为西方人每天呼吸的空气的一部分，因此他们几乎感觉不到什么了。由此我们也就不难

---

① Philip Jenkins, *The Next Christendom: The Coming of Global Christianity*, Revised and Expanded Edition, p. 257.

② Ibid.

③ Philip Jenkins, *The New Faces of Christianity: Believing the Bible in the Global South*, p. ix.

④ Philip Jenkins, *The Next Christendom: The Coming of Global Christianity*, Revised and Expanded Edition, p. 257.

⑤ Philip Jenkins, ibid, pp. 258-259.

⑥ Philip Jenkins, ibid, p. 259.

理解，"北方"教会对《圣经》的解释已经变得更适合富足而安逸的现代西方人的口味。在"南方"基督徒看来，"北方"人强调根据时代精神来解释《圣经》，那说明他们根本就不相信《圣经》。① 当代西方学者和教会人士也逐渐意识到"南方"视角的重要意义，认为以这样一种"朴素的眼光看到的答案是非常令人惊异的"。人们应当将基督教看作一种全球的，而非西方的现象，这样才有可能不总是用同样的方式阅读《圣经》。如果不顾读者自身经验的重要区别，而试图以人类的统一标准理解《圣经》，是危险的，会有人"欺骗性地声称虚假的基督教真理"②。

其次，从历史发展的角度来看，基督教在"南移"的过程中，已逐渐本地化、本土化，以至于"南方"基督教已不仅仅是"北方"基督教的移植版本。起初，"南方"基督教是西方差传事业的产物，而这与西方国家对广大亚非拉地区的殖民统治难脱干系。但随着时间的推移，经过几个世纪的发展，基督教已经在"南方"扎根，并呈现出各种蓬勃发展的独特形式。根据达纳·L. 罗伯特的研究，即使在殖民地时期，"南方"本地的基督徒，即男女传道师和先知们，对当地人民而言始终都是基督教最有效的解释者，而且，基督教在西方殖民者离开之前就已经本地化了，非西方基督教的扩展因而成为可能。③

例如，在非洲，本土形式的基督教扩展迅速。④ 自 19 世纪 80 年代起，非洲人领导的教会就开始从传教士教会中分离出来。最早的独立教会在教会事务上强调非洲民族主义，认为非洲人应当领导他们自己的教会。到 20 世纪中叶，最大的非洲人自创教会（African Initiated Churches）以灵性教会著称。随着《圣经》被译成多种非洲语言，先知式的非洲领袖依照非洲文化实践对《圣经》作自我解释。许多人被吸引到非洲人自创教会中来，因为它们专注于通过祈祷、按手礼及用圣水和

---

① Philip Jenkins, *The New Faces of Christianity*: *Believing the Bible in the Global South*, p. 1.

② Philip Jenkins, ibid, p. 193; Philip Jenkins, *The Next Christendom*: *The Coming of Global Christianity*, Revised and Expanded Edition, p. 260.

③ 〔美〕达纳·L. 罗伯特：《向南移动：1945 年以来的全球基督教》，徐以骅译，载徐以骅、章远、朱晓黎主编《宗教与美国社会——当代传教运动》第 6 辑，第 64 ~ 65 页。

④ 〔美〕达纳·L. 罗伯特：《向南移动：1945 年以来的全球基督教》，徐以骅译，载徐以骅、章远、朱晓黎主编《宗教与美国社会——当代传教运动》第 6 辑，第 66 ~ 67 页。

其他疗法进行身心治疗。灵性教会的扩展还因为它们发动了强有力的传教运动并派遣了传道团。这些传道团在各地村庄载歌载舞、祈祷、讲道、进行治疗，把民众吸引到具有活力的崇拜生活中来。到 1984 年，在非洲大陆 43 个国家，非洲人建立了 7000 个独立的本土教会。到 20 世纪 90 年代，南非有超过 40% 的黑人基督徒是非洲人自创教会的成员。

在拉丁美洲，无论是天主教还是新教，其本土教会均获得了长足发展。[1] 在天主教方面，"梵二"会议之后，拉美天主教会开始使用本国语言做弥撒，并反思了其共同面临的社会问题。拉美主教们号召教会与穷人站在一起，支持新兴的"解放神学"。教会领袖引导穷人读书识字并维护其人权。当平信徒们开始在作用类似查经班的基层圣教团（Base Christian Communities）聚会，反省作为社区的教会与社会非正义的关系时，拉美天主教会获得了长期以来缺乏的活力。基层圣教团把查经和灵修引入天主教的实践。而拉美天主教徒一旦习惯于自己查经，就开始组建自己的教会并脱离天主教。对于"解放神学"过高期望幻灭之后的天主教徒也开始建立自己的教会。达纳·L. 罗伯特认为，20 世纪后期拉美天主教增长的形式和结构都已经不是西方基督教机构或神学框架所能容纳的。在新教方面，拉美五旬节派教会的增长尤其迅速，其势力在危地马拉、波多黎各、萨尔瓦多、巴西和洪都拉斯等国最为强盛。新基督徒建立了自己的教会，如 20 世纪 70 年代后期创立的神国普世教会（the Universal Church of the Kingdom of God）等五旬节派团体。到 1990 年，这一土生土长的教会在整个拉美已拥有 800 座教堂以及由 2000 名牧师牧养的 200 万信徒。根据如此事实，达纳·L. 罗伯特感叹，无论是天主教还是新教改革所产生的那种典型教会，都容纳不了今日拉美基督教的活力。[2]

基于对"南方"基督教的总体研究，达纳·L. 罗伯特总结了这一特点："整个非西方世界的基督宗教在本土和基层领导、嵌入当地文化、

---

① 〔美〕达纳·L. 罗伯特：《向南移动：1945 年以来的全球基督教》，徐以骅译，载徐以骅、章远、朱晓黎主编《宗教与美国社会——当代传教运动》第 6 辑，第 67~70 页。

② 〔美〕达纳·L. 罗伯特：《向南移动：1945 年以来的全球基督教》，徐以骅译，载徐以骅、章远、朱晓黎主编《宗教与美国社会——当代传教运动》第 6 辑，第 70 页。

依据本国语言的《圣经》等方面是共同的。"① 但菲利普·詹金斯认为，"南方"这一"新基督教王国"是崭新的和发展中的实体，虽然与其前身，即欧洲老基督教王国有多大区别，我们仍需拭目以待，但可以肯定的是，基督教在非洲或亚洲与在欧洲同样真实。②

再次，虽然"南方"基督教总体上存在着共同特征，但其内部差异不应被忽视。既然"南方"基督教并非"北方"基督教的移植版本，并且已经逐渐本地化、本土化，在"南方"扎根，那么由于各国、各地区的社会文化背景不同，历史发展轨迹有别，基督教在亚洲、非洲、拉丁美洲便呈现出各自的特色，面临着不同的问题。即使在一洲内部，情况也多有差异。这一点如同西欧与北美或欧洲国家之间之差异，同样值得研究。

例如，基督教所处地位在亚洲、非洲和拉丁美洲均有所不同。在东亚和南亚的大部分地区，基督教虽然发展迅速，但基督徒目前仍居于少数派地位，仅占当地总人口的 5%～10%，而且这样的比例在可预见的未来可能还会持续下去。在此种情形下，基督徒面临的挑战是与当地多数群体之信仰的相互作用和影响。③ 基督徒为争取基本的社会地位，要付出很大代价，甚至是流血和死亡。因此，我们尚不能说"基督教王国"已在亚洲建立起来。

在非洲，信仰万物有灵的本土宗教在 20 世纪初占优势地位，但随后逐渐衰落。本土宗教信仰者在 1900 年占非洲总人口的一半以上，到 2000 年该比例降至 9.7%。伊斯兰教在 20 世纪初已有较大规模，但随后增长较慢。穆斯林在 1900 年占非洲总人口的近 1/3，到 2000 年该比例增至 40.5%，增长了不足 10 个百分点。基督教的发展可谓后来居上，基督徒在 1900 年仅占非洲总人口的 9.2%，但随后发展迅速，令穆斯林感到震惊。基督徒数量在 20 世纪 60 年代首次超过穆斯林，1970 年时两者占非洲总人口的比例分别为 40.3% 和 40.1%。到 2000 年，基督徒已占非洲总人口的 46%，而穆斯林占非洲总人口的比例为 40.5%。基督徒

---

① 〔美〕达纳·L. 罗伯特：《向南移动：1945 年以来的全球基督教》，徐以骅译，载徐以骅、章远、朱晓黎主编《宗教与美国社会——当代传教运动》第 6 辑，第 70 页。

② Philip Jenkins, *The Next Christendom: The Coming of Global Christianity*, Revised and Expanded Edition, p. xi, p. 254.

③ Philip Jenkins, ibid, pp. xii–xiii.

与穆斯林的人口差距仍有继续拉大的趋势。① 在非洲内部，各国的情况也有不同。在埃及和苏丹，穆斯林居多数，基督徒是强大的少数派；在刚果和乌干达，基督徒居多数，穆斯林是强大的少数派；而在尼日利亚、埃塞俄比亚和坦桑尼亚，基督徒和穆斯林的人数不相上下。② 基督教和伊斯兰教的发展在非洲呈势均力敌之时，信仰间的差异与冲突问题便显现出来。宗教迫害与殉教的事件在非洲并不罕见。即使同为基督教发展迅速的撒哈拉沙漠以南的非洲地区，基督教在各地呈现出的发展样态亦多种多样。③

在拉丁美洲，基督教内部的天主教和新教各宗派形成了竞争局面。天主教在拉丁美洲居传统优势地位，但在 20 世纪中期发展减缓。快速的工业化、城市化进程以及"梵二"会议的改革思潮等这些曾经促进西方国家世俗化进程的因素在这里也产生了相应的影响。很多拉美天主教徒变成体制宗教冷漠的实践者。④ 当然，宗教实践在各国有所差异。比如，每周日去教堂做弥撒的信徒比例在墨西哥和哥伦比亚很高，而在古巴却很低。⑤ 不过，天主教会做了很大努力采取改革措施对自身进行修复，因而在 20 世纪后期获得了复兴。教会失去了几百万冷漠的信徒，却迎来了大批活跃者。进入神学校学习的学生数量也大幅增长。⑥ 在 20 世纪的最后 40 年中，拉美天主教会神职人员的增长幅度超过了 70%，这与欧美国家的下降趋势形成了鲜明对照。仅在墨西哥，神职人员的数量增加了一倍以上，从 5834 人增加到 13173 人。而且，拉美大部分地区神职人员数量的增长主要来自本地，而非外国传教士。⑦

---

① Philip Jenkins, ibid, pp. 194–195.
② Philip Jenkins, ibid, p. 193.
③ Hugh McLeod, ed., *The Cambridge History of Christianity Volume 9: World Christianities c. 1914–c. 2000*, p. 640.
④ Hugh McLeod, ed., ibid, pp. 366–371.
⑤ Hugh McLeod, ed., ibid, p. 366.
⑥ Hugh McLeod, ed., ibid, p. 374。据统计，从 1972 年至 2000 年，神学生数量在玻利维亚的增幅最大，为 1322%；其次是萨尔瓦多，增幅为 1050%；再次是多米尼加，增幅为 912%；之后是巴西和委内瑞拉，二者增幅均为 840%；波多黎各的增幅最小，为 96%。从神学生的绝对数量来看，居前三位的是巴西（8831 人）、墨西哥（7059 人）和哥伦比亚（4679 人）。
⑦ Hugh McLeod, ed., ibid, pp. 372–373.

在 20 世纪后半叶的拉丁美洲，发展最为迅猛的当属新教中的五旬节派。这一发展亦来自拉丁美洲内部，并非由外国传教士传入。与主流新教教会不同的是，五旬节派教会力量的壮大主要来源于社会边缘地带，以至于成为"大众避难所"。20 世纪七八十年代出现的新五旬节派除强调圣灵之外，还强调能够从对上帝的信仰和宗教实践中期待财富与健康。① 到 2000 年，五旬节派教会已在拉丁美洲获得了显著的地位。拉丁美洲的新教信徒数量共约 5000 万人，根据国别差异，五旬节派信徒占有其中的 75% ~ 90%。五旬节派在巴西的增长是最明显的例证。1990 ~ 2000 年间，主要由五旬节派信徒构成的新教信徒翻了一番，由 1300 万人增长到 2600 万人。拉丁美洲新教信徒中的一半在巴西，约占其人口总数的 15%，而危地马拉新教信徒的数量占到了其人口总数的 1/4。当然，新教的发展虽遍及拉美各国，但在其中一些国家规模较小。②

总体看来，基督教在"南方"各地发展形态各异。按照达纳·L. 罗伯特的观点，"南方"的新基督教是非常本地化的运动。我们应当承认来自各运动内部的分歧，根据各运动自身的内部逻辑加以研究，而不能"忽视当前各种运动之间基本的历史和神学上的差异"。例如，我们不能给非洲自创教会贴上五旬节派的标签；在研究韩国民众基督教时，应注意到世界上最大的教会即韩国首尔的汝矣岛纯福音教会（The Yoido Full Gospel Church）受到韩国萨满教的影响。③ 一方面，基督教首先是一种世界性宗教，遍布全球各地的基督徒都信仰耶稣基督；另一方面，基督教又是地方宗教。非洲裔美国学者拉明·桑纳（Lamin Sanneh）指出，由于使用本地语言来称谓上帝和传播《圣经》，基督教已自我转化或具体表现为地方文化。④ 因此，基督教已成为"某种全球和地方成分的合成，并具有其自身的完整性"。各地基督教都是世界宗教的"经"与本

---

① Hugh McLeod, ed. , ibid, pp. 380–381.

② Hugh McLeod, ed. , ibid, pp. 381–382.

③ 〔美〕达纳·L. 罗伯特：《向南移动：1945 年以来的全球基督教》，徐以骅译，载徐以骅、章远、朱晓黎主编《宗教与美国社会——当代传教运动》第 6 辑，第 74 ~ 75 页。

④ Lamin Sanneh, *Translating the Message: The Missionary Impact on Culture* (Maryknoll, N. Y. : Orbis Books, 1989)；转引自〔美〕达纳·L. 罗伯特《向南移动：1945 年以来的全球基督教》，徐以骅译，载徐以骅、章远、朱晓黎主编《宗教与美国社会——当代传教运动》第 6 辑，第 71 页。

地处境的"纬"富于创造性的结合。① 难怪美国学者菲利普·詹金斯感慨，观察"南方"基督教可以使我们以全新的视角审视这个我们自认为很熟悉的宗教。而且，我们似乎正在"第一次重新审视基督教"②。

（三）"南方"基督教迅速发展的原因

首先，客观地来看，"南方"基督教在20世纪的发展，是由西方基督教国家的差传事业打下的基础。当然，这与随后而至的西方殖民统治密切相关。西方差传事业为"南方"播下了基督教信仰的种子，亦为其带来了西式教育。据统计，1935年，各种差会在全世界经营着近5.7万所学校，其中包括100多所大学。这些教会学校用欧洲和当地两种语言进行教学，不仅宣讲《圣经》，传播基督教知识，更向当地人传播了民主政治、个人权利以及妇女和女童可受教育等西方理念。③ 正是这些西方理念，为日后"南方"地区的反帝、反殖的民族独立运动提供了有力的思想武器。此外，尽管一些西方传教士帮助当地人民反对殖民者的压迫和剥削，西方差传事业在总体上仍得益于殖民统治，如在殖民地获得传教特权、受赠土地、建立学校等，不可避免地被置于"某种具有压迫性的、有时被利用来为自己谋利的政治处境之中"④。

其次，第二次世界大战之后，导致亚非拉各地的基督徒数量开始迅速增加的重要因素当是第三世界的反帝、反殖的民族独立运动。在此过程中，"南方"基督教开始切断与欧洲帝国主义的关系。达纳·L. 罗伯特认为，不断高涨的政治和宗教自决运动在实质上改变了"南方"教会的活动处境，从而使基督教在各种不同的文化中兴盛起来。对传教士家长式统治的摒弃，加上不断扩大的本地自主性，解放了基督教，使之变得更加适应本地处境。⑤

---

① 〔美〕达纳·L. 罗伯特：《向南移动：1945年以来的全球基督教》，徐以骅译，载徐以骅、章远、朱晓黎主编《宗教与美国社会——当代传教运动》第6辑，第75～76页。

② Philip Jenkins, *The Next Christendom*: *The Coming of Global Christianity*, Revised and Expanded Edition, p. xi, p. 255, p. 257.

③ 〔美〕达纳·L. 罗伯特：《向南移动：1945年以来的全球基督教》，徐以骅译，载徐以骅、章远、朱晓黎主编《宗教与美国社会——当代传教运动》第6辑，第59页。

④ 〔美〕达纳·L. 罗伯特：《向南移动：1945年以来的全球基督教》，徐以骅译，载徐以骅、章远、朱晓黎主编《宗教与美国社会——当代传教运动》第6辑，第58～59页。

⑤ 〔美〕达纳·L. 罗伯特：《向南移动：1945年以来的全球基督教》，徐以骅译，载徐以骅、章远、朱晓黎主编《宗教与美国社会——当代传教运动》第6辑，第57、64页。

"南方"基督徒对殖民主义的摒弃，也包括他们对西方传教士家长式统治及其欧洲中心论和道德优越感的摒弃。20 世纪 50～70 年代，当各国纷纷抛弃欧洲统治的遗产时，世界各地的教会也对西方传教士的家长式统治、种族主义和文化帝国主义加以谴责。"传教士滚回家"这一口号掀起的声浪在 70 年代初达到了高潮。1971 年，菲律宾、肯尼亚和阿根廷的基督教领袖要求停止派遣传教士以结束"后进教会"对"先进教会"的依赖。1974 年，全非基督教会议在赞比亚的卢萨卡集会，要求停止向非洲派遣西方传教士和提供经费，因其认为外国援助将造成依赖性并压制非洲人的领导权。① 此外，西方差传事业早先赋予"南方"教会的民主、人权、正义等理念，后在客观上成为当地人反帝、反殖及反对西方教会的工具。如在亚洲，"正如美国殖民地人民以英国式正义的名义起来反对英国统治一样，亚洲人也以在很大程度上起源于欧美的政治和社会学说来反对欧洲殖民主义"②。同时，教会学校在亚洲和非洲等地培养了一批民族主义领袖人物。如在非洲，到二战时，西方所设教会已培养出一个基督教精英阶层，正准备建立各国的独立政府。当独立来临时，大多数非洲黑人领袖已是基督徒。虽然基督教是少数宗教，但其追随者所发挥的作用，却比其人数比例重要得多。③ 总之，西方教会似乎在不经意间为自己培养了"掘墓人"，制造了"掘墓"的武器。

再次，"南方"基督教在 20 世纪的大发展，自然离不开西方差传事业打下的基础以及二战之后的民族独立运动。考虑到基督教在当代"南方"地区的发展与基督教在中东地区兴起初期社会背景的相似性，笔者

---

① 〔美〕达纳·L. 罗伯特：《向南移动：1945 年以来的全球基督教》，徐以骅译，载徐以骅、章远、朱晓黎主编《宗教与美国社会——当代传教运动》第 6 辑，第 61 页。我们应当注意到，在亚洲和非洲的一些地区，反帝、反殖运动对基督教采取的是反对立场。基督教因其与欧洲统治的联系而名誉受损，教会及其建立的学校和医院被视为帝国主义统治的工具而受到攻击。

② Rajah B. Manikam, ed., *Christianity and the Asian Revolution* (Madras: Joint East Asia Secretariat of the International Missionary Council and the World Council of Churches, 1954), p. 7；转引自〔美〕达纳·L. 罗伯特《向南移动：1945 年以来的全球基督教》，徐以骅译，载徐以骅、章远、朱晓黎主编《宗教与美国社会——当代传教运动》第 6 辑，第 61 页。

③ 〔美〕达纳·L. 罗伯特：《向南移动：1945 年以来的全球基督教》，徐以骅译，载徐以骅、章远、朱晓黎主编《宗教与美国社会——当代传教运动》第 6 辑，第 60 页。

认为，经济上的贫困和政治上的压迫是"南方"基督教，甚或世界基督教发展的基本动力。正如菲利普·詹金斯的观察，绝大多数且越来越多的"南方"基督徒，确实是穷人，处于饥饿状态、受迫害，甚至是被剥夺了人性的人。[①] 就经济上的贫困而言，詹金斯认为，基督教与贫困紧密相连。如今一个典型的基督徒不是美国或西欧的肥佬，而是一个穷人，并且是按照西方人的标准难以想象的贫穷。例如，非洲仅贡献了全世界少于 2% 的 GDP，却拥有世界人口的 13%。撒哈拉沙漠以南的非洲基督徒生活在政局动荡、生产力低下、教育和医疗状况堪忧的境遇之中。[②] 就政治上的压迫来说，詹金斯认为，基督教具有颠覆等级和传统的力量。其主要的受益者往往是传统上被排斥的群体，甚至是在传统种姓制度下遭受折磨的人们。而《圣经》能够赋予他们力量，使其学会大声疾呼，索求自己的社会地位。[③] "南方"教会在此种境况下发挥了重要作用。例如在 20 世纪八九十年代的非洲，当腐败的独裁统治之下的政治和经济机构开始崩溃时，教会成了反抗政府的少数具有道义权威和国际联系的机构。在非洲的某些地区，教会的基本设施和国际联系为维持人们的日常生活提供了较政府更大的保障。[④] 因此，达纳·L. 罗伯特认为，基督教在"南方"增长，支持在那里遭受政治动乱和经济困难的民众建立稳定的家庭和社会生活。[⑤] 詹金斯更是一针见血地指出，基督教在穷人和受压迫者之中发展得非常兴旺；基督教当然在其他处境中，甚至是在和平与繁荣中，也能够取得成功，但恐怕更难，像穿针引线一样难。[⑥]

---

① Philip Jenkins, *The Next Christendom*：*The Coming of Global Christianity*, Revised and Expanded Edition, p. 256.

② Philip Jenkins, ibid, p. 256.

③ Philip Jenkins, *The New Faces of Christianity*：*Believing the Bible in the Global South*, p. 193.

④ 〔美〕达纳·L. 罗伯特：《向南移动：1945 年以来的全球基督教》，徐以骅译，载徐以骅、章远、朱晓黎主编《宗教与美国社会——当代传教运动》第 6 辑，第 65 页。

⑤ 〔美〕达纳·L. 罗伯特：《向南移动：1945 年以来的全球基督教》，徐以骅译，载徐以骅、章远、朱晓黎主编《宗教与美国社会——当代传教运动》第 6 辑，第 70 页。

⑥ Philip Jenkins, *The Next Christendom*：*The Coming of Global Christianity*, Revised and Expanded Edition, p. 260.

三　"数量"与"质量"的对比

我们应充分认识到世界基督教发展重心的"南移"和"南方"基督教迅速发展的事实。与此同时，我们还要注意一个问题，简而言之即"数量"与"质量"的对比。一方面，从"数量"上来看，就基督徒人口的世界分布来说，如上文所述，"北方"地区占世界基督徒总数的比例持续走低，而"南方"地区所占比例则不断上扬。"南方"基督徒数量占当地人口总数的比例也在提高。与"北方"地区因世俗化的冲击而导致的教会衰退形成鲜明对照的是，"南方"基督教如火如荼地蓬勃发展。另一方面，无论在思想层面还是实践层面，"北方"教会仍把握着主导权。在诸如资金、教育资源、政治影响力和话语权等方面，"北方"仍占据优势。

首先，从思想层面来看，虽然亚洲神学、非洲神学或拉美神学已越来越受到重视，但对它们的系统研究仍相对欠缺，传统意义上的西方神学仍居于主流地位。例如，在西方基督教社会，当大学里讨论天主教时，涉及的问题都指向自由派的西方，而非拉美或非洲鲜活的宗教实践。西方学术界在人文科学领域具有强烈的自由派倾向，以致大学里的宗教学系很少设立研究五旬节派教会的课程，但教授佛教或伊斯兰教的课程却很多。詹金斯认为，这在某种程度上反映了政治上的偏见，即对五旬节主义和基要主义的忽视。[①] 到目前为止，总体看来，学术界对"南方"基督教的研究较少，认识不足。

其次，从实践层面来看，虽然"南方"基督徒数量大幅增加，但神职人员数量很少。欧美教会掌握着巨大的财富，但与之前的几个世纪相比，它们对"南方"教会的兴趣与投入大为减少。正当"南方"信徒数量增长迅速，急需帮助之时，"北方"主流教会已显著削减在宣教方面的投资。究其原委，一方面是主观上表现出的对过去文化帝国主义谴责的回应和负疚感；另一方面是客观上的资源不足。由于世俗化的冲击，欧美教会自身的神职人员都处于短缺状态，更不要说向"南方"派出

---

① Philip Jenkins, *The Next Christendom*：*The Coming of Global Christianity*, Revised and Expanded Edition, p. 255.

了。以拉丁美洲的天主教为例，神职人员与信徒的"南、北"比例失衡。"北方"的天主教徒只占全球天主教信徒总数的35%，却拥有68%的神职人员；拉丁美洲的信徒占42%，但仅拥有20%的神职人员。按照神职人员与信徒的比例计算，"北方"的神职人员比"南方"多4倍。在美国，神职人员与信徒的比例为1：1200，而在墨西哥是1：6400，在巴西是1：8800。[①] 根据2012年的统计数据，虽然巴西的天主教徒人口为世界各国之最，甚至超过了意大利、法国和西班牙三国天主教徒人口的总和，超出意大利天主教徒人口2倍还多，但其神职人员的数量还不足意大利的一半，仅居世界第六位。[②] 非洲天主教的情况也不乐观。在尼日利亚的一些教区，神职人员与信徒的比例为1：8000。虽然信徒人数在近50年里增长迅速，但神职人员短缺的问题让人不得不担心，这种繁荣发展的势头能够维持多久。[③] 神职人员是教会的中坚力量，对教会的发展至关重要。"南方"教会神职人员极度短缺，导致神职人员与信徒比例失衡、神职人员与信徒的"南、北"比例失衡这两大问题，说明在神职人员这一人力资源的分配方面，"南方"处于绝对的劣势，而这很可能预示着"南方"基督教发展的后劲不足。

再次，"南方"基督徒与"北方"基督徒所处的社会地位不同。如上文所述，基督教在"南方"穷人和受压迫者之中发展兴旺。而在"北方"，大多数西欧人和美国人至少仍是名义上的基督徒，忠诚而活跃的信徒也绝非贫困、缺乏教育并被排除于主流社会之外的群体，相反，他们往往在职业和管理阶层中所占人员比例相当高，在权力和权威机构也很有代表性。[④] 例如，在英国，20世纪以来，大

---

① Philip Jenkins, *The Next Christendom: The Coming of Global Christianity*, Revised and Expanded Edition, pp. 252-253。新教的情况好一些。在墨西哥，新教牧师与信徒之比为1：250，远远高于天主教。巴西的新教牧师数量到20世纪80年代中期就已超过了天主教神父，如今二者的比例为2：1。

② "Twenty-Three Countries with Catholic Populations over 10 Million", in *International Bulletin of Missionary Research*, Vol. 37, No. 1, January 2013, p. 31.

③ Philip Jenkins, *The Next Christendom: The Coming of Global Christianity*, Revised and Expanded Edition, pp. 253-254.

④ Hugh McLeod, ed., *The Cambridge History of Christianity Volume 9: World Christianities c. 1914-c. 2000*, p. 643.

多数宗派成员的社会阶层都有走高的倾向，教会面临工人阶级信徒流失的问题；在美国，历任总统均为新教信徒或天主教徒。这些事实说明，就基督徒在社会上发挥的作用而言，"北方"基督徒较"南方"更为重要。

总之，迄今为止，世界基督教的主导力量仍主要集中于欧美等"北方"地区。究其根源，笔者认为仍要从经济发展实力方面寻找。经济基础决定上层建筑这一马克思主义之历史唯物主义基本原理在此问题上同样奏效。"北方"地区经济发达，国力强盛，在文化传播方面亦占强势。其教会无论从人力、物力还是财力诸方面，都强于"南方"，因而在全球基督教的发展中拥有更大的影响力和话语权。

四　关于"逆向宣教"

（一）何谓"逆向宣教"

自 20 世纪晚期以来，类似于"逆向宣教"（reverse mission/mission in reverse/mission in return）[1] 这样的词汇开始在基督教宣教领域内流行起来。虽然对它的理解和诠释存在差异，但它主要是指一种历史发展趋势的转向，即来自传统上属于宣教接受国的传教士如今却来到传统上的宣教输出国进行宣教活动。也就是说，亚洲、非洲和拉丁美洲的传教士已逐渐来到包括英国在内的欧美国家开展宣教活动。[2]

圣公宗 1996 年的一份会议通讯中指出："我们听到来自南美洲、加

---

① 又译"反向传教"。

② "逆向"宣教的提法必有一前提，即"正向"宣教。何为正，何为逆？从历史上看，基督教起先是由耶路撒冷、巴勒斯坦和北非地区传播到欧洲的，只是从 16 世纪以来的近几百年内，基督教才由欧美等西方国家大规模传播到亚非拉等第三世界国家和地区，或者说主要从白人生活的区域传播到其他有色人种生活的区域。英国最初也是一个基督教输入国。有学者认为，基督教是一个连续的世界性宗教，随时空发展而变化。它的进与退如同呼吸一般正常。它与各地的文化交相感应，没有任何一种文化拥有特权（参见 Werner Ustorf，"Exiles and Exotic Intruders：Christians in Britain"，in *International Journal of Contextual Theology in East Asia*，Vol. 5，June 2006，p. 107）。由此看来也就无所谓逆和正了。鉴于基督教在欧美等西方国家的思想文化传统中相对来说长期居于主导地位，加之近几个世纪以来基督教由西方向世界其他地区传播的范围之广、规模之大、影响力之强，本书姑且接受和使用这一提法。但对其本身的理解和使用应公正而客观，不应含有任何歧视之意。

勒比地区、非洲各地和亚洲的令人兴奋的消息，在那里福音传播生气勃勃、教会发展迅速。而从北美、西欧和澳大拉西亚①却传来迥然不同的报道，大体说来教会正在为阻止其成员数量的萎缩而艰难奋斗。如此引人注目的一点是，教会常规的捐赠/接受者、富有/贫乏的模式被颠倒了。"②

根据美国马萨诸塞州戈登-康维尔神学院（Gordon-Conwell Theological Seminary）全球基督徒研究中心的统计，巴西已成为全球第二大宣教国家。2010年，全球有40万名传教士，来自巴西的传教士就有3.4万名，数量上仅次于从美国差派出的12.7万名传教士。除巴西之外，南美洲很多国家的宣教事工亦蓬勃发展，宣教机构遍地开花，单是青年使命团（Youth with a Mission）就已经为150个国家和地区输送了1.6万名传教士。同时，属灵复兴的亚洲与非洲的宣教工作亦发展迅速。③

菲利普·詹金斯在他那本著名而又引起争议的著作《下一个基督教王国——基督宗教全球化的来临》中写道："随着南方教会的发展和成熟，他们会逐渐以同美国和欧洲人的偏好和派别几乎无关的方式阐释自己的利益。我们甚至可以想象，南方的基督徒采取行动向北方宣教，在此过程中改变人们所熟悉的信仰和实践的许多方面，并输出目前只发现于非洲或拉美的文化特性。"④

詹金斯预言，在接下来的几十年中，"欧洲宗教实践的面孔将被涂上棕色和黑色"，而在英国，盎格鲁-撒克逊人传统的基督教将会消失，

---

① 澳大拉西亚（Australasia），指澳大利亚、新西兰及附近南太平洋诸岛。

② Rebecca Catto, "Non-Western Christian Missionaries in England: Has Mission Been Reversed?", in Stephen Spencer, ed., *Mission and Migration*, Cliff College Publishing, 2008, pp. 115-116.

③ http://www.gospelherald.ca/news/mis_752.htm, 2012年12月5日下载。

④ Philip Jenkins, *The Next Christendom: The Coming of Global Christianity*, Oxford University Press, 2002, p. 14. 在《下一个基督教王国》的修订增补版中，詹金斯以"南方基督徒开始向北方宣教"这一肯定性的事实陈述代替了"我们甚至可以想象，南方的基督徒采取行动向北方宣教"的推测，说明他认为自己最初的预言现已成为事实。参见 Philip Jenkins, *The Next Christendom: The Coming of Global Christianity*, Revised and Expanded Edition, Oxford University Press, 2007, p. 17.

"南方"基督教将占主导地位,非西方移民将重新引入基督教。他借用一位来自非洲传教士的话声称,英国圣公会应当"优雅地死去",而将其教堂建筑移交像他的教会这样的新的基督徒群体。[①]

我们暂且不去评论詹金斯的言论除单纯学术目的之外的政治和外交方面的意图,而只是以英国为例,探究"逆向宣教"当前的发展状况。

(二)"逆向宣教"在英国果真繁荣吗

目前,有许多来自非西方国家和地区(包括尼日利亚、肯尼亚、乌干达、巴西、印度、美拉尼西亚、韩国和克里米亚等)的传教士在英国工作。一些人认为,英国存在一片"精神的沙漠",需要帮助。一位来自肯尼亚的圣公会牧师说道:"他们需要更多来自海外的人,因为他们过去总是想着向国外派出传教士,派出,派出,但或许他们正在失分……"一位尼日利亚圣公会牧师说道,来到英国后他发现,英国人缺乏信仰,他对此感到惊讶,原以为英国是一个基督教国家。一位来自乌干达的传教士说道,当他第一次来到这里,发现教堂空荡荡的,有的还被卖掉,感到十分沮丧。英国"已经变得如此世俗……这个国家需要重新皈依基督教"。巴西圣公会大主教在宣布一项新的宣教行动计划时宣称:"伦敦是今天的宣教地。它是如此世俗,我们必须派人去拯救他们。"[②]

"逆向宣教"现象在英国的出现和发展逐渐引起了英国学术界和媒体的关注。近来,一些英国学者,无论是英国本土学者还是身在英国的第三世界国家(如非洲)学者,开始对这一课题进行田野调查和分析研究,不过这方面的研究成果还不多。我们对"逆向宣教"当前在英国的发展状况作一个梳理。

一方面,确实存在一些"逆向宣教"的典型案例,其中一些还取得了比较显著的成果。

例如,美拉尼西亚(Melanesia)曾经是英国的殖民地。150多年前,

---

① Philip Jenkins, *The Next Christendom: The Coming of Global Christianity*, Revised and Expanded Edition, pp. 115-116.

② Rebecca Catto, "Non-Western Christian Missionaries in England: Has Mission Been Reversed?", in Stephen Spencer, ed., ibid, p. 115; Philip Jenkins, ibid, p. 245.

英国埃克塞特教区的帕特森主教（Bishop Patteson）到美拉尼西亚创立了圣公会。2005年，一组来自美拉尼西亚圣公会的教友参与了在英国切斯特、埃克塞特和伦敦为期三个月的宣教活动。教友们表示，他们通过回到英格兰宣教，展示了帕特森主教在美拉尼西亚的宣教成果。帕特森主教当年在美拉尼西亚殉道，如今他们来这里帮助人们巩固信仰。①

"逆向宣教"最成功的案例当数尼日利亚传教士马修·阿希莫洛沃（Matthew Ashimolowo）1992年在伦敦创立的五旬节派教会——金斯威国际基督教中心（Kingsway International Christian Centre，KICC）。在创立之初，它只有300个成员。10年之后，仅在它的主要机构神迹中心（Miracle Centre）就可容纳5000个参加礼拜者，神迹中心礼堂的容量是伦敦著名的威斯敏斯特大教堂或圣保罗大教堂的2倍。中心的牧师利用广播和电视向英国及欧洲其他国家、尼日利亚和加纳等地更广泛的听众宣教。金斯威国际基督教中心每年举办一届基督教会议，即拥护者国际集会（International Gathering of Champions Conference，IGOC）。它的两个口号分别是："聚集支持者，拓展地域"（Raising Champions，Taking Territories）和"直到结束，尚未结束"（It is not yet over until it is over）。会议总共汇集了来自40多个国家和地区的超过18万名基督徒，许多地方和国际福音传教士都来参与这一普世教会会议，目前它被称为欧洲第一基督教会议。同时，它还是一条商业途径，一些布道讲稿、教会的活动纲要、福音音乐、歌曲、电影和油膏等可制成书籍、年鉴、纪念品和视听产品。②

据统计，马修·阿希莫洛沃的年薪为10万英镑，而著名的英国圣公会坎特伯雷大主教的年薪只有68740英镑。金斯威国际基督教中心的4位主管每人的年薪为6万～8万英镑不等，而一位典型的圣公会教区牧师的年薪约为21500英镑；金斯威国际基督教中心的会众在一年半的时间里总共向该教会奉献950万英镑，而在同一个时间段里，一个中等规模的圣公会教会能够从会众那里募得的奉献款只有3.3万英镑；金斯

---

① Rebecca Catto, "Non-Western Christian Missionaries in England: Has Mission Been Reversed?", in Stephen Spencer, ed., ibid, pp. 111–112.

② Philip Jenkins, ibid, p. 115; Afe Adogame and Ezra Chitando, "Moving among Those Moved by the Spirit: Conducting Fieldwork within the New African Religious Diaspora", in *Fieldwork in Religion* 1.3, 2005, p. 258; www.kicc.org.uk.

威国际基督教中心的资产总额为 2290 万英镑，比用来维持圣保罗大教堂的基金——640 万英镑高出 3 倍还多。中心的公司账目显示，截至2009 年 4 月的 18 个月中，该教会盈利 490 万英镑。[①] 而笔者在对伯明翰市一些本土教会的调研中发现，不止一家教会已陷入严重的财政危机。

另外，一些来自非西方国家的神职人员近年来逐渐在英国本土教会中谋得高位。例如，出生于巴基斯坦的迈克尔·纳齐尔-阿里（Michael Nazir-Ali）于 1994 年被任命为英国圣公会罗彻斯特主教（Bishop of Rochester），这是英国圣公会中第一位非白人高级主教。约克大主教（Archbishop of York）是仅次于坎特伯雷大主教的英国圣公会领袖人物。于 2005 年就职的英国现任约克大主教约翰·森塔姆（John Sentamu），最初是一位来自乌干达的移民，他成为英国圣公会历史上首位黑人大主教。此前，他还曾于 2002 ~ 2005 年担任过伯明翰主教一职。

以上这些例证说明，一些非西方教会或个人确实已经在英国本土扎下根来，从事着正规的宣教工作，他们的影响力不可小觑。

另一方面，尽管一些非西方教会取得了一定的阶段性成果，但从总体来说，他们在英国的"逆向宣教"并不像很多人想象的那么成功。

从宣教的客体来看，参与这些非西方教会崇拜活动的人数很多，但他们所能组织起来的大都是与他们来自同一地区的信众，而很少有英国当地的信徒。一位尼日利亚牧师在英国西北部地区创建了自己的浸礼宗五旬节派会众。他称自己是一名传教士，而他的会众中大约 90% 的信徒都是非洲人。另一位身在伦敦的尼日利亚牧师的宣教对象是尼日利亚基督徒，他说："有一种情况严格说来还没有发生，那就是我们深入当地人之中，从事真正的宣教工作。"[②] 笔者在英国伯明翰时曾由一位肯尼亚朋友陪同，参观了一家由非洲传教士创建的五旬节派教会，并参与了他们的周日崇拜仪式。据笔者观察，教堂里座无虚席，现场气氛也非常热烈，只是看不到白人的身影。但笔者在伯明翰另外一些英国本土教会中（如圣公会、卫理公会、联合归正会、罗马天主教会、浸礼

---

① 以上数据参见 *The Guardian*，11 April 2009。

② Rebecca Catto，"Non-Western Christian Missionaries in England: Has Mission Been Reversed?"，in Stephen Spencer, ed., ibid, p.112.

会和五旬节派教会等）看到不少黑人和亚洲裔基督徒。此外，非西方教会实际的宣教对象主要集中在教会范围之内，即已经成为基督徒的人，而不是非基督徒。例如，上文提到的来自美拉尼西亚圣公会的教友，他们的大部分活动都是针对圣公会的信徒的，而并没有越过教会的高墙，接触到那些不属于教会的英国人。一些非西方的传教士非常想这样做，但却发现这是极具挑战性的。① 这也就是说，非西方教会在英国的活动既很少有当地普通英国信徒的参与，又很难接触到非基督徒。那么我们不禁要问：什么是"真正的"宣教工作？

从宣教的主体来看，一方面，并非所有的非西方教会人士都是本着全心全意传播福音、巩固信仰的纯正宗旨跋山涉水到英国工作的。比如一位来自肯尼亚的圣公会传教士说，他来到英国的部分原因是要从欧洲人所犯的错误中吸取教训，以避免在肯尼亚重蹈覆辙，失去青年一代。他的目的主要是在他的祖国防患于未然，而非治愈当下英国的创伤。② 另外一些人由于某种原因来到英国，在教会中工作是为了和其他与自己来自同一地区的人们分享类似的感受，寻找背井离乡之后的家的感觉。更有甚者，一小部分人只是想方设法要到包括英国在内的"富裕的国家"去生活，因而"在圣灵的感召下"谋划了一些"生存战略"，比如编造出在本国遭受政治和宗教迫害的生动故事，令欧美国家政府信服，最终如愿以偿，到达了"通往天堂的中途站"③。另一方面，非西方传教士的主观认同并不十分清晰，即并不是所有我们所称作"逆向传教士"（reverse missionary）的人都接受这样的一个标签，其中一些也并不认可"逆向宣教"的说法。④ 例如，一位来自肯尼亚的圣公会牧师认为，他们只是传教士而已，并不是逆向的。一位来自尼日利亚的圣公会牧师说道，一般的尼日利亚基督徒都很感激欧洲人，特别是英国人，曾经给他

---

① Rebecca Catto, "Non-Western Christian Missionaries in England: Has Mission Been Reversed?", in Stephen Spencer, ed., ibid, p. 114.

② Rebecca Catto, "Non-Western Christian Missionaries in England: Has Mission Been Reversed?", in Stephen Spencer, ed., ibid, p. 114.

③ Afe Adogame and Ezra Chitando, ibid, p. 262.

④ Rebecca Catto, "Non-Western Christian Missionaries in England: Has Mission Been Reversed?", in Stephen Spencer, ed., ibid, p. 113.

们带来福音，并为之做出了牺牲。他们如今所做的工作，正是从前英国传教士辛勤劳作的成果。另一位尼日利亚牧师认为，上帝曾经利用白人为非洲人带来光明。而现在，上帝又以他神秘的方式利用非洲人祝福那些白人的后代。他不同意"逆向宣教"的说法，也就更谈不上什么"逆向传教士"了。而且，那些所谓的"逆向传教士"也承认在英国宣教非常困难。一些人抱怨，在英国无法使用与在他们本国同样的宣教方法，也很难直接而开放地同当地人打交道。例如，上文提到的那位尼日利亚浸礼宗五旬节派教会的牧师提到，他在非洲可以站在路边或公共汽车上就开始宣讲福音，但在英国却不行，因为人们告诉他这不允许。① 又如另一位尼日利亚牧师所言，深入当地人之中，从事真正的宣教工作这种情况还没有发生，也说明他们从主观上并不认可"逆向宣教"的成功。

判断"逆向宣教"是否成功的基本标准之一应当是其影响力如何。尽管一些在英国的非西方教会办得红红火火，门庭若市，但毕竟局限于特定的少数群体之中；个别来自非西方国家的神职人员虽然位居高职，终究属于凤毛麟角。绝大多数英国人身边的基层教会仍由英国本土教会和神职人员主导，他们的信仰生活尚未受到那些信誓旦旦的非西方"逆向传教士"的渗透。即便是英国本土神职人员，有些人也并不认为所谓的"逆向宣教"会对他们构成威胁。正如笔者在本书第四章所述，接受笔者访问的英国基层神职人员中有相当一部分人根本就没有听说过"reverse mission"这个词，只是当笔者简单释义之后，他们才恍然大悟，坦言确实存在此种现象。不过他们一致认为其影响力极为有限，其中一些人甚至从来没有遇到或接触过这样的"逆向传教士"。一些英国神职人员对"逆向宣教"持欢迎态度，并预测"逆向宣教"的规模或许会越来越大，但另一些人要么认为这会使英国人感到蒙羞，要么对此种现象持保留态度，因为"逆向传教士"过于热情主动的宣教态度，以及他们在崇拜仪式过程中表现出的过于激动的言行，招致了部分英国白人的反感。一些英国白人非基督徒自从被动接受那些"逆向传教士"的宣教之后，对基督教反而产生了厌恶

① Rebecca Catto, "Non-Western Christian Missionaries in England: Has Mission Been Reversed?", in Stephen Spencer, ed., ibid, pp. 113–114.

之情，从此不再接受任何人对他们进行宣教。这实际上为英国本土神职人员的宣教工作制造了障碍。

（三）"逆向宣教"在英国发展有限的原因

第一，"逆向宣教"存在泡沫成分。英国是一个典型的移民国家。自从罗马人统治时期起，就陆续有各派基督徒和属于其他宗教的个人、团体来到英国访问或居住。自 17 世纪之后，英国在国际上的势力随着对外贸易和殖民主义、帝国主义的发展不断扩张，许多属于英国殖民地的人口作为仆人和女佣来到英国。两次世界大战之后，很多从英军复员的、起初从亚非拉等地招募的军人留在英国定居，加之从欧洲大陆、亚洲、非洲和加勒比等地涌入的大量移民，英国的外来人口所占比例持续上升。在此背景之下，大批第三世界国家的移民群体在英国建立了本国教会的分支机构，或者完全独立的教会。目前，已有 100 多个黑人教派，分别来自西印度群岛和非洲。另外还有印度、韩国和中国等地的移民创建的教会。[①] 我们可以发现，这些移民教会与我们所讨论的作为"逆向宣教"主体的非西方教会有相当程度的重叠。就是说，很多所谓的"逆向传教士"其实本来是要为其本国移民服务的，难怪多数非西方教会的信众中少有英国人。一些人所鼓吹的"逆向宣教"的繁荣，一部分是将移民传教士和"逆向传教士"相混淆而造成的结果，在一定程度上造成了"虚假繁荣"，存在大量的泡沫成分。

第二，种族歧视和偏见是阻碍非西方教会在英国"逆向宣教"进程的深层因素。虽然英国是一个相当多元和开放的国家，英国政府制定了反对种族歧视的法律，英国女王也曾经表达了希望承袭不同文化传统的人们在日常生活中互相理解、互相尊重，消除歧视、和平共处的良好愿望[②]，但

---

① David B. Barrett, George T. Kurian, and Todd M. Johnson, ed., *World Christian Encyclopedia: A Comparative Survey of Churches and Religions in the Modern World*, second edition, Vol. 1, *The World by Countries: Religionists, Churches, Ministries*, Oxford and New York: Oxford University Press, 2001, pp. 142 – 143; David B. Barrett, ed., *World Christian Encyclopedia: A Comparative Survey of Churches and Religions in the Modern World*, first edition, Vol. 1, *The World by Countries: Religionists, Churches, Ministries*, Oxford and New York: Oxford University Press, 1982, p. 709.

② "The Queen's Christmas Broadcast to the Commonwealth 2004", www. royal. gov. uk, 25 December 2004.

在现实社会当中，多元和开放并非意味着平等。有色人种在英国更多的是从事一些比较低级的工作。种族和移民等都是敏感问题，稍有风吹草动，便会掀起波澜。可以说，英国各个种族和宗教传统一直维持着一种不和谐的和平共存状态。制定反对歧视的法律以及表达消除歧视的愿望本身，不正是存在歧视现象的证明吗？很多非西方教会人士都曾在英国感受到种族主义、仇外情绪等各种形式的歧视，一些人在这里居住甚至会缺乏安全感，自己好像是"局外人"，而这是存在于许多欧美国家的普遍现象。① 上文提到的那位尼日利亚牧师被告知不允许在路边或公共汽车上宣教，除了说明英国世俗化的程度之外，难道与种族歧视丝毫没有关联吗？试想一下，长期习惯于居高临下地向那些"野蛮落后"的、身处贫困角落的人群传播福音的英国人，会轻易接受已经逆转的形势吗？普通英国人面临的发源于本土的宗派选择已经很多，如果他决定皈依基督教，走进任何宗派的任何一家白人教会，也许都会比迈入一家黑人教会更容易一些。种族问题是横在非西方教会面前的一道天然屏障。

第三，文化背景的差异也发挥了一定作用。肤色是极易被人们辨识的显性符号，而肤色背后则潜藏着各个种族或民族的生活习性、思维模式，以及表达思想感情的方式等方面的隐性差异。不同的文化土壤培育出各式各样的种族或民族性格，使得不同种族或民族的人们在交往过程中可能出现某种程度的障碍或冲突，而这并不一定是由歧视和偏见造成的。虽然种族或民族性格不可一概而论，但总体而言，英国人以性情温和而著称。他们崇尚绅士风度，温文尔雅，不喜好嘈杂的环境和过激的言行。英国圣公会中长期存在着高派教会和低派教会的分野。人们用"香气和钟声"（smell-and-bells）来形容保持着诸多天主教会礼仪特征的高派教会，而"快乐拍手"（happy-clappy）则用以描述不拘一格、形式活泼的福音派教会，但即使是后者，甚或气氛更为活跃的五旬节派教会，其活跃程度也有一定的限度。这种限度并不是由法律条文或规章制度规定的，而是英国人的文化背景使然。但在一些非西方教会中，崇拜仪式的气氛极其热烈，神职人员和信众情绪高涨，其表现已超过了手舞足蹈的程度。大多普通英国白人很难接受这种风格，自然也不易被异域

---

① Afe Adogame and Ezra Chitando, ibid, p. 258, p. 262.

传教士的热情所感染，甚至还有可能产生抵触情绪。但这只是源于文化背景的差异，与种族歧视没有太大关系。

第四，非西方教会的财政力量不是很强。① 经济实力的不对等必然造成权力的不对等，结果只能是像英国这样的西方国家操控着宣教的主动权。虽然目前英国海外宣教的势头比殖民时代有所减弱，但它仍然持续大量地向世界各地派出传教士（"宣教伙伴"）。比较而言，"逆向宣教"在英国的影响力尚无法与英国海外宣教的影响力相抗衡。

第五，非西方教会的人员构成具有多样性。以非洲教会为例，他们来自不同的国家和地区，分属不同的宗派，拥有不同的神学倾向，具有不同的社会阶级、种族和教育背景，因而缺乏统一的"非洲身份"和"宗教身份"认同感。② 力量的分散自然也会削弱他们整体宣教的实力。

鉴于以上几方面原因，客观地说，虽然有越来越多来自非西方教会的基督徒在英国从事宣教工作，但他们的数量仍然相对较少，而且很难估算，"逆向宣教"在英国的影响力目前还是非常有限的。面对世俗化造成的精神危机，"逆向宣教"所起的作用只是杯水车薪。况且，"逆向宣教"充其量只能算是一种外因，推动事物发展还是要靠内因。解铃还需系铃人，英国基督教会自身的努力才是最重要的。

目前，"逆向宣教"在英国已不再是一个纯粹的宗教问题，而是牵涉合法/非法移民、失业、难民等一系列相关而敏感问题的社会政治和国际问题，值得我们进行更为深入的研究。

考虑到全球教会的未来发展趋势，我们不禁会问："南方"教会是否能抵御世俗化的寒流？当发展中国家的经济发展水平逐渐提高到发达国家的程度时，人们的信仰状况是否会发生一定的变化？"逆向宣教"将起到"星星之火，可以燎原"的作用，还是其发展存在一定的限度？这些问题还需要我们持续关注。

---

① Rebecca Catto, "Non-Western Christian Missionaries in England: Has Mission Been Reversed?", in Stephen Spencer, ed., ibid, p. 114.

② Afe Adogame and Ezra Chitando, ibid, pp. 259–260.

第三节　小结

　　传统世俗化理论的适用性问题被很多学者所关注，世俗化与现代化的关系是该问题的核心。现代化是否必然导致世俗化，这是一个复杂的问题。从全球的视角来看，不同地区存在不同的答案。本书的分析重点是英国，书中第一章和第二章较为全面地剖析了英国乃至欧洲宗教世俗化的形成原因。虽然笔者认为世俗化是有一定限度的，因而并不认同现代化必然导致不可逆转的世俗化这一单向逻辑，但是纵观历史发展，现代化确是导致英国和其他欧洲国家世俗化的最为重要的因素之一。

　　现代化进程在欧美遵循了不同的历史轨迹，呈现出各异的形式。在美国，世俗化理论似乎遇到了麻烦。美国的高度现代化并没有阻止人们保持相对于欧洲国家来说较高程度的宗教性。在解释美国的宗教状况时，理性选择理论目前显然比世俗化理论更具说服力。不过，虽然美国的宗教活力强于欧洲国家，世俗化进程同样存在于美国，但笔者认为，现代化依然与此摆脱不了干系，只不过有诸多因素抵消了现代化对世俗化的推进作用。

　　在亚洲、非洲和拉丁美洲等"南方"地区，世俗化理论是否适用，笔者认为现在下结论为时尚早。以拉丁美洲为例。拉丁美洲社会自20世纪50年代以来经历了快速的工业化和城市化进程，现代科技造就的铁路、航空和公路运输系统，收音机和电视机，电话和数字通信设备等在几十年中深刻改变了人们的生活。更多的自由选择出现了，对体制宗教持冷漠态度的基督徒也出现了。到20世纪末，"不属于任何宗教"的一类人所占的人口比例提高，从原本微不足道的1%～2%提高到危地马拉的12%、智利的8%和巴西的7%。在里约热内卢，大约220万人，即超过15%的巴西人称自己不属于任何宗教。① 以上事实，在一定程度上证明了传统世俗化理论的有效性。当然，拉丁美洲信仰上帝的人口比例仍居高位，约99%的巴西人和绝大多数拉美人都保持着对上帝的信

---

① Hugh McLeod, ed., *The Cambridge History of Christianity Volume 9: World Christianities c. 1914-c. 2000*, pp. 370-371, p. 382.

仰。这一事实又说明，一方面，拉美人信仰程度很高，但另一方面，脱离体制宗教的现象日益普遍，而这与"北方"地区的基督教似乎遵循着类似的发展进程。

根据中国香港学者关启文的分析，以东亚为例，世俗化的确给宗教带来冲击，甚或衰退，但具体结果还要看宗教如何回应，很多历史、本地的因素也很重要。现代化与宗教增长在不少情况下是齐驱并进的。[①]就拉丁美洲而言，也不可将西方的假设硬套在这里，而一定要细察拉丁美洲独特的处境及文化。理性化不一定带来世俗化。要由"理性化"带引到"世俗化"，不可缺少一中介，即反宗教的科学主义或理性主义，若在文化中有这样一种深厚传统，科学主义者可建基于科技的成就去攻击宗教，而渠道往往是透过高等教育。这种攻击在欧洲有可观的成果，但拉丁美洲人的思维方法更大程度是普及文化塑造，而不是教育制度。因而，拉丁美洲人能将较神话性的思维与科学理性结合起来，而不感到有任何矛盾。[②] 从目前拉丁美洲的情况来看，受世俗化洗礼的多局限在知识分子等精英圈子内，在群众中没多大影响力，[③] 而精英圈子，是指接受过高等教育，思维更理性化的人群。但是，一旦现代化水平继续提高，高等教育的普及程度提高，拉丁美洲的世俗化程度是否会相应提高呢？

从目前的总体状况来看，"南方"地区正在经历快速发展的现代化进程，而基督宗教的发展亦如火如荼。笔者在此尝试性地提出几点疑问。

第一，时代在发展，"南方"地区所经历的现代化进程的背景和环境，与几个世纪前的欧洲国家相比，必定发生了某些变化。与此同时，教会的发展样态也会有所不同。那么，教会的发展如何适应现代化进程，"北方"的经验与教训是否会对"南方"教会有所启迪？

---

① 关启文：《宗教在现代社会必然衰退吗？——世俗化理论的再思》，载王晓朝、杨熙楠主编《信仰与社会》，第 134～138 页。
② 关启文：《宗教在现代社会必然衰退吗？——世俗化理论的再思》，载王晓朝、杨熙楠主编《信仰与社会》，第 138～140 页。
③ 关启文：《宗教在现代社会必然衰退吗？——世俗化理论的再思》，载王晓朝、杨熙楠主编《信仰与社会》，第 138 页。

第二，迄今为止，"南方"地区尚未达到"北方"目前的现代化水平。这便为未来的发展趋势留下了一个悬念。随着"南方"的现代化发展水平逐步提高，是否也会出现信仰滑坡的现象？信仰的"数量"与"质量"是否会发生"双降"？

第三，在现代化的推进下，基督宗教的发展或许并非直线型下降，而是螺旋式上升？观察基督宗教在全球的发展，我们发现，基督宗教发展的基本动力，是经济上的贫困和政治上的压迫。一旦失去此动力或者说外部压力，基督宗教便会逐渐发生变异。根据本书第一章的分析，现代化是促成欧洲世俗化的主因。种种世俗化的表现皆伴随现代化进程而来，英国的情况亦如此。而接下来，通过笔者对英国宗教状况的具体阐释，我们看到，世俗化的发展亦会遭遇一定的限度，面临教会内外的反世俗化挑战，二者呈胶着之势。随着现代化的更进一步发展，人们在经历一段时间的信仰挣扎或真空状态之后，会对原有的宗教信仰进行反思，或改变其形式，或延展其内涵，使其得到提炼和升华，并不断探寻新的方式满足人类特有的精神需求。这能否成为一个全球通则呢？

以上问题，均需留待历史作出回答。

每一种理论都有其产生的特定社会历史条件，有它一定的适用国家和地区（空间范围）以及一定的适用历史阶段（时间范围）。只要世界存在差异性，例外就会永远存在。没有放之四海而皆准的理论原则，也没有永远正确而无须发展改进的完美的理论原则。毋庸置疑，基督宗教在全球不同地区的发展各有特色，现代化进程也拥有多重形式，世俗化亦既具共性，又存个性。至少在目前看来，试图找到一种全球通用的阐释世俗化与现代化、宗教与社会发展互动关系的理论是不现实的。

结　　语

　　本书的结论是开放性的。从某种意义上说，它提出的问题比能解决的问题更多，这让笔者时常感到困惑不安。然而苦思过后随即释然。几乎所有问题都不是单向、绝对的，而是双向、有回旋余地的，这更说明实际问题的模糊性和复杂性。很多问题的答案只能蕴含于历史当中。这并不是遁词，而是现实，世界、社会和生活的现实。真相往往充满矛盾，而真切地展示现实中的矛盾，是我们的责任与义务。

　　即便是基于过去和现在，对未来作出预测也是很困难的，而且必须十分谨慎。我们可以透过历史现象探求其中的规律，但历史之所以不令人感到枯燥乏味，皆因它充满波折起伏，总有惊奇显现，偶然性和必然性共存。或许这正是历史的魅力所在。

　　我们用文字判读历史，解析历史。文字终究是有限的，而文字背后的历史意境没有穷尽。当我们为一段所评述的史实画上小小休止符的时候，历史并没有终结，任何休止都是新的起点。在这个莫测的世界上，唯有永不停息的变化才是不变的事实。我们只有期待在流动的历史中参悟天地间的玄机，让一切过往把未来之路照亮！

附录 英国基层基督教会访谈及周日崇拜仪式调研概录（中译文）

第一组 自由派教会

教会名称：SMC＊①
宗派名称：圣公会（自由派）
所在地区：伯明翰市塞里橡树区
受访者姓名：M. R
受访者职位：教区牧师
受访者性别：男
受访者年龄段：中-老年
采访日期：2005 年 4 月 5 日

采访问题与回答

I．世俗化的表现、程度和成因

问：英国社会是不是一个世俗化的社会？

答：（1）是复杂的混合体。（2）是两极分化的社会：宗教性+世俗性的。（3）一些人在平时是世俗性的，而在危机时刻具有宗教性。

问：基督宗教是否正在崩溃/衰落/发生变化？

答：（1）没有崩溃。（2）教会的重要性下降，教会的功能之一——

---

① 本附录中教会名称的英文缩写之后加"＊"号表示笔者对该教会进行过回访。"＊"表示第一次访问，"＊＊"表示回访，"＊＊＊"表示通过电子邮件回访。

作为地方社区中心已经瓦解。（3）教会是宗教重要的一方面，但宗教的意义比教会更宽泛。

问：世俗化的原因？

答：（1）人的因素和钱的因素（财政问题）复杂地混合在一起——一系列问题。（2）年轻人去做另外的事情，探索世界。

Ⅱ. 教会对世俗化挑战的回应

问：教会是否需要改变？

答：是的。

问：顺应还是对抗？

答：二者都需要：顺应多于对抗。

问：神学思想方面的回应？

答：（1）神学和基本教义应当更加开放，以积极的态度面对世界。（2）应有更深入的改变而非表面变化：正确的顺应和正确的挑战，不仅要顺应，也需要批评外部世界。

问：基督宗教与其他宗教信仰对话的态度和实践？

答：平等是方向，现实中尚未实现，接近多元文化社会。

问：宗教信仰者与非宗教信仰者之间的关系？

答：（1）并非敌对。（2）保守派：强硬路线。

问：宗教多元状况是否削弱了英国人的宗教性？

答：向不同的方向发展，互相影响。

问：人们是否关心大选并投票？

答：大部分基督徒关心，虽然社会总体上对此态度冷漠。

问：教会领导人是否应当参与政府的决策，为其提供建议或批评意见？

答：政府影响教会（建制教会），教会有所回应。

问：新形式的基督宗教和灵修是否可以弥补传统教会在世俗化中的损失？

答：时间会给出答案。新型灵修正在快速发展，但教会也能够建立已受到很多年侵蚀的地方社区。历史和传统的力量能够比表面的变化更深入。一些人需要（教会具有）连续性。

Ⅲ. 英国基督宗教的发展前景

问：对英国基督宗教未来发展的态度：乐观/悲观？

答：（1）不能预测。（2）不用担忧。

问：对世俗化的态度：正面/负面？

答：教会能够补充 60 岁以上的信徒，年轻人在进入中年以后会有所改变。

问：哪一个宗派在未来会有更好的发展？

答：（1）主流教会：从未停止成长和革新。（2）新形式教会：家庭教会、电子教会。

问：神职人员与普通信徒是否持有不同的观点？

答：是的，差异很大。因为两者的角色、教育背景等不同。

周日崇拜仪式印象

日期：2005 年 4 月 3 日

参与人数（以教堂座位容量为参照，以下同）：少于一半

信徒年龄和种族构成：大多数为老年人、白人

使用乐器：管风琴

神职人员讲话风格：神情严肃，语调平缓

现场气氛：肃穆

其他信息

（1）圣诞夜午夜圣餐礼：2004 年 12 月 24 日晚 11 点 30 分开始，教堂满座。（2）洗礼与坚振礼仪式：2005 年 5 月 15 日晚 6 点 30 分开始，三家教会联合组织，教堂满座，约 20 人接受洗礼或坚振礼，大部分是成年人。

教会名称：SMC＊＊
宗派名称：圣公会（自由派）
所在地区：伯明翰市塞里橡树区
受访者姓名：S. I
受访者职位：助理牧师
受访者性别：女
受访者年龄段：中年
回访日期：2009 年 4 月 30 日

回访问题与回答

与 2005 年采访相同问题

Ⅰ. 世俗化的表现、程度和成因

问：英国社会是不是一个世俗化的社会？

答：与从前相比，是的。正朝此方向发展。

问：基督宗教是否正在崩溃/衰落/发生变化？

答：（1）正规教会，即以传统方式表现灵修的教会在衰落，如圣公会和天主教会。（2）一些教会在成长，如"新时代"灵修运动和以世俗方式表现灵修的教会。

问：世俗化是好事还是坏事？

答：既是好事也是坏事。（1）世俗化使社会变得更加多元，它解放了人们的思想，如同性恋者获得的权利归因于世俗化。（2）非常遗憾，人们不再共享从前的文化价值观，如十诫。

问：世俗化的原因？

答：（1）教育。（2）人们到各地旅游，看到不同的文化。（3）媒体。

问：世俗化是否与社会上存在多种信仰有关？

答：可能，因为世俗化意味着开放。我不确定，也许二者相伴而来，世俗主义是多元社会的一部分。

Ⅱ. 教会对世俗化挑战的回应

问：顺应还是对抗？

答：应当顺应，对抗无用。

问：宗教与灵修的关系？

答：（1）好宗教具有灵性，坏宗教没有。坏宗教只有规则而非灵性，人们遵循形式但未触及心灵。（2）宗教与灵修不同，二者在好宗教中得以统一。灵修的概念更宽泛。

问：对几个道德伦理问题的态度？

答：（1）同性恋：非常支持。《圣经》应被视作一部在特定文化背景之下诞生的文献，体现的是当时的价值观念。（2）避孕：对任何人都是件好事。（3）堕胎：难说。我支持妇女选择的权利，对我来说这不是道德与否的问题。只是作为心理治疗师，我接触的很多选择了堕胎的妇女无法原谅自己，这对她们来说是最难以度过的心理危机之一。

问：对妇女授任圣职的态度？

答：是件好事。关于妇女是否可任主教一事正在经历立法程序，国会也将进行投票。这会是一个漫长的过程，或许 5 年甚至更长时间，其间充满争议甚或混乱局面，但终将成为现实。

Ⅲ. 英国基督宗教的发展前景

问：哪一个宗派在未来会有更好的发展？

答：这是个复杂的问题，因为生存状态好、发展迅速的教会，如基要主义（福音派）教会，未必是好教会。

问：对英国基督宗教未来发展的态度：乐观/悲观？

答：我并不在意教会的未来，而在意灵修，在意人们是否属灵，是否追随上帝。如果 100 年后教会不存在了，但人们组成了新的属灵群体，我会很高兴。《福音书》便是关于事物死亡与再生的。也许有一天教会消亡，但会出现新的表现形式。因此，我对教会的发展并不乐观，而对灵修的未来表示乐观。

问：神职人员与普通信徒是否持有不同的观点？

答：总体来说，普通信徒比神职人员思想更保守。但神职人员并未将自己的神学思想向普通信徒传播，他们讲道的内容并非其所想，而是普通信徒想听的，因为这样比较安全，不会冒犯他人。这也是为什么教会没有任何变化的原因。

新问题

问：在过去的 4 年中，英国社会的世俗化程度有无变化？

答：没有变化。4 年时间并不长。

问：建制宗教是否重要？

答：过去一直重要，目前亦然。但今后是否如此，我不知道。一些事物会死去，另一些会萌生。

问：教会吸引年轻人是否重要？贵教会采取了哪些措施？有何成效？

答：（1）教会吸引年轻人确实重要。（2）我们没有采取任何措施。

（3）我们对此并不擅长。

问：贵教会近年来采取哪些措施以应对世俗化？

答：需要"应对"吗？或是与其合作？

问：（1）贵教会属于自由派还是保守派？（2）自由派教会与保守派教会在神学思想和崇拜仪式方面有哪些区别？

答：（1）非常自由。（2）保守派教会的崇拜仪式通常很生动，他们希望保持简单的仪式，有直接的途径与上帝相连，这是由其神学决定的。年轻人喜欢这种风格。自由派教会的崇拜仪式则显得单调。对传统圣公会来说，戏剧、象征等非常重要，而这些在保守派教会中并不重要。

问：（1）是否听说过"逆向宣教"？（2）"逆向宣教"在英国影响如何？

答：（1）（经解释）听说过非洲传教士来英国宣教这回事，但不知道此术语。（2）在特定人群如黑人社区中，影响较大。本人从未遇到。

问：在英国内外政策制定过程中，宗教目前是否是一个重要因素？

答：事实上不是。教会应当更多关注贫困、战争、人权、债务、金融危机、拜金主义等更重要的问题，而不仅仅宣传对同性恋的态度。

问：宗教群体如何影响英国政策制定？

答：确实有一些宗教群体试图影响政治，但我不大知道。

周日崇拜仪式印象

日期：2009 年 3 月 8 日

参与人数：一半

信徒年龄和种族构成：大多为老年人、白人，少数中青年人，个别黑人，十来个儿童

使用乐器：管风琴

神职人员讲话风格：比较生动

现场气氛：肃穆，时而活跃

其他信息

（1）教区牧师空缺。原教区牧师 M. R 于 2008 年 7 月退休，新教区牧师于 2009 年 9 月上任。（2）接受采访的女性助理牧师为兼职，原先曾接受训练拟成为教区牧师，后选择心理治疗师职业。目前仅每周日在教会讲道，不在教会领取薪金。

教会名称：SMC＊＊＊
宗派名称：圣公会（自由派）
所在地区：伯明翰市塞里橡树区
受访者姓名：S. I
受访者职位：助理牧师
受访者性别：女
受访者年龄段：中年
邮件回访日期：2012 年 3 月 16 日

回访问题与回答

问：从 2009 年至今，贵教会信徒数量有否增减？
答：可能持平。即使有变化也很小。
问：从 2009 年至今，英国社会变得更加世俗化还是更加宗教化？
答：3 年时间没有大变化。

教会名称：BC＊
宗派名称：圣公会（自由派）
所在地区：伯明翰市中心
受访者姓名：G. M
受访者职位：教长
受访者性别：男
受访者年龄段：中-老年
采访日期：2005 年 6 月 21 日

采访问题与回答

Ⅰ. 世俗化的表现、程度和成因

问：英国社会是不是一个世俗化的社会？

答：是的。（1）世俗化进程在 20 世纪 60 年代之前就开始了，特别是在 19 世纪随着城市的兴起。（2）二战后世俗化加速发展。

问：世俗化的原因？

答：（1）19 世纪城市的发展使教会传播福音更困难。生活和工作模式改变，人们几乎没有空余时间去教堂。教会没能跟上人们生活的变化，乡村地区的教堂和神职人员比城市多。人们一旦离开教会很难再劝导他们回来。人们理解世界的方式发生了变化。他们与其他文化接触，学习科学，开始更多地质疑他们的信仰。城市的发展很重要：在城市里，人们与不同的人相识，他们在大学里学习，而大学里有来自全世界的人。在中世纪，大学里只有来自一个地区的人，只有男人。（2）二战后：第一，两次世界大战的巨大灾难，无数人丧失生命，越来越多的人质疑如何能爱上帝。第二，社会的性质改变，变化越来越快，经济越来越繁荣，人们的迁移越来越频繁，他们对事物的看法改变，不再相信原有的确定性：如果我能换个工作，或许我也能换个信仰；如果我能换一种信仰，或许我也能换个老婆。消费主义膨胀，社会以个人选择为基础——在许多方面是好事，比受束缚和忍受贫困要好，带来许多恩赐，但也带来巨大的困难，拥有太多选择的危险：像在超市里，试试这个，或许那个更好。基督宗教与消费文化不相符合，因为基督徒只信仰一个上帝，限制自己只服从一个上帝，人会更幸福，会比选择许多上帝发现更深刻的生活。

Ⅱ. 教会对世俗化挑战的回应

问：神学思想方面的回应？

答：（1）很遗憾，教会通常行动过于缓慢，跟随社会而非领导社会。（2）基督徒必须牢记，基督宗教并非由耶稣基督设计成为一个由组织和建筑组成的机构，而应首先是一个运动，可以快速地作出回应。对世俗化的最好回应就是牢记基督徒跟随耶稣共同走在通往天国的旅程中。

周日崇拜仪式印象

日期：2005 年 6 月 19 日

参与人数：较多

信徒年龄和种族构成：中、老年白人居多，有黑人

使用乐器：管风琴（小型崇拜仪式使用钢琴，每年有 2～3 次周日晚间崇拜仪式使用现代乐队）

神职人员讲话风格：热情、严肃、幽默

现场气氛：温暖

其他信息

G. M 教长于接受采访两周之后调离伯明翰，就任斯塔福德主教（Bishop of Stafford）。

> 教会名称：RPC *
> 宗派名称：圣公会（自由派）
> 所在地区：沃尔索耳市
> 受访者姓名：C. S
> 受访者职位：教区牧师
> 受访者性别：男
> 受访者年龄段：中年
> 采访日期：2005 年 1 月 23 日

采访问题与回答

Ⅰ. 世俗化的表现、程度和成因

问：英国社会是不是一个世俗化的社会？

答：是的。

问：基督宗教是否正在崩溃/衰落/发生变化？

答：变化。

Ⅱ. 教会对世俗化挑战的回应

问：教会是否需要改变？

答：是的。

问：顺应还是对抗？

答：顺应。

问：神学思想方面的回应？

答：应使用人们能理解的语言和象征符号。教会应顺应社会，但不是为取悦人们和消遣娱乐，而是使人们理解来自上帝的信息和爱。

Ⅲ. **英国基督宗教的发展前景**

问：对英国基督宗教未来发展的态度：乐观/悲观？

答：乐观，不用过于担忧。

周日崇拜仪式印象

日期：2005 年 1 月 23 日

参与人数：很多

信徒年龄和种族构成：很多家庭共同参加（此次崇拜仪式是专为儿童组织）

使用乐器：钢琴、大提琴和吉他

神职人员讲话风格：热情

现场气氛：活跃

存在问题

未录音、未做笔记。

教会名称：SOMC *
宗派名称：卫理公会
所在地区：伯明翰塞里橡树区
受访者姓名：G. J
受访者职位：牧师
受访者性别：男
受访者年龄段：中年
采访日期：2005 年 3 月 13 日

采访问题与回答

Ⅰ. **世俗化的表现、程度和成因**

问：英国社会是不是一个世俗化的社会？

答：是的。

问：基督宗教是否正在崩溃/衰落/发生变化？

答：基督宗教在教会参与和人们对它的常识方面的确正在衰落，已经持续很多年了。但是，这并不总是消极的，一个"基督教国家"并不总是意味着一定要有虔诚的宗教参与。英国的基督宗教在某些方面正在发生变化，如崇拜仪式的风格。

问：世俗化的原因？

答：（1）启蒙运动。（2）物质主义。（3）二战：战争之后，男人比女人对宗教更怀疑。

Ⅱ. **教会对世俗化挑战的回应**

问：教会是否需要改变？

答：是的。

问：顺应还是对抗？

答：（1）顺应，与世俗化合作。（2）五旬节派教会：抵制世俗化。

问：神学思想方面的回应？

答：（1）反思教义。（2）重新发现灵性上帝的工作是在世俗世界当中。耶稣：做好冒险的准备然后才能维护自身。

问：对基督宗教各宗派之间联合的态度与实践？

答：（1）痛心，不应分裂。（2）有时令人烦恼，如有一次圣公会、罗马天主教会和卫理公会的领导人在一起，新闻记者只想为前两者拍照。

问：基督宗教与其他宗教信仰对话的态度与实践？

答：应与其他宗教信仰进行对话。查尔斯王子："各种宗教信仰的护卫者。"

问：宗教信仰者与非宗教信仰者之间的关系？

答：二者应经常保持对话，互相学习对方的洞见。

问：宗教多元状况是否削弱了英国人的宗教性？

答：宗教多元已将宗教带回英国人的意识当中，使它再次可被谈论。当宗教在英国主要是基督教时，它比现在更处于边缘位置。

问：对妇女授任圣职的态度？

答：肯定，绝对支持！

问：社会参与方面的回应？

答：走出教堂，与人们进行对话，参与政治、社区活动、慈善事业。

问：人们是否关心大选并投票？

答：是的，本教会信徒总体上对政治进程非常关心。

问：人们是否支持一个特定的政党？

答：他们支持不同的政党。也许工党和自由民主党的支持者多于保守党。

问：教会领导人是否应当参与政府的决策，为其提供建议或批评意见？

答：教会领导人的确应当在支持或批评政府政策方面发表意见。

问：对几个道德伦理问题的态度？

答：（1）同性恋：肯定。性特征是人的一部分，并非人们所"选择"的，我们无权根据性取向歧视任何人。接受和赞美一个人的整体是很重要的。（2）避孕：肯定。我看没有问题。（3）堕胎：要看具体情况，只应在一些极端情况下才可实行。

问：新形式的基督宗教和灵修是否可以弥补传统教会在世俗化中的损失？

答：要看是怎样的新形式。一些新型基督宗教是基要主义的，没有与一些更传统的形式保持平衡；一些新型灵修是积极的，开放而有深度；一些很古怪。

Ⅲ．英国基督宗教的发展前景

问：教会应对世俗化所采取各种措施的效果？

答：教会正努力解决世俗文化的某些方面能够与基本的基督教信仰相协调，并使其融入教会的思想。

问：对英国基督宗教未来发展的态度：乐观/悲观？

答：二者皆有：上帝之国不等于教会。教会的未来是悲观的，但上帝之国的未来是乐观的。教会消失不要紧，因为上帝之道依然存在，而且还有其他信仰。

问：哪一个宗派在未来会有更好的发展？

答：任何能够将传统和新方法相结合的宗派，不用担心经历一段衰落的时期。

问：神职人员与普通信徒是否持有不同的观点？

答：没有等级区别。

周日崇拜仪式印象

日期：2005 年 3 月 13 日

参与人数：多于一半

信徒年龄和种族构成：中、老年白人居多，有黑人、少数年轻人

使用乐器：钢琴

神职人员讲话风格：语气平和

现场气氛：安静

存在问题

未录音。

教会名称：SOMC＊＊

宗派名称：卫理公会

所在地区：伯明翰塞里橡树区

受访者姓名：D. H

受访者职位：牧师

受访者性别：女

受访者年龄段：中年

回访日期：2009 年 3 月 25 日

回访问题与回答

与 2005 年采访相同问题

Ⅰ. 世俗化的表现、程度和成因

问：英国社会是不是一个世俗化的社会？

答：（1）大多数人都具有某种信仰，虽不一定信仰基督教。只有极少数人可被称作无神论者。（2）教会拥有道德和精神气质，兴办慈善事业。如果世俗意味着没有宗教或道德内涵，我不能回答"是"。没有证据表明英国正变成人文主义社会。

问：基督宗教是否正在崩溃/衰落/发生变化？

答：教会参与正在衰落。我想人们感到不是必须参与教会活动才能保持信仰。

问：世俗化的原因？

答：个人主义。

Ⅱ．教会对世俗化挑战的回应

问：教会采取哪些措施加以改变？

答：（1）创造宽容的教会，容纳各种不同的神学和信仰。我们努力接纳来自不同国家（地区）和文化的人们。（2）我们致力于维护社会正义，促进公平贸易，为每个人创造更美好的世界。（3）提供新颖的崇拜形式，如冥想、安静的音乐、图画、诗歌。人们可静静地参与进来。有天主教徒和贵格会信徒等其他教派的人也来我们教会寻找宁静的灵修。很多新颖的崇拜形式带有个体性，这在某种意义上说接近世俗化，也是对它的回应。这不是唯一的，而是多种崇拜形式中的一种。

问：新形式的基督宗教和灵修是否可以弥补传统教会在世俗化中的损失？

答：灵修一词目前很流行。人们谈论灵修时，意指怎样将感情上投入其信仰之中。人们不仅想要思考信仰，也想感觉信仰。

Ⅲ．英国基督宗教的发展前景

问：哪一个宗派在未来会有更好的发展？目前福音派教会、五旬节派教会发展得更好。

答：这幅图景过于简单化。（1）某些五旬节派教会，如黑人教会吸引的只是特定的黑人群体。另外一些五旬节派教会与其他教会一样，也在进行挣扎。（2）除属于特定人群的五旬节派教会吸引的大多是年轻人，这类教会适应人们信仰征程的某个特定的时间点。年轻人成长到一定的年龄阶段便会离开，寻找神学上更加广阔的教会。

问：对英国基督宗教未来发展的态度：乐观/悲观？

答：不悲观。我们需要更少的教会建筑，将小会众集中成大会众，教会将得到更好的发展。我们不仅提供周日崇拜，而且还有多种多样高质量的崇拜形式。

新问题

问：在过去的 4 年中，英国社会的世俗化程度有无变化？

答：没有太大变化。

问：建制宗教是否重要？

答：（1）教会参与正在衰落。人们感到不是必须参与教会活动才能保持信仰。有趣的是，人们认为教会组织非常重要。如果你试图关闭一座教堂，许多从未参加教会活动的人会感到不安。因此保持教会在社区中的存在是重要的。（2）人们有时到教堂来是为了纪念人生的特殊时刻，如洗礼、婚礼和葬礼；有时人们在遇到重大危机时需要点燃蜡烛或祈祷。但他们并不想定期来教堂。有些人在圣诞节和复活节才来教堂。

问：与 4 年前相比，贵教会信徒数量有否增减？原因何在？

答：（1）教会正式成员有 250 人（不包括年轻人）。有 50 人定期来做礼拜，但选择不成为教会的正式成员。（2）信徒数量逐渐增多。原因：第一，附近较小的教会关闭后，人们来此教会；第二，我们有一个津巴布韦团契；第三，我们正努力提供多种风格的崇拜仪式、灵修课程，约 200 人参加 17 种课程，学习《圣经》、讨论道德伦理问题。

问：教会吸引年轻人是否重要？贵教会采取了哪些措施？有何成效？

答：（1）是的，年轻人在教会可以学习基本的基督教信仰、敬拜上帝的意义以及如何与持不同观念的人们共处。（2）我们办有"青少年教会"，性质与原"主日学校"相同，只是名称改变。现今的教会已不再使用"主日学校"这一名称了。"学校"听上去像是在控制孩子，而"青少年教会"则拥有更多乐趣。

问：（1）贵教会属于自由派还是保守派？（2）自由派教会与保守派教会在神学思想和崇拜仪式方面有哪些区别？

答：（1）我们的崇拜仪式有时使用乐队，有时使用钢琴。一些人喜爱现代赞美诗，另一些人喜爱伴随其成长的传统赞美诗。因此有新有旧是必要的。（2）每种神学都认为《圣经》是重要的，关键是如何看待它。一些人认为这是上帝的话语，被某些人记了下来。因此这确实是上帝的话语，具有特别的意义。另一些人认为《圣经》是人的语言，试图解释其对上帝的体验。如果你认为《圣经》是受到上帝的启示而非口授的话语，你看待它的角度就不同了。你对它加以解释，因为你知道它是被人们解释过的，是他人体验的解释。

问：（1）是否听说过"逆向宣教"？（2）"逆向宣教"在英国影响如何？

答：（1）没听说过这个词。许多来自海外（各大洲）卫理公会的牧师来英国从事宣教工作，已有很多年。我们并没有严格地称其为"逆向宣教"，而是"世界伙伴关系"（world partnership）。（2）他们会带来不同的洞识，或许我们听说的海外发生的事情是另外一种样子。

周日崇拜仪式印象

日期：2009 年 3 月 22 日
参与人数：很多
信徒年龄和种族构成：大多为中、老年白人，有少数黑人、年轻人
使用乐器：管风琴、钢琴
神职人员讲话风格：严肃，语速慢而清晰
现场气氛：安静

教会名称：SOMC＊＊＊
宗派名称：卫理公会
所在地区：伯明翰塞里橡树区
受访者姓名：C. H
受访者职位：牧师
受访者性别：女
受访者年龄段：中年
邮件回访日期：2012 年 3 月 27 日

回访问题与回答

问：2009 年至今，贵教会信徒数量有否增减？

答：教会的参与人数有所增加。原因有以下三方面：（1）两家卫理公会的教会合并起来。附近另一家教会没有教堂，因此很多信徒转来这里。（2）从前居住在这一地区的学生组建了自己的家庭，结婚生子，因此另一些家庭将这里视为友好的大家庭。"青少年教会"正在壮大。（3）不确定教会信徒增加与 2009 年来此的津巴布韦团契有何关联。

问：2009 年至今，英国社会变得更加世俗化还是更加宗教化？

答：这个问题很大。我认为经济衰退使得很多人产生生命为何物的问题——这的确令他们更加意识到生命灵性的一面。我不确定这是否导致他们变得更加虔诚。一些教会的信徒数量依然下滑，而另一些在增长。测定 3 年的变化真的很难。我们是一个非常重视个人隐私的国家。除非人们有足够的自信公开表露自己内心的信仰，否则很难衡量。人们表达其归属与表达信仰同样困难。

```
教会名称：SOMC＊＊＊
宗派名称：卫理公会
所在地区：伯明翰塞里橡树区
受访者姓名：G．J
受访者职位：牧师
受访者性别：男
受访者年龄段：中年
邮件回访日期：2012 年 3 月 28 日
```

回访问题与回答

问：2009 年至今，英国社会变得更加世俗化还是更加宗教化？

答：这个问题不容易回答。情况复杂。（1）人们谈及"好战的无神论"（militant atheism）的壮大，代表人物诸如理查德·道金斯。但在很大程度上，这是在公共和学术层面上的讨论，并且是基于 2009 年之前公众对理查德·道金斯、丹尼尔·丹尼特和克里斯托弗·希钦斯出版著作的讨论。（2）近几年，英国（工党）政府对某些与信仰有关的活动给予了包括资金方面的支持，特别是针对宗教间合作以及以信仰为基础的社会活动。不过，在某种程度上，这种支持是政府安全议程所导致的结果（虽然不那么明确），而非由于信仰团体本身的缘故。而且，大多资金在联合政府之下尚未得以补充。

教会名称：WHURC *

宗派名称：联合归正会

所在地区：伯明翰维欧里区维欧里城堡

受访者姓名：J. E

受访者职位：牧师

受访者性别：女

受访者年龄段：中年

采访日期：2005 年 5 月 19 日

采访问题与回答

Ⅰ. 世俗化的表现、程度和成因

问：英国社会是不是一个世俗化的社会？

答：（1）教堂参与和教会成员人数下降，但许多人认为自己是基督徒。人们渴望精神上的东西，但不一定去教堂。一些人认为教会在那里，牧师是人们的代表，这就足够了。如果教区牧师不受欢迎，人们会去别的教堂。（2）令人惊讶的是：没有多少人是真正不相信任何超验力量的无神论者。（3）许多人的生活并不由使世界依照上帝的规则这样的思想所支配。他们去购物中心就像去大教堂。

问：基督宗教是否正在崩溃/衰落/发生变化？

答：（1）从教会成员人数上讲：衰落。（2）各种衡量方法：参加周三和晚间崇拜仪式的人数应当被算作定期参加崇拜仪式的人。（3）对"崇拜仪式"怎样理解：我们组织了"友谊小组"，人们在一起聚会、阅读、祷告，讨论与教会有关或无关的事情；一些人希望为在海啸中的受害者或在失去亲人时祷告。那就是他们的教会，他们感到需要到教会来和其他人一起而不是独自祷告。许多人因为各种事情请我为他们祷告，他们不一定是基督徒。

问：世俗化的原因？

答：许多原因：（1）太容易选择去或不去教堂，无须决定信仰或不信仰上帝。（2）远离承担义务。找到志愿者很困难——不仅与教会相关，其他组织也如此。（3）20世纪60年代"新时代"运动：人们渴望某种灵性，但不能在教会中找到，到各处寻找——也许这是教会的错。

Ⅱ．教会对世俗化挑战的回应

问：教会是否需要改变？

答：应当以某些方式改变。

问：顺应还是对抗？

答：对教会来说很难选择，它们不知该怎样做。

问：神学思想方面的回应？

答：（1）应当更灵活：上帝不会改变，但崇拜上帝的方式可以改变，我们对上帝的理解可以增加。（2）崇拜形式：主要是周日上午的崇拜仪式，每月一次的晚间崇拜仪式使用不同风格，为年轻人设计。实行约1年时间。我们应当走出去但不确定怎样去做。

问：对基督宗教各宗派之间联合的态度与实践？

答：（1）普世教会运动同时体现在国家层面和地方层面，包含自上而下或由下而上的实践。（2）进展：1971年长老会和公理会合并为联合归正会是教会联合的第一步。圣公会和卫理公会、卫理公会和联合归正会之间进行对话，分别签订协议。（3）各教会之间有分歧点，如组织结构，但信念相同。

问：基督宗教与其他宗教信仰对话的态度与实践？

答：（1）对话很重要。我们需要互相学习。人们以不同的方式敬拜着同一个上帝。（2）存在分歧。一些教会无法接受非基督徒，与具有其他宗教信仰的人共处困难。它们以使他人改变信仰，皈依基督为目的，而并非意与他人一道为社区共同工作，这样的态度会引发一些问题。（3）在伯明翰有各种宗教间会议，正式对话，如基督徒与犹太教徒和穆斯林。更好的方式是通过工作进行对话。从实际的事情开始，如为世界各地的救济、免除债务，感到更能对话。

问：您的朋友都是具有哪些宗教信仰的人？

答：很多是基督徒或没有任何宗教信仰，还有少数其他宗教的信仰者。

问：宗教多元状况是否削弱了英国人的宗教性？

答：（1）与别人谈论你的信仰会使其巩固，因为人们在与他人谈论信仰时需要思考自己究竟相信什么以及为什么相信。（2）有信仰的人不太可能因为其他类型宗教信仰的出现而改变自己的信仰。（3）如果原本没有信仰，大概会有更多选择。

问：对妇女授任圣职的态度？

答：对这个问题的态度取决于人们对《圣经》的诠释。《圣经》是由受到上帝启示的人们在他们特定的历史时期和特殊环境中书写，而我们需要将其原则应用到今天的世界。我们应将《圣经》看作一个整体而不是一些孤立的部分来阅读。我相信男女都是按照上帝的形象所造，也平等地受到呼召而担任牧职。

问：社会参与方面的回应？

答：设法以各种方式深入社区，取决于地区和各地方教会的情况；在周日崇拜仪式中鼓励人们为"让贫困成为历史"活动做出捐献。

问：人们是否关心大选并投票？

答：希望如此。我确实告诉他们应当投票。

问：人们是否支持一个特定的政党？

答：不是。没有正确答案。不同的人支持不同的政党，有各自优先考虑的问题。我并不以政党政治为基础。我不认为人们应当支持一个特定的政党。我们应当谈论的是具体的问题，而非政党。

问：教会领导人是否应当参与政府的决策，为其提供建议或批评意见？

答：是的。（因为）政治会影响到这个国家的每一个人。

问：对几个道德伦理问题的态度？

答：（1）避孕：可以。（2）堕胎：我不认为基督徒会这样做。在任何情况下都不是正当的。（3）同性恋：我们确实有同性恋牧师或长老，虽然并非人人都能接受。它与人们怎样诠释《圣经》有很大关系。我们应根据社会现实状况应用《圣经》。

问：新形式的基督宗教和灵修是否可以弥补传统教会在世俗化中的损失？

答：教会过去没有满足人们的需求。人们所追求的许多东西实际上是能够在教会里找到的，在教会之外所寻找的灵性与教会并不矛盾。

Ⅲ. 英国基督宗教的发展前景

问：教会应对世俗化所采取各种措施的效果？

答：（1）希望产生效果，但很难看出。不一定发生。有时教会失去成员，他们停止去教堂，也不想去其他教堂。部分原因是由于我们不灵活；部分因为在偏僻地区的教堂，交通不便而关闭。（2）很难作出改变：许多人喜欢传统的方式，一旦教会的变革过于剧烈同样会失去信徒。我们试图逐渐改变，但这需要更长时间。

问：对英国基督宗教未来发展的态度：乐观/悲观？

答：我们怀有希望。有很多正面和负面的迹象同时存在。我们不知道将要发生什么，但我们确实知道人们肯定渴望一些东西。我们认为他们需要基督，我们不知道如何使二者相连。在不同的地点对不同的人有不同的答案。我们必须努力去做我们所能够做的，向人们展示那确实是他们所寻找的。我不认为教会将会消失。也许50年之后我们会看到教堂里有更多人，或许人数虽更少但教会更有活力。

问：对世俗化的态度：正面/负面？

答：令人担忧。人们正在与教会疏远。世俗化是个问题。

问：哪一个宗派在未来会有更好的发展？

答：我不认为我们可以回答。我们应当努力走到一起，这非常重要。

问：神职人员与普通信徒是否持有不同的观点？

答：（1）就各教会总体来说，两者神学思想不同。（2）就联合归正会来说，会众选举牧师，因此两者的感觉通常不会有什么不同。在其他教会，神职人员则更有可能是被任命的，是由其他人将两者整合在一起，这会有点区别。但这也许对会众有好处。不同的方式拥有不同的益处。

周日崇拜仪式印象

日期：2005年5月15日（五旬节）

参与人数：一半

信徒年龄和种族构成：大多数为中、老年白人，少数年轻人、黑人，个别亚洲人

使用乐器：管风琴、钢琴

神职人员讲话风格：语气平和

现场气氛：舒适、愉悦

其他信息

由于缺少牧师，J. E 牧师负责 2 家教会。

教会名称：WHURC＊＊
宗派名称：联合归正会
所在地区：伯明翰维欧里区维欧里城堡
受访者姓名：J. E
受访者职位：牧师
受访者性别：女
受访者年龄段：中年
回访日期：2009 年 4 月 6 日

回访问题与回答

对 2005 年采访同样问题的观点补充

问：对世俗化的态度：正面/负面？

答：负面。由于人们与教会缺乏联系，造成对教会存有误解或僵化的看法。

新问题

问：在过去的 4 年中，英国社会的世俗化程度有无变化？

答：在某些方面似乎更加世俗化了。原英国首相托尼·布莱尔卸任之后，曾回忆在任期间无法谈论其基督教信仰，会被人嘲笑。如果他从基督教的立场发表看法，人们不会认真看待。或许确实出现了"好斗的世俗化"。一些政府机构等试图不歧视有信仰或无信仰的人，但他们实际上使信仰成为困难的事。例如，我们很难筹募资金。政府意识到与信

仰团体合作是件好事，因为这既可带来巨大的利益又无须支付报酬。但他们的控制过多，无视人们提供服务的动机——信仰，过于关注事物的可控性，而不关注服务本身。他们需要许多文书工作，也要求他人卷入这些文书工作，来证明自己的工作质量。官僚作风愈发严重。

问：建制宗教是否重要？

答：（1）没有基督教团契、与他人共同敬拜上帝，做一个孤立的基督徒是很困难的。这并不是说你不能信仰上帝和祷告。但是如果没有团契，你就不能以同样的方式成长，滋养你的信仰变得困难得多。当然，不是基督徒也可以做一个好人。（2）敬拜不仅局限于周日上午在教堂，也可以在其他时间和地点。

问：与4年前相比，贵教会信徒数量有否增减？原因何在？

答：（1）教会正式成员为90人，新成员将在2009年6月加入进来。（2）参加周日崇拜仪式的信徒人数一度减少，但又有所回升，比原先稍有增加，约为60人或更多一点。

问：（1）教会吸引年轻人是否重要？（2）贵教会采取了哪些措施？有何成效？

答：（1）是的。（2）吸引年轻人真的很困难。当一些年轻人离开本地上大学或工作，我们就可能与他们失去联系。本地区的房价很贵，年轻人不愿住在这里。与大学毕业后来到此地的年轻人保持联系很重要，我们也努力吸引年轻父母。我们试图通过举办一些（非宗教）活动吸引周围的居民来教堂，比如音乐会、咖啡早茶会等，借此和他们保持联系。

问：（1）贵教会属于自由派还是保守派？（2）自由派教会与保守派教会在神学思想和崇拜仪式方面有哪些区别？

答：（1）更加偏向于自由派。两派信徒我们都有，自由派信徒多于保守派。我们很高兴看到信徒有不同的神学观点。伯明翰地区的绝大部分联合归正会相当自由，但在英国其他地区，也有非常保守的福音派联合归正会。我会小心地不去冒犯那些保守信徒，不说与其他信仰相抵触的话。如果我知道一些事情他们难以接受，我不会在讲坛上提起，而是小范围进行讨论。我宣讲上帝的话语，这应当是面向每个人的。这个教会很有意思。我发现一些保守派信徒认为同性恋者会下地狱，但这些信徒可以和同性恋者交朋友。他们能把两件事区别对待。伯明翰联合归正会确实有两位同性恋牧师，当选之初遇到很多困难。保守派信徒设法将神学观点与个人感情分开处理。我是这个教会的第一位女牧师，也被信徒所接受。（2）二者确实有很大区别。福音派教会的风格是使用有很多重叠句的现代赞美诗，同样几句歌词要重复好几遍。这种崇拜方式触及心灵而非头脑。我们实在不喜欢。这里的信徒认为歌词很重要，不喜欢一遍又一遍地重复。我也使用各种不同风格的赞美诗，曲调速度快、慢相结合，新、旧赞美诗相结合。我不会在一次崇拜仪式上全部使用新赞美诗，人们会逐渐习惯并喜欢它们。我们现在使用投影屏幕（4 年前没有）。我们花了很长时间才决定使用它。之前，有人担心它会遮住十字架，有人担心它在崇拜仪式中过于突出，以至于不能按从前的方式进行礼拜。我想现在每个人都喜欢它了。我们在使用大屏幕的同时也还会将赞美诗打印出来。如果有人不喜欢看屏幕也不必勉强。我在屏幕上还放映很多图片。我非常热衷于使用大屏幕，通过这种方式我们联络到了更多人。

问：世俗化与信仰多元有何关联？

答：我认为这是两回事。近几年来，由于整个世界范围内的问题，在英国以及伯明翰出现一种倾向，人们尽量不去冒犯其他宗教信仰者，特别是穆斯林，但不会对基督徒给予同等尊重。他们可以拿基督教开玩笑，不怕得罪基督徒，但怕得罪穆斯林，所以不会拿伊斯兰教开玩笑。其中部分原因是，伊斯兰教（在英国）相对于基督教来说比较新奇，所以人们会注意，而基督教对他们来说已经习以为常。另外，一些人认为自己是基督徒，因此可以针对基督教随意发话。

问：（1）是否听说过"逆向宣教"？（2）"逆向宣教"在英国影响如何？

答：（1）是的。我曾遇到过来自太平洋岛屿和韩国的传教士。我们请他们组织使用本国语言的崇拜仪式。我真的认为他们在英国传教时尊重我们的文化非常重要，正如我们在海外传教一样。我曾看到一些传教士由于传福音的方式问题致使其传教对象对基督教心生厌恶。他们激怒了他人，使其对基督教的兴趣还不如从前。来英国传教非常好，不过……因为在这个国家，对许多人来说，你刚开始接近他们的时候必须相当温和。如果你的态度过于强硬，则很容易招致反感。这会给其他人

（传教士）今后接近当地人造成困难。（2）就我个人来说，我还没看到他们目前在这个地区有多大影响力。

问：宗教因素目前在英国政府对内、对外政策制定过程中是否重要？

答：政治家说不是。比如托尼·布莱尔（任首相期间）不愿讨论其基督教信仰，只是在卸任之后才谈论得比较多。戈登·布朗在任期间谈得稍多一点。信仰确实会影响人，部分原因是，这就是这个国家创立的方式，这个国家是以基督教理想创立起来的。所以它几乎是自动地在此基础上运转。不过一旦涉及例如发动战争是对是错等问题，我并不认为基督教价值观在这类问题上能够真正发挥作用。

问：宗教团体如何影响英国政府的政策制定？请举例说明。

答：例如"千禧年债务运动"卓有成效。他们已将英国政府推向前沿。我认为这在很大程度上是信仰和道德诫命所驱使。但政府政策上的真正变化与其言论并不总是相符。政府的努力还不够。

周日崇拜仪式印象

日期：2009 年 3 月 29 日

参与人数：一半

信徒年龄和种族构成：大多数为老年白人，少数中、青年人，黑人，个别亚洲人

使用乐器：管风琴、钢琴

神职人员讲话风格：语气平和

现场气氛：舒适、愉悦

其他信息

（1）J. E 牧师于 2009 年 6 月调离本教会，任伯明翰联合归正会执事长（oversight ministry）。新牧师于次年上任，按常规由教会选出，是一位黑人，来自尼日利亚，男性，负责照管 2 家教会。（2）本教会每周日下午举办韩语崇拜仪式，每月有一个周六晚间举办阿拉伯语崇拜仪式。（3）笔者于 2012 年 4 月通过邮件回访 J. E 牧师，提出问题：2009年至今，英国社会变得更加世俗化还是更加宗教化？J. E 牧师回答：在

过去的一两年中曾有一些关于宗教在公共生活中的地位的讨论。不过我并不认为社会在此期间真的变得更加宗教化或世俗化。

第二组　保守派教会

教会名称：SSC＊
宗派名称：圣公会（福音派）
所在地区：伯明翰塞里橡树区塞里园
受访者姓名：C. H
受访者职位：教区牧师
受访者性别：男
受访者年龄段：中年
采访日期：2005 年 5 月 25 日

采访问题与回答

Ⅰ. 世俗化的表现、程度和成因

问：英国社会是不是一个世俗化的社会？

答：是的，越来越世俗化了，宗教性越来越低，但很少人是真正的无神论者。

问：基督宗教是否正在崩溃/衰落/发生变化？

答：从国家整体的角度来看，基督宗教在衰落。

问：世俗化的原因？

答：（1）不止一种原因。（2）精神上的原因：人们自然地远离了上帝。现代化和理性发展的结果：人们依靠自己的力量而不需要上帝控制自己的生活，不需要上帝来解释这个世界。

Ⅱ. 教会对世俗化挑战的回应

问：教会是否需要改变？

答：是的。

问：顺应还是对抗？

答：二者之间。

问：神学思想方面的回应？

答：（1）真理不能被改变，但诠释真理的方式可以被改变。我们需要足够真实、足够现代而被倾听，如使用现代音乐。（2）目标：使人们真正崇拜上帝比只是让人们来教堂更为重要。

问：对基督宗教各宗派之间联合的态度与实践？

答：各宗派间的差异是根本性的，无法合拢，因此联合与合作也只是表面上的，某些形式的对话仅取得了有限的成果。

问：基督宗教与其他宗教信仰对话的态度与实践？

答：（1）社会除了真理问题不能达成一致意见以外，是宽容的。（2）对话目的：理解、向他人阐明基督宗教的信仰并使他人皈信基督。（3）实践：我的教会未实行，只是个人行为。

问：您的朋友都是具有哪些宗教信仰的人？

答：基督徒和没有宗教信仰的人。

问：宗教多元状况是否削弱了英国人的宗教性？

答：可能向两个方向发展。

问：对妇女授任圣职的态度？

答：（1）一些教会在理论上接受，但实际上不实行（如本教会）。我相信《圣经》说女性无权处于教导男性的地位。我们可以接受女性牧师作为团队的一员或行使教导女性和儿童的责任。（2）一些教会由于各种原因接受，基于传统或《圣经》。第一，一些人无视《圣经》的教导，所以他们会做他们自认为合理的事。第二，一些人辩解说《圣经》的教导不再适用于今天的情况。第三，一些人说《圣经》对此问题说法不明，因此我们必须自己决定。第四，一些为妇女授任圣职辩护的说法："如果一名妇女很有天赋，她为什么不能教导和领导男人？""我们需要尽可能多的牧师，不应拒绝任何人。""它关系到平等、正义和公正。"

问：社会参与方面的回应？

答：（1）定期。如为不同人群组织的活动（已持续约20年）：儿童、青年人、婴儿和学步期孩子、学生、老人。（2）危急时刻。如为海啸受灾地区捐款。（3）团契小组。最近增加为男人和女人分别组织活动，因为他们有不同的需求和问题。

问：人们是否关心大选并投票？

答：是的，我鼓励他们这样做。

问：人们是否支持一个特定的政党？

答：不清楚，可能（支持）不同的政党，没有一个政党是基督教或非基督教的。

问：教会领导人是否应当参与政府的决策，为其提供建议或批评意见？

答：原则上应该；应谨慎，因为我们对一些特定的问题不了解。

问：对几个道德伦理问题的态度？

答：（1）同性恋：错误，因为《圣经》提到。（2）避孕：《圣经》没有提到，它本身没有问题，但一些方法是错误的，因为它杀死了神圣的生命。（3）堕胎：也是错误的。

问：新形式的基督宗教和灵修是否可以弥补传统教会在世俗化中的损失？

答：（1）灵修：有广阔的意义，模糊。（2）如果宗教意味着有组织，灵修意味着个人内在的表达。灵修是正确的，但还不够，因为这只是人类的灵，而不是圣灵。只有圣灵才是真实的，只有通过耶稣基督的道路才是正确的，其他方式都是错误的。

Ⅲ. 英国基督宗教的发展前景

问：教会应对世俗化所采取各种措施的效果？

答：（1）进展缓慢。教会在失去原有信徒的同时也不断有新成员加入教会。（2）从统计数据上看，教堂参与率的下滑趋势已有所减缓。

问：对英国基督宗教未来发展的态度：乐观/悲观？

答：无法预测。两方面迹象都存在。

问：对世俗化的态度：正面/负面？

答：世俗化是有害的。

问：哪一个宗派在未来会有更好的发展？

答：（1）只有真正以耶稣基督和《圣经》为中心的教会才会得到繁荣的发展，如五旬节派教会。卫理公会并没有将耶稣置于中心地位，是错误的。（2）也要看每个单独的教会。

问：神职人员与普通信徒是否持有不同的观点？

答：不同的角色，平等的地位。

周日崇拜仪式印象

日期：2005 年 5 月 22 日（圣三主日）

参与人数：很多

信徒年龄和种族构成：各年龄段，家庭，有少数亚洲人

使用乐器：小乐队

神职人员讲话风格：热情

现场气氛：活跃

其他信息

每周有为中国学生组织的查经班。

存在问题

录音失败。

教会名称：SSC＊＊

宗派名称：圣公会（福音派）

所在地区：伯明翰塞里橡树区塞里园

受访者姓名：C. H

受访者职位：教区牧师

受访者性别：男

受访者年龄段：中年

回访日期：2009 年 3 月 18 日

回访问题与回答

对 2005 年采访同样问题的观点补充

问：新形式的基督宗教和灵修是否可以弥补传统教会在世俗化中的损失？

答：某些形式的灵修是个人主义的，只关心自我，自下而上，而不是基督教的自外而内，自上而下。

问：哪一个宗派在未来会有更好的发展？

答：卫理公会正在衰落。圣公会也遇到了麻烦。福音派教会联合在一起，寻求新的、非正式的友谊。共同培训牧师、组织会议等。

新问题

问：在过去的 4 年中，英国社会的世俗化程度有无变化？

答：世俗化进程在继续。（1）出现了一种新无神论，更具攻击性，称"信仰上帝是危险的"。例如理查德·道金斯的著作《上帝的迷思》（*The God Delusion*），以基督教为攻击的目标；克里斯托弗·希钦斯的著作《上帝并不伟大——宗教如何毒害一切》 （*God Is Not Great：How Religion Poisons Everything*），更倾向于攻击伊斯兰教。他们向往和平社会，但没有将基督徒与宗教极端分子区分开。（2）人们在公共场合谈论宗教会感到不安，私下里谈论是可以的。宗教不适合公共空间。基督徒在工作中会遇到麻烦。例如，一名护士为其病人祷告、一名基督徒女学生对穆斯林同学讲了诸如"不信基督会下地狱"之类的话，二者都吃了官司。没有言论自由的社会可能引发暴力。政治家对此观点不一，尚存争论。

问：建制宗教是否重要？

答：（1）引用《马太福音》中的一句话："我要建造我的教会。"（I will build my church.）我会问那些声称"即使教会消失也无关紧要"的人，耶稣为何讲那句话。（2）人们聚集在教会敬拜上帝，解释《圣经》。离开教会之后，在生活中也要敬拜上帝。敬拜贯穿于全部生活中。

问：与 4 年前相比，贵教会信徒数量有否增减？

答：（1）教会正式成员为 167 人（只包括成年人），参加周日崇拜仪式的为 200 人。（2）信徒数量稍有增长。一些家庭和孩子加入进来。

问：（1）教会吸引年轻人是否重要？（2）贵教会采取了哪些措施？有何成效？

答：（1）绝对重要。我们非常热心于此。（2）我们组织了各种小组活动，其中包括分别为不同人群设小组，如儿童、年轻人、学生、老年人等。参加小组活动的也有不来教堂做礼拜的信徒的孩子。父母感到教会是一个安全的地方。

问：贵教会近年来采取哪些措施以应对世俗化？

答：（1）我们并没有特别、直接地谈论世俗化，但我们一直在宣讲

《圣经》，讨论所面临的挑战。将神圣与大众区分开。（2）世俗化并非唯一的问题，还存在其他各种罪，比如个人主义。

问：（1）贵教会属于自由派还是保守派？（2）自由派教会与保守派教会在神学思想和崇拜仪式方面有哪些区别？

答：（1）我不喜欢"保守"这个词。我们从文化角度讲，即做事的方式，并不保守。我们在神学和《圣经》方面是保守的。基督教与其他宗教截然不同。耶稣使基督教成为独特的宗教。基督教来自于我们自身之上、之外，而其他宗教是来自于之下、之内。（2）现代的表达方式，不是19世纪的，而是21世纪的方式，但真理是永恒的。二者是一致的，并不矛盾。自由派教会远离了《圣经》。他们坚持一些传统的东西，是因为这样才能感觉自己还是教会的一部分。（3）教会有别。有些区别是重要的，例如《圣经》，我们阅读和遵照《圣经》的训诫；有些区别并不重要，例如使用何种音乐，我们将传统与现代音乐相结合。

问：（1）是否听说过"逆向宣教"？（2）"逆向宣教"在英国影响如何？

答：（1）是的，这是一个令人感兴趣的运动。这一方面是好事，我们不再认为基督教是西方的，它来自耶路撒冷，我们（欧洲）不是中心。另一方面也令人感到悲哀，因为欧洲不信奉基督教了。（2）这并不是一场有组织的运动，是由全球化引起的。

问：宗教因素目前在英国政府对内、对外政策制定过程中是否重要？

答：（1）他们（政治家）确实考虑到宗教，但他们还有其他关注点。所有政策都是注重实效的。（2）历史上，宗教因素更重要。例如18世纪宗教复兴时期，影响到奴隶制度、工作条件和教育等。而现在，以基督教准则进行争辩很困难。

问：宗教团体如何影响英国政府的政策制定？请举例说明。

答：在政府中存在福音派联盟、圣公会和罗马天主教会的影响。在公众层面并不明显。

周日崇拜仪式印象

日期：2009 年 3 月 15 日

参与人数：很多

信徒年龄和种族构成：各年龄段，中年人和家庭居多，有少数亚洲人

使用乐器：小乐队

神职人员讲话风格：严肃，有热情

现场气氛：活跃。仪式间穿插牧师现场采访一位女信徒，见证其信仰

教会名称：SSC＊＊＊

宗派名称：圣公会（福音派）

所在地区：伯明翰塞里橡树区塞里园

受访者姓名：C. H

受访者职位：教区牧师

受访者性别：男

受访者年龄段：中年

邮件回访日期：2012 年 3 月 15 日

回访问题与回答

问：2009 年至今，贵教会信徒数量有否增减？

答：参加周日崇拜仪式的人数稍有增长，教会正式成员人数几乎没有变化。

问：2009 年至今，英国社会变得更加世俗化还是更加宗教化？

答：社会正在变得愈发世俗化。

教会名称：SCC＊

宗派名称：圣公会（福音派）

所在地区：伯明翰春田区

受访者姓名：T. H

受访者职位：教区牧师

受访者性别：男

受访者年龄段：青年

采访日期：2005 年 6 月 16 日

采访问题与回答

Ⅰ．世俗化的表现、程度和成因

问：世俗化的原因？

答：教会是盐和光，盐的作用是阻止肉类腐烂。肉类的性质就是会腐烂，所以不应责怪肉本身，而应责怪盐，因它没有阻止社会变坏。

Ⅱ．教会对世俗化挑战的回应

问：基督宗教与其他宗教信仰对话的态度与实践？

答：（1）法律上有平等地位，但实践中存在歧视和偏见。（2）法律固然必要而有益，但人的内心无法通过法律而改变。（3）在这一地区，建立一个共同的空间，使拥有不同宗教信仰的人们进行交谈，成为朋友，因此事情会有所改变。本人与相邻伊斯兰清真寺的首脑互相拜访，成为朋友。如果人们拥有完全相同的信仰，生活将会很无聊。（4）正式对话：各宗教人士每月会面，没有什么意义，不能提供实质性的帮助。真正的对话在于认识基督徒和穆斯林的意义与差异，发现是否能够共同工作。首先交朋友，确立了友谊，就会有信任，然后才谈得上对话。

问：您的朋友都是具有哪些宗教信仰的人？

答：基督徒、其他宗教信仰者和不可知论者（很多人并非无神论者，因为无神论是一种很强的信仰）。

问：宗教多元状况是否削弱了英国人的宗教性？

答：不会削弱。（1）《圣经》是在宗教多元的社会背景之下写成的。基督徒可以通过他人的信仰发现上帝和他们自己。（2）直到与他人相遇才会产生疑问。如果信仰脆弱，则可能会消失，也可巩固。必须对话，理解爱与正义。

问：社会参与方面的回应？

答：教会不只是存在于周日上午，不仅是言辞，而且是行动。该教会为本地区各种族的居民组织的一些活动并非宗教性的，但同样传播了上帝的爱。真正的教会是在社会当中的学校、家庭、工厂和办公室里的所有基督徒。"盐"和"光"是在社会当中，而非在教会中。教会为这个世界而存在。

周日崇拜仪式印象

日期：2005 年 6 月 12 日

参与人数：很多

信徒年龄和种族构成：各年龄段、肤色，很多家庭

使用乐器：小乐队

神职人员讲话风格：热情，形式生动

现场气氛：活跃，信徒积极参与，讲述并分享见证上帝的经历

教会名称：SCC＊＊
宗派名称：圣公会（福音派）
所在地区：伯明翰春田区
受访者姓名：T．H
受访者职位：教区牧师
受访者性别：男
受访者年龄段：中年
回访日期：2009 年 4 月 21 日

回访问题与回答

对 2005 年采访同样问题的观点补充

问：对几个道德伦理问题的态度？

答：（1）避孕：没有问题，但一些年轻女性使用"后服避孕药"则相当于堕胎，不仅杀死一个生命，也对女性健康不利。（2）堕胎：错误而且对健康有害，但在特殊情况下可以，如强奸或母亲生命处于危险之中时。（3）同性恋：第一，上帝爱每一个人，但更爱异性恋者，因为《圣经》是这样教导的。第二，任何关于性的消息在社会上都会成为头条新闻。打个比方，人不应搬弄是非，但我们不能因为有人搬弄是非就要求他离开教会。那为什么要求同性恋者离开教会呢？

问：对妇女授任圣职的态度？

答：强烈支持！我的妻子就是被按立的牧师。从前当我们就妇女可

否授任圣职进行投票时，我就表示，如果妇女不能授任圣职，我宁愿不被按立（我当时与妻子尚未结识）。

新问题

问：在过去的 4 年中，英国社会的世俗化程度有无变化？

答：很复杂。一方面，更加世俗化；另一方面，宗教更加引人注目。第一，2001 年进行的英国人口普查首次加入宗教信仰一项。大家都对结果感到惊讶：73% 的人口是基督徒。人们的宗教性更强了。由于其他几种宗教的存在，伯明翰的基督徒比例稍低。人们现在更加敢于说出"我有宗教信仰"。第二，宗教复兴在继续。宗教在社会上更加引人注目，比如在报纸上经常可见相关新闻。这是一个全球现象。其原因与人口统计有关，穆斯林、锡克教徒和印度教徒等越来越多。在伯明翰尤其如此，白人将在三五年后成为少数民族。原因之一是许多白人搬到郊区居住，之二是白人的人口出生率低，伯明翰 25 岁及以下人口中有 55% 是穆斯林。第三，政府意识到有一些事情自己无法做到，请教会来做。例如，我们拥有并管理一座儿童活动中心。我们做得更好，品质很高，因为我们是发自内心而非有利可图。所有参与者都是志愿者。联系到这个地区很多居民，不仅包括基督徒。

问：建制宗教是否重要？

答：非常重要。在本地区，圣公会的作用非常重要。我们是基督徒，但我们对每个人开放。教区有责任创造一个人人都可以分享的空间。在伯明翰的小学校里，超过 50% 的孩子是穆斯林。本教会对面有一个穆斯林托儿所，只为穆斯林创办，其他人不会去。而任何人都可以到本教会来，到这里来的人拥有各种不同的宗教背景。

问：与 4 年前相比，贵教会信徒数量有否增减？

答：（1）目前教会正式成员约有 100 人，4 年前约为 85 人。（2）参加周日崇拜仪式的约有 80 名成年人，50～60 个孩子。4 年前大约有 30 个孩子。

问：贵教会近年来采取哪些措施以应对世俗化？

答：（1）"阿尔法课程"；每年举办一次"回到教会"周日主题活动，邀请过去曾经（但后来停止）来教会做礼拜的人回来看看。或许你20 年前在教会有过不好的体验，但现在的教会可能和以前不一样了。回来看看吧。（2）取得了积极成效：许多人重新回到了教会，一些人还邀请朋友到教会来。

问：（1）贵教会属于自由派还是保守派？（2）自由派教会与保守派教会在神学思想和崇拜仪式方面有哪些区别？

答：（1）第一，我们称自己为福音派教会，因为我们相信《圣经》是非常重要的，并且热衷于传播福音，相信福音应当与每个人分享。第二，本教会为教区教堂，其中一些人的神学思想比较自由，另一些则非常保守。作为英国国教会，我们应当对所有人开放，像"诺亚方舟"。第三，本教会在神学思想方面更倾向于保守派，但我们与自由派的同事可以保持密切的工作关系。（2）第一，目前在许多教会中，自由与保守的差别越来越小，原因是：保守派教会在逐渐壮大，自由派教会的衰退相对比较严重。而当保守派教会壮大之后，思想会变得越来越自由，因为当你处于少数派的小群体时，更易感受到来自外界的威胁，因而更容易保守，维护自身的身份特征。当你处于多数派时，便无所谓了。因此，保守派教会人数增多后，变得更加开放和宽容。第二，自 17 世纪至今，特别是最近 20 年，圣公会的崇拜仪式发生了很大变化，更加灵活，更多选择。第三，神学思想与崇拜仪式之间没有关联。自由派教会的崇拜仪式也可能不太正式，保守派教会的崇拜仪式也可能非常正式。一些福音派教会使用乐队形式，是为了争取年轻人。

问：（1）是否听说过"逆向宣教"？（2）"逆向宣教"在英国是否有影响力？

答：（1）是的。在伯明翰，有来自非洲和加勒比地区的黑人教会。他们当初来英国是由于政治、经济形势所迫，当时并非传教士。但他们确是基督徒，信仰坚定。现任约克大主教来自非洲，20 世纪 70 年代来到英国。（2）是的。传教士如今已被称为"宣教伙伴"。

问：宗教因素目前在英国政府对内、对外政策制定过程中是否重要？

答：是的。经济和恐怖主义问题，还有同性恋、赌博、酗酒等问题，都与宗教有关。

问：宗教团体如何影响英国政府的政策制定？请举例说明。

答：（1）议会中的游说群体；（2）"信仰工作"（Faith Works）——鼓

励教会深入社区工作，政府应当倾听教会的声音；（3）"关注家庭"（Care for the Family，圣公会和罗马天主教会）——政府应当扶持家庭，比如对处于婚姻状态的公民减税，缩短商店营业时间以促使人们花更多时间陪伴家人，给穷人更多钱；（4）"千禧年债务运动"（Jubilee Debt Campaign）中，教会发挥的作用最大。

周日崇拜仪式印象

日期：2009 年 4 月 12 日（复活节）

参与人数：非常多，共 100 多人

信徒年龄和种族构成：各年龄段、肤色、阶层，一些信徒从前是穆斯林或犹太教徒或有其他宗教背景，很多家庭带孩子一起参加礼拜

使用乐器：管风琴、电子乐队

神职人员讲话风格：平易近人，时常与信徒进行交流

现场气氛：温暖，有各种活动。为复活节安排的特别活动：信徒们边歌唱边走出教堂并绕行教堂一周

教会名称：SPBC *

宗派名称：浸礼会（福音派）

所在地区：伯明翰塞里橡树区塞里园

受访者姓名：M. S

受访者职位：牧师

受访者性别：男

受访者年龄段：中年

采访日期：2005 年 6 月 1 日

采访问题与回答

Ⅰ. 世俗化的表现、程度和成因

问：英国社会是不是一个世俗化的社会？

答：是的。（1）名义上：是基督教国家，女王是国教会首脑。（2）实际上：世俗化，人们不遵循《圣经》倡导的基督教价值观，但未彻底世

俗化。（3）在英国，很少有真正的无神论者。

问：基督宗教是否正在崩溃/衰落/发生变化？

答：（1）教会重要性：衰落。教堂参与：下降。（2）并非整体情况，很难衡量。第一，一些人去教堂，但不一定是虔诚的基督徒；一些人可能不定期去教堂，但他们也许信仰上帝。第二，数据并未包括新型教会（自20世纪70年代以来的家庭教会运动，如"沙漠绿洲""新边疆"等）。

问：世俗化的原因？

答：多种因素的结合：（1）国家事件：两次世界大战给人们的信仰造成巨大影响。人们提出"上帝在哪里"的问题。数据显示，1945年后教堂参与率下降。（2）第一，物质主义和消费主义的吸引力（二者成为"新宗教"，购物中心是"新型大教堂"），原因：资本主义，战后恢复繁荣。第二，并非新现象。耶稣说：不能侍奉两主——上帝或金钱。

Ⅱ．教会对世俗化挑战的回应

问：教会是否需要改变？

答：是的。

问：顺应还是对抗？

答：顺应。

问：神学思想方面的回应？

答：（1）参与社会，在世界上作盐和光。（2）做示范和诠释：有更好的生活方式，对信徒更具吸引力的共同体。（3）宣教，"福音战略"，"阿尔法课程"。

问：对基督宗教各宗派之间联合的态度与实践？

答：（1）不应分裂，但不同的宗派在很多方面都无法达成共识。（2）塞里园中的浸礼会、圣公会和五旬节派等教会的神职人员定期会面并一同工作，但不包括罗马天主教会。

问：基督宗教与其他宗教信仰对话的态度与实践？

答：（1）基督宗教处于优势地位。（2）很难衡量，每一方都可能感到处于不利地位。（3）政治上：经常谈论歧视问题，强调自由和平等。"政治上的正确性"看似正确，实际上给人们带来压力，降低基督教标准和价值。歧视与明辨是非：两难。（4）本地区有穆斯林社区，与其首脑对话，增进相互了解。

问：宗教多元状况是否削弱了英国人的宗教性？

答：两种可能性都有，要看信仰的成熟程度：一些人信仰不成熟，会感到受到威胁；成熟的基督徒会应对这种情况，不会受到威胁。

问：对妇女授任圣职的态度？

答：我们有女性牧师。

问：社会参与方面的回应？

答：（1）教会应深入社会，在世上作盐和光，与人们多多交流，成为朋友，了解他们的思想。（2）宣教，一系列活动，"福音战略"。（3）"阿尔法课程"：共12部分，起初从伦敦开始，后传播到其他国家。它向人们介绍基督宗教，通过友谊的网络，在人们家中聚会、用餐、看录像、交谈和讨论。

问：人们是否关心大选并投票？

答：（1）英国人总体上对此不感兴趣。（2）教会鼓励基督徒参加投票，其投票率高于非基督徒，感到有义务投票。本教堂曾作为投票站。

问：人们是否支持一个特定的政党？

答：不知道。推测可能不会，而是各政党的支持者都有：工党、保守党、自由民主党和绿党。传统上支持保守党（尤其是圣公会）。

问：教会领导人是否应当参与政府的决策，为其提供建议或批评意见？

答：是的。有责任发表意见。

问：对几个道德伦理问题的态度？

答：（1）避孕：困难的领域，不反对。按照《圣经》：创造人类不仅要繁衍后代，而且还是为了爱。处于婚姻关系中的夫妻可以享受性，应当为生活负责任（避免生育很多孩子带来的问题）。（2）堕胎：是谋杀，上帝会愤怒；在一些情况下或许是更好的选择，如强奸。（3）同性恋：不应歧视同性恋者；基督徒反对这样的生活方式，它违背了上帝的律法。

问：新形式的基督宗教和灵修是否可以弥补传统教会在世俗化中的损失？

答：（1）谈论灵修很时髦：人们仍然拥有灵性需求。教会衰落。

（2）灵性是一个模糊、指代范围很宽的词，包括善的一面和邪恶的一面。基督宗教即代表了善的灵性。（3）灵修不应取代传统宗教。因为人生活在社会当中，而社会必须要有组织。

Ⅲ. 英国基督宗教的发展前景

问：教会应对世俗化所采取各种措施的效果？

答：（1）成果很小，统计数据继续呈现衰落的趋势（北美：稳定，亚洲、非洲和南美洲：增长）。（2）令人鼓舞的成效：如"阿尔法课程"已使很多人皈依基督宗教。

问：对英国基督宗教未来发展的态度：乐观/悲观？

答：耶稣创建了教会，它会继续存在下去，永远不会消失。基督教会能够创造更好的社会。

问：对世俗化的态度：正面/负面？

答：有害，因为不再有上帝的位置。反叛上帝。

问：哪一个宗派在未来会有更好的发展？

答：（1）圣公会：可能会消失，它们的一些做法是错误的（如洗礼，浸礼会只为信徒而不为婴儿洗礼；与政治权力的联系过于紧密，天主教会也如此，浸礼会支持政教分离），需要进一步改革。（2）各独立教会也许好一些。（3）新型教会活跃，如家庭教会，吸引很多成员，而传统教会很古板。

问：神职人员与普通信徒是否持有不同的观点？

答：（1）神职人员只是拥有特别的任务和工作，即侍奉。教会会议中，大家投票表决各项事务。我们是神权政治，而非民主政治。（2）牧师拥有讲话的平台，信徒们会倾听。

周日崇拜仪式印象

日期：2005 年 5 月 29 日

参与人数：较多

信徒年龄和种族构成：各年龄段和肤色，家庭，很多年轻人和黑人

使用乐器：小乐队+歌手

神职人员讲话风格：热情，介绍世界各地崇拜上帝的不同音乐形式

现场气氛：活跃

教会名称：SPBC＊＊
宗派名称：浸礼会（福音派）
所在地区：伯明翰塞里橡树区塞里园
受访者姓名：M. S
受访者职位：牧师
受访者性别：男
受访者年龄段：中年
回访日期：2009 年 3 月 17 日

回访问题与回答

对 2005 年采访同样问题的观点补充

问：对妇女授任圣职的态度？

答：我们有女性牧师，但这取决于各教会自身。有些浸礼会的教会反对妇女任圣职。

新问题

问：在过去的 4 年中，英国社会的世俗化程度有无变化？

答：继续成为一个更加世俗的社会。标志：（1）各种仪式（如婚礼和葬礼）更加世俗。在葬礼上使用流行歌曲，使用逝者生前喜爱的歌曲。（2）周日商店仍然营业。（3）基督教节日被破坏。例如，圣诞节只是冬天的一项庆祝活动，并没有宗教性质。去年或前年圣诞节期间，一个政党（我想是自由民主党）给其成员发送卡片，上面并没有"圣诞"字样。这是为了不冒犯其他宗教的信仰者。（4）在这个国家，价值观并非建立在信仰基础上。（5）历史上，公元 3~4 世纪，通过基督教化的过程，英国成为一个基督教国家。通过 16 世纪的宗教改革，我们成为一个新教国家。现在"名义上"还是这样。

问：建制宗教是否重要？

答：（1）从前，英国国王是"国教护卫者"，而查尔斯王子称要做"信仰护卫者"，意为包括基督教在内的所有信仰的捍卫者。如果查尔斯成为英国国王，可能会废除国教制度。这对基督教来说是件大事。（2）"宗教的"（religious）一词现在并不流行。福音派基督徒认为，"宗教的"具有负面意义，是关乎规则和体制的人造的东西。耶稣对"宗教的"持批判态度。基督徒不喜欢伪善的"宗教"，非基督徒也不喜欢"宗教"。如今英国的政治家不愿意谈论上帝，50年前，谈论上帝是很正常的。现在，即使政治家本人信仰上帝也很小心，不这样说，因为大众对国教、体制化的宗教持批判和怀疑态度。在美国，政治家公开谈论上帝。（3）现在"灵性的"（spiritual）一词很流行。个人灵修越来越流行。

问：与4年前相比，贵教会信徒数量有否增减？

答：（1）忠实的信徒约40名，更多人来参加周日崇拜仪式，约60人。（2）人员有流动，但信徒总数与4年前大约持平，100人左右。

问：（1）教会吸引年轻人是否重要？（2）贵教会采取了哪些措施？有何成效？

答：（1）是的，我们必须这样做。否则教会将逐渐消失。"教会距离消失仅一代人之遥。"（2）我们每周组织年轻妈妈陪伴学步期孩子的小组活动，并对此做广告宣传。我们希望这些孩子将来成为基督徒并且影响他们的朋友。

问：贵教会近年来采取哪些措施以应对世俗化？

答：（1）我们努力正视世俗化，着眼于更多的方式、各种宣教形式接触和影响大众。例如，在塞里园中组织运动会、家庭娱乐日等活动。（2）存在争论：我们应该走到人们所在的地方去，还是应该等人们自己到教会来。我认同前一种方式，因为耶稣是这样做的。但我们应该谨慎，把握什么是可以妥协的。如今人们在周日有更多选择。我们问自己：这有什么错吗？（3）近年出现了新形式的教会，或称"新兴教会"，如咖啡馆教会（cafe church）、滑板教会（skateboard church）、冲浪教会（surfing church），等等。基督徒在思考：我们为什么要唱五首赞美诗、作供奉？什么是教会？什么是重要的？什么是可以放手的？社会正在发生变化。

问：（1）贵教会属于自由派还是保守派？（2）自由派教会与保守派教会在神学思想和崇拜仪式方面有哪些区别？

答：（1）我们在神学思想上属于保守派，是典型的、标准的福音派教会。我们不像某些福音派教会那样拘泥形式，属于混合型，不过神学思想绝对是保守的。（2）教会崇拜仪式的风格取决于每个教会的特色和牧师的偏好。没有法律条文规定，是传统问题。崇拜仪式的风格是信仰的表达方式。

问：（1）是否听说过"逆向宣教"？（2）"逆向宣教"在英国是否有影响力？

答：（1）没听说过。历史上，我们把基督教带到许多许多国家。现在，我们对此嘴上说没问题，实际上内心还是可能有点难过。因为过去我们很骄傲，这不是件好事。理论上没有问题，但实际上感到羞辱。（2）没有。就我所观察到的情况来看，其影响力仅限于他们本族群的信徒，至多是我所看到的这样。

问：宗教因素目前在英国政府对内、对外政策制定过程中是否重要？

答：不重要。只是有时候，关于道德伦理方面的政策与宗教有关。个人的信仰与公共空间是分离的。

问：宗教团体如何影响英国政府的政策制定？请举例说明。

答：宗教团体应该对政府的政策制定施加影响。已经作出了努力。例如：在 2000 年，教会内部开展"千禧年债务运动"，敦促政府减免第三世界国家债务，福音派联盟游说议会建立名为"Tearfund"的救济金。

教会名称：CLC *
宗派名称：五旬节派教会
所在地区：伯明翰塞里橡树区
受访者姓名：S. B，P. T
受访者职位：资深牧师、国际部工作人员
受访者性别：男
受访者年龄段：中年，青年
采访日期：2005 年 4 月 13 日

采访问题与回答

Ⅰ. 世俗化的表现、程度和成因

问：英国社会是不是一个世俗化的社会？

答：是的。

问：基督宗教是否正在崩溃/衰落/发生变化？

答：（1）教堂参与总体正在衰落，尤其是历史上的主流宗派；新型教会在发展。大部分人不定期去教堂，教堂参与率只有8%。（2）学校中宗教教育逐渐减少。（3）社会道德状况衰退。

问：世俗化的原因？

答：（1）教会承担很大责任：过于松懈，不积极，不适应社会。（2）二战以来：战争中经历的痛苦使人们离开了教会，再也无法回归，其价值观开始发生改变。（3）多元文化的社会，人们看到更广阔的图景，不只一条宗教途径通往永生。

Ⅱ．教会对世俗化挑战的回应

问：教会是否需要改变？

答：是的。

问：神学思想方面的回应？

答：（1）真理不变，周围世界正在改变。（2）如何向人们传播真理应准备改变，反映变化的社会。（3）变化是积极领导的结果。其他教会正在改变而更加具有影响力，我们也意识到需要改变。

问：对基督宗教各宗派之间联合的态度与实践？

答：更积极，福音派教会比过去更加统一。

问：基督宗教与其他宗教信仰对话的态度与实践？

答：（1）总的来说不认为存在歧视，基督徒与其他宗教团体如穆斯林关系良好。穆斯林可以在英国建清真寺，但基督徒在其他国家则不能享受如此待遇。基督徒不如从前拥有优势地位，如在教育领域。（2）希望能够互相尊重，虽然不能达成一致意见。

问：宗教信仰者与非宗教信仰者之间的关系？

答：许多基督徒都有很多非基督徒朋友。

问：您的朋友都是具有哪些宗教信仰的人？

答：有很多非基督徒朋友。

问：宗教多元状况是否削弱了英国人的宗教性？

答：其他宗教很难使英国白人改变其基督教信仰。

问：人们是否关心大选并投票？

答：并不按照应当的做法去做。原因：（1）人们为哪个政党将会最好地服务于大众感到困惑，因此倾向于什么也不做。有60％的人投票。（2）缺少信任：政党言行不一。

问：人们是否支持一个特定的政党？

答：不会。大多福音派信徒会投保守党或工党的票，但不会投票给自由民主党，因为该党对堕胎等道德问题上的态度过于随意。工党在历史上受基督徒强烈支持，因为它的有关社会正义的原则，关心穷人。但今天并非如此。保守党可能在今天更受基督徒的支持，因为它更强调家庭观念，关心家庭和精神上的问题。

问：教会领导是否应当参与政府的决策，为其提供建议或批评意见？

答：是的。在一个民主社会每个人都有自由发表意见。政府是由大众选举并且为大众工作。《圣经》教导基督徒应尊重那些在政府中工作的人，我们的信仰也应平等地受到尊重。社会和政治体系应以基督教真理和正义的原则为基础。

Ⅲ. 英国基督宗教的发展前景

问：对英国基督宗教未来发展的态度：乐观/悲观？

答：同样的趋势将会继续：历史性的宗派会衰落，更具现代风格的教会将愈发深入到社区当中而发展壮大。青年文化与一般的大众文化之间的差别越来越大。

问：对世俗化的态度：正面/负面？

答：主要是积极的，但基督徒应对政治机构表达自己的信仰。如在大选中教会过于安静。基督徒的意见和感受应当被倾听。

问：哪一个宗派在未来会有更好的发展？

答：（1）非福音派教会尤其是自由派教会会继续衰落。（2）更具现代风格的教会会愈发深入到社区当中而壮大。新型的具有现代风格的教会并非建制教会，不追求政治身份，真正关注人们生活的实际问题，是宗教性而非政治性的。（3）在同一个宗派内部存在不同风格。

问：神职人员与普通信徒是否持有不同的观点？

答：没有。所有人都是基督教的信徒。尤其在现代教会中，二者几乎没有什么不同。神职人员拥有的是责任，而非地位。神职人员和普通信徒应当就教会和宣教使命分享相同的观点，一起工作，没有分裂。罗马天主教会和圣公会更严格地划分等级，神职人员和普通信徒区别更明显。

周日崇拜仪式印象

日期：2005 年 4 月 10 日

参与人数：很多

信徒年龄和种族构成：各年龄段和肤色，家庭，中、青年人和黑人很多

使用乐器：电声乐队+歌手

神职人员讲话风格：充满激情

现场气氛：非常活跃

教会名称：CLC＊＊

宗派名称：五旬节派教会

所在地区：伯明翰塞里橡树区

受访者姓名：S. B

受访者职位：资深牧师

受访者性别：男

受访者年龄段：中年

回访日期：2009 年 3 月 26 日

回访问题与回答

对 2005 年采访同样问题的观点补充

问：基督宗教是否正在崩溃/衰落/发生变化？

答：（1）如果在一个大背景之下看，基督宗教在衰退。但是，现代教会，以充满活力的方式表现基督教信仰的教会，特别是那些在社区和社会活动中发挥作用的教会，总体上在发展壮大。以教会参与来衡量，传统教会在衰落，而现代教会在壮大。由于现代教会的教会参与会超过

传统教会，我相信在未来 10 年到 15 年，英国总体教会参与的统计数据会止跌反升。（2）传统教会主要包括圣公会和天主教会，另外也包括较小的不服从国教的教会，如联合归正会和卫理公会。这些教会总体来说在衰落。浸礼会是个混合体，有些较传统，有些较现代。所以有些在衰落，有些在壮大。

问：宗教多元状况是否削弱了英国人的宗教性？

答：一方面，一个世俗化的社会不会给任何宗教留有空间。另一方面，我们看到伊斯兰教的影响越来越大。英国现在很奇怪，我们看到世俗主义和伊斯兰教的势力都在增长。我们将来会看到三种冲突：伊斯兰教与世俗化、基督教与世俗化、伊斯兰教与基督教。文化间的冲突会继续。

问：新形式的基督宗教和灵修是否可以弥补传统教会在世俗化中的损失？

答：（1）在这个世俗社会中分享我们的信仰依然会遇到挑战，但我们意识到，我们身边正在发生的许多事都促使人们对自己的生活提出问题。比如，当前的金融危机促使人们问自己，能否依赖自己的财产……我想，当人们尝试了所有其他满足自身需求的方法之后，对灵性的答案会持更加开放的态度。因此，虽然我们没有身处大觉醒时代，也许看不到大批信徒涌入基督教，我们依然相信人们确实需要生命的答案，理解生命的意义和目的。科学可以告诉我们从哪里来，但不能告诉我们为什么在这里，或者我们会到哪里去。世俗人文主义者的哲学体系也许可以解释为什么人性和社会是这个样子，但不能告诉我们为什么在这里以及我们的人生目标。只有信仰才能解释我们的人生目标。依我看来，基督教信仰能传达给人们强大的关于人生目的的信息。我们的生命指向某处，并非简单地指向坟墓，而是超越坟墓。（2）很多年来，人们对灵修的兴趣不断增长，无论是对基督教灵修、邪教还是巫术。我们相信，教会有很多话要说，我们能够告诉你关于我们为什么会在这里，以及生命目的的问题。很多人讲到灵修的时候是在一个更神秘的背景之下，而不是在上帝的语境下。它是一个宽泛、含糊不清的概念。基督徒相信，人类由肉体和灵魂组成，灵魂是我们真实的一部分，给予我们生命。每个人最终都是灵性的存在物。这看不见的部分是永恒的。关键问题是，我们的永恒存在是永远与上帝在一起还是永远与上帝分离。基督教的信息是，那些接受上帝的人来世会和他在一起，那些拒绝上帝消息的人会永远与他分离。我们相信上帝赐予人类生命。上帝是灵魂。我认为，那些拓宽"灵修"一词意义的人绝没有触及真正的问题所在。这个词含糊不清、有限、空洞，并不神圣，不指向任何地方，不会改变你的生活。（3）灵修挑战宗教，但最终不会取代宗教。因为人们追求灵修的各个方面，但绝不会满意，所以会寻求真正令人满意的东西。基督教信仰能够提供他们所要寻找的一切，真实的感觉，切实的信仰。各种不同形式的灵修比世俗的东西好些，但不是最好的，因为最好的实际上更能给予我们超越死亡的希望，超越今生的确定性。（4）"新时代"灵修运动实际上是鼓动人们崇拜除上帝之外的其他东西，在神秘领域中寻得安慰。我不认为任何不把上帝置于中心地位的灵修是好的。

问：哪一个宗派在未来会有更好的发展？

答：（1）我认为持续参与社区生活的教会，充满活力的、开放地敬拜上帝的教会将继续繁荣发展。我认为坦诚面对上帝并以此联结大众，是教会繁荣发展的关键。（2）传统的自由派教会的问题所在：他们没能让生活在 21 世纪、没有教会背景的大众理解和接受自己的价值观。这些人在教堂里感到不舒服。当他们走进一座传统的教堂建筑，传统风格的崇拜仪式对他们来说显得格格不入。他们无法参与其中。而当他们走进一座更加舒适的教堂建筑，虽然这里有神圣的形象，他们还是感觉好像走进电影院、剧场或社区活动中心一样。如果敬拜上帝的环境更加宽舒和吸引人，即便他们感到有些奇异，也更容易参与进来，会感到更放松、更温暖，不必遵循特定的程式。（3）教堂建筑比起人本身来次要得多。教会就是信众。建筑是为目的服务，它只是建筑而已，而人是最要紧的。

问：对英国基督宗教未来发展的态度：乐观/悲观？

答：乐观。因为我相信一个无限而强大的上帝。

新问题

问：在过去的 4 年中，英国社会的世俗化程度有无变化？

答：我们正在变得更加世俗化。我们看到政府的立法使得基督徒实践自己的信仰更具挑战性。例如，在学校里传授基督教价值观愈发困难。总的价值体系和社会风气非常世俗。我认为尤其是在教育领域，存在一种压制基督教真理的愿望。用科学来压制基督教真理的趋势愈发明显。

问：建制宗教是否重要？

答：我认为现在的问题之一是许多人把基督教和教会看作纯粹是体制上的东西。我想现代教会正努力扭转这种趋势，使教会参与到社区活动中，对社区开放、有益。从这个意义上说，英国文化背景下的体制就是那些传统的、固定不变的东西。而后现代的人们有所改变，以更加灵活得多的方式看待生活。因此教会必须作出改变，拥抱人们，与人沟通，顺应人们对于信仰的渴望。如果教会乐于接受挑战，就会成功。如果教会固守其体制，我们周日聚会，我们宣传这些价值观，其他什么都不做，那么教会就会衰落。

问：与 4 年前相比，贵教会信徒数量有否增减？

答：（1）参加周日三场崇拜仪式约 500 人，正式成员约 250 个成年人。（2）比 4 年前多 50～100 人。

问：（1）教会吸引年轻人是否重要？（2）贵教会采取了哪些措施？有何成效？

答：（1）是的。（2）我们有青年活动项目。和 4 年前相比的变化之一是，现在每月的第一个周日晚上有一场专门为年轻人设计的崇拜仪式。气氛更活跃，灯光更多彩且富于变化，音乐更喧闹，年轻人更感兴趣。其间有一些娱乐活动，做游戏、看录像、采访主持人等。参加者大概 2/3 是教会成员，1/3 来自教会之外。

问：有自由派教会人士称保守派教会只能吸引年轻人，当他们进入中年之后会改变态度。您对此有何回应？

答：（1）我认为越来越多保守派的福音派教会和灵恩派教会（Charismatic church）吸引到老年人，原因之一是教会的活动项目能够与老年人建立联系。（2）中年人在现代教会中感觉更轻松。几十年后，我们会看到现代教会中有更多老年人，因为目前创造这种教会环境的中年人会成为下一代继续享受这种环境的老年人。和我年纪相仿（40 多岁）的许多人在十几岁时开始经历教会生活的转型，帮助将教会塑造成现在的样子。这些人目前处于领导位置。30 年后，我们会变成老年人，依然会留在同样的环境中。我们会看到现代教会中拥有越来越多的老年人。本教会周日上午 9 点的崇拜仪式有越来越多 60 岁以上的老年人参加。
（3）一些老年人看到年轻人表达对上帝的敬拜感到非常激动。这并不是因为音乐的音量和风格，根本上是因为发自内心的、与上帝的关系。一些老年人很多年与上帝保持着充满活力的关系。现在他们经历的音乐风格和教堂布置或许与几十年前有些不同，但是生命及与上帝关系的活力的本质对他们来说同样真实。

问：贵教会近年来采取哪些措施以应对世俗化？

答：我并不认为我们做了什么特别的事。我们只是继续教导和鼓励人们在《圣经》教导的基础之上营造自己的生活，向人们宣告我们相信《圣经》是终极权威。

问：（1）贵教会属于自由派还是保守派？（2）自由派教会与保守派教会在神学思想和崇拜仪式方面有哪些区别？

答：（1）神学思想上属于保守派。（2）在英国，拥有强烈福音派教义基础的现代教会通常被归入保守派。福音派基础意味着，唯有你的生命跟随耶稣基督才可以算作基督徒。而在自由派教会，只要你实践宗教，就是基督徒。保守的福音派教会尤其关注的是与上帝的关系，自由派教会似乎关注的是与礼拜仪式、神学、传统和教会体制的关系。这便是很多人看到的区别。（3）我认为，主张以传统方式敬拜上帝的人认为上帝的神圣保存在敬拜上帝的方式当中。当他们发现崇拜仪式被他们认为是失礼或缺乏敬畏感的方式取代后，会感到非常不安。因为上帝是完全的上帝，而这里存在巨大的差距。但我们认为上帝依然是完全的上帝，我们依然敬畏上帝，只是要面对面地认识他，感受到他与我们的亲近。

问：（1）是否听说过"逆向宣教"？（2）"逆向宣教"在英国是否有影响力？

答：（1）没听说过这个术语。我能看到这种现象越来越多。欧洲是最需要帮助的大陆之一，或许是最需要帮助的大陆了，是世界上最世俗的大陆。200 年以来，欧洲和北美的传教士到非洲、南美和亚洲去，现在情况颠倒过来。如果它能扭转欧洲的局面，就是一件好事。他们的第三代或第四代基督徒把激情带到欧洲来，这是几代欧洲传教士最终和最伟大的成果。（2）他们在英国传教，可能会遭到歧视。他们的影响力局限于与其相同背景的人群，例如黑人主导的教会。在英国白人中有多大影响力，我说不上。

问：宗教因素目前在英国政府对内、对外政策制定过程中是否重要？

答：依我的观察，与世俗化相伴随，宗教在政策制定中是一个越来越不重要的因素。但是，信仰团体（主要是基督教团体）正在采取行动，从事一些社会工作来使这种情况得以改变。如果他们停止这样做，我们的国家就会陷入严重的社会危机，因为教会的社会关注集中于儿童、青年人、老人和残疾人，这是一个巨大的群体。

问：宗教团体如何影响英国政府的政策制定？请举例说明。

答：比较有影响的信仰团体有：（1）"信仰工作"（Faith Works）——努力保持宗教与政策制定之间的关系，鼓励教会参与社会行动。（2）"关注"（Care）——以伦敦议会为基础，寻求在政治的核心之处保持宗教道德价值观。其成员来自各个教会，具有跨宗派性质。他们所做的工作包括试图建立私立中学等，在学校中继续传播基督教价值观。在政府框架内展开工作。但此举招致政府内许多人反对，因为它过多反映了基督教保守派的精神特质。可是没有人反对伊斯兰教学校。另外，他们与政治家合作，希望立法将堕胎减少到最低限度。一些英国下院议员是该组织的顾问。该组织定期与英国下院议员和政府各部门人员举行会议进行讨论。

周日崇拜仪式印象

日期：2009 年 3 月 22 日

参与人数：很多，基本满座

信徒年龄和种族构成：各年龄段和肤色，家庭

使用乐器：电声乐队+歌手

神职人员讲话风格：充满激情，幽默，与信徒有很多互动

现场气氛：非常活跃

教会名称：CLC＊＊＊
宗派名称：五旬节派教会
所在地区：伯明翰塞里橡树区
受访者姓名：S. B
受访者职位：资深牧师
受访者性别：男
受访者年龄段：中年
邮件回访日期：2012 年 3 月 29 日

回访问题与回答

问：2009 年以来，贵教会信徒数量有否增减？

答：信徒数量增加了。目前每个周日大约有 600 人（包括儿童和年轻人）参加我们的崇拜仪式。

问：2009 年以来，英国社会变得更加世俗化还是更加宗教化？

答：我觉得英国正在变得一年比一年世俗化。

第三组　罗马天主教会及圣公会高派教会

教会名称：OLASROLRCC＊
宗派名称：罗马天主教会
所在地区：伯明翰维欧里区维欧里城堡
受访者姓名：A. F
受访者职位：教区神父
受访者性别：男
受访者年龄段：中年
采访日期：2005 年 4 月 27 日

采访问题与回答

Ⅰ. 世俗化的表现、程度和成因

问：英国社会是不是一个世俗化的社会？

答：是的（但北美不同）。（1）宗教实践特别是近 50 年来有所衰退。（2）本应由教会带来的社区凝聚力减弱。（3）人们的生活：道德意识和人际关系减弱，尤其是年轻人，缺乏对他人的尊重。

问：基督宗教是否正在崩溃/衰落/发生变化？

答：宗教实践：衰落，巨大的变化。

问：世俗化的原因？

答：（1）哲学运动使人们远离上帝。19 世纪，人们对上帝的信仰被思想家削弱。（2）消费主义：物质生活水平不断提高使人们远离了某种传统的处境，那种处境能提醒人们人类所面临的灾难、不幸和必死命运。（3）教会不再关注社区生活，给人们提供度过业余时间的种种方式。

Ⅱ. 教会对世俗化挑战的回应

问：教会是否需要改变？

答：教会永远需要改变。

问：顺应还是对抗？

答："顺应"的提法值得怀疑。

问：神学思想方面的回应？

答：（1）教会需要更新。本质的信仰不能改变，能够改变的只是根据新环境、特定历史时期、人们所关注的新问题而对信仰所进行的表达、诠释方法和形式。每一代人都有教会需要回应的新问题。（2）弥撒永远由两部分组成：《圣经》讲道和圣餐礼。新形式：如为年轻人使用现代音乐。

问：对基督宗教各宗派之间联合的态度与实践？

答：（1）教会联合是耶稣所祈求的，因此很重要。上帝会将恩典赐予我们，以充分的耐心和决心实现联合，但需要很长时间。（2）教会的分裂大大降低了基督徒向世界做见证的效力。（3）普世教会运动在近 40 年中具有很大影响力，教会之间的关系正在改善，互相加深了解，大家一同工作并成为朋友。（4）定期与其他教会的神职人员会面，每年有四五次机会共同组织宗教活动。

问：基督宗教与其他宗教信仰对话的态度与实践？

答：（1）不应有种族和宗教信仰歧视，但现实中存在。（2）国会将很快制定法律反对歧视。（3）对话：需要很长时间，困难。（4）基督教会，特别是我自己的教会，很多年来一直与其他信仰团体进行对话，尤其是与伊斯兰教和犹太教，也有佛教和印度教。

问：宗教信仰者与非宗教信仰者之间的关系？

答：（1）我们希望将上帝之爱带给他们，传播福音。（2）尊重那些不能成为基督徒的人，因为传播福音是圣灵而非单个基督徒的工作。

问：您的朋友都是具有哪些宗教信仰的人？

答：基督徒、非基督徒和其他宗教信仰者。（1）因为他们以不同的方式思考，可以对自己提出挑战。（2）我们之间的友谊比宗派之间走得更远。

问：宗教多元状况是否削弱了英国人的宗教性？

答：不会削弱，宗教多元从潜在的意义上说是一件好事，它使人们意识到自己原来的信念并非绝对原则，还有其他各种看待世界的有效途径。基督徒要在理解他人信仰的同时实现普遍的友谊。

问：对妇女授任圣职的态度？

答：（1）包括妇女授任圣职在内的一些问题对罗马天主教会来说是不可商议的，即使教皇希望改变也不可以，因为这不符合上帝律法的一部分，耶稣也从未这样做过。（2）在我个人看来，这些理由无法令人信服。

问：人们是否关心大选并投票？

答：（1）没有询问。应当关心并投票。（2）在英国，总体上说半数选民不投票，但有宗教信仰的人更可能去投票，因为这很重要，他们应当这样做，因为信仰帮助人们以一种不同的方式理解社会。

问：人们是否支持一个特定的政党？

答：（1）不知道，我不认为他们会这样做。（2）现在神职人员谈论政治很危险，因为没有一个政党真正支持基督教事业，在英格兰没有基督教政党。

问：教会领导是否应当参与政府的决策，为其提供建议或批评意见？

答：（1）是的，应该，例如罗马天主教会大主教与一位下院议员就一项法案进行磋商，双方在一些问题上达成共识，大主教确信这项法案不会适用于安乐死的问题。（2）一些传统问题，罗马天主教会一向反对，如 1967 年的《堕胎法案》。

问：对几个道德伦理问题的态度？

答：（1）罗马天主教会一向反对 1967 年的《堕胎法案》。（2）一些特定问题可以改变，如神职人员的独身生活，新教宗可能会有所行动；一些道德问题态度可以改变，如使用避孕工具防止艾滋病毒。

问：新形式的基督宗教和灵修是否可以弥补传统教会在世俗化中的损失？

答：（1）人类需要灵性，因为人不仅是肉体，也是灵魂。（2）目前社会上的新型灵修只是宣称一种表面上的真理，它不能够满足人们对真理的渴望。教会的教导是真理的重要根基，人们由此可以发现通往生命的终极意义。

Ⅲ. 英国基督宗教的发展前景

问：对英国基督宗教未来发展的态度：乐观/悲观？

答：乐观。教会应经历一场净化，教会成员人数减少或许是有效果的。烦扰有时具有积极的意义，或许能够使教会更加持久、坚强和纯洁。

问：对世俗化的态度：正面/负面？

答：世俗化对教会来说不是坏事，是对基督教信仰的有益挑战，可以促使其发展和变化。

问：哪一个宗派在未来会有更好的发展？

答：（1）很难回答。（2）目前大多数宗派正在衰落，少数在增长，但是我不认为那是实质性的增长。基本的信念：教会应当会生存下去，继续以某种形式存在。罗马天主教会将继续存在。当耶稣将教会委托给彼得和其他门徒时，他似乎已经意指教会应当保存下来，无论经受怎样的论战、困难和烦扰。

问：神职人员与普通信徒是否持有不同的观点？

答：这取决于神职人员的神学思想。我自己属于低调神学：被授予了神职，履行一项特殊的职责，教授并引导人们，但仍是有罪之人，并没有比普通信徒占有优势。意识到自己的有限很重要。我认为自己属于少数派。有些神父认为自己比别人更高，他们的思想应当再开放一些。普通信徒得到神职人员的支持。

周日崇拜仪式印象

日期：2005 年 4 月 24 日（家庭弥撒）

参与人数：较多

信徒年龄和种族构成：各年龄段和肤色，家庭，中、老年白人居多

使用乐器：小乐队（每月一次），通常为管风琴和钢琴

神职人员讲话风格：语调适中

现场气氛：安静

教会名称：OLASROLRCC＊＊

宗派名称：罗马天主教会

所在地区：伯明翰维欧里区维欧里城堡

受访者姓名：D. S

受访者职位：教区神父

受访者性别：男

受访者年龄段：中年

回访日期：2009 年 4 月 22 日

回访问题与回答

与 2005 年采访相同问题

Ⅰ. 世俗化的表现、程度和成因

问：英国社会是不是一个世俗化的社会？

答：（1）是的，我们处于"后基督教"社会。（2）但并不是纯粹的世俗社会，而是一个混合体，包括基督教信仰的元素，某种基督教。例如，我们一小时前为一位女士举行了葬礼。她生前不经常到教堂做礼拜，但希望在教堂举行葬礼。

问：基督宗教是否正在崩溃/衰落/发生变化？

答：衰落。

问：世俗化的原因？

答：最主要的是道德方面的原因。很多人的问题并不在于理性，而

是道德。人们想做任何自己喜欢的事，又感觉受到教会的控制。

Ⅱ. 教会对世俗化挑战的回应

问：教会应当顺应还是对抗？

答：（1）我要是知道就好了。很难说。这不是靠我一个人能改变的。（2）顺应。我们讲道的表达方式可以改变。以不同的方式诠释《圣经》，使其更加清晰。比如利用葬礼的机会向人们讲道。机会并不多。（3）一些罗马天主教会和福音派教会没有改变。

问：对妇女授任圣职的态度？

答：在我能预见到的将来，这不可能。

问：对几个道德伦理问题的态度？

答：（1）堕胎：反对，除非其目的是为了挽救母亲的生命。（2）避孕：反对。（3）同性恋：反对，因为《圣经》和传统。

问：新形式的基督宗教和灵修是否可以弥补传统教会在世俗化中的损失？

答：普通人认为，宗教是关于规则的，灵修是关于感觉的。教会认为二者不应分开。人们误解了"自由"的含义。

Ⅲ. 英国基督宗教的发展前景

问：对英国基督宗教未来发展的态度：乐观/悲观？

答：（1）乐观或悲观不是基督教的价值观。在基督教价值观中，我们拥有"希望"。（2）在不远的将来，我们会经历一段更艰苦的时期。但基督教永远不会消亡。我怀有希望。

问：对世俗化的态度：正面/负面？

答：世俗化是坏事，不过精选出来的一个群体会留下来。

问：哪一个宗派在未来会有更好的发展？

答：不知道。罗马天主教会拥有较强的理性基础。我们也能向其他人学习。

新问题

问：在过去的 4 年中，英国社会的世俗化程度有无变化？

答：大概更加世俗化了。教会参与人数下降，这也许是证据。

问：建制宗教是否重要？

答：（1）就罗马天主教会来说，教会体制是上帝赐予的。教会同样不能没有各项圣礼。最好的教会应有某种体制。（2）人们有可能不去教堂做礼拜，但在没有他人支持的情况下维持自己的信仰是很困难的。（3）耶稣希望教会不断成长。

问：与4年前相比，贵教会信徒数量有否增减？

答：（1）这个地区没有正式统计数据。周六晚上和周日上午参加弥撒的约有300人，一个月大约有500人。在罗马天主教会，望弥撒是信徒的义务。如果周日来不了，周六也可以。（2）与4年前相比，我想，人数下降了一点。

问：（1）教会吸引年轻人是否重要？（2）贵教会采取了哪些措施？有何成效？

答：（1）是的。（2）特别是在这个领域中，没有人知道该采取什么措施。

问：贵教会近年来采取哪些措施以应对世俗化？

答：世俗化是一种文化倾向，看不出该怎么办。

问：（1）贵教会属于自由派还是保守派？（2）自由派教会与保守派教会在神学思想和崇拜仪式方面有哪些区别？

答：（1）我们是天主教会。主流天主教会属于保守派。（2）使用现代音乐和乐队从理论上讲是为了吸引年轻人，但实际上并不会吸引到更多人。如果他们不想到教会来，即使用现代音乐，他们还是不会来。在天主教会，崇拜仪式中使用现代音乐的通常是神学思想上的自由派，使用传统崇拜风格的一般是保守派。

问：（1）是否听说过"逆向宣教"？（2）"逆向宣教"在英国是否有影响力？

答：（1）不明白（经解释后承认）。有许多来自印度、菲律宾和非洲的神职人员在本地区的普通教会里工作。（2）他们的数量越来越多，但并不具有影响力。

问：宗教因素目前在英国政府对内、对外政策制定过程中是否重要？

答：否。

问：宗教团体如何影响英国政府的政策制定？请举例说明。

答：许多教会参与了反贫困运动，教会反对堕胎。

周日崇拜仪式印象

日期：2009 年 4 月 19 日

参与人数：很多

信徒年龄和种族构成：有一些家庭，各年龄段和肤色，中、老年白人居多，有些黑人和亚洲人

使用乐器：管风琴

神职人员讲话风格：语调适中，严肃

现场气氛：肃穆

教会名称：SGC *

宗派名称：圣公会（高派教会）

所在地区：伯明翰维欧里区维欧里城堡

受访者姓名：M．C

受访者职位：教区牧师

受访者性别：男

受访者年龄段：老年

采访日期：2005 年 5 月 3 日

采访问题与回答

Ⅰ．世俗化的表现、程度和成因

问：英国社会是不是一个世俗化的社会？

答：（1）从教堂参与的角度，是的。人们仍然有信仰，但不定期去教堂，一年中只去 2～3 次，如圣诞节、复活节等节日，或洗礼、坚振礼、婚礼和葬礼等。（2）罗马天主教会：缺少神职人员，因为他们不能结婚，所以年轻人不愿从事这一职业。

问：基督宗教是否正在崩溃/衰落/发生变化？

答：（1）变化。（2）数据统计应当包括一周之内所有崇拜仪式。（3）在危急时刻，人们提出一些问题，与牧师交谈。

问：世俗化的原因？

答：人们在周日有更多选择。自 1992 年起，商店、剧场在周日合法开放营业。

Ⅱ. 教会对世俗化挑战的回应

问：教会是否需要改变？

答：是的，必须改变，需要反思。

问：对基督宗教各宗派之间联合的态度与实践？

答：（1）希望各教会某一天会实现统一。（2）与其他教会的神职人员每月至少会面一次，而且共同举行崇拜仪式、关心社区生活和一些社会事务。（3）与五旬节派教会很难合作。

问：基督宗教与其他宗教信仰对话的态度与实践？

答：在伯明翰，各宗教团体领导会见并进行对话。

问：宗教信仰者与非宗教信仰者之间的关系？

答：可以接受，并不试图使其皈依基督信仰。

问：您的朋友都是具有哪些宗教信仰的人？

答：基督徒和穆斯林。

问：宗教多元状况是否削弱了英国人的宗教性？

答：巩固信仰。不同信仰者相遇，对话，彼此友好。

问：对妇女授任圣职的态度？

答：（1）不同意罗马天主教会的观点。（2）他们会改变，但需要很长时间。

问：社会参与方面的回应？

答：（1）以新的方式成为教会：教会是由人组成的共同体，而不仅仅是教堂建筑，教会应当更多关注人们的福利。（2）教会自 1997 年以来在平时也向公众开放：戴安娜王妃去世之后，很多人希望为她祷告。

问：人们是否关心大选并投票？

答：是的。

问：人们是否支持一个特定的政党？

答：（1）传统上分布比较平衡，倾向于工党，但现在一些人感到更喜欢保守党。（2）基督徒自己决定（支持哪个政党），我们只是要求他们不要投票给英国国民党，因为它是种族主义者的政党。

问：教会领导人是否应当参与政府的决策，为其提供建议或批评意见？

答：是的。主教和大主教们应当代表基督徒发表意见。

问：对几个道德伦理问题的态度？

答：（1）避孕：可以，不同意罗马天主教会观点。（2）罗马天主教会观点会改变，但需要很长时间。

问：新形式的基督宗教和灵修是否可以弥补传统教会在世俗化中的损失？

答：虽然一些人不去教堂，但他们是信徒，学习《圣经》，做祷告，也教导孩子们这样做。

Ⅲ. 英国基督宗教的发展前景

问：对英国基督宗教未来发展的态度：乐观/悲观？

答：乐观。但教会必须改变。

问：对世俗化的态度：正面/负面？

答：人们虽然减少定期去教堂的次数，但仍然相信并属于教会。

问：哪一个宗派在未来会有更好的发展？

答：拥有明确的组织体系的传统教会。原因：即使一家教堂关闭了，人们还可以去其他教堂，教会的结构仍然存在。其他如家庭教会过于分散，能维持两三年时间，但很容易消失。

问：神职人员与普通信徒是否持有不同的观点？

答：如何看待"等级制度"（hierarchy），或许用"组织体系"（structure）这个词更好：信徒需要专业人员引导他们，思考关于宗教和信仰、上帝和耶稣的真理，等等。但这并不意味着神职人员比其他人更好或更高。

周日崇拜仪式印象

日期：2005 年 5 月 1 日

参与人数：一半

信徒年龄和种族构成：大多数为中、老年白人，少数年轻人、黑人

使用乐器：管风琴、钢琴

神职人员讲话风格：热情

现场气氛：肃穆

> 教会名称：SGC＊＊
> 宗派名称：圣公会（高派教会）
> 所在地区：伯明翰维欧里区维欧里城堡
> 受访者姓名：R．T
> 受访者职位：读经师
> 受访者性别：男
> 受访者年龄段：中－老年
> 回访日期：2009 年 4 月 27 日

回访问题与回答

与 2005 年采访相同问题

Ⅰ．世俗化的表现、程度和成因

问：英国社会是不是一个世俗化的社会？

答：（1）不，我不同意这种说法。新近的统计数据表明，去教堂的人更少了，但是信仰上帝的人更多了。原因在于经济危机，一些问题人类无法解决，因而转向神圣，转向上帝。（2）社会上确实存在冷漠的态度，他们会说"我有更好的事情要做"。

问：世俗化的原因？

答：商店周日也营业，电脑，金钱而非上帝。

Ⅱ．教会对世俗化挑战的回应

问：宗教多元状况是否削弱了英国人的宗教性？

答：（1）我们接受其他信仰。每一种宗教都是同样的。（2）英国政府对圣公会没有财政支持。政府支持其他宗教，而不是自己的宗教。原因也许在于"政治正确性"。他们这是在削弱圣公会。

问：对妇女授任圣职的态度？

答：这是个困难的问题。这个教会一向都是男性神职人员。大约 10 年前，一些信徒和神职人员因为妇女也可以授任圣职而离开了教会。

问：对几个道德伦理问题的态度？

答：（1）避孕：应当提倡。罗马天主教会反对，但因防止传染艾滋病毒态度有所转变。（2）堕胎："十诫"禁杀戮。如果是为了挽救母亲的生命，可以。（3）同性恋：这不是正常的事情。但如果同性的两个人喜欢生活在一起，我也不反对。我有自己的看法，但不能下判断。下判断需谨慎。只有上帝才能下判断。上帝是每个人的上帝，他给我们选择，带着爱和警告。

问：新形式的基督宗教和灵修是否可以弥补传统教会在世俗化中的损失？

答：我个人认为，灵修是宗教的一部分。与上帝的联系是灵性的。我们有"治疗课程"，在音乐和祷告中冥想。圣礼是一种象征。独自在家中祷告也很重要。

Ⅲ. 英国基督宗教的发展前景

问：哪一个宗派在未来会有更好的发展？

答：（1）这个问题很难回答。基督教的各个宗派就好像七巧板拼图，需要结合在一起。（2）罗马天主教会历史最悠久，已经生存了很长时间，将继续下去。

问：神职人员与普通信徒是否持有不同的观点？

答：（1）神职人员的作用是服务和分享，不应看不起普通信徒。（2）等级制度显示人类的权力，会产生腐败。

新问题

问：在过去的 4 年中，英国社会的世俗化程度有无变化？原因何在？

答：也许更加世俗化了。原因在于，人们的视野更宽阔了，可以做他们自己的事情。从前，去教堂是规定。现在，每周 168 个小时中不能抽出一个小时去教堂。他们说要去购物。

问：建制宗教是否重要？

答：如果这座教堂建筑毁坏了，人们还会在一把伞下或一棵树下聚会。人群比建筑更重要。人们不应停止敬拜上帝。

问：与 4 年前相比，贵教会信徒数量有否增减？原因何在？

答：（1）周日平均有 40 人参加崇拜仪式，节日（复活节、圣诞节、圣灵降临节）人数更多。（2）比 4 年前人数略有减少，但仍拥有一个核心群体。人数减少的原因包括：搬离本地区居住；或许遭到冒犯，不喜欢某些人；失去信仰。

问：（1）教会吸引年轻人是否重要？（2）贵教会采取了哪些措施？有何成效？

答：（1）是的。这一点一向很重要。（2）我们的崇拜仪式很死板。如果让一个年轻人选择，他更喜欢现代的、充满活力的音乐，否则会感到恐惧。

问：贵教会近年来采取哪些措施以应对世俗化？

答：（1）教会的崇拜仪式不应单调乏味，不应看不起普通人。（2）我本人努力做到尽可能诚实。教会的教导有时并不诚实，而且远离了上帝。（3）讲道的内容对人们当下的生活有意义，包括《圣经》，也有报纸上的内容。（4）宣讲福音，上帝之道。（5）很多人态度冷漠，应对世俗化不容易。

问：（1）贵教会属于自由派还是保守派？（2）自由派教会与保守派教会在神学思想和崇拜仪式方面有哪些区别？

答：M牧师（笔者2005年采访的该教会前教区牧师）在此任职33年，他是非常倾向于天主教传统的。我们正在改变，慢慢向自由派的方向发展，崇拜仪式的风格和神学思想都不太天主教化了。

问：（1）是否听说过"逆向宣教"？（2）"逆向宣教"在英国是否有影响力？

答：（1）（经解释后承认）我欢迎他们，不反对。（2）我感觉没有影响力。

问：宗教因素目前在英国政府对内、对外政策制定过程中是否重要？

答：本应是这样。议会下院中没有教会成员，因为上院中有26位主教。可是很多决策是在下院中作出的。

问：宗教团体如何影响英国政府的政策制定？请举例说明。

答：议会上院中的26位主教应当发挥作用。

周日崇拜仪式印象

日期：2009年4月26日

参与人数：一半

信徒年龄和种族构成：全部是白人，大多数为中、老年人，三四个

带孩子的家庭

使用乐器：管风琴

神职人员讲话风格：热情

现场气氛：肃穆、融洽

其他信息

前教区牧师于 2007 年年底退休，之后该职位空缺，周日崇拜仪式"借用"其他教会的牧师讲道。2010 年 7 月新教区牧师得以委任。

参考文献

一 英文部分

（一）著作

Ariarajah, Wesley, *The Bible and People of Other Faiths*, World Council of Churches, 1985.

Armstrong, Karen, *The Great Transformation*: *The Beginning of Our Religious Traditions*, Alfred A. Knopf, 2006.

Badham, Paul, ed., *Religion*, *State*, *and Society in Modern Britain*, the Edwin Mellen Press, 1989.

Bailey, Edward, *The Secular Faith Controversy*: *Religion in Three Dimensions*, Continuum, 2001.

Barker, Eileen, Beckford, James A. and Dobbelaere, Karel, ed., *Secularisation*, *Rationalism and Sectarianism*: *Essays in Honour of Bryan R. Wilson*, Clarendon Press, 1993.

Barrett, David B., ed., *World Christian Encyclopedia*: *A Comparative Survey of Churches and Religions in the Modern World*, first edition, vol. 1, *The World by Countries*: *Religionists*, *Churches*, *Ministries*, Oxford and New York: Oxford University Press, 1982.

Barrett, David B., Kurian, George T. and Johnson, Todd M., ed., *World Christian Encyclopedia*: *A Comparative Survey of Churches and Religions in the Modern World*, second edition, vol. 1, *The World by Countries*: *Religionists*, *Churches*, *Ministries*, Oxford and New York: Oxford University Press, 2001.

Baxter, Christina, ed., *Stepping Stones*, Consultant editors: Stott, John and Greenacre, Roger, Hodder & Stoughton, 1987.

Bellah, Robert. N., Madsen, Richard, Sullivan, William M., Swidler, Ann and Tipton, Steven M., *Habits of the Heart: Individualism and Commitment in American Life*, Harper & Row, 1986.

Benthall, Jonathan, *Returning to Religion: Why a Secular Age is Haunted by Faith*, I. B. Tauris & Co. Ltd., 2008.

Berger, Peter L., *A Rumor of Angels: Modern Society and the Rediscovery of the Supernatural*, Doubleday & Co., Inc., 1970.

Berger, Peter L., *The Sacred Canopy: Elements of a Sociological Theory of Religion*, Doubleday and Company, Inc., 1969.

Berger, Peter, Davie, Grace and Fokas, Effie, *Religious America, Secular Europe? A Theme and Variations*, Ashgate Publishing Limited, England and Ashgate Publishing Company, USA, 2008.

Billings, Alan, *Secular Lives, Sacred Hearts: The Role of the Church in a Time of No Religion*, SPCK, 2004.

Bosch, David J., *Transforming Mission: Paradigm Shifts in Theology of Mission*, Orbis Books, 1991.

Brown, Callum G., *Religion and Society in Twentieth-Century Britain*, Pearson/Longman, 2006.

Brown, Callum G., *The Death of Christian Britain: Understanding Secularisation 1800-2000*, Routledge, 2001.

Brown, Callum G., *The Death of Christian Britain: Understanding Secularisation 1800-2000*, Second Edition, Routledge, 2009.

Bruce, Steve, *God is Dead: Secularisation in the West*, Blackwell Publishing Ltd., 2003.

Bruce, Steve, *Religion in Modern Britain*, Oxford University Press, 1995.

Bruce, Steve, ed., *Religion and Modernization: Sociologists and Historians Debate the Secularisation Thesis*, Clarendon Press, 1992.

Chadwick, Owen, *The Secularisation of the European Mind in the*

Nineteenth Century, Cambridge University Press, 1993.

Charles, Paul, *The Beatles*, Pocket Essentials, 2003.

Church of England's Mission and Public Affairs Council, *Mission-shaped Church*: *Church Planting and Fresh Expressions of Church in a Changing Context*, Church House Publishing, London, 2004.

Cohn-Sherbok, Dan, ed., *The Canterbury Papers*: *Essays on Religion and Society*, Bellew Publishing, 1990.

Connolly, Peter, ed., *Approaches to the Study of Religion*, Continuum, 2004.

Cox, Harvey, *The Secular City*: *Secularisation and Urbanization in Theological Perspective*, SCM Press Ltd., 1966.

Croft, Steven, Frost, Rob, Ireland, Mark, Richards, Anne, Richmond, Yvonne and Spencer, Nick, *Evangelism in a Spiritual Age*: *Communicating Faith in a Changing Culture*, Church House Publishing, 2005.

Cupitt, Don, *After God*: *The Future of Religion*, Weidenfeld & Nicolson, 1997.

Cupitt, Don, *Taking Leave of God*, SCM Press Ltd., 1981.

Davie, Grace, *Europe*: *The Exceptional Case*: *Parameters of Faith in the Modern World*, Darton, Longman and Todd Ltd., 2002.

Davie, Grace, *Religion in Britain since 1945*: *Believing without Belonging*, Blackwell Publishers and Cambridge USA, 1994.

Davie, Grace, *Religion in Modern Europe*: *A Memory Mutates*, Oxford University Press Inc., 2000.

Davie, Grace, Heelas, Paul and Woodhead, Linda, ed., *Predicting Religion*: *Christian, Secular and Alternative Futures*, Ashgate Publishing Ltd., Hampshire and Ashgate Publishing Company, 2003.

Dawkins, Richard, *The God Delusion*, Black Swan, 2007.

Dickens, Charles, *A Tale of Two Cities*, Collins' Clear-Type Press, 1859.

Dormor, Duncan, McDonald, Jack and Caddick, Jeremy, ed., *An-*

glicanism: *The Answer to Modernity*, Continuum, 2003.

Edwards, David L., ed., *The Honest to God Debate*, SCM Press Ltd., 1963.

Gilbert, Alan D., *Religion and Society in Industrial England*: *Church, Chapel and Social Change 1740–1914*, Longman Group Limited, 1976.

Gilbert, Alan D., *The Making of Post-Christian Britain*: *A History of the Secularisation of Modern Society*, Longman Group Limited, 1980.

Gilley, Sheridan, and Sheils, W. J., ed., *A History of Religion in Britain*: *Practice and Belief from Pre-Roman Times to the Present*, Blackwell Publishers, 1994.

Goodhew, David, ed., *Church Growth in Britain*: *1980 to the Present*, Ashgate Publishing Limited, England and Ashgate Publishing Company, USA, 2012.

Green, S. J. D., *The Passing of Protestant England*: *Secularisation and Social Change*, *c. 1920–1960*, Cambridge University Press, 2011.

Hastings, Adrian, *A History of English Christianity 1920–1990*, SCM Press, 1991.

Hastings, Adrian, ed., *A World History of Christianity*, Cassell, 1999.

Heelas, Paul, *The New Age Movement*: *The Celebration of the Self and the Sacralization of Modernity*, Blackwell Publishers Ltd., 1996.

Heelas, Paul and Woodhead, Linda, with Seel, Benjamin, Szerszynski, Bronislaw and Tusting, Karin, *The Spiritual Revolution*: *Why Religion Is Giving Way to Spirituality*, Blackwell Publishing Ltd., 2005.

Heim, S. Mark, ed., *Grounds for Understanding*: *Ecumenical Resources for Responses to Religious Pluralism*, William B. Eerdmans Publishing Company, 1998.

Hinnells, John R., ed., *The Penguin Dictionary of Religions*, Second Edition, Penguin Books Ltd., 1997.

Hitchens, Christopher, *God Is Not Great*: *How Religion Poisons Everything*, Allen & Unwin, 2008.

Jenkins, Philip, *The New Faces of Christianity: Believing the Bible in the Global South*, Oxford University Press, 2006.

Jenkins, Philip, *The Next Christendom: The Coming of Global Christianity*, Oxford University Press, 2002.

Jenkins, Philip, *The Next Christendom: The Coming of Global Christianity*, Revised and Expanded Edition, Oxford University Press, 2007.

Johnson, Todd M. and Ross, Kenneth R., ed., *Atlas of Global Christianity 1910-2010*, Edinburgh University Press, 2009.

Lamb, Christopher, *Belief in a Mixed Society*, A Lion Paperback, 1985.

Local Inter Faith Activity in the UK: A Survey, Inter Faith Network for the United Kingdom, 2003.

Lodge, David, *How Far Can You Go?*, Secker & Warburg, 1980.

Lynch, Gordon, *After Religion: 'Generation X' and the Search for Meaning*, Darton, Longman and Todd Ltd., 2002.

Lynch, Gordon, *The New Spirituality: An Introduction to Progressive Belief in the Twenty-first Century*, I. B. Tauris & Co Ltd., 2007.

Lynch, Gordon, *Understanding Theology and Popular Culture*, Blackwell Publishing Ltd., 2005.

Machin, G. I. T., *Churches and Social Issues in Twentieth-Century Britain*, Clarendon Press, 1998.

Manwaring, Randle, *From Controversy to Co-Existence: Evangelicals in the Church of England 1914-1980*, Cambridge University Press, 2002.

Martin, David, *A General Theory of Secularisation*, Basil Blackwell, 1978.

Martin, David, *On Secularization: Towards a Revised General Theory*, Ashgate Publishing Ltd., England, Ashgate Publishing Company, USA, 2005.

Marwick, Arthur, *British Society since 1945*, Fourth Edition, Penguin Books, 2003.

Marwick, Arthur, *The Sixties: Cultural Revolution in Britain, France,*

Italy, and the United States, c. 1958 - c. 1974, Oxford University Press, 1999.

McLeod, Hugh, *Religion and Society in England, 1850 - 1914*, Macmillan Press, 1996.

McLeod, Hugh, *Religion and the People of Western Europe 1789-1970*, Oxford University Press, 1981.

McLeod, Hugh, *Religion and the People of Western Europe, 1789 - 1989*, Oxford University Press, 1997.

McLeod, Hugh, *Secularisation in Western Europe, 1848 - 1914*, Macmillan Press Ltd. , 2000.

McLeod, Hugh, *The Religious Crisis of the 1960s*, Oxford University Press, 2007.

McLeod, Hugh, ed. , *European Religion in the Age of Great Cities 1830-1930*, Routledge, 1995.

McLeod, Hugh, ed. , *The Cambridge History of Christianity Volume 9: World Christianities c. 1914-c. 2000*, Cambridge University Press, 2006.

McLeod, Hugh and Ustorf, Werner, ed. , *The Decline of Christendom in Western Europe, 1750-2000*, Cambridge University Press, 2003.

Medhurst, Kenneth and Moyser, George, *Church and Politics in a Secular Age*, Clarendon Press, 1988.

Moyser, George, ed. , *Politics and Religion in the Modern World*, Routledge, 1991.

Neal, Connie, *The Gospel According to Harry Potter: Spirituality in the Stories of the World's Most Famous Seeker*, Westminster John Knox Press, 2002.

Obelkevich, Jim, Roper, Lyndal and Samuel, Raphael, ed. , *Disciplines of Faith: Studies in Religion, Politics and Patriarchy*, Routledge and Kegan Paul, 1987.

Parsons, Gerald, *Perspectives on Civil Religion*, Ashgate and the Open University, 2002.

Parsons, Gerald, ed. , *The Growth of Religious Diversity: Britain from*

1945, Volume 1: *Traditions*, Routledge in association with the Open University, 1993.

Parsons, Gerald, ed. , *The Growth of Religious Diversity: Britain from 1945*, Volume 2: *Issues*, Routledge in association with the Open University, 1994.

Robinson, John A. T. , *Honest to God*, SCM Press Ltd. , 1963.

Sheppard, David and Worlock, Derek, *Better Together*, Hodder & Stoughton, 1988.

Shortt, Rupert, *Rowan Williams: An Introduction*, Darton, Longman and Todd Ltd. , 2003.

Stark, Rodney, *Sociology*, Fifth Edition, Wadsworth Publishing Company, 1994.

Stark, Rodney and Finke, Roger, *Acts of Faith: Explaining the Human Side of Religion*, University of California Press, 2000.

Storr, Anthony, *Music and the Mind*, Harper Collins Publishers, 1997.

Stott, John R. W. , *Christian Mission in the Modern World*, Inter Varsity Press, 1975.

Stringer, M. D. , *Contemporary Western Ethnography and the Definition of Religion*, Continuum International Publishing Group, 2008.

Stringer, M. D. , *On the Perception of Worship: The Ethnography of Worship in Four Christian Congregations in Manchester*, University of Birmingham Press, 1999.

The Anglican Communion, *Inter-Faith Report: Lambeth Conference, 1998*, Morehouse Publishing, 1999.

The Archbishop of Canterbury's Commission, *Faith in the City: A Call for Action by Church and Nation*, Church House Publishing, 1985.

The Archbishop of Canterbury's Commission, *Faith in the Countryside*, Churchman Publishing, 1990.

The Inter Faith Network for the UK: 1996-97 Annual Report, The Inter Faith Network for the United Kingdom, 1997.

The Tenth Anniversary Celebration of the Inter Faith Network, The Inter Faith Network for the United Kingdom, 1997.

Walls, Andrew F. , *The Missionary Movement in Christian History: Studies in the Transmission of Faith*, Orbis Books and T&T Clark, 1996.

Weber, Max, translated by Parsons, Talcott with a foreword by Tawney, R. H. , *The Protestant Ethic and the Spirit of Capitalism*, China Social Sciences Publishing House, 1999.

Weller, Paul, ed. , *Religions in the UK: 2001 - 03*, the Multi-Faith Centre at the University of Derby in association with the Inter Faith Network for the United Kingdom, 2001.

Welsby, Paul A. , *A History of the Church of England 1945 - 1980*, Oxford University Press, 1984.

Williams, Rowan, *On Christian Theology*, Blackwell Publishing Ltd. , 2000.

Wilson, Bryan and Cresswell, Jamie, ed. , *New Religious Movements: Challenge and Response*, Routledge, 1999.

Wolffe, John, ed. , *Religion in History: Conflict, Conversion and Coexistence*, The Open University, 2004.

Woodhead, Linda with Heelas, Paul and Martin, David, ed. , *Peter Berger and the Study of Religion*, Routledge, 2001.

（二）论文

Adogame, Afe and Chitando, Ezra, "Moving among Those Moved by the Spirit: Conducting Fieldwork within the New African Religious Diaspora", in *Fieldwork in Religion* 1. 3, 2005.

Barrett, David B. , Johnson, Todd M. , and Crossing, Peter F. , "Missionmetrics 2007: Creating Your Own Analysis of Global Data", in *International Bulletin of Missionary Research*, Vol. 31, No. 1, January 2007.

Catto, Rebecca, "Non-Western Christian Missionaries in England: Has Mission Been Reversed?", in Stephen Spencer, ed. , *Mission and Migration*, Cliff College Publishing, 2008.

Cupitt, Don, "Post-Christianity", in Heelas, Paul, ed. , with the assistance of Martin, David and Morris, Paul, *Religion*, *Modernity and Postmodernity*, Blackwell Publishers, 1998.

Dinges, William D. , " The Religious Situation in American Society: Contemporary Trends, Global Implications ", *International Society for Intercultural Technology and Study of Religions*, 4th International Conference, Linz, Austria, March 19-21, 2010, forthcoming.

Gorski, Philip S. , " Historicizing the Secularisation Debate ", in Dillon, Michele, ed. , *Handbook of the Sociology of Religion*, Cambridge University Press, 2003.

Johnson, Todd M. and Crossing, Peter F. , " Christianity 2013: Renewalists and Faith and Migration ", in *International Bulletin of Missionary Research*, Vol. 37, No. 1, January 2013.

Kim, Kirsteen, "Missiology as Global Conversation: The UCA Mission Programme ", in *International Review of Mission*, Vol. 93, Iss. 369, April 2004.

Kim, Kirsteen, " Selly Oak Mission Studies Centre: A Legacy and A New Beginning ", in *British and Irish Association for Mission Studies* (*BIAMS*) *Newsletter*, No. 26 (New Series), March 2006.

Martin, David, " The Evangelical Upsurge and Its Political Implications ", in Berger, Peter L. , ed. , *The Desecularisation of the World: Resurgent Religion and World Politics*, Ethics and Public Policy Center and William B. Eerdmans Publishing Company, 1999.

McLeod, Hugh, " The Religious Crisis of the 1960s ", " History of Religion" Seminar, University of Birmingham, 21 October 2004.

McLeod, Hugh, " The Two Americas: Religion and Secularity in the Seventies ", in Laine, Antti and Laitinen, Aappo ed. , *Yliopisto*, *kirkko ja yhteiskunta*, Helsinki: Finnish Society for Church History, 2011.

Ustorf, Werner, " Exiles and Exotic Intruders: Christians in Britain ", in *International Journal of Contextual Theology in East Asia*, Vol. 5, June 2006.

Ustorf, Werner, " The Statistics and Dreams of ' Church Decline ' ",

Mission History, MA Course, University of Birmingham, 28 February, 2005.

Woodhead, Linda, " 'Because I'm Worth It': Religion and Women's Changing Lives in the West" .

（三）网络信息

"Address by Rowan Williams: Plenary on Christian Identity and Religious Plurality", 17 February 2006, http://www. wcc-assembly. info.

Kennedy, Maev, "Government Accused of Draconian Treatment of Asylum Seekers", *The Guardian*, 23 May 2006, http://www. guardian. co. uk.

National Statistics Office, "Religion in Britain as a % of the Population Reported in the Census 2001", http://www. statistics. gov. uk.

http://www. neighbourhood. statistics. gov. uk/dissemination.

http://www. religions. pewforum. org/portraits.

http://www. religions. pewforum. org/reports.

Office for National Statistics, http://www. ons. gov. uk/ons/rel/census/2011-census/key-statistics-for-local-authorities-in-england-and-wales/rpt-religion. html.

"Table CAST03 Theme Table on Ethnic Group – People, 00CNHT Selly Oak/00CNJK Weoley/00CNJA Springfield", http://www. birmingham. gov. uk.

The Commission on Urban Life and Faith, *Faithful Cities: A Call for Celebration, Vision and Justice*, jointly published by Methodist Publishing House and Church House Publishing, 2006, http://www. chbookshop. co. uk.

"The Queen's Christmas Broadcast to the Commonwealth 2004", 25 December 2004, http://www. royal. gov. uk.

"The Roles of the Archbishop", http://www. archbishopofcanterbury. org.

http://www. anglicancommunion. org/resources/acis/index. cfm.

http://www. bbc. co. uk/news/uk-21025332.

http：//www. bbc. co. uk/news/uk－21037173.

http：//www. bbc. co. uk/news/uk－22007058.

http：//www. bbc. co. uk/science/0/21970879.

http：//www. brin. ac. uk.

http：//www. britsocat. com.

http：//www. census. gov/popest/data/national/totals/1990s/tables/nat-
total. txt.

http：//www. census. gov/popest/data/state/totals/2009/tables/NST-
EST2009－01. xls.

http：//www. chinesetoday. com/zh/article/414189.

http：//www. edinburgh2010. org/en/about－edinburgh－2010. html.

http：//www. gallup. com/poll/1690/Religion. aspx.

http：//www. gospelherald. ca/news/mis_ 752. htm.

http：//www. htb. org. uk.

http：//www. kicc. org. uk.

http：//www. pewforum. org/Christian/Global－Christianity－exec. aspx.

http：//www. queens. ac. uk.

http：//www. rethinkingmission. org.

http：//www. uk. alpha. org.

"2001 Census of Population：Key Statistics"，http：//www. birmingham.
gov. uk.

二 中文部分

（一）著作

〔英〕阿利斯特·麦格拉斯：《福音派与基督教的未来》，董江阳译，中央编译出版社，2004。

〔美〕艾伯特·甘霖：《基督教与西方文化》，赵中辉译，基督教改革宗翻译社，1994。

〔英〕比德：《英吉利教会史》，陈维振、周清民译，商务印书馆，1991。

〔美〕彼得·贝格尔：《神圣的帷幕——宗教社会学理论之要素》，

高师宁译，上海人民出版社，1991。

〔美〕彼得·贝格尔：《天使的传言——现代社会与超自然再发现》，高师宁译，中国人民大学出版社，2003。

〔美〕彼得·伯格等：《世界的非世俗化——复兴的宗教及全球政治》，李骏康译，上海古籍出版社，2005。

〔美〕大卫·雷·格里芬：《后现代宗教》，孙慕天译，中国城市出版社，2003。

戴康生、彭耀主编《宗教社会学》，社会科学文献出版社，2000。

董江阳：《"好消息"里的"更新"——现代基督教福音派思想研究》，中国社会科学出版社，2004。

〔法〕爱弥尔·涂尔干：《宗教生活的基本形式》，渠东、汲喆译，上海人民出版社，1999。

段琦：《当代西方社会与教会》，宗教文化出版社，2007。

段琦：《美国宗教嬗变论——一个中国人眼中的美国宗教》，今日中国出版社，1994。

〔德〕E. 卡西勒：《启蒙哲学》，顾伟铭等译，山东人民出版社，1996。

高师宁：《当代北京的基督教与基督徒》，香港道风书社，2005。

高师宁：《新兴宗教初探》，中国社会科学出版社，2006。

何光沪主编《宗教学小辞典》，上海辞书出版社，2002。

〔德〕康德：《单纯理性限度内的宗教》，李秋零译，中国人民大学出版社，2003。

刘城：《英国中世纪教会研究》，首都师范大学出版社，1996。

刘小枫：《现代性社会理论绪论——现代性与现代中国》，上海三联书店，1998。

〔德〕卢克曼：《无形的宗教》，覃方明译，中国人民大学出版社，2003。

〔美〕罗德尼·斯达克、罗杰尔·芬克：《信仰的法则——解释宗教之人的方面》，杨凤岗译，中国人民大学出版社，2004。

〔英〕罗素：《西方哲学史》下册，马元德译，商务印书馆，1982。

吕大吉：《宗教学通论新编》，中国社会科学出版社，1998。

〔英〕麦克斯·缪勒：《宗教的起源与发展》，金泽译，上海人民出版社，1989。

〔德〕马克斯·韦伯：《经济·社会·宗教——马克斯·韦伯文选》，郑乐平编译，上海社会科学院出版社，1997。

〔美〕梅多、卡霍：《宗教心理学——个人生活中的宗教》，陈麟书等译，四川人民出版社，1990。

〔英〕麦格拉思：《基督教概论》，马树林、孙毅译，北京大学出版社，2003。

〔英〕麦克斯·缪勒：《宗教的起源和发展》，金泽译，上海人民出版社，1989。

钱乘旦、许洁明：《英国通史》，上海社会科学院出版社，2002。

钱时惕：《科学与宗教关系及其历史演变》，人民出版社，2002。

任继愈主编《宗教大辞典》，上海辞书出版社，1998。

孙尚扬：《宗教社会学》，北京大学出版社，2001。

〔英〕唐·库比特：《空与光明》，王志成、何从高译，宗教文化出版社，2003。

王克勤、田文进、朱烈、肖扬主编《世界知识大辞典》，世界知识出版社，1988。

王美秀：《当代基督宗教社会关怀——理论与实践》，上海三联书店，2006。

王志成著，段丽萍编《走向第二轴心时代》，宗教文化出版社，2005。

〔美〕威廉·詹姆士：《宗教经验之种种》，唐钺译，商务印书馆，2002。

温伟耀：《基督教与中国的现代化——超越经验与神性的寻索》，香港基督教卓越使团，2001。

〔英〕W. S. 赫德逊（Winthrop S. Hudson）编《不列颠宗教改革思潮》，许牧世、赵真颂等译，香港基督教文艺出版社，1991。

许志伟主编《基督教思想评论》总第三辑，世纪出版集团　上海人民出版社，2006。

杨慧林：《罪恶与救赎——基督教文化精神论》，东方出版社，1995。

〔英〕约翰·希克：《宗教之解释——人类对超越者的回应》，王志成译，四川人民出版社，1998。

〔英〕约翰·希克：《第五维度——灵性领域的探索》，王志成、思竹译，四川人民出版社，2000。

〔英〕约翰·希克：《信仰的彩虹——与宗教多元主义批评者的对话》，王志成、思竹译，江苏人民出版社，1999。

张海：《欧洲发展史新释——从古代到工业革命》，广东人民出版社，2002。

张训谋：《欧美政教关系研究》，宗教文化出版社，2002。

张志刚：《宗教文化学导论》，东方出版社，1996。

朱易：《爱丁堡宣教大会百年后的挑战》，http://www.chinese-today.com/zh/article/414189，2012 年 9 月 26 日下载。

卓新平：《当代基督宗教教会发展》，上海三联书店，2007。

卓新平：《当代西方天主教神学》，上海三联书店，1998。

卓新平：《当代西方新教神学》，上海三联书店，1998。

卓新平：《基督教文化百问》，今日中国出版社，1995。

卓新平：《基督宗教论》，社会科学文献出版社，2000。

卓新平：《宗教理解》，社会科学文献出版社，1999。

卓新平主编《基督教小辞典》，上海辞书出版社，2001。

卓新平、萨耶尔主编《基督宗教与当代社会》，宗教文化出版社，2003。

（二）论文

常晶：《界限与共识——全球化时代英国穆斯林移民与社会整合问题研究》，《世界宗教文化》2012 年第 5 期。

陈村富：《世俗化、反世俗化与"消解世俗化"——评伯格的宗教复兴与政治伦理》，《浙江学刊》2001 年第 2 期。

崔晓天：《宗教世俗化及其未来》，《学术交流》2002 年第 4 期。

〔美〕达纳·L. 罗伯特：《向南移动：1945 年以来的全球基督教》，徐以骅译，载徐以骅、章远、朱晓黎主编《宗教与美国社会——当代传教运动》第 6 辑，时事出版社，2009。

邓前成：《论近百年来基督教的世俗化趋向》，《云南教育学院学报》（哲学社会科学版）1999年第1期。

董江阳：《哪种基督教？哪类基督徒？——试析现代基督教内部的阵营分组与分野》，《世界宗教研究》2006年第3期。

冯丹：《社会转型期中国宗教的世俗化倾向》，《学术交流》1998年第5期。

高师宁：《贝格尔的宗教社会学思想》，载刘小枫主编《基督教文化评论》第1辑，贵州人民出版社，1990。

高师宁：《关于世俗化问题》，《世界宗教文化》1995年第4期。

高师宁：《世俗化与宗教热》，《人大复印报刊资料·宗教》1994年第6期。

高师宁：《世俗化与宗教的未来》，《中国人民大学学报》2002年第5期。

高师宁：《从实证研究看基督教与当代中国社会》，《浙江学刊》2006年4期。

高师宁：《当代宗教社会学的两大理论及其突破》，作者赠稿。

高师宁：《关于宗教的定义》，作者赠稿。

高师宁：《西方宗教社会学中的宗教定义与宗教性的测定》，《世界宗教资料》1993年第4期。

高师宁：《中国的宗教生态与宗教市场》，《社会学家茶座》2012年第2辑。

官哲兵：《武汉市宗教的现状与世俗化特点——当前城市宗教工作田野调查之一》，《宗教学研究》2003年第3期。

关启文：《宗教在现代社会必然衰退吗？——世俗化理论的再思》，载王晓朝、杨熙楠主编《信仰与社会》，广西师范大学出版社，2006。

何光沪：《宗教学概述》，《世界宗教资料》1994年第2期。

黄海波：《走向建构中的公民社会——2010年中国基督教的责任与反思》，载金泽、邱永辉主编《中国宗教报告》（2011），社会科学文献出版社，2011。

汲喆：《如何超越经典世俗化理论？——评宗教社会学的三种后世俗化论述》，《社会学研究》2008年第4期。

江丕盛：《当代世俗转向对基督宗教的认知意义》，卓新平、许志伟主编《基督宗教研究》第6辑，宗教文化出版社，2003。

郎友兴：《世俗化及其倾向性》，《世界宗教研究》1995年第2期。

李顺华：《世俗化理论的旗手　神圣化理论的鼓手——Peter Berger的宗教社会学理论》，《新疆师范大学学报》（哲学社会科学版）2007年第1期。

康健：《世俗化进程与后宗教时代的来临》，《中央社会主义学院学报》2001年第12期。

厉承承：《当代中国宗教世俗化的探讨》，新疆师范大学硕士学位论文，2010。

李向平：《社会化，还是世俗化？——中国当代佛教发展的社会学审视》，《学术月刊》2007年第7期。

李向平、陈建明：《宗教问题与社会变迁的双重探索——宗教社会学在当代中国的发展轨迹》，http://www.china2551.org/Article/fjdt/e/201211/13584.html。

李向平、黄海波：《从世俗化到去世俗化——彼得·伯格宗教社会学思想特征及其演变》，载徐以骅主编《宗教与美国社会——多元一体的美国宗教》第2辑，时事出版社，2004。

梁丽萍：《社会转型与宗教皈依——以基督教徒为对象的考察》，《世界宗教研究》2006年第2期。

刘晓宝：《世俗化：当代宗教的发展趋势》，《人大复印报刊资料·宗教》1995年第5期。

刘永霞：《关于宗教世俗化的几点诠释》，《宗教学研究》2003年第2期。

卢云峰：《超越基督宗教社会学——兼论宗教市场理论在华人社会的适用性问题》，《社会学研究》2008年第5期。

罗秉祥：《基督宗教在世俗性社会的困境与转机》，载卓新平、许志伟主编《基督宗教研究》第6辑，宗教文化出版社，2003。

吕绍勋：《查尔斯·泰勒与世俗化理论》，复旦大学博士学位论文，2011。

秋月：《宗教市场，对谁开放？》，《科学与无神论》2011年第2期。

沈璋：《也谈"宗教市场论"及其在中国大陆"宗教文化"中的卖点》，《科学与无神论》2011 年第 3 期。

石丽：《帕森斯宗教社会学理论述评》，《世界宗教文化》2011 年第 3 期。

孙家宝：《美国政府对宗教事务的管理》，《世界宗教文化》2011 年第 4 期。

孙尚扬：《世俗化与去世俗化的对立与并存》，《哲学研究》2008 年第 7 期。

王璇、王青：《世俗化与反世俗化——理论述评》，《西藏民族学院学报》（哲学社会科学版）2008 年第 2 期。

王志成：《宗教实在论、宗教反实在论与宗教对话》，载卓新平主编《宗教比较与对话》第 4 辑，宗教文化出版社，2003。

王忠欣：《宗教与世俗化——中美欧现代化历程中宗教的发展与变化》，载赵林、邓守成主编《启蒙与世俗化——东西方现代化历程》，武汉大学出版社，2008。

魏德东：《宗教社会学的范式转换及其影响》，《中国人民大学学报》2010 年第 3 期。

温伟耀：《"后自由主义神学"之后——再思基督教在后现代语境中的"公共性"与"独一性"》，载卓新平、许志伟主编《基督宗教研究》第 8 辑，宗教文化出版社，2005。

〔德〕沃勒·尤斯朵夫：《政治宗教》，载赵林、邓守成主编《启蒙与世俗化——东西方现代化历程》，武汉大学出版社，2008。

〔英〕休·麦克劳德：《20 世纪 60 年代的欧洲宗教》，载赵林、邓守成主编《启蒙与世俗化——东西方现代化历程》，武汉大学出版社，2008。

王凤、葛斐然：《浅谈宗教世俗化及其发展前景》，《改革与开放》2012 年第 18 期。

杨凤岗：《宗教世俗化的中国式解读》，《中国民族报》2008 年 1 月 8 日。

杨凤岗：《美国基督教的"三多"现象》，2009 年 6 月 16 日《中国民族报》第 8 版。

杨凤岗：《美国宗教组织的"三多"现象》，中国民族宗教网，http：//www.mzb.com.cn/html/node/111342-1.htm。

杨凤岗：《少林寺"世俗化"了吗?》，《河南社会科学》2007年第3期。

杨凤岗：《中国宗教的三色市场》，《中国人民大学学报》2006年第6期。

〔德〕幼阿希姆·马瑟斯：《世俗化是一种全球性的进程吗？——概念史中的一场学术争论》，辛岩译，《世界宗教资料》1992年第4期。

杨庆球：《世俗化时代的神学反思》，载中国人民大学基督教文化研究所主编《基督教文化学刊》第3辑，人民日报出版社，2000。

〔英〕约翰·麦奎利：《盼望之涨落：第二个千年终结时的基督教神学》，何光沪译，汉语基督教文化研究所《现代语境与后现代中的基督教》，明风出版，2004。

〔英〕约翰·麦奎利：《宗教思想中的后现代主义》，何光沪译，载汉语基督教文化研究所编《现代语境与后现代中的基督教》，明风出版，2004。

〔英〕约翰·希克：《基督教信念与信仰间对话》，王红梅译，思竹校，载卓新平主编《宗教比较与对话》第四辑，宗教文化出版社，2003。

曾强：《皮特·伯格论当代宗教社会学的研究走向》，《宗教与世界》2008年第6期。

张钦：《宗教的世俗化与人类文明的未来》，《社会科学研究》2001年第1期。

张荣、李喜英、李娟：《论宗教的世俗化及其问题》，《河北师范大学学报》（哲学社会科学版）2002年第1期。

朱锦章、朱锡强：《略论罗马天主教的世俗化》，《徐州师范学院学报》（哲学社会科学版）1995年第3期。

卓新平：《神圣与世俗：基督宗教存在及发展的现实处境》，载卓新平、许志伟主编《基督宗教研究》第6辑，宗教文化出版社，2003。

索　引

后　记

　　本书写作临近尾声之际，惊悉两位全球性普世教会的最高首脑——圣公会坎特伯雷大主教和罗马天主教会教宗先后于 2012 年 3 月和 2013 年 2 月决定辞职。这实在是史上极为罕见之事。我们或许不应将两者相提并论。但是，在相隔不足一年的时间里，两位基督教会最高领袖相继宣布辞职，两人最终离任的时间前后只差两个月，这一事实足以引起世人注目，迸发无限猜想。西方学界、教界和媒体时常提到自身处于世俗化社会、"后基督教"时代。教会生存在如此时空范围之中，周身被各种压力和挑战所包围。想必他们二位的离任与此不无关联。伴随全球化的脚步，西方社会在近几十年间发生了巨大变化。教会迫切需要探索一条适合自身生存与发展的道路。

　　回顾本书的写作，我有时会感到一种悬空行走般的惶恐。与那些针对某个教派、某一教堂甚或某位神学家、思想家的研究相比，本书的研究主题可谓宏观。无论是世俗化，还是当代英国基督宗教的发展状况，都算得上是大课题。宏观，必然要求内容之高度、广度与深度的有机结合。仅从广度来说，研究教会与社会的互动关系，涉及社会背景之经济、政治、思想、文化等各个方面。可搜集的资料浩繁庞杂，若遗漏了某些相关内容，则达不成全面。另一方面，本书内容立足于当代，掌握新近资料十分重要。而社会发展瞬息万变，需随时注意数据的更新，事态的跟进。基于上述两点，当本书的写作告一段落之时，仍有信息源源不断而至，似乎永远都有补充不完的材料，分析不完的问题。然而，本书不能永远处于"未完成"状态，总有驻笔的一天。对于英国当代基督宗教的研究，这只是一个开始，所涉及的诸多微观而重要的问题，有待深入探讨。其中的遗憾亦待今后弥补吧。

太阳每天升起，带着光明和温暖，匆匆而来，匆匆而去。不觉中又是一个春暖花开的季节。从我决心转行学习宗教学至今，正好是第十个年头。本书此时顿笔，无意间应了唐代贾岛的那句诗"十年磨一剑"。这一过程凝聚了自己的忧虑、导师的心血、师友的祝福、父母的盼望和爱人的激励，是关心此书及其作者的所有人的期待。到了将为我能够完成本书的写作付出辛勤汗水的人们请到前台的时候。

本书是在我的博士学位论文基础上扩展和修改而成。首先，我要感谢导师卓新平先生的悉心指教。从我接触基督宗教研究初期被其著作所吸引，到后来有幸成为他的学生，完成博士学位论文的写作，成为他的部下，直至今天完成处女作，卓老师的言传身教始终令我获益匪浅。在本书写作的过程中，大到框架结构，小到句法、标点，卓老师都耐心细致地提出具体的修改意见，从不放过每一点疏漏并及时予以指正。其严谨的治学态度令人钦佩。卓老师不仅给予我学业和研究工作上的传授，还是我精神上的良师，时常为我的人生道路指点迷津，鼓励我充满自信地面对学习、工作和生活中的风风雨雨。

十分感激英国伯明翰大学历史系休·麦克劳德（Hugh McLeod）教授的倾情相助。他是我在伯明翰大学两次访学期间的指导老师，对我在专业和英语学习方面的严格要求使我收获颇丰。他向我推荐了大量相关英文参考文献，而两周一次的会面，除了学术上的深入交流，更令我的懈怠无机可乘。我回国之后，麦克劳德教授依然每问必答，并邮寄所需文献资料。从起初我对英国基督宗教知之甚少，到完成博士学位论文，再到本书成稿，没有麦克劳德教授的帮助，便是天方夜谭。

衷心感谢中国社会科学院世界宗教研究所曹中建书记、金泽副所长等所领导以及众位老师的殷切关怀和专业指导。基督教研究室段琦研究员、任延黎研究员、王美秀研究员、周伟驰研究员、董江阳研究员、唐晓峰博士、石衡潭博士、刘国鹏博士、杨华明博士等各位老师、同仁，对我的研究和写作给予了巨大而无私的帮助。与他们轻松愉悦的交流，时常让我的思想迸发出火花。在这样一个亲和的集体中做学问，我深感荣耀。

衷心感谢英国伯明翰大学神学与宗教系邓守成教授代表阿姆弗雷特奖学金委员会提供资助，使我在2004~2005年和2009年两度获得赴英访学的难得机会。邓先生以及在伯明翰大学进行访问研究的何光沪和高师宁两位教授对我们几位年轻中国学者的学习和生活关怀备至，在聆听他们谆谆教诲的同时一扫客居异乡的孤独之感。直至今日，每每有机会与他们进行学术和生活上的交流，都倍感亲切。感谢英国伯明翰大学约翰·希克（John Hick）教授（已故）、马丁·斯特林格（Martin Stringer）教授、沃勒·尤斯朵夫（Werner Ustorf）教授和大卫·奇塔姆（David Cheetham）教授，以及英国伦敦经济学院大卫·马丁（David Martin）教授、英国肯特大学戈登·林奇（Gordon Lynch）教授、英国兰开斯特大学琳达·伍德海德（Linda Woodhead）教授和美国富勒神学院斯科特·松奎斯特（Scott Sunquist）教授。我从他们的讲座和与他们的交谈中汲取了许多于本书写作有益的养分。作为当时的伯明翰大学神学与宗教系主任，斯特林格教授授意该系推荐并资助我参加英国社会学会宗教社会学 2009 年度会议，使我有机会与英国众多知名学者交流。感谢我在伯明翰大学两次访学期间居住的耶稣升天联合学院（United College of the Ascension）和伍德布鲁克贵格会研究中心（Woodbrook Quaker Study Centre）的工作人员提供的热情帮助，至今我的脑海中仍常常闪现他们的笑脸。特别是现于英国利兹三一大学任教的优雅的柯尔斯滕·金（Kirsteen Kim）教授和在英国多金卫理公会任神职的活泼的瓦尔·奥格登（Val Ogdan）博士，她们为我在英国的学习、研究和生活提供了诸多便利，并向我提供丰富的研究资料，对我的书稿提出中肯的意见，是我的良师益友。在耶稣升天联合学院和伍德布鲁克贵格会研究中心，我结识了许多英国和来自世界各地的学者、神职人员或普通信徒。无论是长时间的促膝深谈，还是只言片语的"餐桌信息"，都有可能使我灵感闪现，茅塞顿开。另外，我还要感谢接受我采访并允许我将采访内容公开发表的所有英国基督教会的神职人员。他们的合作使我拥有了直接的写作素材，他们的宽容和信任令我倍感鼓舞。

衷心感谢香港汉语基督教研究所在我攻读博士学位期间为我提供三个学年度的"道风奖学金"并慷慨赠书，感谢杨熙楠所长面授机宜，为我的写作提供指导。感谢香港中文大学崇基学院温伟耀教授和卢龙光牧师接受我参加 2004 年暑期密集研修班的学习，感谢香港浸会大学中华基督宗教研究中心江丕盛教授为我提供参加 2008 年暑期密集研修班的学习机会，使我在学术研究的道路上开阔了视野。他们亲切的话语令人难忘。

衷心感谢中国社会科学院世界宗教研究所金泽研究员、段琦研究员、高师宁研究员、上海复旦大学徐以骅教授、中国人民大学何光沪教授、李秋零教授和清华大学王晓朝教授。本书"脱胎"于博士学位论文，他们为这一成功"转型"所提出的意见至为重要。

衷心感谢我所有的朋友。他们多年来与我共同品尝生活中的悲喜，并在我的博士学位论文和专著写作期间给予热切鼓励。与他们的切磋使我拓展了写作思路，真挚的友情令我更加坚强。

衷心感谢社会科学文献出版社的编辑范迎老师。她为本书整体架构与内容的改进出谋划策，工作认真细致，没有她的辛苦付出，本书的顺利出版不可想象。

最后，我要将深切的感谢献给我的父母和家人。为使我能够顺利地完成学业和专心工作，父母付出了巨大的辛劳。无论我遇到什么样的挫折，父母都一如既往默默地鼓励、支持和爱护我。他们殷切的教导、细心的关怀和真挚的理解，始终是哺育我成长的甘霖。孩子的出生迫使我不得不暂时中断了研究工作，父母和姨母先后帮助我承担起照顾孩子和操持家务的重任，使本书的写作能够较快恢复。祝愿他们健康长寿，望拙作能让他们感到些许欣慰。感谢我的丈夫和挚友白彦兵在资料收集、版面设计和文字校对等方面为我提供的一系列帮助。写作间歇，我们共同欣赏和评鉴古典音乐，这为我紧张的学习和工作增添了几分精神动力。我终于体会到，爱情、家庭与音乐和事业相加，构成了完美的幸福。我的研究工作因儿子的出生而暂时中断，当我回归时，发现自己虽然面临生活和工作的双重压力，但宝宝清澈的眼神、稚嫩的语声和蹒跚学步的小身影将其顿然融化。为专心写作，有一段时间经常要与儿子分别。他的哭声即是对我的督促，尽管此时他的付出是无意识的。一个新生命的诞生和成长的过程令我感叹上天造物的神奇，惊喜地发现曾被忽略的世间的美丽，重新思考人生的意义。

本人斗胆将此书比喻为一柄磨砺十年的剑，而它是否锋利，读者自有明鉴。由于本人才疏学浅，书中定然存在诸多纰漏，敬请批评指正。本书写作的过程对我来说是一段痛并快乐的生命成长过程。在此期间我的老师、亲友，与我进行对话的宗教信徒，以至我所阅读的书籍、聆听的音乐，都给予我不仅仅是学术上，而且是人生的启迪，我的收获因而也是双重的。康德曾经指出，人们因懒惰和怯弱而"自我招致"了不成熟的状态。这一针见血的论断时常鞭策我自省，以决心和勇气一步步迈向成熟和从容，珍惜生命，热爱生活。人对真理的认识和理解永远是有限的，人界与神界相交融的真实与虚幻的美丽等待我们去探索和品味，我们需要将自身的知识体系不断更新以求进步。

孙艳燕

2013 年 5 月

图书在版编目（CIP）数据

世俗化与当代英国基督宗教/孙艳燕著. —北京：社会
科学文献出版社，2013.12
（宗教与文化战略丛书）
ISBN 978-7-5097-5507-5

Ⅰ.①世… Ⅱ.①孙… Ⅲ.①基督教-研究-英国-
现代 Ⅳ.①B979.561

中国版本图书馆 CIP 数据核字（2013）第 311240 号

· 宗教与文化战略丛书 ·

世俗化与当代英国基督宗教

著　　者 / 孙艳燕

出 版 人 / 谢寿光
出 版 者 / 社会科学文献出版社
地　　址 / 北京市西城区北三环中路甲 29 号院 3 号楼华龙大厦
邮政编码 / 100029

责任部门 / 人文分社（010）59367215　　　　责任编辑 / 范　迎
电子信箱 / renwen@ ssap. cn　　　　　　　责任校对 / 程雷高
项目统筹 / 范　迎　　　　　　　　　　　　责任印制 / 岳　阳
经　　销 / 社会科学文献出版社市场营销中心（010）59367081　59367089
读者服务 / 读者服务中心（010）59367028

印　　装 / 北京季峰印刷有限公司
开　　本 / 787mm×1092mm　1/16　　　　印　　张 / 28.25
版　　次 / 2013 年 12 月第 1 版　　　　　彩插印张 / 0.5
印　　次 / 2013 年 12 月第 1 次印刷　　　字　　数 / 440 千字
书　　号 / ISBN 978-7-5097-5507-5
定　　价 / 89.00 元